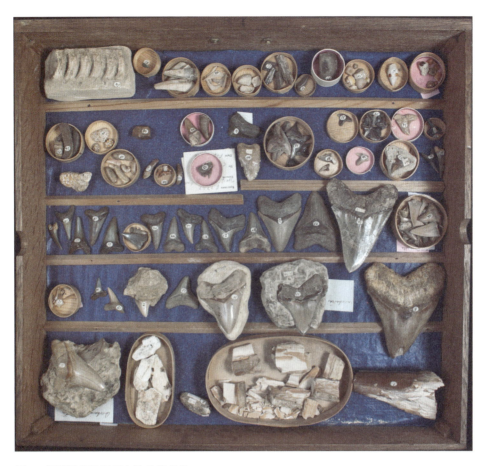

图 1　伍德沃德收藏柜中的部分藏品

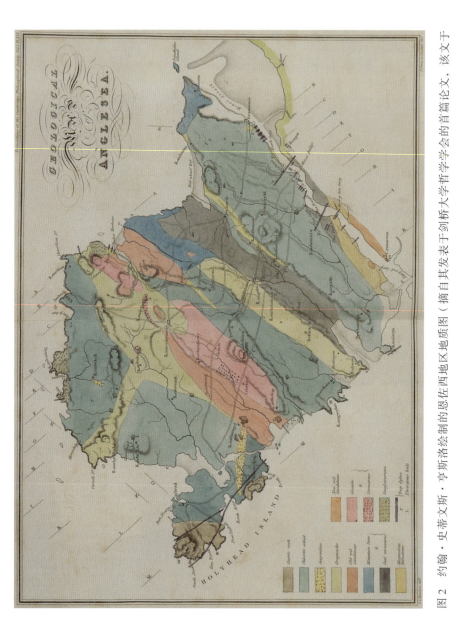

图 2 约翰·史蒂文斯·亨斯洛绘制的恩惟西地区地质图（摘自其发表于剑桥大学哲学学会的首篇论文，该文于 1821 年 11 月提交，1822 年正式发表）

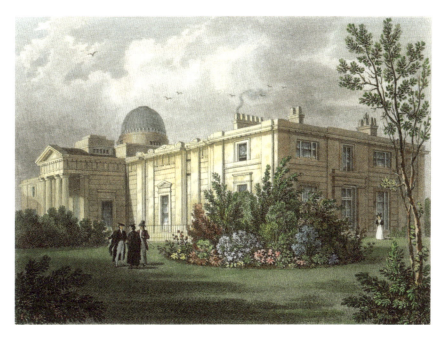

图3 剑桥天文台东侧楼主任公寓的照片（1829年）

图4 一种名为"Disa cornuta"的英国兰花（摘自玛格丽特和约翰·赫歇尔夫妇关于南非植物的著作 *Flora Herscheliana*）

图 5　布莱顿附近新英格兰峡谷的图片,图中显示了 19 世纪 40 年代初聚在一起庆祝该铁路开通的人群

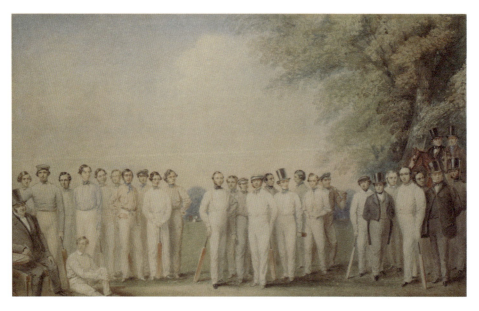

图 6　约翰·克劳奇(左一)与城镇和大学板球俱乐部的合影(1847 年)

探究精神

现代科学的基石

［爱尔兰］苏珊娜·吉布森 著
（Susannah Gibson）

张浩　康昊　郝立亮　译

清华大学出版社
北京

北京市版权局著作权合同登记号　图字：01-2021-6448

© The Cambridge Philosophical Society 2019 The Spirit of Inquiry – How one extraordinary society shaped modern science was originally published in English in 2019.
This translation is published by arrangement with Oxford University Press.
Tsinghua University Press is solely responsible for this translation from the original work and Oxford University Press shall have no liability for any errors, omissions or inaccuracies or ambiguities in such translation or for any losses caused by reliance thereon.

版权所有，侵权必究。举报：010-62782989，beiqinquan@tup.tsinghua.edu.cn。

图书在版编目(CIP)数据

探究精神：现代科学的基石 /(爱尔兰)苏珊娜·吉布森 (Susannah Gibson) 著；张浩，康昊，郝立亮译. -- 北京：清华大学出版社，2025.3. -- ISBN 978-7-302-68443-5

Ⅰ. G316

中国国家版本馆CIP数据核字第2025CF0116号

责任编辑：刘　杨
封面设计：何凤霞
责任校对：欧　洋
责任印制：杨　艳

出版发行：清华大学出版社
　　　　网　　址：https://www.tup.com.cn，https://www.wqxuetang.com
　　　　地　　址：北京清华大学学研大厦A座　　邮　　编：100084
　　　　社 总 机：010-83470000　　邮　　购：010-62786544
　　　　投稿与读者服务：010-62776969，c-service@tup.tsinghua.edu.cn
　　　　质量反馈：010-62772015，zhiliang@tup.tsinghua.edu.cn
印 装 者：涿州汇美亿浓印刷有限公司
经　　销：全国新华书店
开　　本：165mm×235mm　　印　张：18.75　　插　页：2　　字　数：306千字
版　　次：2025年3月第1版　　印　次：2025年3月第1次印刷
定　　价：76.00元

产品编号：090524-01

献给 SLDF

a glorious Phantom may

Burst, to illumine our tempestuous day.

England in 1819

Percy Bysshe Shelley

光辉的幻影可能

爆裂，照亮我们狂暴的一天。

1819年，英格兰

珀西·比希·雪莱

译者序

200多年前,全球科学的灯塔在以法国为代表的欧洲大陆。英格兰尽管诞生了伟大的牛顿,但也只有2所大学,还不如临近的苏格兰的5所。

19世纪初,大航海时代后层出不穷的全球博物学发现与日臻成熟的牛顿自然哲学体系相结合,强力地推开了现代科学体系诞生前的最后一道大门。

19世纪20年代末,旨在加强地质、植物等科学发现研讨的剑桥大学自然哲学学会成立,虽其成立时间远远晚于欧洲大陆和英格兰的各个皇家学会,却在20年左右的时光中一跃成为全球最为活跃、科学发现层出不穷、科学巨匠接踵诞生、贵族与市民科学家和科学粉丝同台研讨的顶尖学会。

这背后的原因和故事都精彩且珍贵。

本书用平实舒适的文字回顾了剑桥大学自然哲学学会成立200多年来的发展历史,剖析了该学会发展的关键节点及其对当代科学精神的塑造,以及其如何将一个基督教牧师培训机构转变成全球领先的科学创新基地。通过介绍达尔文、麦克斯韦、卢瑟福、波尔、J. J. 汤姆孙、伦琴等著名科学家在剑桥的成长经历,论述了现代生物学、化学等学科的发展历程,剖析解读了质疑精神、现代实验设施与技术、研讨会、学术期刊等现代科学方法及平台的出现、发展,及其对于科技发展的重大意义。

现代大学的学科分类和院系架构是如何形成的?200多年前大学近亲繁殖问题的严重性如何解决?维多利亚时代的研究生怎么在科研和找工作养家之间做出抉择?近代科学巨匠如何平衡工作和生活、试验台和远方山川的关系?伟大的麦克斯韦对女性科学工作者的成见有多深?现代基础科研的组会制度是如何诞生的?

如果你对这些话题感兴趣,请翻看此书,看看过去200多年来剑桥沃野上发生的科学往事。

本书付梓之际，恰逢 DeepSeek 大语言模型火热到巅峰的日子，堪称无人不谈，无人不称颂，甚至被认为是"国运时刻"。

带着"有了万事通的 DeepSeek，是否还有必要翻译介绍这些陈年旧事"的隐忧，我问了 DeepSeek 关于本书细节的三个问题，分别是"麦克斯韦因什么获得亚当斯奖？""剑桥大学哲学学会 19 世纪 60 年代陷入财务危机的最主要原因是什么？""亚当·塞奇威克（Adam Sedgwick）对达尔文《物种起源》的观点是什么？"

DeepSeek 分别回答的大意如下："麦克斯韦因在电磁学领域的杰出贡献获得过亚当斯奖。他在 1857 年凭借论文《论法拉第力线》（"On Faraday's Lines of Force"）获得该奖项……为电磁场理论奠定了基础……""……陷入财务危机的最主要原因是会员减少和会费收入下降。学会的运作高度依赖会员的会费，而会员数量的减少直接导致收入锐减，进而影响其财务稳定性。此外，学会的活动成本上升和外部科学组织的竞争加剧了这一问题……"和"亚当·塞奇威克对达尔文的《物种起源》持批评态度。作为地质学家和达尔文的前导师，塞奇威克虽然认可达尔文的科学严谨性，但对书中的进化论观点表示强烈反对。他的主要批评点包括：①宗教与科学冲突……认为达尔文的理论与《圣经》中的创世叙述相矛盾，威胁到了宗教信仰……②道德和哲学担忧……担心进化论会削弱人类的道德基础……③科学证据不足……认为达尔文的证据不够充分……"。

若我是考官，前两题我给 0 分，第三题勉强给 0.5 分（5 分制）。

正确答案分别是"麦克斯韦因对土星环的动力学理论研究获得亚当斯奖""剑桥大学哲学学会 19 世纪 60 年代陷入财务危机的最主要原因是克劳奇先生的管理渎职和滥用学会经费""亚当·塞奇威克作为和达尔文一样的博物学家，他反对《物种起源》，认为其缺少逻辑、完全抛弃了牛顿以来的严谨归纳推理，且时常主次混淆"。

鉴于大模型对第三个问题的回答有强烈的"先基于常识把答题纸写满撞撞运气"的风格，我追问了一个问题"达尔文怎么看待亚当·塞奇威克的关于其物种起源的观点？"。

DeepSeek 回复"达尔文对亚当·塞奇威克关于《物种起源》的批评态度感

到失望，但他保持了尊重和理解。达尔文深知塞奇威克的观点源于其宗教信仰和科学立场的冲突，因此并未公开激烈反驳，而是选择以理性和冷静的方式回应。以下是达尔文的主要态度：①尊重与理解。达尔文尊重塞奇威克作为科学家和导师的地位，理解其基于宗教和道德的担忧。②科学证据的坚持。达尔文相信自己的理论有充分的科学依据，尽管塞奇威克认为证据不足，达尔文仍坚持通过更多研究来支持自己的观点。③避免公开冲突。达尔文倾向于避免公开争论，更愿意通过科学讨论和进一步的研究来回应批评。④对批评的反思。达尔文认真对待塞奇威克的批评，并在后续著作中进一步完善了自己的理论。总体而言，达尔文对塞奇威克的批评持冷静态度，既尊重其意见，又坚持自己的科学立场。"

虽然又是一篇全面的回答，但我觉得可以给 0 分，因为其"理性""冷静""尊重""完善了自己"等看似符合常识和人情世故，但和现实不符。

事实是，达尔文认为塞奇威克虽是剑桥大佬，但其观念陈旧、思维固化，"即使在地质学领域也不再处于思想的前沿"。他从来都坚信自己的理论，也没有因为别人的看法而完善自己的理论。相反，他的理论逐渐在与传统科学认知的磨合中被接受和称颂。

可以看出，强大如 DeepSeek 的大模型也难以对我们历史长河中的点滴细节了如指掌。也许是题外话，我们需要在今后非常长的时期都保持冷静、不以大语言模型给出的答案作为考据（近期已有苗头），否则简直黑白颠倒。

总之，以上问询的实践，让我更加笃定描述历史细节的意义，这就是更好地保持我们身边世界历史空间的更高维度，而不是反之降维（就像大语言模型给出的总结这样）。

差异是幸福本源，差异来自复杂性，物质世界第一性原理的复杂性造就了美丽的多样性世界。

译者 2019 年夏曾到康河上的剑桥访问交流，无论清晨抑或是黄昏，到古朴的三一学院、现代的卡文迪什实验室到 200 年前哲学学会成员经常集会的老鹰酒吧，停下脚步、闭上眼睛，站在一块古朴的石砖上，总能寻觅、感受、感知到历史长河隐式贯穿的草蛇灰线，那种人类亘古不变的好奇趋势、纯真探索的故事让人动容。

希望各位读者能够喜欢这些 200 多年前、现代科学萌芽时期的点滴细节。

另外，原著有大量中古英文书信和诗句，鉴于译者文字和文学水平皆有限，难免会有差错，敬请读者指正、谅解。

谨以此为译者序。

2025 年年初春夜于北京牡丹园

张浩　军事科学院研究员，博士生导师，先进化学蓄电技术与材料北京市重点实验室副主任，美国斯坦福大学访问学者，中国化工学会储能工程专业委员会委员，长期从事先进电池储能关键技术与跨尺度计算研究，主持国家级项目课题 10 余项，国防科技重点项目首席科学家，在 *Nature Energy*、*Nature Materials*、*Nature Communications* 等期刊发表 SCI 收录论文 130 余篇，他引 9000 余次。

致 谢

首先，我要对剑桥哲学学会提供的慷慨帮助表示感谢，特别是他们允许我随时查阅学会宝贵的档案，以及阅读学会各种出版物和私人信件。学会理事会、委员会诸成员和多名工作人员都热心地帮助我收集资料，其中，我特别要感谢吉姆·伍德豪斯（Jim Woodhouse）、西蒙·康威·莫里斯（Simon Conway Morris）、艾伦·布莱克威尔（Alan Blackwell）、贝弗利·拉纳（Beverley Larner）、珍妮特·胡乔恩（Janet Hujon）、萨拉·李斯（Sara Lees）和温迪·卡特尔（Wendy Cattell）。还有吉姆·塞科德（Jim Secord），他一如既往，永远是一个可靠的顾问和第一个阅读我书稿的人。

这本书的出版离不开琼·布洛克·安德森（Joan Bullock Anderson）的工作，她于2014年对剑桥哲学学会的档案进行了重编；本书的出版也离不开惠普尔图书馆及安娜·琼斯（Anna Jones）、唐·穆特雷（Dawn Moutrey）、阿格涅斯卡·拉努查（Agnieszka Lanucha）和杰克·狄克逊（Jack Dixon）等人的支持。我还要感谢伊冯娜·诺比斯（Yvonne Nobis）和贝蒂与戈登·摩尔图书馆（Betty and Gordon Moore Library）的工作人员、塞奇威克博物馆档案馆（Sedgwick Museum Archives）的桑德拉·弗雷什尼（Sandra Freshney）以及剑桥大学图书馆珍本室的工作人员。

感谢许多向我讲述了他们各自在学会的经历的人们，特别是亨斯洛基金资助的学者们（尤其是亚历克斯·刘（Alex Liu）和艾米莉·米切尔（Emily Mitchell））、前学会执行秘书朱迪思·温顿·托马斯（Judith Winton Thomas）、许多前学会杂志的编辑以及前理事会成员。

感谢鲍里斯·贾丁（Boris Jardine）、乔什·纳尔（Josh Nall）、斯蒂芬·考特尼（Stephen Courtney）、杰克·塔文纳（Jack Tavener）等人专业的帮助。感谢本

书初稿的匿名评审专家们，感谢凯瑟琳·克拉克（Catherine Clarke）和埃德·波顿（Ed Potten）对初稿的建设性意见。

感谢牛津大学出版社拉塔·梅农（Latha Menon）和珍妮·努吉（Jenny Nugee）的辛勤工作，以及罗莎娜·范登博加德（Rosanna van den Bogaerde）、乔纳森·罗利（Jonathan Rowley）、卡罗琳·昆内尔（Caroline Quinnell）和所有参与这本书出版的人。

我很感谢格顿学院（他们一如既往地引领社会创新）的支持。

最重要的是，我要感谢我的家人——特别是塞布（Seb）、阿莫斯（Amos）、雷德利（Ridley）和奥辛（Oisín），他们在我写作此书的过程中一直陪伴着我。

序

与其他类似著作一样，虽然此书力求面面俱到，但实际上做到这点难于登天。虽然书中一些精彩的故事一带而过，但其实值得大书特书。这点正如剑桥哲学学会，关于它的许多精彩历史事件都被埋没了。多亏了苏珊娜·吉布森（Susannah Gibson）的这本著作，她以精湛的写作技巧使得剑桥哲学学会在生物进化、深度时间和基础物理等诸多精彩的历史事件重为世人关注。这些大事件从学会早期便十分密集地发生着，譬如，查尔斯·达尔文（Charles Darwin）报告了他改变世界认知的航行见闻，乔治·比德尔·艾里（George Biddell Airy）就眼睛缺陷和钟摆等不同的主题发表了演说，詹姆斯·克拉克·麦克斯韦（James Clerk Maxwell）在22岁时首次在学会发表了重要演讲，J. J. 汤姆孙（J. J. Thomson）就仍然神秘的阴极射线阐述的理论，阿瑟·艾丁顿在一个挤满了人的屋子里讲述了实证爱因斯坦时空理论的日食期间星光弯曲耸人听闻的观测结果，等等。学会在其建立后的前一个多世纪的时间中使我们的思想观念发生了深刻的变化。但是，这也带来了一些可怖的可能性。随着战争在欧洲的蔓延，鲁道夫·佩尔斯（Rudolph Peierls）在《学会学报》上发表了一篇计算报告，其经过深入计算得出了一个确凿的预测：一个比网球还小的浓缩铀块体理论上可以毁灭一座城市。

剑桥哲学学会自1819年成立以来，创始人约翰·史蒂文斯·亨斯洛（John Stevens Henslow）和亚当·塞奇威克（Adam Sedgwick），以及爱德华·丹尼尔·克拉克（Edward Daniel Clarke）的精神与理念一直引领着学会发展。这种精神是一种深深的好奇心，即为什么这个世界会是现在这般模样？以及当我们有了这样或那样的知识与智慧之后，这个世界将如何得到改善？当今世界的发展道路上充斥着各种惊人的发现，这些表面上看起来简单的结果，其背后都有错综复杂的攻关历程。苏珊娜从正反两个角度阐明了一系列大发现背后的复杂故事，尤其是这些大事背后剑桥大学和英国国内的各种态势。

探究精神——现代科学的基石

在本书最后,苏珊娜写道,"哲学学会已经成为剑桥大学科学王国的一小部分——而这正是它成功的真正标志"。这着实是一个很高的评价。正如许多成功企业的背后秘诀在于天赋与创新,或说主观与客观的双重发力。学会的发展历程也并非一路高歌猛进,比如在19世纪60年代,克劳奇先生为最大导火索的学会财政危机,使得学会被迫搬家,并碰巧成为新卡文迪什实验室的邻居。而正是在这里,正如在学会200年来的历史中反复印证的那样,学会在剑桥大科学王国史诗般的发展中起到了重要的催化剂作用。

苏珊娜的叙述揭示了科学不仅令人振奋,而且充满了鲜活的事件与人物。想想看,拥挤的人群观看联合创始人克拉克从耶稣学院发射热气球,以及他讲火山爆发理论时身边听众挤得水泄不通。迈克尔·福斯特在他的实验室里蒸馏出了一些令人讨厌的"有排泄物味道的液体",赶走了当时与之相邻的普鲁士天文学教授,为自己赢得了宝贵的实验室空间……这是不是很有趣?在更广阔的领域,学会也在不断促进着剑桥大学的科学发展。因此,学会也获得了一片大学植物园的地皮,盖起了宏伟的图书馆,收集了大量与自然历史相关的藏品,也为世界上最好的科学图书馆提供了支持(直到这座图书馆很可惜地被关闭前,我一直都在那里从事进化科学研究)。同样,剑桥哲学学会开创了人体测量学的研究,从而为生物学中严格的统计奠定了基础,而这些实验专业知识与技能的广泛传播也使得大学各院系受益。

学会并不故步自封,最近,它启动了一项为有天赋的年轻科学家提供亨斯洛基金支持的计划,苏珊娜提到了现任亨斯洛基金资助学者亚历克斯·刘和艾米莉·米切尔在研究动物生命诞生时的情况所做的大量工作。总之,学会对未来充满信心,但我们也将其在1819年的创立作为剑桥科学的一个转折点。所有科学家都站在巨人的肩膀上,这也许是老生常谈(尽管人们很少记得,这种自负至少可以追溯到沙特尔的伯纳德时代),但学会的官方印章是著名的鲁比利亚克设计的艾萨克·牛顿雕像,这表达我们对先哲的崇敬和探究精神的一脉相承。

最后,我们和苏珊娜一起向一个卓越的机构——剑桥哲学学会致敬,这个机构在剑桥科学的发展中发挥了作用,而且发挥得非常出色。

西蒙·康威·莫里斯
英国皇家学会会士
剑桥哲学学会会长
2018—2019

前　言

安提基瑟拉（Antikythera）机械装置是古希腊留存下来的最独特的装置之一。在这片经历数十个世纪海浪侵蚀的小小金属碎片上，那个圆圈里的十字形状十分显眼。这明明是巧匠所制，但它所为何用呢？它自1902年被发现以来就一直是一个谜一样的存在，现代科学利用X射线断层扫描和高分辨率表面扫描证实了一个长期以来的猜测，即其内部反复出现的圆圈曾经是一个复杂的齿轮系统。这些精确切割的黄铜轮有30多个，它们被用来模拟天体的运动。无论是谁制造了这个非凡的装置，他一定对天体的运动有着系统的了解，同时也掌握了惊人的制造技术：当中国领先欧洲几个世纪制造出第一个机械天文钟时，更为复杂的安提基瑟拉机械已经存在好几个世纪了。

我第一次参加剑桥哲学学会的会议时，其主题便是关于这台古老的机械。在学会座无虚席的讲堂里，加迪夫大学天体物理学名誉教授迈克·埃德蒙兹向我们揭示了该装置的秘密。他的演讲将考古学、材料科学、历史学和宇宙学融为一体。安提基瑟拉机械从根本上改变了我们理解古代技术的方式，它让我们能够深入希腊工匠的作坊和希腊天文学家的头脑。埃德蒙兹应用尖端的分析技术对它进行研究，还借此机会完美地向非专业观众详细地解读了这些尖端技术。简言之，这可谓是哲学学会会议上讨论的最佳话题。

但一个哲学学会应该是什么样子？听众是否应该为讨论内容是冶金成像技术而不是柏拉图的唯心主义或康德的形而上学而感到惊讶？长期以来，学会人员在向来咨询入会的人介绍时一直反复强调：“学会涉及的不是哲学，而是自然哲学，即科学。”这是一系列复杂术语的简单总结，这些术语在历史上有多重不同的含义。但是，也许总结得过于简洁了？

"自然哲学"一词有着古老的渊源，它常常被与亚里士多德和他对自然世界的研究联系在一起。但是随着时代的发展，亚里士多德的工作在新的基督教教义的影响下也在被慢慢重塑，自然哲学也发展成了另一种学说：一种理解上帝创造的自然世界的方式。自然哲学家所研究的学科种类繁多，包括运动的科学和力学、物质的性质和本质、天文学以及更为深奥的概念，如变化、机遇和缘起。

到了17世纪末，自然哲学迎来了复兴。那时，在剑桥工作的艾萨克·牛顿出版了他最著名的杰作《自然哲学数学原理》，或称《自然哲学中的数学原理》。这本书做了一件意料之外的事：它把抽象的哲学研究与精确的数学结合起来。对牛顿来说，自然哲学本质上仍然是一种宗教活动，是他对神学观点的补充，但哲学和数学的结合将产生深远的影响。这项工作的贡献在于不仅使诸如天文学之类的科学得以大发展，因为彼时之后，学者们不仅仅简单地进行数学计算，而且被允许探寻他们所计算研究的现象的背后原因；还使得诸如运动研究之类的科学活动逐步变得更为精确，从定性研究转为定量研究。

有人称，17世纪末的这段时间为"科学革命"时期，即传统自然哲学的终结与现代科学的开始。但在现实中，自然哲学仍继续存在了许多年。在被称为启蒙世纪的18世纪，自然哲学仍广泛存在着。不仅如此，它还吸引了更多的人参与其中。平等主义的启蒙理想意味着任何人都能接触方方面面的文化（无论是艺术的还是科学的），而这些之前并不对普通人开放。在17世纪，一个新的群体在上层社会中形成，这就是科学学会。而到了18世纪，随着社会的需求增长，更多的普通人加入了这个群体。在伦敦，成立于1660年的皇家学会在其前100年的历史中，始终是精英们讨论自然哲学的场所。但从18世纪末开始，两种新的组织开始逐渐形成，一种是主要在伦敦的，专门研讨自然史、地质学和天文学等单一学科的科学机构；另一种是各个省级的学会。

这些省级学会通常设在曼彻斯特等工业重镇或巴斯等时尚城市。这些学会通常自称为"文学和哲学"学会，这反映了学会向其成员广泛介绍跨艺术和科学不同领域知识的意图。但并不是所有的学会都认同此点，有的学会仍然坚持自然哲学的最初概念，坚持其为一种精神或道德上的活动。例如，北部城镇哈利法克斯（一个羊毛制造中心）的文学与哲学学会创始人，希望学会能鼓励"对科学与自由的追求，这些追求能提高智力和道德品质，从而保障人类的最大利益"。这些社团很快变得十分受欢迎，大家蜂拥到宏伟的新会堂中，聆听当时的各种奇迹：电力和蒸汽动力，工业时代强大的新机器，医学的进步，在未知土地上的探索以及诗歌、音乐和绘画。省级学会的成员迅速增加，各学会在新建会堂的同时，还修建了大量的博物馆、图书馆和教室。这些学会发挥了极大的启蒙作用。

剑桥哲学学会成立于1819年，是上述传统的延续，但却与众不同。首先，它是唯一一个在英国大学城成立的此类学会，虽然它是独立的，但却与大学有着密切的关系。另外，学会会员资格只对剑桥大学的校友开放，这使得学会的每一个会员都有着优良的数学功底，因为没有剑桥大学学生可以在不了解牛顿理论的情况下拿到学位。也许这正是剑桥哲学学会区别于全国各地的其他学会的原因：当省级学会把主要精力投入自然历史和更具描述性的科学事件上时，剑桥哲学学会则变得越来越数学化。剑桥哲学学会的这种趋势，恰与19世纪科学领域（特别是在物理科学领域）的专业化和数学化的大潮流一致。地方学会的会员多喜欢与旅行相关的讲座，或喜欢从图书馆借阅小说，关注点大多是个人的知识教育而不是原始的科学研究。剑桥哲学学会的成员们则喜欢微积分讲座，建立了全英国最好的科学图书馆之一，并积极尝试创造新的知识与理论。由此可见，剑桥哲学学会当时的情况完美契合了我们当代关于科学创造活动的具体需求。

这段历史仅是学会保存的档案中的一小部分。在2014年，编撰此书的想法作为2019年学会二百周年庆祝活动准备工作的一部分被首次提上日程。我是第一位系统查阅学会档案的历史学家。当时，面对一堵由灰色的档案盒组成的高墙，我不知从何做起。当我打开最上面的一个盒子时，发现了一个旧的红色的牛肉罐头盒，边缘生锈，表面有宣称自己是"肉食时代"创造者的字样。盒子外面拴着一个被煤烟熏黑的金属勺子，而盒子里面则卷着一把红蜡球，大小和形状都像冬青浆果，还有一根蜡烛的残枝、几根用过的火柴和学会的旧印章。这些简单的、独一无二的器物立刻把观者带回到学会的早年时期，带回到学会诞生的那一刻，学会从那里开始破土而出，茁壮长大，枝繁叶茂。

在研究档案的过程中，有时常常遇到挫折，毕竟我正在试图讲述一个在剑桥迷人而庞大的历史版图中常常被忘却的故事。这是一个比表面看起来要丰富得多的故事，因为了解剑桥哲学学会的历史，让我们对这座城市的科学史有新的见解。扩展开来，是让我们对英国、欧洲和世界其他地方的科学发展史也有新的体会。这让我们对剑桥是如何形成的，以及科学是如何从一小部分富有绅士阶级从事的边缘活动发展成为一项资金无比充裕，并影响我们生活方方面面的全社会活动，有了新的认识。

目 录

1 剑桥沃野的哲学家们　　　1
2 万圣小路上的房子　　　23
3 南方来信　　　56
4 新繁荣　　　81
5 克劳奇先生的罪行　　　101
6 每个人自己的工作台　　　125
7 图书馆里的实验室　　　148
8 希望它永远不会对任何人有任何用处　　　167
9 继续向前　　　189

尾注　　　197

正文图片和彩插图片版权　　　252

参考资料　　　254

1

剑桥沃野的哲学家们

从白矾湾以南高高的白垩质峭壁上,你可以清楚看到水对面的北岸,在那里,彩色的石条带垂直于海滩之上。红色、粉色、灰色和棕色,偶尔夹杂着白色的纹理:这些古老的岩石在上沿绿色草地的曲线下显得尖锐突出。像一具暴露在外的骷髅,陡峭的悬崖显露出的是通常看不到的隐藏在地下的秘密。如果你不了解一块土地下面的骨骼和肌肉结构,就不可能了解它皮肤的质地。1819年4月一个晴朗的日子,两位年轻的地质学家在岩石上攀援而上。他俩正希望能了解这一点:土地之下的秘密。

亚当·塞奇威克(Adam Sedgwick)(图1)和他的朋友约翰·史蒂文斯·亨斯洛(John Stevens Henslow)(图2)来到怀特岛观看这些壮美的垂直岩床。在悬

图1　40多岁的亚当·塞奇威克穿着伍德沃德讲席教授正式制服(1833年)

图2　50多岁的约翰·史蒂文斯·亨斯洛,那时他是植物学教授(1849年)

崖的底部、海湾的弯曲处，白垩陡然变成了深色的岩石。他们用锤子敲开了表层，发现这里的岩石富含黏土和化石。塞奇威克和亨斯洛发现了古代牡蛎、长而优雅的羽片壳、两种双壳类和一种单壳类动物标本。他们仔细检查了这些标本，敲掉了长时间保护它们的基质，把它们在手中翻来翻去，与已知的相似物种进行比较。这些化石意味着什么呢？同样的贝壳化石被发现存在于另一种岩石中，也就是所谓的伦敦黏土（London Clay）。这与远离此处的其他已知的裸露岩石是同样的岩石，还是说这样的匹配只是巧合？塞奇威克和亨斯洛试图构想出这些岩石形成时的世界——也许是数百万年前：他们脑海中浮现出一个浅浅的、温暖的、充满了生物的宁静海洋。现在，唯一能证明这个早期世界存在的证据，就是他们面前的岩面中保存下来的贝壳碎片。

这是亨斯洛第一次外野地质学考察，对塞奇威克来说则是第二次。地质学是一门年轻的科学，诞生于18世纪下半叶，在19世纪的头几十年内发展迅速。这门新科学旨在通过研究当今世界来揭开过去的秘密。如果塞奇威克和亨斯洛能够知道这些岩石的构成，他们也许能够弄清楚这些岩石是如何生成的？以及在它们生成的时候，这里的景观大致是什么样的？它们和伦敦黏土之间是否有联系？他们的考察缓慢而有条不紊，这一方面是为了确保数据的可靠，另一方面是因为两人都刚刚学习了新的科学方法。亨斯洛最近刚在剑桥大学获得学士学位，他下定决心要尽可能多地学习自然科学。塞奇威克学习地质学技术则有一个更为紧迫的原因：他最近刚被任命为剑桥大学的伍德沃德（Woodwardian）地质学教授，但他却对这门学科几乎一无所知。

塞奇威克是个聪明能干的人。他于1785年出生在英国北部约克郡的登特村，他的父亲理查德·塞奇威克（Richard Sedgwick）是当地的牧师与小学教师。亚当·塞奇威克跟随父亲学习，16岁的时候在附近的塞德伯格上了一所文法学校，之后跟随传奇人物约翰·道森（John Dawson）学习了一个夏天。道森早年在约克郡山谷过着牧羊人的生活，但不知何故对数学产生了兴趣。他用羊毛编织袜子，用卖袜子赚的钱买数学教科书。道森虽然完全靠自学成才，但他很快就有能力教其他学生了。理查德·塞奇威克是道森最早的学生之一，因此，理查德很自然地也把儿子亚当·塞奇威克送到他那里去学习数学，以便有望去剑桥深造。自18世纪80年代以来，道森针对剑桥大学的要求，专门为男学生做辅导，他的学生中很多人都能在剑桥大学的考试中获得最高分。

在道森的指导下学习了一个暑期之后，亚当·塞奇威克被剑桥大学录取。19世纪初，尽管剑桥大学也为来自富裕家庭或聪明出众的男生提供宽泛学科的教育，但它仍主要是一所为英国国教培养神职人员的宗教培训基地。其主要有两个部分：学院（亚当·塞奇威克入学时有17个学院）是由各学院院士管理的自治机构，负责学生的教育、日常生活与精神指导；大学则是一个小型行政机构，主要负责考试和学位授予。当时，英格兰只有两所大学：剑桥大学和牛津大学（相比之下，苏格兰有五所大学）。这两所英格兰大学都是对社会大多数人封闭的、保守的圣公会机构，他们从不录取妇女、天主教徒、犹太人和持不同意见的新教教会的成员。

1804年，塞奇威克作为一名减费生（sizar，指那些家境不富裕的学生，他们在学院里承担一些杂务来减免学费）被三一学院（Trinity College，剑桥大学最大、最富有、最强大的学院）录取。他乘坐一架"六座"台式马车从约克郡绵延起伏的绿色山丘出发，经过几百英里（1英里≈1.6千米）的旅程，耗时三天两夜，来到剑桥郡广袤的平坦地带。塞奇威克后来回忆说，这是他离家出行最远的一次。当他到达剑桥进入三一学院时，一个崭新的世界在他面前开启。剑桥那些身着黑袍的人们、他们使用的奇怪行话以及无数的潜规则，对他来说都是谜一样的存在。他的许多同学都来自富裕和享有特权的家庭；他们曾出入时尚活动，也曾各处旅行，他们都被培养出了绅士的风度。对于富裕的学生来说，剑桥可能是一个非常颓废的地方："酒会"是很受学生欢迎的活动，那里提供"苹果及各种果脯，以及各式各样的冰激凌"，"轻浮的年轻人们以他们能带来更多种类的葡萄酒为傲，香槟和红葡萄酒几乎被认为是一个人的必需品"。与这类学生相比，塞奇威克显得粗鲁而狭隘：他穿着过时的衣服，举止朴素，说话带有浓重的约克郡口音。但他头脑灵活，充满了迷人的少年心气；同学们都喜欢他，他也很快适应了大学生活。

塞奇威克在学业上表现很好。在第一年的暑期考试中，他排在前几名，这要对古典和数学有深入的了解才可以做到。这次考试是在三一学院的大厅里，由学院的院长和高级院士主持的一场生动的口试。拜伦勋爵（Lord Byron）与塞奇威克同时期在三一学院求学，他记录下了这次考试经历的恐怖：

在他同伴们的簇拥下，
马格努斯那宽大的身躯高耸起来；

> 坐在主席之位上，像神，
> 当他点头时，老生和新生都在颤抖。
> 周围的人都坐在无言的黑暗中，
> 他的声音，在雷声中，摇动着穹顶；
> 向不幸的傻瓜们送出可怕的羞辱，
> 数学能力糟糕透顶。

在接下来的几年里，塞奇威克一直让老师们印象深刻——即使是第二年的一场伤寒也没有阻碍他的进步。正如他的挚友威廉·安格尔在一封信里所记述的那样，他全身心地投入学习中，未受杂事纷扰：

> 你既然深深地沉浸在数学科学的崇高之中，又怎么可能对一个人卑躬屈膝的关心感兴趣呢？自从他离开你以后，他只是为了打发时间而在沼泽地里乱跑。老实说，塞奇威克，如果我有什么更重要的事要告诉你的话，我不会冒昧地告诉你上星期二晚上我正在威斯比奇镇听着小提琴声手舞足蹈。我所做过的最深刻的猜测，就是试图了解一个古怪的姑娘的性格。你也许记得我曾经提到过，她是唯一一个可能给你的铁石心肠留下深刻印象的女人。我肯定地认为她和你一样是个怪人，当然这还不足以说明问题。

塞奇威克对数学的狂热驱使他勤奋地在自己的屋中终日学习。他从不考虑小提琴音乐和年轻女性可能带来的乐趣，取而代之的是，每天早上5点起床并一直工作到深夜，完成课堂布置的任务直到困意将他击倒。而当数学符号和哲学概念在他疲惫的脑海中飞舞时，他的睡眠时常被"你能想象到的最可怕的梦"所扰乱。但当塞奇威克在第三年获得奖学金时，那一个个不眠之夜得到了回报。

1808年，塞奇威克参加了毕业考试（该考试在剑桥被称为Tripos，源于学生通常会坐着三条腿的凳子来参加这个考试），并取得了第五名的成绩。随后，他需要做一个决定：是争取剑桥为数不多的职位；是接受律师或教会方面的培训；还是回到约克郡成为一名教师。塞奇威克对法律事务几乎没有任何兴趣，也对致力于神学研究有所排斥。他在体会了大学学习的乐趣后，也无法忍受回到田园生活的想法，因此他决定成为一名研究人员。塞奇威克在剑桥通过私下招收学生来维持生活两年后，最终在1810年获得了三一学院的一个研究职位。

这份工作给了塞奇威克收入、住房和安全感，但也剥夺了他很多其他东西。当时的大学研究员不能结婚，所以塞奇威克承诺，只要他在职位上，他都会保持独身的生活。他曾开玩笑说："婚姻对一个已走到晚年的男人还是不错的，但想到若娶了一位令你痛苦的妻子将带来太多烦恼，我想我还是晚些再考虑此事吧。"然而，塞奇威克曾经差一点就结了婚。快到 70 岁的时候，他还在念念不忘以前的心上人。他曾向他年轻的侄女坦述："我也曾经心动过，我身体的四分之三都曾沉寂在爱中；但是，你知道的，我从没有把头伸进爱情的绳索。"

工作让塞奇威克忙得不可开交，几乎没有时间去考虑爱情。他去礼拜堂做礼拜，在大讲堂用餐，在休息室喝茶，但主要职责是辅导本科生学习。在当时的剑桥，数学是课程的核心，所以塞奇威克整天穿着学袍，在冰冷的石头建筑里，向不知感恩的学生教授算术。他发现这项工作很繁重，必须长时间工作才能达到别人对他的期许。在工作的压力和随之而来沮丧的打击下，他的身体状况开始下降。但事情从 1815 年开始好转，当时塞奇威克被任命为三一学院的助理导师。这个职位的工资略有提高，使得塞奇威克可以在大学假期到欧洲大陆旅行。在 4 个月的时间里，他到访了法国、瑞士、德国和荷兰。从拿破仑战争期间一直到 1815 年，欧洲的大部分地区都对英国游客关闭了大门。塞奇威克很幸运地赶上了战后开放的好时机，参观了那些他耳熟能详的地方。

塞奇威克第一次访问欧洲大陆时的笔记简明扼要，他花了重笔墨强调对法国人的厌恶："美丽、明艳、纸醉金迷的巴黎是一个高贵的首都，但这儿的人们是如此让人厌恶和可憎，只要他们不被拴起来受奴役或像野兽一样被消灭，欧洲就不会有和平。"尽管如此，当塞奇威克进入瑞士，第一次看到雄伟的阿尔卑斯山时，他的情绪有所改善。群山让他目瞪口呆，美丽得超出了他的想象，这种"极致的完美"在他回到英国很久后依然萦绕在脑海中。他在这里用自己的方式、在太阳和群星的指引下旅行，翻越山脉，穿过森林，还有人生第一次看到了冰川。

这次旅行对塞奇威克来说是一次重生。在欧洲探险之后，他的健康状况得到了极大的改善。他意识到，在封闭的剑桥，他不应仅仅去重复性地教授数学课程。他开始花更多的时间在户外，只要有机会就会回到约克郡；他开始考虑研究数学以外的学科。他想去旅行，想看看新事物，想激发自己的奇思妙想。因此，在 1818 年，当伍德沃德地质学讲席教授的位置空出来时，塞奇威克决定申请这一职位。

伍德沃德讲席的职位由一位对化石着迷的内科医生——约翰·伍德沃德（John Woodward）于1728年在剑桥设立。伍德沃德早年写过一些关于如何收集和保存地质标本的手册，直到今天许多地质学家仍在遵循他的指示。伍德沃德用他收集的标本作证据来支持他关于地球如何形成的理论，试图将《圣经》中关于洪水的描述与岩石上的证据联系起来。虽然17世纪和18世纪的许多博物学家试图创造这样的理论，但他们的理论并不一定植根于现实世界，很少有人像伍德沃德那样从事活跃的实地考察。伍德沃德去世后，他精心收集并排列在橱柜里的藏品留给了剑桥大学（伍德沃德的收藏柜，见彩插图1）。他还留下了足够的钱来资助一个地质学教授的职位，这在英国还是头一遭。在伍德沃德的遗嘱中，这个讲席教授的职责并不多：他必须照看好藏品，并每年做四次讲座。

自从亚当·塞奇威克抵达剑桥以来，伍德沃德讲席一直由同一个人担任：约翰·海尔斯通（John Hailstone）。海尔斯通曾在著名的德国地质学家亚伯拉罕·维尔纳（Abraham Werner）手下做过短暂的研究；回到剑桥后，他成为一名活跃的矿物学标本收藏家，并为伍德沃德收藏品的扩充做出了很大贡献。之前伍德沃德讲席的各位教授的讲座均无太大声名。海尔斯通解释说，这是因为地质学与植物学和动物学不同，它是由一些分散的、互不相关的事实组成的，无法被融合成一个系统。不能简化为系统的学科很难成为公共教育的主题。虽然他有意改变这一点，但在他担任该教职的30年中，似乎没有进行过大场合或定期的演讲，但他确实通过展示自己的标本和伍德沃德之柜的藏品来分享他的地质知识。当海尔斯通在1818年宣布辞去这一职位时，许多人都感到惊讶。原因呢？他想结婚，而伍德沃德的捐赠条款要求该讲席教授必须是单身。

婚礼结束后，海尔斯通和他的新娘玛丽搬到了剑桥郊外的川平顿牧师庄园，留下了一个空着的地质学讲席位置。这正是塞奇威克一直在等待的机会。有人听到他抱怨说，他对辅导本科生数学这一枯燥乏味的工作感到"由衷的厌恶"，他需要一个新的挑战。当他得知海尔斯通即将卸任时，他兴奋地给一位朋友写了一封信，谈到他希望获得这一职位——"如果我成功了，我将有动力更积极地提升自己的才能，成为一名快乐且有用的学会成员"。

有几位候选人提出竞选该讲席。其中一位是皇后学院的研究员乔治·科尼利厄斯·戈勒姆（George Cornelius Gorham），他学习过地质学，并以精通该学科而闻名。但是，来自声望更大的学院的塞奇威克最终赢得了投票。据戈勒姆说，这是一个"学院影响力战胜个人资历"的胜利。戈勒姆还抱怨说，一些人因为他是卫理公会教徒而投了反对票，这个猜测可能是对的。塞奇威克对地质学知之甚少，但这似乎对那些投票支持他的人几乎无关紧要。

不管怎样，塞奇威克还是旁听过矿物学教授爱德华·丹尼尔·克拉克（Edward Daniel Clarke）的几场讲座，读了一些关于地质理论的书。但实际上，他被任命为伍德沃德讲席教授是基于他的性格、人脉和综合能力。当时大学似乎并不担心新教授缺乏专业资质，也不一定要求教授们讲授他们的学科。但塞奇威克规划了一个不同的方向：他将成为一名务实的地质学家；他将每周讲课；他将带领他的学生进行野外考察；他将广泛收集藏品，并扩建大学的小地质博物馆。

在职业生涯的头几年，塞奇威克别无选择只能投身于数学：这是在大学获得研究职位和资助的唯一途径。塞奇威克的家庭不够富有，不能全额支持他从事科研，所以把数学作为一种达到目的的主要手段。但是，这对他的身体和精神健康造成的损害是沉重的。在昏暗的烛光下看书到深夜的日子，更让塞奇威克渴望户外的探索。接受伍德沃德讲席教授意味着塞奇威克薪水减少，但他并不介意，他只想把自己从一遍一遍地给学生讲同样的数学问题的苦差事中解脱出来，做一些能激发他思维的事情，并花更多的时间在课堂之外。

从未有过如此活跃的伍德沃德讲席教授。塞奇威克在1818年一被任命，就开始了他的研究。那年夏天，他在德比郡的铅矿、斯塔福德郡的铜矿和柴郡的盐矿度过。他无所畏惧地走进矿坑里，沿着摇摇欲坠的木梯往下走，一直到地下几百英尺（1英尺=30.48厘米）的地方。他顺着矿脉，仔细观察岩层，开始了解土地之下的奥秘。他开始狂热地收集物品，以至于当他秋天回到剑桥时，他房间里的每一张桌子和椅子上都堆满了夏天的战利品。塞奇威克开始准备他的第一次讲座。正是在这个时候，他和他的朋友约翰·史蒂文斯·亨斯洛（John Stevens Henslow）计划去怀特岛旅行，他们决心亲眼去看看白矾湾传说中的垂直矿床。

塞奇威克和亨斯洛几年前通过共同的朋友约翰·乔治·肖-勒费弗（John George Shaw-Lefevre）相识，后者与亨斯洛同年来到剑桥，曾就读于三一学院，塞奇威克曾在那里担任辅导员。尽管年龄相差十岁，塞奇威克和亨斯洛很快就建立起了融洽的友谊。1819年1月,塞奇威克在剑桥开始了他的第一个讲座课程,亨斯洛(虽然不再是学生)满怀热情地参加了这个讲座。塞奇威克的口才和热情给他留下了深刻的印象,塞奇威克用精湛的技巧深入浅出地向听众讲述地质科学的画面也给他留下了深刻的印象(听众不仅包括大学里的人,还包括妇女在内的镇民,塞奇威克热情地欢迎他们进入演讲厅)。对矿物学已经很感兴趣的亨斯洛发现,新兴的地质科学是如此令人激动,如此富有启发性,以地貌形状讲述着亿万年的历史。因此,在讲座结束时,当塞奇威克向亨斯洛提议他们一起去怀特岛实地考察时,亨斯洛欣然接受了这个邀请(见图3)。

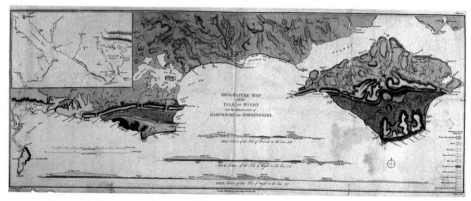

图3　约翰·史蒂文斯·亨斯洛的怀特岛地质图。亨斯洛和塞奇威克在1819年实地考察时带来了这张地图

这两个朋友手握锤子、背着收集包在全岛考察。他们每天早早起床,有条不紊地在岛上的地层中工作,检查铁砂、黏土和白垩的化石。清新的空气和明媚的日光使他们的感官更加敏锐,努力则使他们精力充沛。他们徒步走了好几英里,在山头和悬崖上爬来爬去。他们有时沉迷于工作以至于几乎被潮水卷走。他们发现了几十种古代贝类、动植物、珊瑚和海洋植物。正是在这次旅行中,亨斯洛和塞奇威克逐渐地认识到新兴地质学的潜力。作为新任教授或新毕业生,他们自知正在创造新的知识,也开始思考剑桥的不足。他们正在一门年轻学科的最前沿探索,并改进这门学科的工作方法,但剑桥的人谁会在乎呢?讲座只有很少的人参加,地质博物馆窄仄不堪,也很少有人参观,没有大学学报可以发表他们的研究

成果，而且大量的精力被用在过时的数学上。塞奇威克和亨斯洛正是在怀特岛时，也许是在白矶湾的海滩上用锤子破开岩层看到下面的纹理时，也许是某个夜晚在旅馆里仔细研究他们发掘出的精美化石时，他们想出了一个可以展示他们研究成果的新平台：在剑桥成立一个科学学会。

这种学会在18世纪末和19世纪初蓬勃发展。在伦敦，尊贵的皇家学会收纳了一系列新的、更专业的学会：1788年的林奈学会（自然历史）、1807年的地质学会和1820年的天文学会。还有成立于1799年的皇家研究所，它鼓励发明与大众科普工作。在伦敦以外，更多的省级"文学和哲学"学会在大发展，主要集中在一些工业城镇：曼彻斯特的学会成立于1781年，随后是德比郡（1783年）、泰恩河畔纽卡斯尔（1793年）、伯明翰（1800年）、格拉斯哥（1802年）、利物浦（1812年）、普利茅斯（1812年）、利兹（1818年）和约克郡、谢菲尔德，惠特比和赫尔的学会（都是1822年成立的）。这些学会许多都在约克郡，塞奇威克是约克郡人，也经常去那里旅行，这也许很关键，他亲眼看到了人们对哲学学会的极大热情。1784—1786年，剑桥曾经有过一个非常短暂的科学学会，但是由于一些创始人的离世以及没有得到充分的支持，学会在成立后不久就解体了。

伦敦的学会一般都是为科学精英准备的，很难加入，关注面窄，面向社会高层；与之相比，省级学会大多由中产阶级组成，关注范围极广，会费也少得多，不需要任何科学知识。这两种模式都不适合剑桥。亨斯洛和塞奇威克考虑了几个选择：起初他们的想法是成立一个基于书信的学会，但这个想法很快就被放弃了。他们也曾设想建立一个以学生为主要对象的学会，以此向他们的充斥数学的生活中加入一点自然与历史，但也遭到了否决。

虽然没有任何确定下来的计划，他俩还是带着这样一个想法的雏形离开了怀特岛。那年的复活节是在4月中旬，所以复活节的假期很短。塞奇威克专注于准备他的讲座，这使他几乎没有时间致力于建立一个新的学会。但是，在这年春天和夏天的时候，亨斯洛和塞奇威克开始写信给他们在剑桥和其他地方的朋友和同事，概述他们的想法，寻求支持，并细化细节。塞奇威克的信是从萨福克、萨默塞特、德文郡和康沃尔寄出的，在那里，他继续进行他的考察，以在下学期开始前尽可能多地学习并实践地质学。他对那些所看到的新风景，以及那里的居民都很着迷。他在萨默塞特郡的门迪普和匡托克山上写道：

探究精神——现代科学的基石

我刚才描述的这个国家有一些更宏大的特质待被发现，但在美丽、富饶和多样性方面，大家并没有发现什么。布里斯托尔海峡两岸垂直耸立的崎岖悬崖与许多地方绵延至水边的美丽草坪和茂密树叶形成了鲜明的对比。至于萨默塞特郡的人，他们似乎是非常纯朴的好人，他们没有足够的智慧去欺骗一个陌生人。男人喝苹果酒，女人做凝乳。

在接下来的几十年里，塞奇威克将以这种方式环游全国，在各郡之间游走，观察土地的轮廓，收集化石，观察地层在地表下的起伏。

与此同时，亨斯洛也爱上了这样的地质学。他在马恩岛度过了1819年的夏天，碰巧，当地一位酿酒师在泥灰坑里发现了一头巨大的爱尔兰麋鹿的骨骼化石。村里的铁匠名叫托马斯·基维什，他利用自己对马的了解重建了这具骷髅——亨斯洛高兴地向塞奇威克描述了这一壮举："你知道我不太喜欢这种神奇的东西，但我真的认为我一生中从未见过比这种更壮观的景象，我怀疑彼得堡猛犸象是否能超越它……这家伙真的很聪明地把它拼凑起来了。"亨斯洛印象非常深刻，他试图为伍德沃德之柜购买这头巨大的野兽化石，但当地的公爵却把它据为己有，尽管基维什试图把它偷偷藏起来，公爵后来还是把它交给了爱丁堡大学的博物馆。

经过一个夏天愉快的地质勘探，秋天悄然来临的时候，塞奇威克和亨斯洛不得不结束他们的旅行。1819年10月，两人回到剑桥开始新的学期。城市周围低矮平坦的沼泽与怀特岛的悬崖峭壁形成了鲜明对比，但两位朋友并没有忘记他们在那里构想的事情。当大学生们在剑桥重聚时，塞奇威克和亨斯洛可以迈出下一步，实现他们的雄心壮志。

他们拜访了爱德华·丹尼尔·克拉克（见图4）。克拉克曾是耶稣学院的研究员，是一个古怪的古物收藏家，一个执着的旅行者，有时则是一个矿物学讲师。他曾经在大学里花了整整一学期的时间来建造一个热气球，据说这个热气球"体积宏大，装饰华丽"。他在耶稣学

图4　爱德华·丹尼尔·克拉克（约1800年）

院的大厅里展示了这个热气球,然后在一个封闭的庭院里,当着大批观众的面将它放了出去。他花了几乎另一个学期的时间构建了一个太阳分仪(太阳系的机械模型),以便他可以向唯一的听众(他的妹妹)讲授天文学。1800年,他在希腊旅行时贿赂了一位官员,得到了一座超棒的谷神克瑞斯的雕像。克拉克反而声称自己根本不想要它——"躺在粪堆里,她的耳朵都被没过去"。由于雕像重达数吨,他不得不建造一台特殊的机器,并在60个农民的帮助下,将它从山坡移到他的船上。今天,在菲茨威廉博物馆可以看到这座雕像。克拉克是一个非常热衷于雄心勃勃的计划的人,他知道如何做成这种大事。

从斯堪的纳维亚半岛、俄罗斯、黑海、土耳其和地中海旅行回来后,克拉克渴望在剑桥分享他的新发现和知识。他在国外的经历使他确信,英国的科学,尤其是他最喜爱的矿物学,与大陆邻国相比,处于一种弱势状态。他向大学申请场所来做一些关于矿物学的讲座,并巧妙地处理好了这些讲座抢了伍德沃德讲席教授"饭碗"的问题。大学最终同意了这个申请。1807年3月,克拉克开始了他的系列讲座。他兴高采烈地写信给朋友,说他成功了:

想象一下,我在一间豪华的房间里,在整个学校面前,在所有人面前!我周围全是矿物和水晶模型……

我这辈子从来没有这么成功过。我脱稿即兴发言,全场座无虚席。房间里有二百多人。我完全沉浸在我的演讲中,于是恐惧就消失了。我真希望你看到那张桌子上摆满的漂亮模型。

他的听众一致认为,克拉克的演讲是"教科书式口才表演","他一块块地拿起石头,讲述它们的特质——从钻石开始,再依次讲到水晶、石英、石灰石、花岗岩,再到男孩们在街上投掷的普通鹅卵石,每种石头他都会爆出一些笑料"。除了克拉克在多次旅行中收集的水晶模型和样品,还有一个可以喷出熔岩的维苏威火山软木模型,克拉克是在多次登上火山后在那不勒斯建造这座模型的。对于那些习惯沉稳的数学证明而不是戏剧化演示的观众来说,这确实是一个值得一看的新事物。这些讲座非常成功和受欢迎,以至于大学在1808年让克拉克成为第一位矿物学教授。他是一位出色的演讲者,他生动的演讲吸引了极多的听众。

亨斯洛和塞奇威克是在讲堂里第一次认识克拉克的,因此他们渴望得到克拉克对他们新学会的支持也就不足为奇了。他们知道克拉克是一个充满活力的人,精力无穷,热爱科学,热衷于分享知识和传播新思想。他们在1819年10月与他会面后,把一个模糊的想法变成了一个坚实的计划。克拉克对在剑桥建立科学学会的建议做出了热烈的回应,并帮助启动了这一进程。三人共同安排了一个公开会议,并欢迎任何对科学感兴趣的毕业生参加。在10月的最后一个星期六,他们把印制的通知张贴在大学的各个楼里,并在同事中传阅。会议将于11月2日星期二中午12点在大学图书馆下面的演讲厅举行。其目的是建立一个致力于科学交流的学会。这份邀请函由33人共同签署。除了塞奇威克、亨斯洛和克拉克,签署者还包括6位学院院长、6位教授、1位图书管理员和11位导师或助理导师。亨斯洛和塞奇威克在夏天的一系列游说显然是成功的。

那个星期二中午,一大群人聚集在演讲厅里。在1819年,大学的图书馆和演讲厅位于现在所说的老校区,就在国王学院的北面(见图5和图6)。演讲厅,或称"学校",位于四方院的一楼,其上面是图书馆。图书馆里不仅有书籍,还有木乃伊、中国雕像和死亡面具等珍品。外面的庭院里矗立着克拉克的谷神克瑞斯雕像。哲学院占据了西面,神学院占据了北面,南面是法学院和物理学院。西北角是伍德沃德博物馆,收藏着矿石、矿物和贝壳。博物馆旁边是塞奇威克负责

图5 这幅图的中心建筑曾经是大学图书馆的所在地,也是剑桥哲学学会预备会议的地点。左边是国王学院教堂,右边是参议院(1845年)

1 剑桥沃野的哲学家们

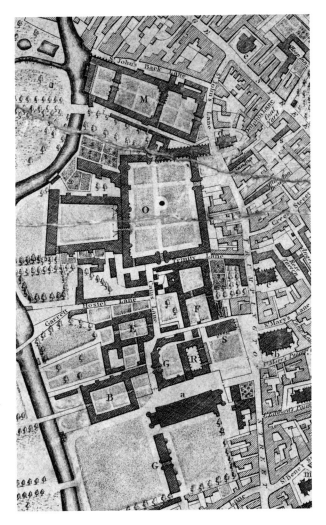

图6 剑桥中部地图,约1800年。大学"学校"(演讲堂)和大学图书馆(也称为公共图书馆)位于R,这是剑桥哲学学会预备会议的会址。其他建筑有:B. 克莱尔学院(当时叫克莱尔大厅);E. 三一堂;冈维尔和凯厄斯学院;G. 国王学院;M. 圣约翰学院;O. 三一学院;S. 参议院;a. 国王学院礼拜堂;D. 万圣教堂(在这张地图上,教堂后面的小巷被标记为海豚巷,以一家曾经占据这里的煤场客栈命名,也称为万圣小路)

的伍德沃德教授办公室,塞奇威克形容这个地方"小、潮湿、光线不好,完全不适合居住或讲课"。许多世纪以来,演讲厅仅被用于教授哲学、神学、法律和物理学。在1819年11月那个寒冷的下午,一种新的知识开始引人注目,一种新的知识分享方式也被创造出来。在场的人兴奋地谈到未来他们可能取得的成就:他们将拥抱现代科学,包括化学、矿物学、地质学、植物学和动物学;他们将设计新的实验,磨炼观察技能;他们将创建一份新的期刊来发表他们的成果;他们将把志同道合的研究人员聚集在一起;他们会激发学生的好奇心。

13

在会场热情洋溢的讨论中，约翰·哈维兰被推举为会议主持人。哈维兰从1814年到1817年一直是解剖学教授，被任命后他就开始定期讲课，而这是他的前任教授在过去20年中从没有做过的事情。1817年，哈维兰成为雷吉斯物理学教授，并在剑桥的阿登布鲁克医院教授临床医学，他把他的讲座列为必修课，甚至在讲座上对学生进行随堂测试。他和塞奇威克同龄，并且他们都对改革充满热情。由他主持第一次会议是一个好主意：他在大学里地位高，受人尊敬，但又足够年轻和有活力来推动变革。一旦哈维兰宣布会议开始，他们就可以进行最重要的一项工作：亚当·塞奇威克正式提议建立一个组织作为科学交流中心。与会者一致同意：为了发展自然哲学，他们将成立一个哲学学会——剑桥哲学学会。

剑桥为什么需要这样一个学会？剑桥是世界上最古老和最著名的大学之一，人们可能会认为那里充满了活跃的探究精神。但是在19世纪早期，剑桥大学是一个小心而谨慎的地方。课程的内容主要来自《圣经》、经典著作和艾萨克·牛顿的著作（早在一百多年前就出版了）。大学的主要目的是让年轻人适应教会生活，而不是把他们培养成研究人员。大学成为了一个填充现成知识的场所，而不是创造新知识的高地。正如一位历史学家所言，为现有的知识体系添砖加瓦并不是教授的分内事，就像图书管理员并无义务写新书一样理所当然。大学也不认为自己教授的知识是为了任何面向实际的目的，正如弗雷德里克·萨克雷（Addenbrooke医院的一位外科医生）的情况所显示的：他被大学拒绝授予医学学位，因为大学觉得他从事的这种需要亲自动手的职业和学位不相容！一位改革家模样的人总结了这种情况：

一个年轻人从我们的公立学校进入大学，几乎对每一个有用的知识分支领域都一无所知；这些大学都是为了培育那些打算从事神职的人而建成的，学生最宏大的抱负和雄心也仅限于循规蹈矩地学习古典知识与数学。

教授和大学的考官们鼓励学生学习传统学科。这些教授在自己的研究中几乎同样保守。苏格兰自然哲学家大卫·布鲁斯特曾在一封给朋友的信中评论道："我发现我冒犯了剑桥人，因为我说那里没有人做原创性的研究。你知道那里有谁在做吗？"

理论上，剑桥大学有各种各样的课程可供选择。在1819年，这里有神学、民法、物理学、希伯来语、希腊语、阿拉伯语、数学、哲学、音乐、化学、天文学、实验哲学、解剖学、现代史、植物学、地质学、几何学、自然哲学、英国法和矿物学的教授。但是，实际上，这些教授很少给本科生讲课，他们的大多数科目也都和学位考试无关。一些学生获得医学学位（尽管他们必须在伦敦或苏格兰完成大部分临床培训，因为剑桥大学只提供有限的实践课程）或法律学位，并在这些领域继续从业，但大多数学生拿的是文学学士学位，并希望在教会中从业。几乎所有的大学研究员和教授都是神职人员：爱德华·丹尼尔·克拉克、亚当·塞奇威克和约翰·史蒂文斯·亨斯洛都是在大学毕业后几年内被任命的，剑桥哲学学会的大多数早期会员的头衔都是"牧师"。

直到18世纪中期，学士考试（Tripos）的知识范围还相当广泛，考试用拉丁语，在参议院进行。大约从17世纪60年代开始，学士考试的一些元素开始发生变化：第一，它在本质上变得更加数学化；第二，荣誉学位候选人必须提交书面答题文件；第三，它变得更重视竞争，更重视候选人的排名。数学排名最高的学生被称为"牧马人"，而押注谁会成为"牧马人"逐渐成为剑桥的一种流行消遣。对数学的重视是牛顿留给母校的遗产的一部分。他的主要著作《数学的自然哲学原理》（1687年）和《光学》（1704年）分别展示了如何用数学和实验来理解上帝创造的世界。在大学考官的心目中，它们是教授神学概念的理想教材，同时也为笔试提供素材。随着对考试分数严格排序越来越受到重视，考试的重点也越来越多地放在牛顿的数学原理上。到18世纪末，如果没有对《牛顿原理》第一卷和相关的"综合"数学（如代数、算术、几何、微积分、天文学、力学、流体静力学和光学）有深入了解，就不可能获得剑桥大学的学位。这些数学知识几乎把所有其他学科都挤出了学位考试。

随着大学考试变得更加数学化，学院提供的教学内容也变得更加数学化。数学的教学模式曾是学生轮流陈述定理和证明，或者口头讨论解答简单的问题。现在，教学变得更加严苛：学生被长时间地灌输大部分的书面证明，需要学生解题能力越来越强才能搞定越来越复杂的考题。对于数学，特别是应用或"综合"数学，是能够成为深入研究其他科学的基础的，但剑桥的情况并非如此。数学仅被视为培养理性思维的工具；它是更上层的精神和道德教育的一部分。引入综合数学只是为了训练大脑在遇到比纯数学更复杂的问题时保持冷静；其初衷是，如果一个人有良好的精神自制力，他在现实世界中就能保持清晰的头脑。数学不是用来研究的，也不应该被视为任何特定职业的基础。如果一个本科生希望在毕业后进行进一步的研究工作，这会被认为是导师的失职：他们没能做到对学生足够的教化。

很少有剑桥人毕业后从事数学研究，因为这根本没有前途。那些来自富裕家庭的学生毕业后不需要就业；那些来自不太富裕家庭的人通常依附教会谋生；少数人在法律或医疗事业中获得成功；那些希望继续研究数学的学生面临着一个死胡同。除了大学奖学金和私人数学教师的职位外，没有任何其他与数学相关的职业。数学或科学工作几乎没有国家层面的资助。

剑桥大学教授的数学就是牛顿的数学，它已经有一百多年没变了。在欧洲大陆的其他地方，特别是在法国，牛顿的思想被吸收、发展、改编、分支发展，并以新的方式重新组合在一起。例如，法国数学（当时世界上最复杂的数学）受到了牛顿的启发，但这并不等于全盘接受牛顿的理论。法国数学家被鼓励要有创造力，要有趣味，并不需过于遵古法。相比之下，剑桥的数学学科已经僵化了。正如一位评论员所说：

在剑桥人眼中，剑桥的数学声望是最高的，牛津大学的数学仅次于剑桥，但依然有很大的差距。对一个剑桥人来说，牛津的考试是可笑的；但对一位法国数学家来说，剑桥的考试不值一提。在欧洲大陆，我们的大学科学的声誉很低。

第一次对这种状况表达出不满的人不是教授也不是学生导师，而是一小群推崇欧洲大陆数学的学生。他是查尔斯·巴贝奇，一个来自富裕家庭的聪明男孩。1810年他来到剑桥，在学生时代就热爱代数并对数学产生了深厚的兴趣。当他来到剑桥时，已经十分精通数学，包括欧洲大陆的数学。他觉得学院导师设下的数学课程十分枯燥，极度失望的他经常逃课去河上航行或玩纸牌。尽管如此，他依然在心底对欧洲大陆的数学保持热爱。在1812年，他和一个朋友开玩笑说要把法国的数学书翻译成英语，然后分发给学生（这个笑话是针对一个圣经学会的，这个学会陷入了关于分发祈祷书的争论中）。巴贝奇为一个恶搞社团制订了一个精心策划的计划，该计划将翻译法国数学家西尔维斯特·拉克鲁瓦的《计算的差异与完整性》。除了翻译这本关于微积分的综合著作外，巴贝奇的想法还包括鼓励使用欧洲数学的"d"符号（一种微积分表示方法，由戈特弗里德·威廉·莱布尼茨开发）来代替牛顿的"点"符号，因为他认为d符号更灵活。尽管这种符号更灵活，但对那些数学导师来说，它存在的缺点就是在法国很受欢迎，因为法国是各种激进和危险思想的滋生地。

很快，巴贝奇意识到翻译拉克鲁瓦在微积分方面的工作，以及更广泛地使用d符号这两件事是非常有意义的，因此他的恶搞社团成为一个真正的学会。巴贝奇在1812年5月7日星期四会见了几个朋友，提议成立分析学会，到了下周一，他们举行了第一次会议。这个社团很小（目前仅知道有16名成员），成员都是本科生，并且只对尖子生开放（社团大部分成员后来都成了"牧马人"）。圣约翰学院的学生、天文学家威廉·赫歇尔的儿子约翰·赫歇尔当选为分析学会的首任主席。赫歇尔后来回忆起他正是因为法国数学被禁止才觉得其魅力无穷。他写道，有一种"巨大未知的独特魅力，以及被禁止的东西所固有的吸引力"。不知不觉地，学院的导师们推动这些好奇的学生走向新知识。这些年轻的数学家定期会面，讨论彼此的工作，阅读欧洲的最新论文，翻译拉克鲁瓦的文章，并对剑桥的课程感到绝望。

1813年11月，巴贝奇的学会对"看似和平与安宁的世界进行了一次书面攻击"，出版了第一卷论文。根据学会的目标，该卷中的所有论文都用欧洲数学的d符号写成。这给剑桥大学出版社的工作人员带来了一些问题，他们努力寻找合适的字符来印刷这种奇怪的新语言。据说大学印刷商约翰·史密斯对文本所需的括号的数量和大小进行了抱怨，最后，他不得不去伦敦寻求帮助。此外，这些论文（巴贝奇的序言解释了学会的目标，随后是关于连续乘积、三角级数和差分方程的文章）对于大多数以前从未见过d符号的读者来说几乎是难以理解的。读者普遍感到困惑；巴贝奇写道，读者迷失在"ψ云"中。而赫歇尔则绝望地认为，与法国不同，"数学著作的出版，尤其是如果它超出了初级读者的理解范围，对作者来说将是一种沉重的负担和损失"。

这个学会很快就解散了，因为主要成员都毕业了。尽管大多数人在期末考试中表现出色，但有一个明显的例外：巴贝奇在考试前的公开辩论试图证明上帝是一个有肉身的人，主持会议的人认为这种说法亵渎了上帝，因此他没有获得荣誉毕业生。但是，尽管该学会的出版物反响不佳且巴贝奇的名声越来越坏，但该学会的影响仍然存在。1816年，巴贝奇、赫歇尔和分析学会的另一位前成员乔治·皮柯克出版了他们翻译的拉克鲁瓦的著作《微积分入门》。这时，皮柯克已经是三一学院的研究员了。当他在1817年被任命为大学考试的主考官时，他利用自己的权力将一些欧洲大陆的符号和思想引入了期末考试。这引起了很大争议，甚至很多人对他敬而远之，最终他沮丧地承认这些努力并没有取得任何成果。但皮柯克的行动确实产生了影响：他开创了一些东西，到19世纪20年代，欧洲大陆数学开始定期出现在大学考试中，剑桥课程也进行了更新，纳入了更多现代数学的最新进展。

剑桥由此开始发生变化，但速度很慢。到1817年，使用新的数学符号行为仍会使人震惊。1818年，塞奇威克决定定期以伍德沃德讲席教授的身份开授讲座的行为让许多人感到惊讶。1819年，剑桥哲学学会的成立引起了大学里一些人的困惑。塞奇威克写信给现在是天文学家、数学家，偶尔也是化学家的约翰·赫歇尔，总结了新哲学学会遇到的问题：

那些大学里的资深人士中，有些人嘲笑我们；其他人耸耸肩，认为我们的做事程序破坏了良好的纪律；更多的人以哲学上的冷漠来看待我们，就像他们看待其他外部事物一样；只有一小部分是我们热心的朋友。

1819年11月，一群热情的人聚集在图书馆投票成立了该学会，但它仍然只是一个想法，它需要架构、规则和明确定义的愿景。紧接着，一个由九人组成的委员会被任命起草一套管理新学会的法规。这九个人来自不同学院和大学本部，显示了有不同的人渴望参与这个新的事业。他们包括塞奇威克、克拉克和哈维兰，以及约翰·卡耶（基督学院的教师）、威廉·法里西（杰克逊自然哲学教授）、詹姆斯·卡明斯（化学教授）、费龙·法洛斯（天文学家和圣约翰学院的研究员）、托马斯·杰甫逊（圣约翰学院的研究员，后来成为矿物学教授的候选人）和一位布里奇先生（可能是比威克·布里奇，数学家、彼得豪斯学院研究员和牧师）。亨斯洛前一年才获得学士学位，尚未获得硕士学位，因此被认定为资历太浅，不能被任命为委员会成员。

该委员会迅速开展工作，在不到一周的时间里，他们起草了学会的第一套条例。这些条例正式概述了该学会的目标，宣布该学会的存在是为了"促进科学研究,并促进与哲学进步有关的事实的交流"。这是一个广泛的职权范围,不限于任何特定领域;它适合一个由地质学家、矿物学家、医生、自然哲学家、化学家、天文学家和数学家组成的学会。这将是一个真正的哲学学会。

1819年11月15日,委员会在原学会的第二次会议上提交了一整套规章制度;每个人都认同学会的声明反映了该学会的美好愿景,所有条例都被接受。该学会现在有一套管理入会资格、理事会选举和会费的规则,他们已经开始计划两周一次的会议,发表科学论文,建立博物馆和阅览室。这次会议标志着该学会的正式成立。

大家同意,学会的入会资格将向大学的所有毕业生开放;申请会员需要由另外三人提名,然后在学会会议上获得三分之二的多数票通过。会员将支付两个基尼(编者按:英国旧货币单位,相当于21先令)作为入会费,然后每年缴纳一个基尼,这个费用对于普通剑桥毕业生来说可以轻松承受。该学会将由一个理事会管理,该理事会由一位赞助人、一位主席、一位副主席、一位财务主管、两位秘书和几位普通会员组成,这些人将通过投票选举产生(赞助人除外)。每两年举行一次主席选举。频繁的选举,也是包括地质学会和天文学会在内的较新的伦敦学会的做法,被视为是保持领导活力和避免终身主席独裁倾向的一种方式。与此同时,还要求理事会成员必须有文学硕士学位,这是为了确保理事会成员的高标准(尽管文学硕士学位的硬性标准将亨斯洛这样的年轻男性排除在这些职位之外)。

1811年,被任命为剑桥大学校长的格洛斯特公爵威廉·弗雷德里克王子受邀成为学会的赞助人。公爵曾就读于三一学院,但他的才智并不出众,他对学会的事也不太感兴趣。委员会的其他成员则比较活跃。杰克逊自然哲学讲席教授威廉·法里什当选为学会主席。在成为杰克逊讲席教授之前,法里什曾是化学教授,对化学的实际应用非常着迷;他还是个聪明的机械师,喜欢把机器拆开来推演其工作原理。主持预备会议的解剖学教授约翰·哈维兰当选为副主席。亚当·塞奇威克和塞缪尔·李被选为秘书。李年轻时学过木匠,但他真正热爱的是语言学,把所有工资都花在买书上,这样他自学了拉丁文、希腊语、希伯来语、迦勒底语、叙利亚语、撒玛利亚语、波斯语和印度斯坦语。31岁时,李在教堂传教士学会的支持下进入剑桥大学学习,以令人难以置信的速度获得文学学士和文学硕士学位后,于1819年被任命为阿拉伯语教授。李被纳入第一委员会表明学会欢迎来自各种学术背景的成员。比尤维克桥被选为财务主管；布里奇把他的时间平均分配在他的切里欣顿教区的优秀工作和出版数学书籍上。

除了这些领导外，还有七位理事会的普通成员。第一位是矿物学教授爱德华·丹尼尔·克拉克，他帮助安排了初步会议。接下来是托马斯·卡顿，圣约翰大学的研究员和剑桥郡的牧师，他还负责建立了位于圣约翰大学一座塔内的天文台。托马斯·特顿是圣凯瑟琳学院的研究员，也是大学数学学位考试的考官（随后，1822年，他被任命为卢卡斯数学教授，1845年成为伊里主教）。托马斯·克里希曾经渴望成为一名艺术家，但是威廉·荷加斯建议他说这一领域人太多了，所以克里希转向了学术界。在剑桥，克里希在被任命为大学图书管理员之前，在18世纪90年代曾是玛达莱学院的院长。克里希主要致力于艺术、建筑和文物，以及重修剑桥的12世纪麻风病礼拜堂等项目。罗伯特·伍德豪斯为凯斯学院的研究员，他是一位数学家和天文学家，自世纪之交以来一直在推动数学课程改革。1815年，詹姆斯·卡明被任命为化学教授，由于这所大学没有任何科学仪器，他自己建造了一套，用来教授电、热、磁和许多其他学科的基本概念。最后一位成员是理查德，他是圣约翰学院的研究员，也是一名数学教师，曾是分析学会的成员。

这12个人组成了剑桥大学哲学学会的第一个委员会，其中有9人担任过神职，有9人曾在数学考试斩获"牧马人"称号，还有3人获得过享有盛誉的史密斯奖（在荣誉学位颁发两周后举行的一系列考试，使"牧马人"们能有机会比赛谁的数学水平更胜一筹，以期获得奖学金）。这些人在很大程度上是剑桥体系的结晶：他们在各自的领域里出类拔萃，享受着研究薪资、教会生活补贴和教授职位薪资的丰厚待遇，但他们并不满意。他们的职位对他们的要求并不高，他们本可以过着相对轻松的休闲生活，但他们都选择了挑战更高水平的教学或研究。他们都愿意把自己的时间奉献给这个学会。他们或被好奇心和追求进步的欲望所驱使，或被欲想突破大学陈腐的科学研究方式的想法所推动，都融入了新社会的新风气洪流。

改革大学体制将是一项艰巨的任务，需要在摄政院（大学的管理机构）进行难以想象的大量公关工作并通过被称为"恩惠"的法案。创建一个只对大学成员开放但正式独立于大学的科学学会，是解决改革问题的一个巧妙办法。

当然，建立一个新学会要比改变英国的大学容易：牛津和剑桥都是对改革持怀疑态度的保守机构。关于在伦敦（当时唯一一个没有自己大学的欧洲主要国家的首都）建立第三所英语大学——一所非宗教大学的讨论一直在进行。但直到1826年才有了伦敦大学学院。苏格兰高等教育状况较好：五所大学对非圣公会教徒开放。此外，苏格兰大学更能接受来自欧洲大陆的新思想。18世纪后期动摇法国的政治动荡和19世纪早期的拿破仑战争使英国当权派感到恐惧。英国精英无法接受来自法国的新的科学和数学思想，因为它们与激进的政治联系太紧密了。苏格兰人对此要轻松得多，许多苏格兰大学教授都曾在法国留学。

因为英国大学的主要职能是为英国国教培养神职人员，又因为他们对许多外来的思想充耳不闻，因而无法跟上科学和数学的最新发展。古典文学和神学一直是课程的中心，直到19世纪早期仍然如此。剑桥大学的许多人都对自己的角色和成就感到非常满意，他们不认为改变这种制度有任何好处。事实上，许多人反对剑桥自然科学的崛起，因为他们认为自然科学分散了学院的主要职责，即为教会和国家未来的领袖提供宗教和道德教育。休·詹姆斯·罗斯是一位牧师，他是1817年的第十四任"牧马人"，他发起运动反对在剑桥教授科学，因为他担心对"理性"的狂热崇拜会威胁到宗教正统。他写道：

从事科学的人可能会嘲笑叫亨利·莫尔和约瑟夫·米德的人，嘲笑他们对他自己所知道的科学知识全然无知；毫无疑问，这种蔑视本身便是无理。他们不会按照科学的顺序排列物质世界的物品，不会使用实验室的工具，也不会操作机械；但是，谁会认为人类诸如高尚的情操、深思熟虑的心灵、优美的哲思、温和的欲望和基督教式的和平的特质，还不如实验主义者和科学发现者的那些匆忙、狂热和急迫的特质呢？到底什么才应该是人类智慧的尊严的体现呢？

为了消除这些急迫与匆忙，罗斯主张重拾对神学和文学的缓慢而有耐心的研究，并且完全摒弃了那种认为学习科学"会使人更容易接受高级知识"的想法。尽管剑桥大学内部有些人为科学辩护，认为科学研究和宗教情感之间并没有不相容之处，但许多人还是支持罗斯的观点。

在大学之外，英国的科学也落后于某邻居——欧洲和苏格兰。伦敦皇家学会在17世纪十分活跃，到19世纪早期已经衰落。一些人抱怨说它只不过是一个时尚的俱乐部；它有数百名研究员，但很少有人进行科学研究和发表任何东西，或对科学表现出任何明显的兴趣。皇家学会的会费如此之高，以至于把大多数有抱负的科学工作者排除在外，比如那些来自北方工业城镇的人，他们在科学和技术方面则取得了真正的进步。

  伦敦以外越来越多的科学学会，以及伦敦城里更专业化的学会，都在发展壮大，以应对老机构的这种弊病。在前维多利亚时代，引领科学研究的是科学学会，而不是大学。18世纪和19世纪科学领域的许多重要人物，与其说是与某所大学，不如说是某个学会联系更为密切：曼彻斯特文学哲学学会的化学家约翰·道尔顿和物理学家詹姆斯·焦耳；巴斯文学和哲学学会的天文学家威廉·赫歇尔；自然哲学家汉弗莱·戴维和伦敦皇家研究所的迈克尔·法拉第。这些学会实实在在地振兴了科学。

  位于东安格利亚平原的一个小镇上的剑桥哲学学会处于一个独特的位置：它是一个独立的学会，就像工业城曼彻斯特或时尚的巴斯城的学会一样，但它位于一个大学城里。它的所有会员也是大学的成员，所以它可以对大学产生微妙的（非正式的）影响。该学会只对毕业生开放，因此对本科生的学习没有直接影响，但它鼓励大学的资深学者进行新的研究，这些研究最终会渗透到学生身上——也许是通过他们大学导师的课堂讲授，或者偶尔通过应答考官的书面论文。慢慢地，哲学学会潜移默化的影响在大学中变得逐渐明显起来。熟悉这些愿景与方法的新一代将会逐渐成长起来，大学也将逐渐发生变化。科学本身也会被改变。

2

万圣小路上的房子

从三一学院的大门，经过的人们仍称之为犹太"万圣堂"的教堂（尽管剑桥已经有好几个世纪没有犹太人区了），经过从前的太阳旅馆，在曾经是海豚旅馆的遗迹旁边，有一条狭窄而阴暗的巷道（见图7）。在剑桥中世纪的杂乱的小巷里，当人们看到一个苍白的新楼插在老旧的墙灰斑驳的建筑之中时，可能会感到惊讶。19世纪30年代来剑桥参观的人，在进入这座宏伟的新楼时，会离开剑桥熟悉的街道，发现自己来到一个陌生而奇妙的地方。因为藏在楼上的是剑桥当时最现代、最令人印象深刻的博物馆。抛光的桃花心木和玻璃盒子排列在墙壁上，里面装满

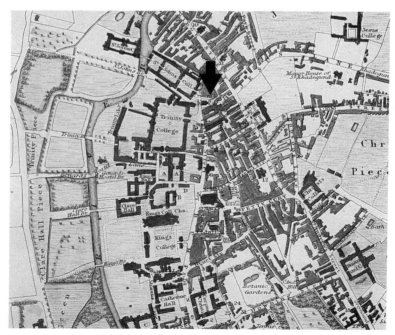

图7　学会会堂（箭头标出）在万圣小路的位置地图

探究精神——现代科学的基石

了来自世界各地的珍宝：动物标本、五彩缤纷的鸟类羽毛、闪闪发光的昆虫和保存完好的古代骨头；有苍白闪亮的贝壳，诉说着海底的另一个王国的往事，这是来自大海的财富；有从地下挖出的宝石，有风干的植物和种子，里面有生命在时间中悬浮；还有那些装在大罐里的被酒精浸泡的长相奇特的野兽，它们颜色淡了，只有形状还在。所有这些东西都竞相吸引来访者的目光。这些收集到的物品代表了地球上所有的生命，他们林林总总地来自于地球上的每一个大陆，以前沿科学之名被聚集在剑桥。

建造一座博物馆几乎从学会第一次会议开始便被提上议程。在学会成立之前，剑桥并没有自然历史博物馆。伍德沃德之柜里有许多精美的地质和矿物学标本，但几乎没有空间来展示它们。剑桥也有一个小的解剖收藏展，但其是限制参观的。约翰·史蒂文斯·亨斯洛负责哲学学会的新博物馆的建设，他为此做出了多年辛勤而卓绝的努力工作。

亨斯洛长期以来一直师法自然。1796年，他出生在肯特郡的一个中产阶级家庭。据说他的母亲是一名充满好奇心的收藏家，而他的父亲是一名律师，造了个大鸟舍并把大部分时间花在他的花园里。他们的房子里摆满了书籍，包括许多自然史方面的书籍。因此，年轻的亨斯洛从小就对大自然有浓厚的兴趣，喜欢在他家附近的田野里收集样本。有一次他带回一种几乎和他一样大的真菌，他的父母把它晾干并挂在门厅里。在寄宿学校，亨斯洛的绘画老师乔治·塞缪尔是一位热心的昆虫学家，他进一步激励了亨斯洛对大自然的热爱。亨斯洛在学校的果园里拿着捕蝇网追逐昆虫，度过了许多快乐的时光。正是从塞缪尔那里，亨斯洛学会了如何保存他捕捉到的昆虫，并自豪地向他的家人展示。

1814年，亨斯洛进入剑桥大学圣约翰学院学习。亨斯洛把大部分时间都花在了数学、古典文学和神学课程上，但他还是成功地继续了他的自然史探索。他还参加了卡明教授的化学讲座和克拉克教授精彩的矿物学讲座，从而多学了一些自然科学知识。亨斯洛在1818年参加了荣誉学位考试，被评为第十六名"牧马人"（他的朋友肖-勒费弗当年是高级"牧马人"）。这虽然很好，但还不足以赢得奖学金。然而，亨斯洛决定留在剑桥，继续他的学术工作，收集样本，并陪同他的朋友进行实地考察。

哲学学会博物馆始于亨斯洛。它的第一个主要收藏品是亨斯洛的全套英国

2 万圣小路上的房子

昆虫和贝壳。这些都是他从小就开始收集的东西：从早期在他老家和学校附近的短途探索，逐渐发展到在剑桥和剑桥郡沼泽地区的当日旅行，然后是更长、更艰辛的探险，比如1819年他和亚当·塞奇威克去怀特岛的旅行。亨斯洛所到之处，都在寻找有趣的新标本。每回到家，他会小心翼翼地把他的发现分类放在特殊的柜子和盒子里。当亨斯洛狭小的房间里已经没有多余地方继续放置物品时，为他的珍奇藏品建立一个安全的储藏之处的想法，对他产生了极大的吸引力。

当亨斯洛开始担任博物馆的副馆长时，该学会还没有在万圣小路拥有其雅致的办公楼。学会早期的会议通常在剑桥大学老植物园的房间里举行。植物园位于剑桥镇中心，占地几英亩（1英亩≈4046.86平方米），与之相邻的是自由书院巷和皮布鲁克巷（该地区现在称为新博物馆站）（见图8）。会议每两个星期一举行一次，从早上7点到9点，这个传统一直到今天都没有改变，会员们可以带客人（包括女性）参加。这就是爱德华·克拉克曾经精彩讲授矿物学的那间屋子。当时，剑桥大学的科学讲堂只有两个：一个是解剖讲堂，另一个是化学讲堂。虽然其他一些教授也有教室，但除了用来教几个学生，它们实在不适合展示任何现代科学的东西。

图8　植物园的演讲厅，也是该学会第一次正式会议的地点

因此，该学会早期的会议都是在借来的房间里举行的。塞奇威克、亨斯洛和新成立的委员会不知道在第一次集会上会发生什么；也不知道会有多少人来听第一次报告，以及有多少人会付两基尼来参加。他们精心安排了预备会议，目的是要制造出人们对这个新社会兴奋之情的氛围。这次会议是在1819年年底举行的，包括威廉·法里什主席的欢迎辞，爱德华·克拉克关于学会愿景的激情演讲，以及慷慨激昂地宣读了赞助人威廉·弗雷德里克王子的支持信。虽然这次会议没有发布任何真正的科学论文，但它已经吸引了剑桥镇上很多人的注意，并激起了人们的兴趣：一个现代哲学学会的想法是令人振奋的。1816年，伦敦城市哲学学会的一名成员所写的这几行文字，捕捉到了观众可能期待的哲学学会聚会的壮观场面：

> 听！椅子附近响起了一个声音！
> 它的声音流畅地在空气中流动；
> 倾听的缪斯全神贯注地
> 注视着说话的地方和说话的人。
> 这个青年衣着整洁，相貌平平；
> 他的眼睛如是：哲学的谷物；
> 感悟清晰，反思深刻；
> 理解得好，保存得牢。
> 他机警的头脑中，任何话题都逃不过
> 似是而非的诡辩术也无法欺骗他；
> 他的力量，不受束缚，从一个极点到另一个极点；
> 他的思想没有错误，他的灵魂没有罪恶。
> 内心温暖，脸上幽默，
> 欢笑时是朋友，丑态时是敌人；
> 脾气坦率，态度谦逊，
> 总是正确，但总是谦逊。

这是一名叫德莱顿的诗人写了几行关于迈克尔·法拉第的诗。法拉第当时是著名的皇家学会的助理人员。人们对他知之甚少，只知道他参加过城市哲学学会的会议。这些人的特质便是一个理想化的自然哲学家的特质：一个热爱真理的人，其思想可以在不同主题之间不断轮换。

塞奇威克和亨斯洛正是为这种自然哲学家的思想和对科学的广泛涉猎所着迷。在剑桥之外，在伦敦的科学学会，在英格兰的工业城镇，在欧洲的大学里，新的科学发现、技术创新以及认识世界的新方法都在不断涌现。在19世纪早期，约翰·道尔顿的原子理论刚被提出，乔治·斯蒂芬森发明了第一辆蒸汽机车，汉弗莱·戴维为国家矿工发明了安全灯，并改进了电解理论，这使得一些新元素被发现。在国外，法国博物学家艾蒂安·圣希莱尔（Etienne Geoffroy Saint-Hilaire）、让·巴蒂斯特·拉马克（Jean-Baptiste Lamarck）和乔治·居维叶（Georges Cuvier）正在重新思考进化论和化石记录，而他们物理学领域的同事则试图解开光、热和引力的奥秘。现在，这些知识将来到这个剑桥郡平坦沼泽地带的小镇。电的实验，新的化学元素，蒸汽机——一个个全新的科学领域有待探索。

法里什、克拉克和公爵在学会的第一次预备会议上所说的话产生了预期的效果。1820年新学期开始的时候，当学会第一次正式会议开幕时，植物园的房间里挤满了有抱负的科学爱好者。第一篇论文是由威廉·法里什宣读的，他之所以可以成为第一个演讲者不仅因为他是该学会的会长，还因为他的成就跨越了科学和技术领域，把剑桥的精英领域同工业时代的奇迹联系起来。作为杰克逊自然哲学的教授，法里什却住在一个又黑又冷，只有小窗户，没有壁炉的小屋里，小屋就在屠宰场路和鸟闩路交口、老牲畜市场旁边。就在这个时常有恶臭袭来的令人沮丧的小屋里，教授和他的助手创建一种魔幻的氛围：周围有一百个不同的设备。他们只使用简单的工具——"松动的黄铜轮子，它们的齿相互配合：不同长度的轴，可以固定在轮子需要的任何部分，包括棒、夹子和框子"——他们赋予了这些机械生命。在这间工作室里，他们重现了英国工业时代的每一台重要机器，这些机器都是这位教授在多次参观英国工业区时亲眼看到的。

法里什正在履行理查德·杰克逊给他布置的任务。杰克逊于1782年建立了自然哲学讲席，他明确指出，担任这个职位的人必须推广"真正有用的知识"；开授的讲座可以是自然哲学范围内的任何主题，只要它们是"实验性的"。法里什在1813年接受杰克逊讲席教授职位时，他已经是一个注重实验的教师了：自1794年以来，他一直是化学教授，教他的学生矿业、制造业、金属的特性，陶瓷、玻璃、染料（当然，这些课题并不被包含在学位考试中，而且考勤并不被计入本科生的成绩）。

1819年剑桥哲学学会成立后，法里什的平台进一步扩大。法里什在第一次会议上发言，在摇曳的烛光下，他开始讲述在他的车间里发生的令人难以置信的机械奇迹。从棉纺厂、蒸汽机到简单的独轮车，他能变出各种各样的东西，然后把它们重新组装成零件——那些松动的黄铜轮子、铁条、夹子和框子。那天晚上法里什演讲的重点是他发明的巧妙的几何方法——这种方法用于绘制这些结构和解构的平面图，使他能够在机械构筑的现实世界和剑桥的数学通用语之间进行转换（见图9）。

图9　杰克逊自然哲学教授威廉·法里什首次向该学会展示的机器之一

在那个二月的晚上，法里什之后又有两篇论文被宣读。一篇是爱德华·克拉克在英国的一些矿石中发现了镉。新元素镉虽然早在几年前就在德国被发现了，但这是它在英国岩石中存在的第一个证据。那时已知的元素还不到50种，一种新元素的发现令人兴奋。另一份论文是由一位名叫费尔法克斯的船长提交的。他做了一系列实验，通过观察不同波浪下降的时间来测定水深。

报告部分结束后，展览开始了——这将是未来几十年里学会的一大特色——

一些新奇或神奇的物品将展示给来参会的会员们,用来辅助解释之前报告的内容,也可深化听众的体会。这些展示的物品包括植物、动物和机器被局部放大的速写;自然历史标本;或者仪器和自然物体的模型。这种会议对感官来说是一种享受:舞台上点缀着色彩斑斓的图画和地图;桌子上摆满了精美的标本;整个大楼都能听到机器和设备的"嗖嗖"声。在第一个会议结束的晚上,法里什展示了一种新的钞票设计,它可以防止被伪造。而弗雷德里克·萨克雷(一个艾登布鲁克的外科医生,一直没有获得医学学位)展示了一个刚在斯卡伯勒的海滩发现的化石。

这次会议有意在创造一种与人们之前在大学听到演讲的不同。尽管两位主持人法里什和克拉克都是教授,但萨克雷和费尔法克斯都不是传统的大学生。会议的内容也与学生在学位课程中可能学到的内容相距甚远:工业机械、新元素、航海的实际问题、银行业最新技术的展示以及当时如日中天的地质学领域的化石简直无所不包。这是一个具有前瞻性的学会,不害怕脱离剑桥学术界约定俗成的范式。

几天后,塞奇威克写信给约翰·赫歇尔,报道了学会的新闻,并向他保证:

既然我们已经出发了,我一点也不害怕:我毫不怀疑,我们将继续前进,繁荣昌盛……我们可以指望我们的会员有足够的热情进行交流;我们也可以冒险在一个新体系激发的活跃精神上发现一些希望。

伦敦和爱丁堡的期刊都报道了这次会议,包括会议的发言人和展示的物品。学会的声望开始增强,会员人数也开始增加。那个学期每开一次会议,出席人数都会增加。演讲的题目和演讲者吸引了大批剑桥人:有数学、古生物学、地质学、火山学、光学和力学方面的论文。新的思想从法国、意大利、德国和伦敦源源不断地涌来。演讲嘉宾包括一些剑桥知名人士,比如爱德华·克拉克,但也有一些更年轻的学者,比如三一学院的一位名叫威廉·休厄尔的数学导师,他提出了一种计算行星轨道的新方法。

当塞奇威克放弃三一学院的职位,成为伍德沃德讲席教授时,休厄尔填补了他的空缺。休厄尔来自兰卡斯特,是木匠的儿子。像塞奇威克一样,他从北方来到剑桥,发现自己置身于一个充满长袍、高台、教法和学院政治的陌生世界。他甚至比塞奇威克还出身贫寒,1812年进入三一学院,成为一名卑微的资助生。

他的出身使他在同龄人中与众不同，有一次，在到达剑桥后不久，当他看到一群猪被赶过三一学院的大门时，有人听到他喃喃自语道："猪很难被赶着走，尤其是多了的时候特别难搞定。"这句话让他的很多同学笑了起来。但是，休厄尔聪明而勤奋，他的学术成就很快为他赢得了尊重。此外，他很活泼，喜欢玩乐，把很多时间花在"打鸟，结伴去游泳，航行到切斯特顿，在乡村集市上跳舞，打台球，把烧杯变成音乐杯演奏，制造火箭，骑马外出"，因而结交了很多朋友。1817年，在1816年斩获"牧马人"第二名之后，他获得了三一学院的奖学金，在1818年塞奇威克退出这个职位后，他升为助理导师。哲学学会刚一成立，塞奇威克就加入了，全身心地投入这项新的事业中，仅在第一个十年就发表了二十多篇论文。

几次会议后，植物园的房间明显不足以容纳蓬勃发展的新学会，所以他们开始寻找一个属于自己的场所。1820年3月，塞奇威克和另一位秘书塞缪尔·李（Samuel Lee）以及理事会成员托马斯·特顿（Thomas Turton）开始寻找新的会所。他们很快就找到了他们要找的：一幢位于剑桥市中心的大房子，它可以举办他们的会议，也可以为科学创造提供空间。房子在西德尼街，耶稣巷对面。它属于当地商人埃利奥特·史密斯（Elliot smith），他从事土地、珍贵书籍和精美画作的拍卖，并在19世纪50年代和60年代三次成为剑桥市市长。史密斯一直把这所房子用于拍卖活动，但这次他发现了一个好商机。他把整栋房子租给了学会，每年90基尼，租赁协议为期十年。到4月底，学会拿到了新的会所。

如果学会有房子，他们也需要一个管家。他们雇用了一个叫约翰·克劳奇的人，每年付给他25英镑让他为学会工作，并另向他收取5英镑的房租。克劳奇每年还有3基尼的经费买煤火，另有1基尼用于维护壁炉。克劳奇可以使用整个房子，除了几个多功能厅，每天只需要工作5个小时。他还会时常得到加薪，到1824年，他的年收入已增加到每年40英镑。后来，学会对他的慷慨雇佣条件感到遗憾，这件事是后话，将在本书后面章节介绍。

1820年5月1日，学会准备在新会所举办第一次集会。在一个春天的傍晚，在可以俯瞰花园的西德尼·苏塞克斯学院会议室，一大群听众聚集在此来听威廉·法里什讲述磁极导航的困难之处，约翰·赫歇尔讲述光线通过一个水晶带来的弯曲，并聆听了查尔斯·巴贝奇的演讲（他以前是剑桥的坏小子，到1820年，他正忙着建立伦敦天文学会，并大量出版有关数学的书籍）谈论错综复杂的微积

2 万圣小路上的房子

分。但是当晚会议中最重要的部分是讲座后的展览。亨斯洛已经小心翼翼地把一箱箱的标本——翅膀闪闪发光的蝴蝶、按类别和顺序整齐排列的甲虫、从海边捡来的精致的螺旋形贝壳——从他附近的房间搬到学会的房子里。现在,他把它们展示给安静的人群,小心翼翼地处理它们,描述每种生物的历史和栖息地,指出它们的独特之处,以及它们与其他物种之间的联系。

这些就是剑桥大学第一个自然历史博物馆的基础——亨斯洛在会议后把它们捐赠给了学会,并开启了学会的收藏事业。就在同一天的早些时候,学会理事会投票决定拨出一部分资金来支持一家博物馆,拨出30英镑用于建造用来展示亨斯洛标本的玻璃柜。

亨斯洛给学会的礼物很特别。在此之前,小镇缺乏这样的收藏,学者只能通过积累私人藏品来研究自然历史,这可能是一个昂贵和耗时的过程。19世纪早期的博物馆是重要的研究场所,在这里,多种标本可以被收集在一起,进行科学研究、描述、比较、命名,并根据分类学原则进行分类。对自然界潜在秩序的探索是科学界最核心的目标之一,而博物馆是这种研究的理想场所。虽然我们现在认为博物馆是教育或娱乐的公共场所,但许多19世纪的博物馆只对学者开放(尽管一些博物馆,尤其是在伦敦,主要用作公共景观)。学会的博物馆对外开放的方式是一种传播科学的探索,公众都可以申请参观许可。博物馆可以促进自然历史的研究,正是该学会的主要目标。既然学会有了自己的场地,亨斯洛和他的同事们就可以开始建造一个博物馆了。

他们做起此事都非常兴奋。亨斯洛在博物馆的主要合作者是伦纳德·詹宁斯。詹宁斯和亨斯洛一样,也曾在圣约翰学院学习,1818年亨斯洛毕业时,詹宁斯刚入学。詹宁斯从小就对自然史很感兴趣。小时候,他住在伦敦,经常收到他家在剑桥郡庄园的管家寄来的一捆捆的鸟。对于这些鸟,詹宁斯回忆道,"在确定了物种并记录下它们的特征后,为了保存,它们大多被剥了皮,尸体被进行了粗略的解剖"。随着岁月的流逝,詹宁斯对收集的热爱与日俱增,直到他发现自己已拥有了无数鸟类、哺乳动物、鱼类、昆虫、贝壳和干燥植物的标本。当亨斯洛和詹宁斯被圣约翰学院的一位导师介绍相识时,他们发现他们之间有一种天生的相互吸引,因此开始了一段持久的友谊,以及一系列将持续一生的合作。

哲学学会博物馆是他们共同努力的结晶。两人都从自己的收藏品中慷慨解囊。

探究精神——现代科学的基石

亨斯洛捐赠了一批来自中国和巴西的昆虫，这些昆虫通过商船从遥远的国度运到英国，供人们研究、命名、描述，并与欧洲的昆虫进行比较。他把自己自 1820 年夏天起从北威尔士裸露的岩层中挖出并收集的矿石也捐了出来。两人都捐赠了鸟类标本。有些是我们熟悉的鸟类：麻雀；身上点缀着鲜艳的黄色和红色的金翅雀；苍头燕雀；猫头鹰和野鸡；秃鼻乌鸦和知更鸟；还有秃鹰、鹭鸶和夜鹰。有些来自外国和远方，带着异域风情：一只在玻璃笼子里站得笔直的黑嘴海雀；来自洪都拉斯和德梅拉拉戴着猩红色帽子的冠雉；还有一只游隼。他们还捐出了在剑桥郡捕获的小型哺乳动物——鼹鼠、鼩鼱，甚至还有水獭，以及一些不太常见的动物，比如臭鼬。

学会的其他成员也纷纷效仿，向这个新生的博物馆慷慨解囊。除了常见的贝壳、昆虫、鸟类和干燥的植物外，还有许多珍品：一颗巨大的大象牙齿；比之更大的古代麋鹿鹿角化石；黄蜂的巢穴、燕窝和硅化木。学会用一些地球仪标示这些标本来自哪些遥远的国家，也用独特的地球仪模型显示了地球和宇宙的关系。还有一些更令人震惊的礼物，比如埃德蒙·斯托尔·哈斯韦尔（Edmund Storr Haswell，他后来住在新西兰，担任"土著保护者"的职位）送的一个新西兰人的头骨。还有明星藏品，如约克郡著名的柯克代尔洞穴里的化石，这些于 1821 年被发现并保存下来的动物骨骼化石包括大象、鬣狗、犀牛、河马和野牛等。起初，许多人认为这些骸骨是在某次大洪水后沉积下来的，甚至可能是诺亚时代的洪水，这些动物的尸体被长途搬运到它们最后的安息山谷，这里也是迄今为止发现的此类动物最北的地方。但牛津大学的地质学家威廉·巴克兰（William Buckland）很快意识到这些动物曾生活在当地，并发现了是住在洞穴里的鬣狗家族把骨头叼了进来，因而骨头上留下了被咬过的痕迹。巴克兰的工作重塑了当代的历史和地质学观念：他证明了大象等动物曾生活在约克郡，而且展示了化石在实证一些看似难以置信说法过程中的力量。

这些都是可以通过博物馆藏品来讲述的故事。通过研究学会博物馆的藏品，知识的边界可以被外推。在明显不相关的物体之间可以建立联系：外来的物体可以与本地的物体相比较，旧的物体可以与新物体放在一起，随着时间的推移可以跟踪变化。博物馆，尽管视觉上一定是吸引人的，一个充满奇异动物、奇怪化石和来自世界各地的奇珍异宝的神奇场所。但其不仅仅是一个展示物品的地方，更是一个激起发现的地方。

尽管博物馆建立的目的是作为研究人员进行研究的空间，外人也可以作为客人参观。约瑟夫·罗姆利（Joseph Romilly）是该学会的成员，也是一位精力十足的写作者，他回忆起自己带一位年轻的亲戚去博物馆的经历："晚上（我们）带小女孩去了菲洛斯博物馆。去看那些鸟类标本。开始大声朗读奥斯汀小姐的《劝导》。"

参观博物馆可以让一个科学工作者了解自然的规律，同时也可以让其获得读简·奥斯汀小说一样的欢愉。

亨斯洛和詹宁斯以极大的热情策划了这批五花八门的藏品，为这些逐渐塞满学会房屋的大量藏品分门别类。他们设想的目标是对剑桥郡所有的动物群进行全面的收集，包括所有已知的 281 种脊椎动物和 9000 多种无脊椎动物，用以作为建立英国所有野生动物的整体分布图像的第一步。这个雄心勃勃的收藏愿景意味着博物馆将发展得更加迅速，更大的房间和更高档的陈列柜里很快也将被塞满藏品。

不断发展的博物馆只是学会开始寻找一个更稳定会所的原因之一。学会的会员人数在第一个十年迅速增加：从 1820 年的 171 名会员发展到 1830 年的近乎 300 人。当悉尼街的房屋租约到期时，埃利奥特·史密斯没有续租。委员会开始寻找新的住所。他们决定，与其再租一套房子，不如自己盖一座。起初，他们想在三一街的蓝野猪旅馆后面买一块地，但交易失败后，他们把注意力转向了圣约翰学院的一块地。这是位于万圣小路上的地块，位于万圣教堂后面的巷道拐弯处（见图 10）。1832 年 5 月，于 1831 年当选为学会主席的塞奇威克（Sedgwick）与圣约翰学院的主管查尔斯·布莱克（Charles Black）协商这块土地的租赁事宜，他们很快就以每年 20 英镑的价格达成了 40 年的租赁协议。租赁条款生动地描绘了剑桥的城市生活：塞奇威克郑重签署了一份文件，同意不会将该场所用作肥皂制造厂、蜡烛厂、酿酒厂、糖面包店、屠宰场、普通酿酒厂、麦芽酒厂、狗舍、熔炉、锻造厂、卖厨具和油的店、肉店、兽医店、铁匠店、运货店、白蜡店、铜器店、啤酒店或烟草制造厂。

学会同意了这些条款，将租约就放在了学会铁箱子里以妥善保管，便可以开始盖房子了。

学会聘请查尔斯·亨弗雷为建筑师开始设计新会所。亨弗雷建造了许多新建筑，也塑造了 19 世纪的剑桥：他设计了桥街上的圣克莱门特教堂塔、阿登布鲁

图10 威廉·科尔（Rev William Cole）牧师绘制的《万圣教堂》的图画（约1743年）。从学会阅览室的窗户可俯瞰这座教堂

克医院的柱廊、三一学院的报告厅（现在称为天使厅）和伊利学院的会议室。他后期还负责为帕克学院的杂乱牧场重新设计排水设施和平整场地，以便在1838年为举行纪念维多利亚女王加冕的宴会作准备。在那时，剑桥的小镇和学院大多是分开的，尽管他是一个镇上人，但他和他的家人一定和剑桥大学里的人交往过，因为他的女儿后来嫁给了罗伯特·威利斯。此人在1837—1875年担任杰克逊讲席教授，也是学会的杰出成员。

对于万圣小路中的这块地，亨弗雷设计了一个灰砖砌成的四层房子（见图11）。高高的优雅拱形的窗户；正门上有一个宏伟的新古典主义三角墙，大门呈内嵌结构，以适应门前的狭窄小巷。里面是高高的天花板，精致的灰泥飞檐和现代的煤气灯。它有一个会议室，一个议事厅，一个图书馆，阅览室，收藏间，还有管家克劳奇先生的房间。到1832年6月，学会与贝尔先生签订了建造这座房子的合同。他们同意向贝尔先生支付1716英镑的费用，条件是房子在1833年5月1日前完工。学会通过向会员出售50英镑的股票筹集了必要的资金。1833年秋，学会搬进了新房子，只比计划晚了几个月。

2 万圣小路上的房子

图 11 从教堂看到的万圣小路上学会的会馆。栏杆上方的高拱形窗户是阅览室的窗户。克劳奇先生的房间在地下室（其窗户只有地上部分可以看到）

亨斯洛和詹妮斯在其他几个人的帮助下第一时间将新房子里的博物馆布置好。成千上万的标本被小心地包装起来，被小心地转移到100米外的新家。亨斯洛最初捐赠的贝壳和昆虫只用两个陈列柜就够了，随着藏品的持续增长，现在需要30多个陈列柜来展示博物馆的珍品。亨斯洛还收集了夏季在多塞特海岸采集的海洋无脊椎动物，詹妮斯还提供了在英国南部海岸捕获的鱼类。19世纪20年代，学会开始购买制作好的收藏品：伦敦外科医生约翰·摩根（John Morgan）收藏的一组华丽的英国鸟类，以及由大英博物馆（British Museum）的詹姆斯·斯蒂芬斯（James Stephens）命名并排序的2000多只昆虫。这座新房子首次使得所有物品妥善陈列，向参观者展示着自然界的复杂性。

当博物馆搬到万圣小路的新会所时，亨斯洛已经成为剑桥科学界的知名人物。他刚获得文学硕士学位就被选为哲学学会秘书。1822年，爱德华·丹尼尔·克拉克去世后，亨斯洛被任命为矿物学教授。克拉克的离世让他学会中的朋友悲痛万分。他的朋友塞奇威克和亨斯洛一直坚持认为克拉克是学会的共同创立者。

在耶稣学院教堂举行葬礼后，朋友们开始募捐来雕刻他的半身像。1824年，亨斯洛被任命为小圣玛丽教堂的牧师来弥补他微薄的薪水。亨斯洛的职业生涯在1825年又有了新的发展，他成为植物学教授，这一头衔将是他未来的主要角色。在被任命为植物学教授后不久，他就放弃了矿物学教授的职位，而这个空缺的教授职位则被哲学学会的另一位新星——威廉·惠威尔（William Whewell）接手。

这些年对亨斯洛来说是幸福的。在他成为矿物学教授的同时，他开始坠入爱河。他常去他朋友伦纳德·詹妮斯（Leonard Jenyns）位于剑桥以东7英里处的波提沙姆（Bottisham）的家里，并结识了伦纳德的四个姐姐和两个哥哥。伦纳德最小的妹妹哈丽特·詹妮斯吸引了他，而他向她求爱的方式也是大学里最常见的套路：通过书籍。"请告诉哈丽特小姐，"他恳求她的哥哥说，"席勒的作品有12卷，我已经寄了3卷，如果这还不够，我会再寄一些其他的来；另外，还要说班格小姐的《苏格兰女王》已经订好了，但还没有到。"当时矿物学教授是允许婚姻的，这和亨斯洛的好友塞奇威克担任的伍德沃德讲席教授的要求不同。在一次成功的求爱之后，亨斯洛收获了同意结婚的答复，约翰和哈丽特于1823年12月结婚。

哈丽特显然喜欢读希勒的德语原著，她是个聪明的女人，和亨斯洛很般配。他们在剑桥安了家，在家中可以俯瞰帕克学院的开阔绿地。他们家的周五聚会成为一个传奇：邀请的人从学历较低的本科生到学院的教授，鼓励客人自由组合，讨论跨艺术和科学的各种话题，或展示绘画、自然历史的藏品或新书。亨斯洛夫人随丈夫一起出席了这些会议，正如亨斯洛最著名的学生，年轻的查尔斯·达尔文的一封信所揭示的："我还没有见到亨斯洛教授，但我今晚要去那里参加一个聚会。亨斯洛夫人是个非常古怪的女人。每当我和她说话时，我总是害怕，但我还是忍不住喜欢她。"

伦纳德·詹妮斯没有追求大学的职位。他被宗教所吸引，在1823年被任命为执事，1824年被任命为牧师之后，他被分配到斯瓦夫汉布尔贝克的教区——一个离他在波提沙姆的家只有一英里的教区。在那里，他把他的宗教职责、慈善事业与他的自然历史研究结合起来。他继续频繁地来到剑桥，在学会的会议上发表演讲，参观博物馆，顺便参加他妹妹和妹夫的聚会。

当亨斯洛和詹妮斯忙于博物馆时，其他人开始布置会所的其他部分。首先是阅览室，这是走上门厅的三级台阶一进屋就看到的第一个房间。屋中光线明亮，

2 万圣小路上的房子

通风良好,天花板很高,有三扇大窗户,向西南眺望教堂草坪。房间四周摆放着椅子和书桌,中间是整齐地摆放着最新报纸和期刊的桌子。阅览室是这个学会的一大特色。在19世纪20年代和30年代,尽管各学院有阅读室,但它们通常只对高级研究员开放,且不一定提供任何阅读材料。大学有图书馆,但其重点并不在科学。学会的阅览室对其所有会员开放,并有着大量包括时事、娱乐及科学的读物。在此之前,学会的第一间阅览室是威廉·惠威尔在西德尼街租来的那栋房子里设立的。他孜孜不倦地致力于报纸的管理:决定哪些期刊值得一读,停止订阅那些不太受欢迎的期刊,并制定规则防止某些读者不礼貌地长期霸占报纸。

在新会馆里,阅览室的面积和期刊的种类都扩大了。乔治·皮柯克(曾是分析学会成员和数学改革家)和罗伯特·威利斯(后来成为杰克逊自然哲学讲席教授)被委派来规划阅览室。他们仔细构思细节,自豪地把学会的天文钟放在房间的西北端,并把学会的乔治·贝拉斯·格林诺的英格兰和威尔士地质图挂在显眼的位置。

在阅览室旁边,图书馆也开始扩大。最初,它是基于会员们捐赠的书籍建立起来的。塞奇威克、亨斯洛和克拉克都慷慨解囊,还有像韦韦尔以及赫歇尔和巴贝奇这样的著名剑桥科学家也都贡献颇多。他们在图书馆的书架上塞满了关于自然哲学各个分支的最新书籍:有来自世界各地的期刊,还有各种学科的专业书——从数学和矿物学到物理学和生理学,甚至还有一本巴贝奇提供的关于计算器的书。还有地图,它们明亮的颜色显示了已知和未知土地的轮廓;以及地质图,它们正迅速成为解开地层之谜的不可或缺的科学工具:亨斯洛提供了英格兰、欧洲和世界的地图,而天文学家理查德·谢普山克斯则寄来了格林诺的英格兰地质图副本,这幅图装饰着阅览室。还有一些奇怪的物品,比如罗塞塔石碑上的铭文,直到19世纪20年代,上面的象形文字才被解读出来。

图书馆的藏品有些也来自剑桥圈以外,其中大部分来自那些荣誉会员。这些人都是杰出的科学界人士,但他们没有在大学学习过。会员必须持有剑桥学位的条件将许多人排除在学会之外,但这些人可以成为荣誉会员,这将学会与剑桥外更宽广的科学世界联系起来。虽然荣誉会员可能不会亲自访问该学会,但他们把自己的书或文章的复印件送到图书馆已成为惯例。因此,破解柯克代尔化石的牛津大学教授威廉·巴克兰(William Buckland)送来了他的地质学著作;苏格兰自然哲学家大卫·布鲁斯特（David Brewster）的赠品让剑桥的同事们了解爱丁堡那边科学的最新发展，以及地质学家威廉·科尼比尔（William Conybeare）和博学家玛丽·萨默维尔（Mary Somerville，尽管亚当·塞奇威克拼尽全力想为她申请荣誉会员资格，但还是由于性别的原因被否决）等名人也做出贡献。英国皇家学会的明星迈克尔·法拉第也寄出了他的最新论文。书也从欧洲各地源源不断被寄来：来自法国的安德烈-玛丽·安佩尔（André-Marie Ampère）用他的电气实验故事取悦了剑桥人；比萨大学（University of Pisa）自然史教授乔治·桑蒂（Giorgio Santi）用他的《托斯卡纳大道》（*Viaggio per la Toscana*）将会员们从寒冷的英格兰湿地送到意大利起伏的丘陵；从莱顿邮来的关于罗马和腓尼基考古学的著作，从立陶宛寄来的关于天文学的著作，从瑞士送来的关于天体力学的著作，从法国发来的关于自然科学的著作。这数量甚多且经过精心挑选的捐赠，使得学会图书馆成为剑桥最大的科学图书馆。

在会馆楼上，博物馆的隔壁，演讲室已经准备好举行第一次会议。演讲者会在一个凹下去的讲台上向听众讲话，讲台上有供他和学会主席使用的椅子；他们面对着一排排倾斜的长凳，就像在剧院里一样。不过，与普通剧院不同的是，每个座位都会有一张小木桌，以便让观众做笔记。两边的画廊都可以俯瞰整个建筑。在房屋上方，屋顶开了一个宏伟的天窗，7英尺见方；其巧妙的设计借鉴于新安装在阿登布鲁克医院手术室的天窗，其可移动部件可以实现通风（见图12）。为了给晚上的会议照明，屋中安装了一套现代化的煤气灯系统，这也是剑桥最早推广此类设备的范例。教室里装饰着从博物馆借来的标本，每隔一段时间就更换一次：一只大型猫科动物可能会冷漠地注视着向观众展示的科学发现；当教授在黑板上写上神秘的符号时，色彩鲜艳的鸟可能会成群结队地围坐在长凳上；而且，总有一排又一排装满酒精的玻璃容器会从上面的展览廊里闪闪发光，里面的那些标本随着讲课的声音轻微颤动着，聆听着这个时代最伟大的科学报告。

这座新房子不仅是这个学会的家园，也是研究的场所。当然，博物馆是学会进行原创研究的最早证据。虽然定期会议为剑桥的科学家们提供了一个展示他们独立进行研究的平台，但博物馆实际上促进了学会内部新的发现。发现是学会的核心价值观，从最早期的会议开始，会员们就遵循这样一条规则：不管演讲者的资历或在大学里的地位如何，其在大会上宣读的新发现必须优先于同时期文献报

2 万圣小路上的房子

图12 哲学学会的会议室。这是唯一现存的图片；它是在1845年英国科学促进学会会议期间绘制的

道水平。还有其他一些研究：威廉·惠威尔被允许在房子的门廊上方安装一个他自己设计的风速计，在那里，在万圣小路旁，风速计心满意足地呼啸了许多年，也只是当惠威尔或克劳奇先生在读取其数据时它才停下来。

新的会馆获得了巨大的成功，并且为学会甚至剑桥大学带来了丰厚回报：在19世纪30年代，瑞吉历史学讲席教授威廉·史密斯便用过学会的会议室来讲课，因为大学当时无法提供合适的讲堂。很多剑桥大学的其他学会也使用过这个会议室，使得这个会馆融入了剑桥生活的中心，"谈笑有鸿儒，往来无白丁"。

1832年春天，就在他们仔细推敲汉弗瑞的设计图纸并为新房子的完工筹集资金的时候，学会同时开启了另一件大事——申请皇家特许状。皇家特许状就是君主签发的用于授予组织权力或特权的官方文件，一个组织有了它才能称为合法。1662年以来，伦敦皇家学会以及伦敦许多较新的科学学会都陆续获得了皇家特许状。塞奇威克和皮柯克被指派准备皇家特许状的申请材料。

一封最近才被发现的、亚当·塞奇威克写给剑桥大学校长和哲学学会赞助人威廉·弗雷德里克王子的信，能看出这个学会想要一个皇家特许状的原因以及他们对未来的雄心壮志。塞奇威克写道，皇家特许状会增加学会的"荣誉""尊贵性"

和"影响力"。但在塞奇威克看来,最重要的是,它会赋予学会永久性。大学城的人口不断变化给塞奇威克带来了担忧,正如他向王子解释的那样:

就我们目前而言,殿下很清楚我们一直面临着解散的风险,因为我们学者们也是本性易变的,况且还有人十分冷漠,有人甚至抱有敌意,也有人希望经费应该被用于好看或好玩的工作而不是艰辛枯燥的科研。

皇家特许状将保护学会未来的利益和资金,并将帮助确保它们长久稳固。在更实际的层面上,作为一个法人团体,学会建造新会馆的事将更容易,可以"为现在和未来的福祉建造会议室、博物馆以及所必需的其他设施"。而且,这将使捐赠或遗赠变得更简单。他们的申请成功了。在1832年的8月6日,申请得到了批准,学会被正式授予皇家特许状(见图13)。

图13 威廉四世1832年给剑桥哲学学会颁发的皇家特许状

该特许状是由国王乔治四世在1830年去世后继承了王位的威廉四世(威廉·弗雷德里克王子的侄子)授予的,它承认了学会的成就,并谈及其图书馆、博物馆、会议和期刊:

亚当·塞奇威克(和该大学的其他毕业生)收集并促成了有价值的图书馆和各种各样的自然历史方面的收藏……并一直将继续积极地被应用于哲学和自然

知识的推广……通过鼓励原创研究，特别是通过学会出版物和在学会宣读论文的方式。

特许状是完全以塞奇威克的名义授予的，目的是减少由印花税署收费的费用。作为学会的创始人以及学会创建时的主席，这似乎很合适；但是也把塞奇威克逗乐了："我就是那个被特许的团体。"他跟他的朋友开玩笑说。当大学十月开学后，学会举行了一次全体会议正式来接受特许状。他们对学会的新地位感到高兴，特别庆祝了一番，然后在贝尼街的老鹰饭店吃了一顿晚餐，欢乐的气氛一直延续到晚上。约瑟夫·罗姆利在他的日记中记录了这一事件："我们相聚来接受我们的特许状——在老鹰吃晚餐。相同的，塞奇威克（以主席身份）主持会议：他讲得很好，艾瑞和惠威尔也讲得不错。惠威尔、洛奇、瑟尔沃尔和我就坐在塞奇威克身边，一直待到凌晨两点多。"亚当·塞奇威克宿醉后，也在给朋友的信中写道：

昨天演讲结束后，我主持了以接受特许状为目的一次公开会议。后来我们到小酒馆大喝一场，最后，我的三四个朋友和我一直聊到今天凌晨两点才睡觉——我现在并不会很感谢他们。

获得新的特许状后，学会申请了官方印章。乔治·皮柯克负责此事，他委托威廉来办，因为他是皇家铸币局的首席雕刻家。他制作了一枚印着艾萨克·牛顿的印章（见图14）。牛顿的形象是以他三一学院教堂里的雕像为原型。那座雕像是路易·弗朗索瓦·鲁比里亚克于1755年雕刻的，耗资3000英镑，牛顿张开的双唇和上翘的眼睛被认为是他展示他崇高的心灵，而他飘逸的长袍和小心紧握的棱镜使他栖身于剑桥科学界。通过选择牛顿，这位剑桥（和英国）有史以来最伟大的自然哲学家作为他们的象征，学会强调其科学的愿景，并且期望未来能取得同样的成功。

学会开始提供一些剑桥大学没有的专业化服务，就像他们意识到有必要建立一个博物馆，一个阅览室，一个图书馆时，他们也意识到剑桥需要有自己的科学杂志。虽然大学有出版社，但是传统上只专注于出版书籍而不是期刊。例如，自17世纪晚期以来皇家学会出版的《哲学会刊》，一直被认为是发表最新科学研究成果的权宜之计。创建一本期刊是剑桥哲学学会的工作重心，直到1820年5月，这件事才正式启动。学会并不会效仿尊贵的（但越来越停滞不前的）皇室学会出版模

图14 剑桥哲学学会的印章，1832年由威廉·韦恩——皇家铸币厂的首席雕刻师设计。原来的印章在19世纪70年代遗失，这是它的替换品

式；相反，他们转而学习更新更有活力的伦敦地质学会。地质学会成立于1807年，并在1811年开始出版《地质学会学报》。地质学会因拥有青春的朝气、活力和热情而备受推崇。塞奇威克、亨斯洛，还有其他几位会员同时也是地质学会的成员，都读过地质学会的文章，并对它的学报表示赞赏。

随着19世纪早期蒸汽印刷术的兴起，出版变得越来越容易，图书的价格也越来越便宜。平版印刷术的进步意味着彩色印刷也变得越来越普及。即便如此，年轻的剑桥哲学学会的资金有限，亚当·塞奇威克写信给剑桥大学出版社的"大佬"——负责管理出版社的大学的资深官员，请求他们支付出版期刊的费用。出版社慷慨地同意支付全部的印刷费用。大学出版社也是刚刚开始涉足印刷期刊，之前印刷过大学新天文台的年度观察记录，它为学会印刷的期刊是出版社第二次期刊出版工作。其他实际问题也必须提前安排好：期刊的价格要定好（对于第一卷，会员需付一基尼，非会员则多付九先令（合 11000 万英镑））；有人给雕刻师劳里先生写信询问让他去准备刻板；写信给出版社的约翰·史密斯，请他印刷；找装订工鲍特尔先生，请他把印刷后的书页缝起来；还有找约翰·默里和伦敦的其他人，请求他们担任官方书商。

这些都没问题了，但这本杂志会包含什么内容呢？其目的是发表在学会会议上宣读的论文，然而，仅仅提交一篇像样的论文还不足以保证出版。学会的理事会开始着手建立一套制度来严格审查所有的论文。在 19 世纪早期，一个正式的同行评审系统并不存在。对于许多科学杂志来说，编辑同时也需要做非正式的审稿人；其他人则设立专业的委员会对特定论文评审。大多数杂志都渴望发表高质量的论文，但不一定每篇论文在出版前都经过了最严苛的审查。在剑桥哲学学会，每一篇论文都要在出版前经两位学会会士的审查。这些会士由理事会提名，并需提交一份关于论文优点的书面报告。

1821 年，《剑桥哲学学会学报》第一卷的第一部分印刷出版。接下来 1822 年 5 月，第一卷的第二部分也出版了。所有会员都可以享受折扣，公众皆可通过剑桥和其他地方的书店买到。第一卷所载的 27 篇论文都完美描绘了当今科学关注的问题，其作者名单读起来就像 19 世纪早期剑桥大学重要学者花名册一样。其中，包括塞奇威克的第一篇地质学论文，它带着读者、锤子在手中，穿越了德文郡和康沃尔郡，凿开岩层，揭开风景下层的秘密。还有赫歇尔和巴贝奇关于他们钟爱的分析数学方面的论文。还有胡维尔关于计算行星轨道的论文，亨斯洛关于他在安格尔西的地质考察工作的论文，描述了他是如何穿越的那座"高低起伏"的岛屿，用浅色粉笔标出了他所来到的岩石横截面（见彩插图 2）。还有一篇很长的序言，是由亚当·塞奇威克、乔治·皮柯克，还有威廉·休厄尔写的，讲述了这个学会的故事，以及对未来的展望。作者希望，通过学报让"有教养的人"汇聚，保持求是的精神，发现自然的真理，并在剑桥建立科学家园。

出版后，塞奇威克写信给他的老朋友威廉·安杰："自从我们上次见面以来，我已经成为作者了。有机会我会寄一份我在学报上发表的论文。不是我希望你能读一读，而是希望把它给你太太，让她把科学传递给我的教女。"虽然塞奇威克开玩笑，但他的论文是广受好评的；的确，学界对第一卷的评论普遍都很热烈，大家不仅喜欢这些文章，也喜欢这个学会本身。《英国评论家》赞扬了学会成员的"热情和能力"。一位评论家认为学会的创建对科学发展意义重大，他为学会的崛起把许多人聚集在一起进而确保科学的进步而欢呼。《剑桥季刊》认为学报堪称当时最代表科学水平的杂志之一，不比国家级学会的会刊逊色。一位评论家对作者们"又充满活力与学识的作品"表示祝贺。他称赞法里什在绘制机械图方面的杰作非常"有价值"；他认为巴贝奇的作品和赫歇尔的论文代数分析是"非常巧妙的"（尽管可能本质上只有数学家才对其感兴趣）；对他从微积分到天文学的学富五车表达了钦佩之情。值得注意的是，评论家将这个学会看作现代剑桥的一部分，写道"剑桥处于改变之中。在我们早期的学术朝圣之旅中，我们既没有展示许多照片的博物馆，也没有能传播知识的哲学学会"。根据这位评论者的说法，学会能做的不仅仅是传播知识，还可以撼动整个大学，就像催化剂一样来触发一个古老组织的现代化。

这些论文是学会演讲的重要记录，它们很快就成为宣传学会工作的主要媒介。它们还被赋予了另一项有用的功能：成为交换的礼物。学报第一卷的副本被分别作为礼物赠送给法国研究所、伦敦新天文学会、都柏林的爱尔兰皇家科学院、爱丁堡和伦敦的皇家学会、在剑桥新近建立的费茨威廉博物馆、在伦敦的林奈和地质学会，以及加尔各答亚洲学会和其他组织。收到学报的这些学会都会对剑桥研究者们的最新工作有所了解。此外，这些学会几乎都会回赠，因而剑桥学会收到了几十种科学著作，这充实了新图书馆的藏品。

随着每一期学报的出版，学会开始把它发向更多的省、国家和国际学会，学会也因而收到了越来越多回馈的杂志。学会在1827年、1830年、1833年、1835年、1838年以及这个世纪剩下的时间定期出版了新卷期的学报。到了19世纪30年代，新鲜出炉的每期学报会定期自动发往巴黎、伦敦、爱丁堡、都柏林、莱顿、布鲁塞尔、阿姆斯特丹、日内瓦、里斯本、斯旺西、加尔各答、费城以及其他城市；欧洲和世界各大城市所有伟大的学术团体也纷纷把他们的期刊寄给剑桥。一开始这是一种非正式的互换礼物方式，现在已经发展成了一种定期交流的正式方式。多亏了这些交流，剑桥哲学学会图书馆成为剑桥最现代和拥有最丰富藏品的图书馆。到目前为止，它仍是剑桥期刊最多的图书馆，也是剑桥人想了解最新科技进展时第一个想去的地方。许多人加入这个学会就是因为其图书馆的诱惑。学院和大学的图书馆均无法与之竞争。

尽管博物馆和图书馆的藏品五花八门且代表各个学科方向,但是发表在学报上的文章开始更加关注数学科学。自一开始,该学会的一个明确目标是将数学应用在化学、矿物学、地质学、植物学、动物学和其他的学科。这是因为会员们认为,将一门学科数学化会给它带来更大程度的精确性和确定性。这是牛顿的另一个遗产。自从他描述了自然哲学的数学原理——把以前分开的数学和哲学领域结合在一起——自然哲学家一直试图将数字和方程式应用到自然界中。因为剑桥哲学学会的所有成员都接受过剑桥的系统教育,数学语言都很流利,对他们来说,使用这种语言来谈论那些乍一看定性多于定量的科学,似乎也是很自然的。

例如,塞奇威克的地质风格就被认为是数学化的。一位杰出的地质学家罗德里克·佩伊·默奇森试图说服塞奇威克陪他一起去欧洲,写道:"在剑桥让我……唤起盛行的探究的精神,并敦促你,我们唯一的数学冠军,不要浪费一年时间,努力利用它来研究大陆的材料进而为英国地质学做贡献吧。"塞奇威克的许多同事,如默奇森、威廉姆康尼比尔和威廉·巴克兰主要对古生物学和化石感兴趣,而塞奇威克的主要兴趣是地质构造。他从几何角度思考岩石,想知道倾斜、走向和向斜。化石可能是有用的工具,但它们确实不是塞奇威克地质学的核心特质。塞奇威克的第一篇论文在1820年3月20日剑桥哲学学会发表,他在文中描述了德文郡和康沃尔郡的风貌和下面的岩石,完美地阐述了他将几何学运用到研究地球的思想。康沃尔因为一片荒凉的矿区而"荒凉而沉闷",稀疏的植被和高耸的巨石却让塞奇威克看到了地球的内部几何结构。看到条纹的形状地表下的岩石意味着塞奇威克可以开始了解它们的内部三维关系,它们的历史以及起源。对他来说,数学思维就是了解地球过去的关键。

在剑桥,随着科学的发展,用数学思维解释科学现象变得越来越重要。学会的其他会员也决心将数学应用推广到新的领域。在1831年的春天,威廉·惠威尔(当时是三一学院的首席导师,也是矿物学教授)宣读了一篇关于政治经济和税收的数学论文。这是典型的惠威尔的风格,他时常带来一些与自然科学无关,但却与学会宗旨相符的论文主题。他相信用数学术语解释经济学会有帮助,会更清晰、简明,易于管理。他的数学公式与其他人相比也将"更精确和更有普适性"。几年后,惠威尔用同样的思路研究了潮汐:他相信,如果他能将潮汐数学化,他可以更好地理解它们,并利用它们来发展出更深刻的思想认识万有引力。1837年

3月,一位阿登布鲁克医院的医生亨利·邦德提出了一个方法,统计分析前一年来过医院的病人,把他们按年龄、性别、职业和疾病分类研究。他的研究结果后来发表了在学报上,占满了一个巨大而精致的折页。这种医学统计已在18世纪晚期的法国得到应用,但在英国才刚开始。

学报中很少有文章没有公式或数学推理,虽然偶尔亨斯洛、詹宁斯或者另一位自然历史学家发表关于植物学以及动物学的文章会遵循各自领域的惯例,而不是遵循在剑桥不断发展强大的数学传统。塞奇威克有一次开玩笑地抱怨说他看不懂大部分上交学会的论文:

我为数学科学的进步而欢欣鼓舞,我是这样来感受其进步的:我的数学水平可以看成恒定不变,所以可以根据我能听懂的量的多少来衡量科学的先进性。我以名誉向你保证,在过去的二十年,学报上的论文我一篇都不懂。

当然,在现实中,塞奇威克心爱的地质学在这个时期正变得越来越数学化,他自己是这背后的推手。

塞奇威克在一系列给他的密友威廉·华兹华斯的信中解释了数学的方法论。塞奇威克是在19世纪20年代初通过克里斯托弗·华兹华斯(威廉的弟弟,1820—1841年为三一学院的教师)第一次认识的诗人,两人很快就建立起了深厚的情谊。20年后,塞奇威克仍然可以回忆起"生命中一些最快乐的夏天是在坎布里亚山之间度过的,那些在你的身边受你指导的日子"。到21世纪,湖区已经成为英格兰人的时尚旅游地。像华兹华斯、塞缪尔·泰勒·科尔里、罗伯特·索西奇等湖区诗人的作品随着浪漫主义运动的热潮席卷了整个国家。塞奇威克花了很多时间游走湖区,带着发掘锤,试图解开那些崇山峻岭的奥秘。塞奇威克并不孤单,他的信和他的朋友,展示了一个几乎浸满了英国最好的艺术与科学的地区。"我在赫尔维林山顶一次见到道尔顿"塞奇威克随意写到他与提出了原子理论的化学家的相遇,"我的坎伯兰边走边研究地质时第一次见到索西"他继续写道。另一个为热爱湖区的旅行者是威廉·韦维,他觉得湖区是一个适合社交的地方,"我上周四来到这里,第二天在瑞达尔看到华兹华斯,在凯斯威克索西,后者还告诉我去哪里能找到塞奇威克。星期六我在斯基道基地找到他了,如我所料,[理查德]格瓦特金正和他在一起"。塞奇威克发现自己简直不可抗拒地在不同的地方有不同的游伴:

2 万圣小路上的房子

华兹华斯和我一起进行了多次远足，尽管我的研究也许枯燥乏味，但他的男子气概让我欣悦。他的自然健康、美丽心灵与风景交相辉映，并在某些瞬间，用他自己的雄伟和闪光的诗句表达出来。

诗人和地质学家的友谊对许多人来说可能很奇怪，因为就在几年前，华兹华斯写了这些关于地质学的尖刻的台词：

那个徘徊的研究者，不以为然
他没啥值得羡慕，（你可以注意到
他之前行动留下的痕迹
就在我们的大路和小路旁边
谢天谢地！这个秘密的角落报告不是他写的）
他就是那个随身带小锤总是敲击什么的人
运气不佳的岩石或美丽的巨石
它们本由自然造就
刚刚开始成长便被锤子砸了下来
变成了碎片
只为解决研究者心中的疑惑
而且，得到满意的答案后，
这些物质便被匆忙地插上一些野蛮的名字
他的标本，如果它们很不幸地可以说话
这些藏在小格子中闪闪发光的矿物，或是晶体
会认为自己更有内涵、更丰富了，
也无疑更聪明！

这就是华兹华斯的观点，他觉得地质学家的研究让乡村变得伤痕累累、毫无意义。这个观点在他看到塞奇威克的野外实地工作后发生了改变，因为这让他有机会了解并回答例如尝试回答地球是如何形成以及如何变得更大、更哲学的问题。两者在穿越坎布里亚乡村时一定谈过这些，后来塞奇威克将他的想法总结后给华兹华斯写了一系列的信来解释他的方法论：

探究精神——现代科学的基石

当物理现象被明确界定，其定律由长期和耐心的观察得到，或由充分的实验证明：然后通过思考，得到形式抽象的总结，精确的数学分析的逻辑也是类似：

许多新的定理，无法以直接观察的方式证实，只能通过抽象推理，纯几何学也是如此。

这就是塞奇威克方法论背后的动机，数学化对他来说是一个有用的工具，就像剑桥的许多研究人员一样。所以，数学思维已经开始主宰哲学学会的学报。

学会对剑桥的科学人充满信心。它不仅仅提供了一个见面和读书的地方；更给了大家一种会员的荣誉感和共同目标感。随着各地出现不同的哲学社会，它带给公众自然哲学的理念，并展示了公众对科学不断增长的兴趣。在成立几年后，学会做了很多事，但一些会员认为，学会还可以做更多。查尔斯·巴贝奇尤其这么想，他看到了欧洲的许多科学家都得到政府资助，而英国却不是这样。他哀叹，"科学家在英国还不是一个明确的职业，这和其他国家不同。"

该学会旨在促进科学探索，并促进沟通，但它不是一个职能机构，并保持与政治的距离——无论是大学内部的事务还是全国的。虽然巴贝奇在第一年就加入了剑桥哲学学会，他大部分时间在伦敦，追求自己的科学生涯。巴贝奇在皇家学会讲授天文学，1816年成为皇家学会的会员，在1820年帮助其建立了新的天文学学会。巴贝奇发表了大量的数学论文，并写了关于国际象棋、地质学、日食和灯塔等各个主题的论文。在1821年，巴贝奇与老朋友约翰·赫歇尔一起研究新计算的天文表格时，巴贝奇首先想到了蒸汽驱动计算装置，其将不会产生差错。到1823年，巴贝奇获得了政府拨款，开始开发这样的机器。但他的资金的随意性和国内缺乏支持科学研究的传统使他担忧。

在剑桥，本科生对科学的兴趣与日俱增，而亚当·塞奇威克清晰地意识到这一点，因为出席他的讲座的人数急剧上升。他向一个朋友描述了一种在剑桥正在爆发的哲学狂热："不幸的是，我给他们的疯狂来了次地质大跃进，我有义务，也有责任，在三个小时的讲座上压制他们的疯狂。"尽管讲座出席率增加，也有越来越多的教授授课，但仍然只有很少且只有自然哲学家有薪水，地质学等科目并没有被列入大学考试。赫歇尔在毕业后尝试过剑桥的教职，但他被他想教的东西与大学课程要求他教的科目之间的鸿沟所挫败。这位才华横溢的数学家发现，按照课程表教规定的内容给对其不感兴趣的学生讲课让他恼怒。他写信给巴贝奇，他必须"每天要花 8 小时甚至 12 小时和 60~70 个木头脑袋打交道，他们中没有十分之一的人能从左手数到右手，没有十分之一的人知道书本之外的任何知识……总之，我长大了，又胖又笨，这都是拜教课所赐"。因为一票之差没被选上化学讲席教授后，赫歇尔决定离开剑桥系统，开始一个新的科学冒险，他后来成为像他父亲威廉一样的天文学家。

然而，大学慢慢地开始分配更多的空间和经费到科学上。大学新天文台大楼于 1823 年完成（见彩插图 3）。此想法最初在 1790 年提出，但没有采取实际行动来建造它。1816 年，刚与巴贝奇和赫歇尔共同出版微积分并被选为三一学院研究员的乔治·皮考克开始在三一学院和剑桥大学的同事中寻求对建造一个新天文台的支持。"相信我"，他写信给赫歇尔，描述他对新天文台的希望，"大学的黄金时代正在来临"。

皮考克对新天文台的渴望来自分析数学的吸引力：大陆分析方法对天文学特别有用，皮考克希望增加大家对天文学的兴趣进而增加他们对代数的兴趣。各个学院院长的带头人是圣约翰学院的詹姆斯·伍德，他强烈反对天文台的建造。这也许是因为费用，也许是因为此举被视为与大学的主流工作相悖，也许是皮考克对改革的渴望让他们警惕。最后，直到 1820 年，经过多方努力，大学同意建造一个新的天文台。受人尊敬的伍德先生对剑桥新的科学氛围表示欢迎，甚至还加入了哲学学会。"这超过我们预期"，塞奇威克写给赫歇尔，"当然也比去年更好，看来我们在他的好意见中也有所提升。"伍德一定是觉得学会很合他心意，因为他在 1821 年成为学会主席。

天文台将由普卢米安天文学和实验哲学讲席教授监督建造，并雇用两个助手作为专业的监察员。天文台会有两套望远镜和观察仪器：一套更复杂的用于研究，以及一套更简单的用于教学。天文台准备在 1824 年开启使用，但在哲学学会的第一届理事会便是成员的普卢米安讲席教授罗伯特·伍德豪斯一直健康状况不佳，在 1827 年他去世之前的多年中很少在天文台进行研究。1828 年，乔治·比德尔·艾利当选普卢米安讲席教授，他接管了天文台，给剑桥天文学带来新的活力。

艾利 1819 年来到剑桥，并于 1823 年以高级"牧马人"的荣誉毕业。艾利在皮考克指导下学习，大概是皮考克鼓励仍然是一个学生的艾利给哲学学会投稿论文。也许是考虑到艾利太年轻，他的第一篇镀银望远镜镜面的研究工作由皮考克代表他向学会宣读。艾利一毕业就加入了哲学学会，继续在会议上宣读他的论文，并在学报上发表论文。艾利研究的主题变化得让人难以置信：眼睛缺陷、流体力学、齿轮、拉普拉斯的球形吸引力理论、透镜的球差矫正、钟摆、经度和永动机。艾利采取了参与各种科学调查，跟着他的朋友威廉·惠威尔和理查德·西普山克斯，进入康尼什矿地表数百英尺以下，测量不断增长重力；在湖区他跟着华兹华斯旅行，诗人称他"毛球奥森"。1826年，艾利发表了《物理天文学的数学》，很快成为大学教科书。同年，他成为卢卡斯数学讲席教授。两年后，他成为普卢米亚天文学和实验哲学讲席教授，管理天文台。

新职位不仅让艾利继续他的科学工作，也意味着他可以结婚。卢卡斯讲席只有不多的薪水——不足以养家糊口，但普卢米安讲席则意味着每年500英镑以及一栋房子。在第一次求婚6年后，艾利在1830年3月娶了理查达·史密斯。他们一起搬到在天文台东翼的公寓，抬头可见建筑的精细铜圆顶。理查达·艾利热情地融入剑桥的生活：到1830年5月，她便在亨斯洛家的晚会上歌唱了；到是年11月，她在天文台主持她自己热闹的聚会，约瑟夫罗米莉如此记录到"艾利夫人唱了马赛曲，亨斯洛演奏了贝多芬，史密斯小姐演绎一个奇异挤奶女工（海丁）"。

当天文台的东翼响起音乐的年代，中央圆顶部分被用于做重要的研究。大学建天文台的原因之一研究天文学。天文台制作的星图可以用于细化航海图，进而支撑强大的皇家海军。海军的利益长期以来一直激励着科学研究。1714年，政府成立了经度研究委员会来试图巧妙地解决海上经度确定的问题，委员会的资助推动18世纪和19世纪早期科学的发展。约翰·哈里森著名的计时表的发明便是得到此经度基金支持，基金还支持了其他一些不太知名但改进了导航的创新工作，如月球望远镜，更详细的月球距离表，改进的六分仪和几种不同类型的计时器。经度研究委员会曾是政府资助科学的主要途径，关于其运行方式曾存在争议。包括赫歇尔和艾利等成员希望从内部对其进行改革。在他们成功之前，经度研究委员会被一个1828年的议会法案解散了，同时切断了有抱负的发明家们的宝贵的资源。这引起了查尔斯·巴贝奇的深度绝望，他开始写一本书，讲述英国科学令人沮丧的状态。

到1830年他的书出版时，巴贝奇已经接替艾利成为卢卡逊数学讲席教授（这要部分感谢亚当·塞奇威克的支持）：他不再是那个建立了小众分析协会的穷酸本科生了，他也逐渐走向成功。他向约翰·赫歇尔展示了这本书的草稿时，后者表示非常讨厌它，并希望能给巴贝奇"一个大耳光"并建议他烧书，或重写它。巴贝奇也把书给了大卫·布鲁斯特，后者喜欢它，并写了一篇文章支持巴贝奇和他的书。

《科学的衰落》是一本对皇家学会及其成员挖苦讽刺和人身攻击的书。巴贝奇认为，皇家学会有不可原谅的过错，其标准不断下滑，其大多数研究员没有进行任何研究。事实上，许多人都完全不懂自然哲学的基本原则。他认为，皇家学会成为一个充满陈词滥调的、昂贵的私人俱乐部，而不是成为高尚科学价值观的推动者。巴贝奇还谈到了改革大学和改进学校的科学教学。他设想了一个课程表，包含历史、法律、政治经济、应用科学、化学、矿物学、地质学、植物学和动物学。他还建议在大学设立强制的讲座（虽然他在卢卡逊讲席上的11年时间从来没有做过讲座）。与尊贵却呆板的皇家学会相比，巴贝奇称赞较新的学会，特别是地质学会。

正如巴贝奇所预料到的，《科学的衰落》极具争议性。很少有人像布鲁斯特那样全心全意地支持他。大多数皇家学会的研究员，特别是那些被特别点名或在书中提到的人都非常愤慨。剑桥人也是如此，威廉·惠威尔等人都很不喜欢这本书。《科学的衰落》有预期的效果：它让人们关心国内科学的状态，关心科学学会的作用，关心大学需要改革的问题。

大家对《科学的衰落》的反响以及蓬勃发展的省级学会，给了大卫·布鲁斯特一个想法：如果自然哲学的老阵营不再促进科学事业发展，新的科学阵营必须形成。布鲁斯特提议在远离大都市的地方召开全英国的科学会议，让研究人员汇聚和交流思想，从而活跃所有科学分支。他提议1831年秋在约克郡开会，这里恰巧在英格兰和苏格兰的首都正中间。

在约克郡，1821年柯克代尔洞穴化石的发现激发了当地对保有这些藏品的愿望。在这种愿望促使下，约克郡哲学学会于次年成立。就像当时那些兄弟省份的学会一样，约克哲学学会也成为一个繁荣的公众科学中心。省级学会间彼此友好，经常从事标本交换，讨论合作研究计划，甚至考虑建立省级讲师系统。约克郡对学会尤为突出，在其主席威廉·弗农·哈科特的领导下，积极寻求与其他学会的合作机会，并寻找新的途径来提升自己的工作。他们与爱丁堡的布鲁斯特合作共同观测气象,与牛津威廉·巴克兰教授一起仔细研究柯克代尔化石。因此,约克哲学学会与大都市和大学的科学界都保持着重要的联系。

　　由哈科特领导的约克哲学学会的成员们全身心地投入布鲁斯特提议的会议的组织中,尽可能多地邀请了他们能想到的科学界人士。在1831年9月26日,英国科学促进会在约克郡诞生。这是一次盛大的聚会,有353名代表参加了会议,大家发表了各自的研究论文,并了解相互的最新进展。许多与会者来自各省哲学学会。他们兴冲冲地走进宏伟的约克郡博物馆会议室,与同行见面,畅谈来自全国各地的最新科学新闻。会场充满了希望和期待的氛围,让人感到本次会议将开启一项重大的事件。遗憾的是,伦敦城和大学里的精英们对这次会议反应冷淡,认为它遥远、边缘、不重要。塞奇威克没有参加,因为他不想耽误地质考察。惠威尔也没有出席,因为他对布鲁斯特支持巴贝奇的《科学的衰落》感到恼火。事实上,与会者中来自剑桥的只有3个人。

　　1832年,在主持会议的威廉·巴克兰的支持下,英国科学促进协会在牛津召开会议。这一次,来自剑桥的人数众多。巴克兰鼓动不情愿的塞奇威克来牛津参会,呼吁大家都应为共同愿景努力,并许诺要举行盛大仪式欢迎他,"我谨以您对科学共同体的爱和对隽永真理的执着追求向您表达敬意,我保证若您能够赏光参加6月3日开始的一周的科学盛会,您必定会感到科学大家庭兄弟般的温馨"。塞奇威克被说服了,他发现自己很喜欢本次会议,并在地质分会上发挥了积极的作用。巴克兰主持会议中的表现给他留下了深刻的印象,他给朋友的信中写道:"在整个会程中'散发着光芒'。"事实上,本次会议给塞奇威克和整个剑桥代表团都留下了深刻的印象,他们决心在剑桥举行下一次会议。塞奇威克仍时任剑桥哲学学会的主席,他被选中主持1833年在剑桥举行的英国科学促进会会议。

　　这次会议是在剑桥哲学学会的赞助下举行的。塞奇威克作为协学主席和三位秘书惠威尔、亨斯洛、大学图书管理员约翰·洛基,高效地统筹规划了会议的所有要务:确定日期、协商大学会议室的使用以及筹款。哲学学会的会馆起到了中心枢纽作用:参会者可以在那里领取门票,安排住宿,找到协会的章程清单,拿到剑桥的地图,并在留言簿上签名。该学会向参会者开放了阅览室,并额外加购了各种主流报刊以满足需求。将近900人涌向剑桥小镇,参与到会议带来的各类哲学思想相互碰撞中。他们穿梭于六个专业分会场(数学和普通物理、化学和矿物学、地质学和地理学、自然历史、解剖学和医学、统计）进行学术交流；他们参加委员会会议，在胡珀旅馆吃饭，或者在参议院喝茶；他们耐心地排队等候参加当时很著名的晚间讲座，听音乐会，在各学院的小教堂里做礼拜，惊叹于康河岸边的烟火表演，跟随亨斯洛教授带领的一艘植物考察驳船顺流而下。而会议还将以一个盛大的活动结尾，这便是在三一学院大厅举行的600名来宾同时参加的冷餐会。

这次会议取得了巨大的成功：在剑桥的会议开始时，科学促进会的会员不足700名；到会议结束时，便增加到了1400名。当会员们在大学议事厅，学校和凯厄斯学院的大厅里谈论一系列前沿科学的话题时，这个城镇前所未有地热闹起来。会后的总结报告长达500多页。但也许该促进会成功的最显眼的一个标志或说它在英国社会越来越引人注目的证明，是著名作家查尔斯·狄更斯曾戏仿它为"促进一切事物发展的泥雾协会"。

1833年的剑桥会议安排了大量的演讲和活动，但这次会议最让人难忘的是，它创造了一个新词："科学家"。尽管现在许多人称赞这个词是对无私研究自然领域的美丽新世界的认可，但该词最初的意图含有一种贬低。随着自然哲学从处理关于上帝及其创造的宏大问题转向对非常具体的现象进行精确的研究，许多人感到绝望。诗人兼哲学家塞缪尔·泰勒·柯勒律治承认，他"对（化学家汉弗莱·戴维）出卖哲学家的名声有点生气……给每一个做过幸运实验的人"。需要一个新词来区分哲学家崇高的知识和科学实验室肮脏的工作。柯勒律治与威廉·惠威尔讨论了这个问题，惠威尔概括了他的问题：

从前，"有学问的人"广泛地掌握着知识之树的所有枝桠……但这些日子已经过去了……分崩离析还在继续，就像一个伟大的帝国分崩离析一样；自然科学本身不断被细分，而这些细分是相互孤立的……数学家远离了化学家；化学家与自然主义者分离；数学家独自把自己又分成纯粹数学家和混合数学家，且渐行渐远；化学家可能是电化学家，若真如此，他就又从普通化学、分析化学中抽离出来……因此，科学，即使仅仅是物理科学，也失去了所有统一的迹象。我们经常没有合适的名字来概括现在许多学生所研习的方向，也是这种混乱和分离的体现……在过去的三个夏天里，英国科学促进会在约克、牛津和剑桥举行的会议上，这些绅士们也想不好一个通用的术语来形容他们自己所从事的事业。

"哲学家"这个词"太宽泛，太崇高了"；德语的 naturforscher 很好，但英语中没有优雅的词汇可以将之表达，而法语单词 savans 则"假设性太强"，而且也太法语化。而惠威尔在剑桥大学议事厅举行的英国科学促进会会议上提出了"科学家"这一词，可用来比拟"艺术家"。惠威尔说，当时他的想法"普遍不受欢迎"。在英国，人们觉得这个词丑陋且功利主义而拒绝使用它。但是，在一个世纪的过程中，这个词本身和其代表的不同科学学科的概念都变得越来越引人注目。

尽管惠威尔的新词没有立刻获得大家的支持，但英国科学促进会的这次会议在推动科学方面发挥了重要作用。它将最新的科学和最具创新理念的思想家带到了剑桥，并向更广泛的受众展示了剑桥人和剑桥哲学学会的工作。英国科学促进会的兴起表明了社会，尤其是那些位于伦敦以外的哲学社会在科学发展中日益增长的重要性。在包括工人阶级和中产阶级在内的整个国家看来，代表现代科学的是这些学会，尤其是面向公众的英国科学促进会。对于促进会来说，尽管他们可能比任何其他机构都更致力于创造我们现在认为的"科学"，但他们的活动也许面向实用。他们与关注自然哲学的深奥知识相比，更加关注工业应用，将自己投身于现代世界。英国科学促进会在大学城举行了一些会议，组织者也强调要参观英国的工业和贸易城市：包括 1836 年的布里斯托尔，1837 年的利物浦，1838 年的纽卡斯尔和 1839 年的伯明翰。在 19 世纪的头几十年里，各个学会构成了国家科学生活中最重要的力量。

剑桥哲学学会处于一个独特的位置：它既有新兴学会的新鲜感，又能获得一所历史悠久的大学的资源。其会士与英国科学促进会及其他伦敦精英学会往来密切，同时保持他们自己的讲席薪资和教授职位。虽然学会的活动是独立的，但绝不可能纯粹独立运作：学会完全有能力影响大学，并因此塑造未来科学与教学间的关系。在如此多不同的环境中运作的特点使学会成为这一时期英国科学界最重要的组织之一。

在与亨斯洛进行首次地质实地考察几年后，塞奇威克写道，他"永远不会忘记怀特岛海岸的美丽风光"。他俩在该岛时构思的学会已经发展壮大。每年，在学会成立的周年纪念日，甚至在塞奇威克和亨斯洛站在白矾湾的悬崖下想知道这些古代化石意味着什么的几十年后的很长时间中，学会都会在老鹰餐厅举行晚宴。人们会拥挤进来，急切地想听塞奇威克的某次传奇演讲。据说有次塞奇威克周年

2 万圣小路上的房子

纪念演讲被人描述为:

> 令人瞩目的一种狂热的情绪,从不知所云开始,然后不费吹灰之力地……让演讲变得庄严而几乎升华;崇高的道德与近乎孩子气的乐趣的完美结合,却毫不矛盾,并且相当精彩且满是莎士比亚式的风范。

对于塞奇威克和其他会员来说,学会汇集了所有这些事情:庄严、崇高、高尚而又充满乐趣。那是他们的游乐场:一个超越大学严苛课程表的知识自由之地,以及充满合作与友谊的地方。学会的工作将会继续:如果剑桥没有像样的科学图书馆,学会将组建一个图书馆;如果剑桥镇上没有自然历史博物馆,学会将建立一个博物馆;如果出版社没有出版自然哲学期刊,学会便会自己编写一部;而且,如果剑桥没有专门的科学研究场所,那么学会便会自己盖一栋,这便是万圣小路上的那栋。

3

南方来信

南半球天空中的星星闪烁起来不一样。1833年冬天，当约翰·赫歇尔从英国向南航行时，他看到夜空中那些熟悉的星星们滑过地平线，消失在视野之中。新的星座出现了：他第一次看到南十字星、变色龙座、巨鸟座、海豚座以及最引人注目的半人马座。古希腊天体地图便包含了半人马座，托勒密后来对它的恒星进行了编目。但是，随着地轴的进动，半人马星座逐渐从北半球的视野中消失，对欧洲天文学家来说，这已成为一个模糊的记忆。当半人马座再次出现在赫歇尔的视野中时，这让他想起了他的使命：成为第一个用强大的望远镜观察南北半球天空的天文学家（1676年，哈雷在南半球的圣赫勒拿岛建立了天文台并工作了一年，新发现了341颗恒星——译者注）。更具体地说，赫歇尔正前往南半球完成他和父亲威廉以及姑姑卡罗琳在北半球已开始的工作：绘制星云图。这些点缀在天穹的阴云密布的光点令赫歇尔夫妇着迷。它们是星团吗，或者威廉认为它们是由神秘的闪亮流体组成的想法是正确的吗？到19世纪30年代初离开英国时，约翰·赫歇尔已经花了无数个小时用望远镜观察，记录了可见的数千个星云。现在他将在好望角继续他的工作。

在海上航行两个多月后，赫歇尔和他的妻子玛格丽特于1834年1月在英国控制的开普殖民地下了船（见图15和图16）。五年前，在约翰和玛格丽特结婚之际，亚当·塞奇威克借他在伦敦地质学会发表的主席演讲机会祝他的老朋友好运，他这段华丽的致辞激起了观众的笑声："愿赫歇尔家族永存，并像卡西尼一样，成为三代杰出的天文学家。愿所有的星座都侍候他；愿处女座在前，双子座在后。"塞奇威克的祝福一定起了作用，因为赫歇尔一家在出发去开普敦之前已经有了三个孩子，玛格丽特在南非又有了三个，加上这对夫妇回英国后又有了六个孩子；许多孩子对天文学感兴趣，其中一个——亚历山大在未来成为了天文学教授。

图 15　玛格丽特·赫歇尔（约 1829 年）　　图 16　约翰·赫歇尔（约 1829 年）

这个年轻的家庭来到南非不到一个月，赫歇尔就在开普敦几英里外选好了一所住房。这个漂亮的石房子名为费尔德豪森，它被茂盛的植被环绕，被雄伟的魔鬼峰俯瞰，这将是他们未来四年的家（见图 17）。虽然他们是来南方观星的，但是他们周围乡村丰富的植物群激发了玛格丽特对另一种与科学相关的消遣的追求——她开始大量收集植物。约翰也被南非的异域植物群吸引住了，于是这对夫妇开始了一项合作：约翰会用棱镜轮廓相机（鲁西达相机）制成玛格丽特收集的植物的轮廓，她则会用她的艺术技巧来填充细节和添加颜色。这项合作完成了一个惊人且科学意义重大的南非植物群的收集工作（见彩插图 4）。

图 17　19 世纪 30 年代赫歇尔在费尔德豪森的望远镜

但是约翰没有忘记他来这里的真正原因。他一住进费尔德豪森,就开始架设他那巨大的 20 英尺反射望远镜。赫歇尔的机修工叫约翰·斯通,赫歇尔形容他是"我的天文学铁匠,一个最优秀、最有用的人",他和赫歇尔一起去了非洲,监督望远镜的组装工作。赫歇尔和斯通得到了四个当地工人的帮助,赫歇尔只记录了他们的名字:阿卜杜勒、一月、索恩和雅各布。一旦望远镜准备好,赫歇尔就可以开始对夜空进行系统性的巡视——寻找可能是新星云的光点。

赫歇尔是一个能人,他的工作是独立进行的,但他受益于最近在开普敦完成的英国皇家天文台。在天文学家托马斯·麦克利尔(他在赫歇尔到达开普敦的前几天到了这里)的指导下,天文台开始重新测量南方恒星的位置并更新星图。赫歇尔把麦克利尔的图表放在身边,他花了几个晚上扫描南非的晴空,在那里的 4 年里,他观察并记录了 1708 个星云,其中 1200 多个以前没有记录。赫歇尔在每个星云中都看到了数百颗恒星。在大麦哲伦星云,他数了 919 颗恒星,并在笔记本上煞费苦心地画了出来;在小麦哲伦星云中,他记录了 244 颗恒星。赫歇尔还在这两个巨大的星团中看到了小星云的结构,这是星云中的星云。这让他很困惑。赫歇尔开始质疑当时流行的关于星云和宇宙构成方式的理论。

星云充满了赫歇尔的夜晚和白天。他给英国的一个朋友写信说,除了"星星、星星、星星",他没有别的时间。当赫歇尔不寻找星云的时候,还会寻找双星。即找到靠引力连接的恒星对:从地球上看,这些恒星不仅看起来很近,而且真的很近,足以相互施加引力。赫歇尔对 2000 多颗双星进行了编目,小心翼翼地寻找轻微摆动以表明这些恒星正在相互吸引旋转。1835 年,赫歇尔的注意力被期待已久的哈雷彗星的重现所吸引。赫歇尔急于从他南方的有利位置观察和记录这颗彗星。早在 1835 年 2 月他就开始寻找这颗彗星,但直到 10 月它才变得可见。尽管他尽了最大努力从他的房子里观察彗星,但从附近的桌山顶部滚落下来的厚厚的云和街道旁的大橡树挡住了他的视线。在这些橡树林间看出一道缺口对改善这种情况没有什么作用,因此赫歇尔为他的 7 英尺赤道望远镜搭建了一个临时支架,把望远镜拆除后带到几英里外的平地上的沙丘上重新组装在支架上,一直工作到日出时分。正如他在日记中写的那样,他"终于第一次有幸看到哈雷彗星!"

虽然赫歇尔声称他除了看星星什么也没做,但他还是抽出时间参加了南非文学和哲学研究所的会议,他几乎一去就被选为该研究所的主席。他和玛格丽特开始了他们合作的植物学的项目，他们在自己的花园里培育南非的植物群。赫歇尔还仔细学习了新的地质理论，并仔细阅读了气象资料。赫歇尔定期给他在英国的同事写信，讲述他的科研工作。他经常给他在剑桥的老同事写信，他们信件里的内容经常在剑桥哲学学会的会议上被宣读。

1835年11月16日晚上，威廉·惠威尔在学会的会议室大声朗读了这样一封信。赫歇尔在信中描述了他在穿越赤道时是如何注意到气压计意外下降的，他决心找出为什么会发生这种情况。赫歇尔已经委托多名沿着非洲和印度的海岸南北航行的船长和旅行者们为他进行观察。通过分析这些不同来源的结果，赫歇尔提出气压计的下降可能是由信风引起的。赫歇尔的信不仅仅表示一些有趣的气象数据；它还展示了来自全球的科学信息是如何进入剑桥哲学学会的会议。通过与剑桥之外的会士保持联系，学会开阔了视野；通过使用来自各种学科的最新数据，学会保证了自己一直在各领域的前沿。通过这种广度和相关性，学会确保它已经成为并将继续成为理想中的学会。若谁的一封信能在剑桥哲学学会的会议上被阅读被认为是一种巨大的荣誉。

当惠威尔大声读完赫歇尔的信后，会议的下一个议题是宣读另一个远离剑桥的人的来信。会议由解剖学教授兼学会主席威廉·克拉克主持（绰号"骨头"克拉克，以区别于前任矿物学教授爱德华·丹尼尔·斯通·克拉克和音乐教授约翰·托尼·克拉克）。克拉克请约翰·史蒂文斯·亨斯洛来读信，因为这封信是他以前的学生查尔斯·达尔文写给亨斯洛的（见图18）。达尔文在1828—1831年在剑桥学习，是亨斯洛最喜欢的学生。通过亨斯洛的讲座、野外考察和晚会，年轻的达尔文加深了对自然科学的理解。毕业后，达尔文对从事自然历史职业只有着模糊的憧憬，但

图18　查尔斯·达尔文

没有明确的计划,直到 1831 年 8 月,他被英国皇家海军舰艇"小猎犬号"录用,为它绘制了南美洲的海岸线。

这个事情是通过剑桥哲学学会的几位会员的策划而实现的。乔治·皮柯克仍然是三一学院的数学教师,也是学会的积极成员。他的朋友弗朗西斯·博福特是海军水文学家,他请皮考克推荐一位可以搭乘"小猎犬号"旅行的年轻绅士,这个人需要既作为博物学家,也能在长途中陪伴船长。皮柯克首先想到了伦纳德·詹妮斯,他为建立和管理哲学学会博物馆付出了巨大的努力。皮考克写信给亨斯洛,询问他对詹妮斯作为候选人的看法,并强调这次航行将有可能为剑桥的自然历史藏品的增加做出贡献,这些藏品中大部分都是属于哲学学会的。"如果伦纳德·詹妮斯能去,他会带什么财宝回家",皮考克沉思着;几天后,皮考克又写道:"对于我们的博物馆来说,这将是一个多么辉煌的机会啊",但是詹妮斯拒绝乘坐"小猎犬号",理由是斯瓦夫姆·布尔贝克的教区居民需要他。有那么短暂的一瞬间,亨斯洛考虑自己来参加航行,但是,尽管夫人哈丽特·亨斯洛同意让他走,但据说她看起来颇为痛苦以至于让亨斯洛不忍离开。所以亨斯洛建议达尔文作为候选人。

载有达尔文的"小猎犬号"于 1831 年 12 月起航。它向南航行,经过加那利群岛,然后穿越大西洋,在巴西着陆。那个时期,这艘船花了许多年时间仔细地描绘南美洲的轮廓。达尔文会利用较长的靠岸时间上岸去探险,通常可以花几个月时间在内陆探索。只要有可能,达尔文都会写信给家里的朋友,尤其是亨斯洛。通过亨斯洛,达尔文会向他在剑桥的许多朋友发送信息。他特别想让詹妮斯放心他做出了正确的决定:"我认为詹妮斯没有来是非常明智的……请代我向他致以最亲切的问候,告诉他,如果他在棕榈树下的夜晚做梦,他可以在早晨安慰自己,确信这次航行不适合他。"尽管有许多物质上的不适,这次航行还是非常适合年轻的达尔文,他在这艘小船上度过的五年将塑造他未来的生活和工作。

到 1835 年 11 月,对南美洲的调查已经完成,"小猎犬号"继续航行,经过加拉帕戈斯群岛,于 11 月 15 日抵达南部海的塔希提岛。第二天,达尔文开始认真地探索这个岛屿:

我登上了最近的山坡,高度在两三千英尺之间……从我所到之处,可以很好地看到远处的伊米欧岛……在高高的、破碎的峰顶上,堆积着巨大的白云,好似在蓝天上形成了一个岛屿,就像艾美欧浮在蓝色的海洋中一样。这个岛,除了一个小入口外，完全被一组礁石环绕。在这个距离上，只有一条狭窄但轮廓分明的亮白色线清晰可见，在那里海浪第一次遇到了珊瑚墙。泻湖的玻璃般的清水在这条线上荡漾，群山从那里突兀地升起。这种反差美丽极了。

当达尔文在探索塔希提岛的壮观景观时，他的导师和朋友亨斯洛回到了英格兰，回到了剑桥哲学学会的舞台。在柔和的煤气灯下，亨斯洛向聚集在一起的哲学家们朗读。

亨斯洛在1835年11月16日晚上大声朗读的信件讲述了达尔文在南美洲的旅行故事。在哲学学会阴暗的大厅里，着迷的观众听到了达尔文对风暴的描述，风暴袭击了南太平洋航行的"小猎犬号"；听到了火地岛可怜的居民在严冬中挣扎着取暖，以及船员对布宜诺斯艾利斯周围土著居民发动的战争。亨斯洛用他的声音读着达尔文的话，那些巴塔哥尼亚无尽的平原和安第斯山脉的巨大山峰仿佛就在大家眼前。达尔文的话让听众理解了火山爆发的力量，以及可能夷平整个城镇的地震的力量。他还描述了许多奇迹：巨大树懒和犰狳的化石骨骼；在海拔13000英尺的山上发现的贝壳，以及一片由石化树木组成的森林。达尔文的信件将南美洲的奇迹带到了那个寂静的房间里。

这些信件激起了人们对南美洲野生动物和地质的好奇心，他们也向科学界隆重介绍了达尔文，表明他是一个能够进行深入观察的人。对于一个年轻的博物学家来说，这是一个重要的日子，但严格来说，对达尔文来说，这一天是不存在的："小猎犬号"于11月15日抵达塔希提岛，但在航海日志中记录的下一天为11月17日。正如达尔文所说，这是由于"我们一直以来对太阳的成功追逐"——我们现在称之为跨越国际日期变更线。他没有意识到他的信在剑桥引起的轰动。事实上，他甚至完全没有意识到亨斯洛已经把它们读给了哲学学会。达尔文继续他对塔希提岛的探索，和"小猎犬号"一起航行到新西兰和澳大利亚，然后穿过印度洋，在南非的开普殖民地着陆。

在开普，达尔文计划到非洲沙漠进行一次短暂的探险，但首先他希望见到著名的约翰·赫歇尔。达尔文写信给他的妹妹凯瑟琳，说他和"小猎犬号"的船长罗伯特·菲茨罗伊计划去拜访赫歇尔，并解释说："我听说过很多关于他古怪但非常和蔼可亲的举止，所以我非常想看看这位伟人。"达尔文和菲茨罗伊受到了赫歇尔的欢迎，几周后，达尔文写信给亨斯洛，讲述了他们在会见赫歇尔爵士时：

享受到令人难忘的好运。我们在他家吃过饭，还见过他几次。他脾气非常好，但他的举止，起初在我看来，相当糟糕……他似乎有时间做每一件事。他给我们看了一个漂亮的花园，里面种满了他自己收藏的海角球茎植物。后来我明白了，每件事都是他亲手做的。

在同一天晚上，剑桥哲学学会同时宣读了来自开普敦赫歇尔和南美洲达尔文的信件，这是一个偶然的事件，但是他们的信以及他们后来在开普敦的会面，表明了科学的地理传播在19世纪是如何日益扩大的。如果像剑桥哲学学会这样的团体要想保持他们在知识前沿的地位，就有必要参与这一日益全球化的科学进程。在开普的时候，达尔文从他姐姐卡罗琳的一封信中得知，他的信件已经被读给了剑桥哲学学会。在11月16日第一次宣读这些信件之后，许多人的好奇心被激起了。信件及其内容的消息很快就传遍了剑桥以外的地方，爱丁堡和伦敦的期刊报道了达尔文的一些发现。达尔文的父亲是在阅读著名的《雅典娜》杂志时得知他儿子的信已在伦敦地质学会被宣读的。这也是亨斯洛的做法：他说服亚当·塞奇威克在地质学会的一次会议上阅读了部分信件，并非常高兴地听到"达尔文的评论引起了他人如此大的兴趣"。在剑桥，人们要求进一步宣读来信。所以几个星期后，12月14日，亨斯洛再次站在剑桥哲学学会的一次大会前，向他们讲述了达尔文在南美洲看到的令人惊讶的事情：能够养育年幼后代的蜥蜴；像血一样红的雪；当攀登海拔12000英尺的安第斯山脉时，"空气中有一种透明感，一种距离感和一种寂静感，给人一种置身于另一个世界的感觉"。

蜥蜴特别有趣，因为它们通常属于产卵的物种。达尔文和其他博物学家观察到，在门多萨周围的某些地区，该物种不是产卵而是胎生。博物学家争论不同的气候是否会导致动物以不同的方式做出反应。对于剑桥的哲学家来说，当地的地质变化就像动植物的变化一样令人着迷。在19世纪30年代，地质学是一门迅速发展的科学，像亚当·塞奇威克和伦敦地质学家查理斯·莱尔这样的地质学家激烈讨论着关于岩石、山脉和景观是如何形成的新理论。达尔文在剑桥认识了塞奇威克，正是塞奇威克在达尔文开始他的"小猎犬号"探险的几个月前，在一次去威尔士的旅行中教给了达尔文野外地质工作的基础知识。从里约热内卢，达尔文写信给亨斯洛，请他转达他对塞奇威克的问候：

告诉塞奇威克教授,他不知道我在威尔士探险中欠了他多少——它让我对地质学产生了兴趣,对此我永不会放弃。我认为我度过的最愉快的三个星期莫过于在威尔士北部山区的探索。

一年后,在探索了许多新的景观后,达尔文又给亨斯洛写了一封信,信中提到了一只巨型树懒化石的起源,它的骨骼在英格兰引起了很大的轰动。他说:"塞奇威克教授可能想知道这一点,告诉他,我从未停止过对在威尔士短暂旅行的感激。"

达尔文也深受莱尔著作的影响,莱尔的著作《地质学原理》主张一种叫作"均匀论"的理论。均匀论的核心原则是,现在发生的地质过程与过去发生的地质过程是一样的,而今天的地质特征是由非常长时间跨度内缓慢、渐进的变化形成的。这个词是由威廉·惠威尔创造的,以将其与"灾变论"区分开来。灾变论是一种地质理论,将当今的景观归因于世界历史上突发的灾难性事件,如一场大洪水。达尔文穿越安第斯山脉时,对地质现象进行了仔细地观察。他记录了矿物和岩石的标本,记录了它们的位置和彼此之间的关系,并试图理解安第斯山脉是如何从"地球地壳的破裂"中形成的。

亨斯洛认为达尔文的观察足够重要,可以出版。1835年11月30日,他向哲学学会理事会提出了这一建议,亨斯洛、皮柯克和惠威尔被任命为同行评审员。这些信件通过了评审过程,并同意将最重要的段落收集成一本小册子,简称为《致亨斯洛教授的信件摘录》,将出版并分发给学会成员和其他感兴趣的读者。除了他们的学报,这是该学会出版的第一卷科学书籍。到圣诞节时,这本书已经印好了。这本小册子的序言几乎可以肯定是由亨斯洛写的,其中热情洋溢地谈到了"这些信件所包含的一些地质信息激发了人们的兴趣"。它还包括一个小说明,即"这里表达的信息只能被视为一个旅行者在第一时间看到的和想到的、在他有时间整理笔记检查记录进而提升科学准确性之前的产物"。

尽管有了这一明智的附带说明,但达尔文得知亨斯洛竟然发表了他信件的摘录,还是大为震惊。他还没有看到那本书,他在信中对妹妹说:"我想里面只提到了一些地质细节。不过,我给亨斯洛的信,总是像给你的信一样,满不在乎。而把已经写过的东西胡乱地印出来,确实是有风险"。1836年6月,达尔文得知这本小册子的存在时,它已经发行了6个多月,所以他别无选择,只能从道义上接受亨斯洛的行为。然而，当达尔文从他姐姐那里得知这本小册子受到了热烈欢迎，亨斯洛还告诉达尔文家族，小查尔斯肯定会被列为"当时最棒的博物学家之一"时，他感到很欣慰。他特别高兴地得知，曾对自己决定从事自然史研究持怀疑态度的父亲"直到他读了你书中的每一个字才站起来……他非常喜欢你简单明了给出信息的方式"。

在访问开普殖民地几个月后，"小猎犬号"于1836年10月回到了英国。达尔文计划在剑桥待上几个月，然后移居伦敦。他之所以被剑桥吸引，不仅因为他的导师亨斯洛，也因为哲学学会和大学生们的热情欢迎。他写信给亨斯洛：

> 我敢肯定，我在剑桥得到的帮助将远远超过我在伦敦得到的帮助……我对动物学家们忍无可忍，不是因为他们忙忙碌碌，而是因为他们卑鄙的争吵。有一天晚上，我去参加伦敦动物学会的活动，那里的演讲者在互相咆哮，他们的方式一点也不像绅士。感谢上帝，只要我还在剑桥，就不会有陷入这种可鄙争吵的危险……莱尔先生认为，除了伦敦以外，英国再没有比剑桥更适合博物学家的地方了。

达尔文想去剑桥的另一个原因是他的大部分收藏品都在那里。最初，达尔文希望把他在"小猎犬号"航行中收集到的标本送到伦敦，作为大英博物馆"最大和最重要的收藏"的一部分。他担心把它们送到伦敦以外的地方，甚至是像剑桥哲学学会这样受人尊敬的地方，会让资助这次探险的海军部不高兴。但是最后，他在南美洲、加拉帕戈斯群岛、塔希提岛以及无数其他地方的五年里收集的所有标本都被小心地打包好，送回剑桥，由亨斯洛照料。

当达尔文于1836年秋天回到剑桥时，他面临的任务是对标本进行分类，并为它们找到合适的放置地点。塞奇威克把达尔文从南美寄回家的物品称为"价值高于一切的收藏"，然而达尔文努力让伦敦的博物学家对它们感兴趣，他写信给亨斯洛：

> 我几乎没见过谁想拥有我的任何标本……很明显，收藏家比真正的博物学家多得多，后者没有多余的时间。我甚至没有发现收藏者愿意接受未命名的标本。动物博物馆几乎满了，而且还有一千多个标本没有被分类处理。我敢说大英博物馆会接受它们，但我觉得其现状很差。你把藏品放在剑桥，把不同种类的标本安

排在一起然后等不同研究方向的人来要它们的计划不仅是最好的,而且是唯一可行的。

因此,达尔文在剑桥待了几个月,为标本编目,并与博物学家交流,希望能说服他们帮助自己描述和收藏这些物品。他收藏的许多动物、植物和矿物最终都被带到了伦敦,但仍有大量(尤其是鱼类)的物品留在了剑桥,被不断壮大的剑桥哲学学会博物馆所采用。

学会利用达尔文在剑桥的机会,邀请他在那年冬天的一次会议上作报告。1837年2月27日,达尔文从他的地质收藏中挑出了一些真品,来到万圣小路的学会会馆。他展示的标本把听众从非洲西海岸外佛得角群岛的熔岩流带到了阿根廷的拉普拉塔河沿岸,在那里闪电把沙子熔成了梦幻般的形状,然后穿越大西洋回到了距离任何陆地都有数百英里阿森松岛,那里的岩石长期以来一直被汹涌的大海和不断变化的潮汐冲击着。达尔文为他的讲座的成功而欢欣鼓舞,那天晚上他给妹妹卡罗琳写道:

快12点了……我一直为哲学学会读一篇短文,展示标本并描述其特点。这次活动进行得很顺利,惠威尔和塞奇威克积极参加了讨论。塞奇威克刚从诺里奇来,我们一直在和他喝茶。

这次演讲后不久,达尔文搬到了伦敦。虽然达尔文没有再在剑桥哲学学会发言,但亨斯洛和其他人继续就达尔文的收集和发现发表演讲。达尔文称赞亨斯洛的演讲十分精彩,并感谢他继续在剑桥宣传他的工作。由于达尔文毕业后在剑桥待的时间太短,他从未抽出时间正式加入哲学学会。尽管如此,该协会是达尔文最早的科学著作的出版商,在别人不接受他的文集的时候支持他,给了他一个向科学听众讲话的重要平台。

19世纪30年代,达尔文的事业刚刚起步。当时还没有人知道他的工作将以何种方式展开,但那个世纪最重大的科学争论的战线已经无声地划好了。早在1859年达尔文的《物种起源》发表之前,关于物种演变(或进化)的争论就已经有了。自18世纪下半叶以来,许多受人尊敬的博物学家提出了许多理论,他们假定动物和植物能够从根本上改变自己的本性,从而成为不同的物种。这些理论经常用专业性强的文字写成,主要是为了让那些专业的自然主义研究者者阅读,对一般读者的吸引力有限。但是，在 1844 年，一本书的出版引起热议。这本书结合了天文学、地质学、植物学、动物学、化学、心理学和人类学的细节来论证物种的进化，它充满引人入胜的细节，写得很好，也非常受欢迎。这本书名为《创世自然史的遗迹》，至少有 10 万人读过。

《创世自然史的遗迹》带来了轰动效应。报纸评论称它非凡、巧妙、有力。从要求阿尔伯特亲王在下午为她朗读此书的维多利亚女王，到政治激进分子，从贵族到店主，每个人都对它表示欢迎。这本书的作者匿名描述了他关于世界及其子民是如何被创造出来的理论。作者说，它始于太阳和行星的产生，引力将星云物质的粒子拉入原子核。接着，他讲了地球的发展及其岩层表面的故事，然后才描述了保存在化石记录中的第一个地球生命形式为：

各种植虫类和珊瑚虫的真实形态，以及一些单壳和双壳的贝类。在这一时期之前，很可能曾经有过海洋植物，也有过一些更简单的动物，但它们的质量太小，无法形成自己的化石。

随后出现在化石记录中的是第一种脊椎动物——鱼类。然后，随着海洋的消退和陆地的出现，陆地植物、爬行动物、鸟类和哺乳动物出现了。作者利用化学和电学方面的最新研究结果，解释了这些生命形式最初可能是如何被电火花激发创造出来的：他引用了在实验室合成有机化学物质的方法，并讲述了安德鲁·克罗斯（Andrew Crosse）有争议的实验。克罗斯声称，当他把电应用于各种化学溶液时创造了昆虫。《创世自然史的遗迹》的作者认为：

在这个星球上创造生命的第一步是一种电化学过程，通过其产生简单的囊胞……最初是简单的形式，但后来它们变得更复杂……从简单到复杂的开端是在特殊条件下取得的进步，随后一代代地发展成下一个更复杂的存在形式。

作者需要一种机制来解释更简单的物种如何发展成更复杂的物种，他期待从胚胎学理论能得到这一机制。他推测，所有动物的胚胎都经历了相似的发育阶段：在最初的阶段，胚胎像鱼，然后它发展得更像爬行动物，再次是鸟，最后是哺乳动物。鱼胚胎通常只在孵化和成为成熟鱼之前发育到必要的程度，但是，如果鱼胚胎发育得更久，它可能会变成爬行动物，从而完成物种改变。

如果这些大胆的推测是真的,那就意味着人不过是一种高度发达的动物,与野兽没有什么不同。这也意味着几乎没有什么东西能把生物和无生命的物质分开。这些疯狂的、具有挑衅性的理论推动了这本书的畅销。为了满足公众热情高涨的需求,印刷商印制了大量的书。

然而,《创世自然史的遗迹》在剑桥却受到了冷遇。大家对其心存多种忧虑:这本书包含了一些不准确的内容,而且作者的逻辑也存在一些漏洞。此外,这本书的中心前提——人可以写出创世的自然史——被认为是从根本概念上便是谬误:创世是一件与自然史完全不相干的事情。最后,《创世自然史的遗迹》挑战了基督教信仰的几个核心原则。当时,剑桥大学仍然是虔诚的英国国教研习中心,人们认为在那里学习的年轻人必须受到保护,不能受书中的一些危险和反宗教思想的影响。亚当·塞奇威克称该书为恶作剧,甚至是反社会的,毫无意义,并谴责作者关于胚胎发育的理论是一个"怪诞的想法"。

在《创世自然史的遗迹》第一次出版的一年内就发行了多个版本,销售额持续增长。当人们意识到这本书会长期存在时,剑桥的学者们意识到他们需要直面它。惠威尔出版了一本名为《造物主的指示》的书作为对《创世自然史的遗迹》的回应。这时,惠威尔已经从矿物学教授成为道德哲学教授,并于1841年当选为三一学院的院长。作为院长,惠威尔表现出一种权威的霸气。有次他斥责老朋友塞奇威克把他的宠物狗带进学院时说:"根据学院的规章制度,你频繁地带着狗出现在学院是不合适的。"许多同事都知道了此事并对他新近表现出的傲慢态度发表了评论。但是,惠威尔可能很快便把这种对宠物狗的淫威转向科学辩论。

《造物主的指示》一书短小易读,而且"语句高尚,适合高尚人士阅读"——换句话说,它的目标读者群就是购买《创世自然史的遗迹》的人。惠威尔汇编了近200页的文字来批驳《创世自然史的遗迹》中提出的理论,但他对《创世自然史的遗迹》最严厉的评价可以用以下一句话来总结:"没有哪本真正的哲学著作能够取得这样的成功。"在惠威尔看来,那种认为主要的哲学概念或整个现代科学领域可以在一下午的轻松阅读中便掌握的想法是荒谬的。前沿科学的讨论和解读最好由那些献身于科学工作的人完成;要摧毁《创世自然史的遗迹》中的理论,必须依靠一个合适的科学平台。

当然,剑桥哲学学会是一个讨论科学最新发展的理想论坛,所以塞奇威克在那里发出了他的攻击。他认为《创世自然史的遗迹》是一部不准确的作品，受到了公众的过度关注。1845年4月28日，塞奇威克主持了一次全体会议，解剖学教授威廉·克拉克走上了讲台，"对《创世自然史的遗迹》中提出的发展理论进行了评论"。尽管塞奇威克对化石记录的细枝末节了如指掌，对生物体的生成和发展理论却知之甚少，但他还是请他的朋友克拉克发表了这篇论文。

克拉克曾在学会的学报上发表了一篇研究连体双胞胎的论文，附带关于胚胎的冗长的讨论。其讨论围绕的中心论点是"没有低级生物的器官，尽管器官与完美有差距，但还是属于高级生物的"。换句话说，物种是有等级的，每一种生物都被分配到一个特定的等级。无论是一个物种还是其身体的一部分，都没有经历过真正的进化。塞奇威克认为克拉克是一个反对席卷流行文化的嬗变主义思潮的同盟者。就像之前的那篇连体双胞胎论文一样，克拉克在1845年的这篇论文使用了胚胎学的论点来抨击《创世自然史的遗迹》中提出的进化理论。克拉克强烈反驳了《创世自然史的遗迹》作者的观点，即所有物种的胚胎本质上都是一样的，先经过"低级"形态（鱼类或爬行动物），然后变成"高级"形态，如哺乳动物。克拉克如此描述：

当青蛙和鱼开始通过支气管丛和鳃呼吸时，其他两栖动物和鸟类则是通过囊体呼吸，而从来不是用鳃呼吸。在胎儿发育的同一时期，热血四足动物通过囊体和胎盘共同呼吸，而人类则单独通过胎盘呼吸。这些是胚胎上的本质差异，与动物结构的最后完善相联系，它们形成了清晰的解剖上的差别，从而不可能发生器官类型的互换或混淆。

克拉克还引用了关于不同物种特有的不同卵的证据，不同物种心脏发育的不同方式，以及性别特征如何在胚胎中发育的证据。

到了19世纪40年代，我们知道在哲学学会发表论文之后是可以讨论的，但遗憾的是，在克拉克的论文之后的相关讨论没有任何记录保存下来。由于克拉克的工作得到了塞奇威克的支持，我们可以假设这篇论文将会很受欢迎。塞奇威克当然对此很满意：克拉克的话被塞奇威克在几个月后的《爱丁堡评论》上发表的对《创世自然史的遗迹》的长篇评论中使用。那篇评论几乎是对《创世自然史的遗迹》问题的一段一段的剖析，煞费苦心地驳斥了每一点。威廉·惠威尔也引用了克拉克 1845 年的论文《造物主的指示》。

在现代读者看来，塞奇威克和克拉克对这一进化论的反应似乎是奇怪的观念倒退，但必须记住，《创世自然史的遗迹》中提出的理论与今天的进化论是不一样的。塞奇威克、克拉克和其他许多反对《创世自然史的遗迹》的学会成员对科学上的新观点持开放态度，只要他们有适当的证据和并依据会员的标准进行讨论，这些标准是在基督教的背景下构建出来的：信仰和方法是相辅相成的。正是克拉克主持了剑桥哲学学会的会议，并在会上宣读了广受到科学界欢迎的达尔文从南美发来的信件。克拉克还为剑桥大学的解剖学研究做出了巨大贡献：他为剑桥大学的解剖学博物馆购买了大量的标本，他曾与他的妻子玛丽威利斯·克拉克为博物馆建立详细的胚胎学模型，他亲自做解剖，他的妻子帮忙布置讲座。他也监理完成了博物馆从皇后学院对面的小房子搬到唐宁街更大的楼里，这让博物馆成为伦敦之外最好的解剖学博物馆。

塞奇威克也是科学创新的伟大捍卫者。1844 年，在约克郡举行的英国科学促进会会议上，威廉·考克伯恩牧师指责现代地质学是反《圣经》的，塞奇威克为现代地质学辩护并与考克伯恩牧师争论。在会上，考克伯恩牧师在演讲中抨击了牛津大学地质学教授威廉·巴克兰最近出版的一本书。前者认为地质发现应该根据旧约的文本来解释。由于巴克兰没有出席会议，塞奇威克为巴克兰的研究作了辩护，认为其内容是科学公正的。考克伯恩被激怒了，不久就发表了一篇言辞激烈的布道，并出版了一本名为《圣经反对英国科学促进会》的书。媒体自然对这一科学与教会之间的所谓冲突大加报道，全国各地的报纸都报道了这一事件。当然，既能成为虔诚的基督徒，又能成为科学家也是可能的：塞奇威克是英国国教任命的，他笃信宗教，他的信仰与他的地质工作完全一致。

1845 年，英国科学促进会再次在剑桥召开会议。像以前一样，会议能在剑桥召开与剑桥哲学学会有着密切的关系。会议主要是由学会成员安排的（皮柯克是理事，塞奇威克和艾里是副主席，很多人都同时在促进会和学会的理事会任职）；大部分计划都是在学会的场所里进行的；阅览室、报告厅、会议室、博物馆等均向促进会会员开放。随着准备工作的推进，剑桥城里出现了一种令人期待的气氛。主持 1845 年会议的是另一位长期与哲学学会有联系的人——约翰·赫歇尔。赫歇尔在 1838 年回到英国时，受到了当时 400 名科学界的绅士和其他杰出人士的热烈欢迎，并在维多利亚女王的加冕典礼上被提升为准男爵——他成为当时最著名的科学人物之一。

赫歇尔长期以来对他所谓的"神秘中的奥秘"——地球上生命的起源有浓厚兴趣。赫歇尔对新理论持开放态度，但他反对《创世自然史的遗迹》的进化论，也反对作者的匿名做法。这本书引用了赫歇尔的工作来支持作者的大胆猜测，自由地将当今的科学与自发理论和奎纳圈理论（一种声明所有类群可以分为五个亚群的理论）等过时的理论随意混合在一起。而作者的匿名性意味着他或她的身份不可知，因此也不具有合法性。作为科学领域的领导者，赫歇尔认为他的职责是保护科学权威，使其不受《创世自然史的遗迹》的匿名攻击，他认为他作为英国科学促进会协会主席的演讲是做这件事的最佳场合。

在那个夏天的英国科学促进会的会议上，与会者兴奋地谈论着《创世自然史的遗迹》的内容，以及匿名作者到底是谁。塞奇威克确信作者是个女人，"因为她太草率下结论了"。许多人怀疑是理查德·维维安（政治家和自然哲学家）、艾达·洛芙莱斯（数学家，拜伦勋爵之女）、乔治·库姆（骨相学家）或哈里特·马提诺（对经济学和社会问题有特别兴趣的作家）。很少有人怀疑《创世自然史的遗迹》的真正作者在剑桥的那个夏天就在他们身旁。当观众们排队进入议事厅，聆听约翰·赫歇尔对《创世自然史的遗迹》的批判时，他们不相信作者能够静静地坐在那听着他的作品受到当代最受尊敬的科学家的抨击。当然，他在的话也许也不能回复。

在赫歇尔看来，《创世自然史的遗迹》并没有对作者提出的一系列问题给出任何解释或机制阐述。正如他在主席致辞中所解释的那样，它不谈原因：

> 当我们被告知，例如，地质学的证据表示地球上连续地有组织地出现一些种族，以及这些种族失踪并让位给其他种族，这是某些法则的结果，好似从一滴水到高贵的水晶之间都有连续不断的进化链。从头开始，通过水虫、软体动物、昆虫、鱼、爬行动物、鸟类、野兽、猴子和人的连续阶段（不，我们所知道的，甚至对天使来说），就是这种进化。当我们听到这样一个理论，人类自然渴望了解原因，并能够在一些可信的方式上影响这种身体和智力的变化，我们也想知道为什么发展的不同阶段物种会分叉成截然不同的样子。这本书没有提供任何关于一个物种如何转变为另一个物种的解释，只有对气候、食物和一般情况等有利条件的含糊

的、没有经验的猜测。都能看出，这种理论还不如那种简单地宣称地球上物种交替地出现与消失的一系列未知事件的每一步都有奇迹般的干预的说法哩。

赫歇尔将剑桥哲学学会严谨的科学工作与《创世自然史的遗迹》的草率和耸人听闻的论辩进行了对比，他认为这是冷静与理性的做法。科学世界需要学会及其同仁专心于思辨与严格的论证，这样才能击败《创世自然史的遗迹》。不仅塞奇威克或克拉克在学会会议上所说的那些话是反驳这本书逻辑薄弱的武器；在赫歇尔看来，学会的存在本身就是理性的象征。学会代表的是那些花了数年时间训练自己的头脑去理解自然哲学中最细微差别的人，与之形成鲜明对比的是那些"倾向于粗糙和过于草率的概括"的人。赫歇尔的讲话被媒体广泛报道，尽管他尽力搁置争议（例如，他没有提及《创世自然史的遗迹》的名字），但这自然地增加了该书的曝光度。

对于剑桥人来说，《创世自然史的遗迹》的流行是对他们核心信念的冒犯。不仅关乎宇宙和生物是否按照唯物主义原理进化，而且关乎如何创造知识以及应将谁视为科学权威。在《创世自然史的遗迹》出版之前，赛德维克、惠威尔和赫歇尔曾各自写文章论述过他们对科学与宗教之间的关系，科学方法论和大学宗旨的看法。约翰·赫歇尔《关于自然哲学研究的初步论述》发表于1831年，是133卷的系列丛书《内阁百科全书》的一部分。

这套百科全书的创意来自伦敦大学自然哲学教授狄奥尼修斯·拉德纳（Dionysius Lardner），其旨在涵盖了从历史和传记到艺术、制造、自然历史和自然哲学的各个主题。该系列丛书面向普通读者编撰，且价格合理、质量高，该趋势的实现是拜识字率的提高和低成本的蒸汽印刷术的发明所赐。拉德纳认为，如果要使这些书具有广泛的吸引力，仅仅包含最新的知识是不够的。正如该系列丛书的说明书所阐明的那样，它们还必须在本质上是道德的：

《内阁百科全书》的内容绝不容有任何冒犯公共或私人道德的倾向。所有人都必须努力提高宗教信仰和美德的修养，进而启迪公众的思想。

在这个时期，人们逐渐兴起了学习知识的潮流，这个趋势将在维多利亚时代发展为更加正规的教育体系。基督教有着此方面悠久的传统，即研究自然是理解上帝造物荣耀的途径，同时也是理解人们在世界上的所处地位的途径，这种研究能使人过上更加道德的生活。对于19世纪的英国科学界人士而言，这种"自然神学"通常意味着伴随着《圣经》来研究自然科学，他们的宗教信仰与其科学研究是相辅相成的。

赫歇尔当然坚信宗教与自然哲学之间的相互关系。他在他的论述中写道，自然哲学"将神的存在与原则置于可笑而荒谬的无神论基础上"。威廉·惠威尔也认为宗教与科学之间有着密切的联系：他认为宗教在设定科学的目标与范畴中发挥了作用。1833年，他出版了《天文学》和《自然物理学》，其中涉及自然神学，这是《布里奇沃特论文集》系列丛书的一部分。这些书由布里奇沃特伯爵的遗赠资助，旨在探索"上帝在造物过程中体现出来的伟力，智慧和善良"。惠威尔明确写道科学与宗教之间的关系：

我们不要指望科学调查能够使我们设想出上帝对宇宙的操作方式……的确科学向我们展示了更为清晰的景象，即我们与理解宇宙、物质和道德的奥义都有着遥不可及的距离，而原本这是神应该告诉我们的事情。但是关于物质世界，我们至少可以做到这一点；我们可以看出，事件的发生不是每次都通过神的力量介入的，有时是通过一些普世的法则发生。这是适合科学的宇宙观，而科学的职责是寻找这些法则。

这段文字说明了自然神学在19世纪初期对自然哲学家有多么巨大的影响。其主要宗旨之一是上帝是根据一些法则创造了宇宙，因此哲学家可以从少量的观察或实验推广到更普适的理论。

惠威尔和赫歇尔都是这一时期有影响力的思想家。尤其是赫歇尔，在1831年就已经是一位著名人物，也许是国内科学界最有名的人，他的《关于自然哲学研究的初步论述》成为一本有影响力的书。他明确地阐述了科学方法，特别是观察和实验的重要性：

一个善于沉默独处和懂得利用时间的聪明人，可能会从一些简单的空间和数量概念出发，不停地思考，推理出所有数学真理。但是仅通过推理，他永远也不能得知一块糖浸入水中会变成什么或者将蓝色和黄色混合起来会得到什么颜色。

对于赫歇尔而言，观察和实验是"所有自然科学的泉源"。一旦人们通过观察或实验的方法收集了一些事实，哲学家就可以分析事实，将类似的事实组合在一起，完善术语，并开始一系列归纳步骤，以发现在其背后支配现象的定律或原因。亚当·塞奇威克写道："这是生动科学的根基和荣耀，它最终将物质与道德联系在一起，但不允许我们一上来就得到最终原理。"

赫歇尔认为，哲学家必须谨慎对待原因。他热衷于区分"真实"和"虚构"原因。他解释了这样的区别：

> 在海拔高度较高的岩石中发现贝壳的现象是由多种原因引起的。有些人将其归因于土壤中的可塑性，有人归因于发酵作用，有人归因于天体的影响，有人归因于有朝圣者路过那时遗落的，有人归因于食用贝类的鸟类，但对现代的所有地质学家而言，他们有一个共同的观点，就是由于软体动物在海底死亡，而随后陆地和海洋相对高度发生了变化。其中，可塑性和天体影响属于幻想中的虚构。朝圣者的遗撒是一个真正可能的原因，并且可能造成一些他们频繁通行的路上这里那里出现一些贝壳，但其没有普适性。一般而言，发酵可能是一个真实的原因，但从未有人见过岩石和石头会发酵，因此其并不是岩层中产生贝壳的真正原因。另外，每天在海底死去的贝类的壳留在泥中，泥被淤积后随着地层抬升，大家都见到过这类过程，而且这个过程是宏观上的。因此，根据哲学推理，这才是真正的原因。

在赫歇尔看来，《创世自然史的遗迹》的问题在于作者在谈论原因时不够谨慎。因此，赫歇尔在致英国科学促进会的讲话中抱怨说，《创世自然史的遗迹》几乎没有提到原因，即使偶尔提到了，其给出的原因在赫歇尔看来属于"花哨的颜料"。

塞奇威克的著作《关于剑桥大学研究的论述》进一步阐述了剑桥精英如何看待知识，以及为什么他们对《创世自然史的遗迹》的流行如此担忧。该书的主要内容于1832年12月在三一学院礼堂开始讲授。在惠威尔的建议下，塞奇威克对该书进行了扩展并于1833年出版。该书阐明了数学、自然哲学以及大学在智力教育和道德教育目标之间的关系。正如塞奇威克写道：

> 多年来，我一直希望对自然法则进行研究，而牛顿的系列发现贡献巨大。一个学生在从只会仰望并尝试理解自然界奥秘到牛顿那个高度之前，他有一段艰难的路要走，他必须要以一种发散思维，甚至是在别人看起来奇怪甚至令人排斥的

方式来阅读和理解前人创造的功绩，且在此过程中须杜绝直觉与想象力。但是一旦学会了这种语言体系，它便成为一种强大的思维工具，教会了我们将过去和未来的现象联系在一起。它通过教导人们理解物质与事物的行为背后的规律，从而使思想在物质世界中处于统治地位。上帝以为善的、统治宇宙的律法无疑是崇高的思想主题；而仅通过这种工具就可以完全解开这些规律的奥义，这完全值得你付出最大的努力。

对牛顿哲学的研究教会我们在一切有生命和无生命的事物中看到上帝的指挥棒。我们发现，宇宙的任何部分都没有与其余部分隔离开来。但是所有这些都是通过一些基本定律结合在一起的。我们遵循这些定律走向最遥远尽头，发现它将是美丽、和谐与秩序构筑的天堂。

塞奇威克认为知识是很难得的。一个学生必须花几年的时间掌握数学的基本知识及其无穷无尽的符号，才能开始了解世界如何运转并体会到宇宙真正的美。由于《创世自然史的遗迹》的作者是匿名的，因此没有证据表明他或她有资格发表自然哲学方面的声明。这本书亵渎了塞奇威克在剑桥职业生涯中辛勤营造的那种价值观。

塞奇威克的《关于剑桥大学研究的论述》第一版至第四版在《创世自然史的遗迹》出现之前就出版了。1850年，当《创世自然史的遗迹》在市场上销售了6年时，塞奇威克发行了第五版《关于剑桥大学研究的论述》，前言和附录十分宏大，其长度是正文本身的许多倍，其主要目的就是抨击《创世自然史的遗迹》中的观点。在序言中，塞奇威克讨论了他为何反对拒绝承认上帝为自然世界事件背后的最终原因。他对唯物主义者（尤其是法国的）处理自然因果关系的方式感到厌恶，"他们否认上帝的指示，他们信奉死物"。《创世自然史的遗迹》的作者（比其他塞奇威克要远憎恶法国的唯物学者们）确实对造物主表示敬意，但他提出的创造世界及物种的过程极像唯物主义的模型。塞奇威克用了300多页内容来分析《创世自然史的遗迹》的唯物主义。这样做也是出于对年轻人应得到的合适教育的考虑：

阅读前几页的读者可能会抱怨说，对《创世自然史的遗迹》的批评太长了，与前言中的其他讨论不相称。但是这本书流传甚广，部分原因是它所使用了流畅的行文和积极的文风，以及更多的是其结论的新颖性。因为这个作者是第一次将经过粉饰的物质泛神论呈现在全国读者面前。他写了《创世自然史的遗迹》的续篇，我还未曾对其正式评论过。因此，我不得不先详细提下这两篇作品，再进入我的主题，也就是向大学生来展示当现代泛神论教义被应用到物理、道德和宗教问题时是多么的荒谬。

对于塞奇威克来说，大学教育的关键部分是证明只要正确地理解了知识信仰和宗教信仰，二者便能舒适地融合在一起。

尽管赫歇尔、惠威尔和塞奇威克的这些著作的目标读者不一定是剑桥哲学学会的学者们（前两者是普通读者，塞奇威克是本科生），但他们描述了在19世纪初期自然哲学在剑桥以及英国机构中的作用和一些相关基本思想。在学会的会议上抨击《创世自然史的遗迹》，可以看出这些信念如何渗入学会，以及学会的主要成员如何扮演科学权威和正统派捍卫者的角色。

学会对《创世自然史的遗迹》的反应充满敌意不仅是因为会员们不同意其提出的理论，而且还因为他们认为这本书的逻辑形式、唯物主义和匿名写作与大学及学会的基本理念背道而驰。19世纪上半叶，很少有英国科学界人士有很多时间来研究变异理论，在塞奇威克心目中，这些理论比疯狂的梦好不到哪去。在整个19世纪40年代和50年代，学会的会议上偶尔进行一些演讲涉及同代理论或脊椎动物骨骼的同源性，但《创世自然史的遗迹》再也没有被提及过。显然，研究人员认为他们已经做了足够的努力来抑制其对剑桥的影响。在剑桥，很少有人能想到下一次提出惊世骇俗的进化论的人会是剑桥人。

1859年，查尔斯·达尔文写信给他的老师和朋友约翰·史蒂文斯·亨斯洛，以及他的前任导师塞奇威克，塞奇威克曾经在30年前对达尔文进行了野外地质考察的培养。达尔文写信告诉他们他刚写了一本新书，并说他们将直接从出版商那里得到此书。给亨斯洛的信中达尔文称他为"自然史上的亲爱的大师"，达尔文写他担心"在这种情况下，您不会同意您的学生的"。给塞奇威克的信中，达尔文承认"我得出的结论与您经常主张的完全相反"。当然，这本书就是《物种起源》，达尔文在其中详细阐述了他关于自然选择而进化的理论。与《创世自然史的遗迹》不同，达尔文的理论背后有经过深思熟虑的推导与实证，而达尔文也是一位著名且备受推崇的博物学家。但是这本书还是有争议的。

塞奇威克在短短几天内就读完了这本书。读完后，他立即写信给他的学生，向达尔文承认，"我读你的书痛苦多于快乐。我很欣赏它的某些部分，其他一些部分则我一直笑到两边脸都酸了。其他部分则让我充满了悲伤；因为我认为他们完全是虚假的，而且是恶作剧"。塞奇威克向达尔文解释说，他觉得达尔文的进化论抛弃了归纳推理的原则，达尔文将次要原因与最终原因相混淆。塞奇威克还更尖刻地将达尔文的文风与《创世自然史的遗迹》的作者进行了比较。尽管表达了批评，塞奇威克还是宣称自己仍然是达尔文的"真心的老朋友"，并开玩笑地称自己为"猴子的儿子"。

亨斯洛知道达尔文遭受了许多攻击，他的回答更加慎重，他没有直接评论达尔文这本书的内容，而是写道："我认为一个博物学家强烈反对另一个博物学家，胜于一个教派烧死另一个教派的成员"。

就像之前的《创世自然史的遗迹》，《物种起源》在维多利亚时代的英国引起了轩然大波。它的销售速度如此之快，以至于在第一版出版两个月后就赶紧出了第二版。社会各阶层也对此进行了讨论，但是与匿名的《创世自然史的遗迹》不同的是，科学机构完全不可能无视它。看到它的受欢迎程度上升，塞奇威克感觉到他不得不公开谈论这本书，然后他再次选择了剑桥哲学学会作为发言的场所。多年来一直与达尔文保持亲密关系的亨斯洛写信告诉达尔文："塞奇威克周一将在学会会议上向我们阐述您的假想！"演讲于1860年5月7日星期一晚上进行。该次会议记录中记录其为"关于在长地质时期内有机体的更替以及新物种起源的某个理论"。那天晚上，塞奇威克像一位杰出的演说家一样登上了舞台。他带领听众穿越了地质地层，讲述了岩石中保存的奇妙形态以及它们讲述地球生命史的故事，他认为，这段历史与达尔文的说法不符。他坚称自己的前学生达尔文已经放弃了逻辑思维，而他本人则坚定地坚持"牛顿哲学的严谨归纳真理"。他告诫剑桥的年轻人要直面事实而不是投机取巧。塞奇威克的老盟友威廉·克拉克当晚跟着他抨击了达尔文的理论和达尔文本人。

坐在观众席上的亨斯洛听不得他的朋友达尔文受到如此严厉谴责，并站起来为达尔文辩护。他在给基由邱花园的植物学家约瑟夫·道尔顿·胡克的信中记录了当晚的事件：

塞奇威克上周一的讲话相对于他惯常的攻击方式来说是足够温和的，但足以使所有以假说代替严格归纳的人都感到过了，正如他对达尔文的某些建议与他自己的是非观相悖；支持他的克拉克博士如此过头地、严厉地反对达尔文的观点；

正如塞奇威克向我暗示的那样，我起身，并尽我所能支持达尔文，拒绝他遭受基于真相之外的任何中伤。

我相信我成功地减少了（即使不是完全消除）达尔文被这种情况下根据他人错误暗示形成偏见的人攻击的机会。

亨斯洛在同一封信中承认，他认为达尔文的理论太过分了，但他仍然愿意公开捍卫他的前学生。也许更令人惊讶的是，亨斯洛告诉胡克，他正在剑桥演讲中讨论《物种起源》中的内容。当达尔文得知亨斯洛如何与塞奇威克和克拉克辩论后，他感动了，写道："我必须衷心地感谢你尽可能慷慨地捍卫我，以对抗强大的攻击者。"对其他朋友，达尔文则畅快地反击了塞奇威克"至于剑桥的老炮来说确实没有任何意义"，他写信给胡克，他知道现年75岁的塞奇威克不再处于地质思想的最前沿。

但是塞奇威克在塑造年轻人思想和规划大学课程方面仍然发挥着重要作用。他在19世纪50年代提出的考试题定期要求学生讨论支持和反对进化的证据。但是，即使他认真地告诉学生要说出自己的观点，即使这些观点与他自己有所不同也无所谓，但塞奇威克对进化的态度还是众所周知的。除了最强势的学生之外，任何人都不敢在考试中与他意见相左。例如，在1859年，他提出了以下问题："人类的民族史和自然历史上是否有证据表明，最古老的物种中的任何一个都源于四倍体（即灵长类动物）祖细胞？"尽管学生们可能难以使在塞奇威克演讲中所听到的内容与达尔文书中所读内容相吻合，但至少有一个人做得很棒。正如达尔文向亨斯洛报告的那样："出版商默里认为把书卖给不幸的学生是一件了不起的事。"

在19世纪60年代，随着达尔文的工作越来越为人们所接受，他的理论在剑桥哲学学会的许多演讲中得到了应用。曾经与塞奇威克一起工作过的地质学家约翰·威廉·索特进行的演讲中，用令人瞠目结舌的图表（见图19和图20）说明了化石记录显示的植物生命的发展与延续。他还在学会关于化石和贝类学报中发表了几篇文章。在其中的一篇论文中，他描述了他曾经如何"仅在地质方面"反对进化论，但是现在他开始接受它，并得出结论说，贝类显示出"几乎无限的物种等级，这可能很好用达尔文理论来解释"。动物学家阿尔弗雷德·牛顿（Alfred Newton）是达尔文理论的早期信奉者，后来成为动物学和比较解剖学教授并担任学会主席，他发表了有关欧洲古代动物学以及他在整个大陆旅行中收集的许多物种的论文，所有这些的出发点都是他的达尔文主义。

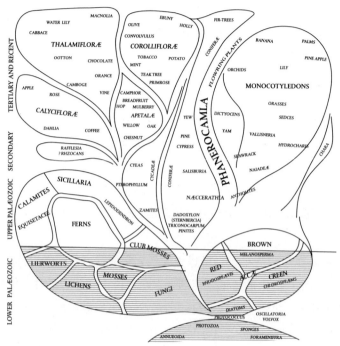

图19　这是约翰·威廉·索特在1869年2月向学会发表的演讲中，展示的地球上植物生命演替的图表

随着时间的推移，达尔文的理论获得了更多的追随者，他被认为是剑桥大学最伟大的学生之一。1882年达尔文去世时，学会向他的遗孀艾玛表示了哀悼，并赞扬了"他的科学工作的非凡价值"。到了19世纪90年代，有传言说要为学会的图书馆建造一尊达尔文的雕像。1909年，在达尔文100周年诞辰和《物种起源》出版50周年之际，学会决定出版一本书来纪念他的一生及其成就。到了1909年，该学会被视为达尔文理论的诞生地，大多数人都不知道达尔文的思想曾经在那里并不那么受欢迎。学会出版了一本内容丰富的书，几乎涵盖了现代生命科学的各个方面：选择、变异、遗传、细胞理论、胚胎学、古生物学和生态学，以及一项由查尔斯·达尔文的儿子——剑桥哲学学会候任主席乔治·达尔文及普卢米埃讲席教授研究双恒星的奇异文章。与被选入本书的内容一样有趣的是一些没有被选入本书的文章，比如1835年学会印刷的达尔文信件的小册子。另外，没有一篇文章提到达尔文的思想曾经引起的学会内部的争议。

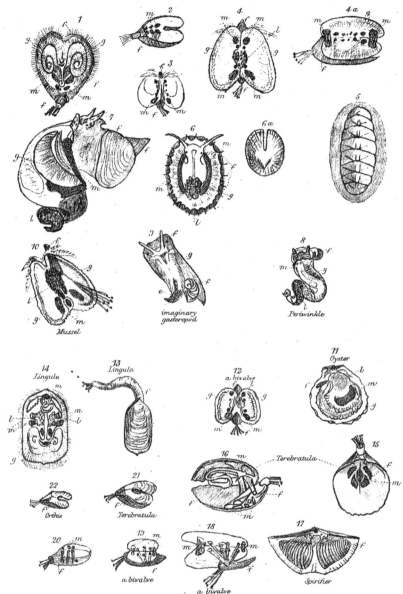

图20 这是约翰·威廉·索特在1869年2月向学会发表的演讲中,展示各种贝类之间关系的图表

是学会已经忘记了19世纪中期的辩论,还是他们只是不想再纠缠于此?该学会早期成员愿意整天面对争议曾是他们的标签之一。尽管这个学会总是彬彬有礼、井井有条(不像年轻时的达尔文曾抱怨过的争吵不休的伦敦动物学会),但他们捍卫自己的信仰和知识理论,毫不畏惧地对抗来袭。在面对越来越多的以吸引人的外包装迎合那些只需要简单答案的大众新兴科学,他们仍坚持科学训练、寻找科学证据及推理的高标准。该学会对新思想和新知识持开放态度——无论是赫歇尔来自非洲的气象数据,还是达尔文来自南美的地质观测——在这些知识进入神圣的会议室或期刊之前,学会都仔细审查了这些知识(以及生产这些知识的人)。苏格兰出版商罗伯特·钱伯斯(Robert Chambers)在1871年去世后被揭露是《创世自然史的遗迹》的作者,他从未真正有机会对抗像塞奇威克这样的权威人物。由于钱伯斯不愿透露自己的身份,按照剑桥哲学学会等机构设定的标准,钱伯斯不能被视为一个真正的科学家。在剑桥哲学学会,道德、宗教和科学方法方面的适当训练都至关重要。

4

新繁荣

1841年9月21日，从伦敦到布莱顿的新铁路线竣工了。长期以来，布莱顿一直是富裕的伦敦人的时尚度假胜地。该城以其美食、剧院和赌场而闻名，摄政王也在这里建造了梦幻般的皇家凉亭。游客们可以尽情享受海水浴这种新式有益健康的消遣，或者欣赏著名的码头链。威廉·特纳（William Turner）和约翰·康斯特布尔（John Constable）都画了这个地方，捕捉到了码头优雅的线条、海滩的喧闹和沿着海滨拔地而起的新建筑。

在铁路建成之前，这两个城市之间乘坐公共马车的时间大约是6个小时；现在，从伦敦市中心到布莱顿海滨只需要2.5小时。铁路速度快，很现代化，抓住了公众的眼球。新的铁路以惊人的速度在英国乡间铺将开来：在1835年，英国只有300多英里的铁路；1840年是1500英里；而到了1845年，这个数字已经上升到了2500英里。热爱铁路的不仅仅是乘客，投机者争先恐后地买进铁路股票使其价格飙升，这便是所谓的铁路狂热。

在一个晴朗的星期六早上，空气中充满了喜悦的情绪。在火车线路开通不到两周后，一辆载满欢乐的火车沿着轨道隆隆向布莱顿驶去（见彩插图5）。十一节车厢的火车的动力来自两个引擎：一个四轮的引擎隐藏在前面，后面跟着一组六轮的引擎。它以每小时超过20英里的速度呼啸着穿过乌斯山谷上空雄伟的高架，然后当它进入克比胡德山的窄道时，它的速度到达30英里/小时。在这段铁轨上，前引擎开始在铁轨上"颠簸"，以越来越大的、惊人的力量颤动着。不到半分钟，前引擎就脱轨了。就在锅炉爆炸前几秒钟，司机查尔斯·戈德史密斯（Charles Goldsmith）被甩了出去；火车头的司机罗伯特·马歇尔在爆炸中丧生。第二个火车头的司机詹姆斯·杰克逊（James Jackson）猛推换向杆希望挽救火车的其余部分。尽管杰克逊尽了最大努力，火车头还是脱轨了，飞到了轨道的右侧。杰克逊从残骸中爬了出来，看到了第二个火车头司机罗伯特·菲尔德破损的尸体。罗伯特·菲尔德是三周前刚刚举行完婚礼的一个年轻人。

滚烫的煤炭飞起，落在受惊的乘客身上，他们中的大多数人乘坐的是敞开式的二、三等舱车厢。空中充满了乘客的尖叫声。透过浓烟，杰克逊看到前面包括封闭的头等车厢在内的三节车厢也跟着引擎出轨了。乘客困在车厢里面，他们几乎被浓烟和蒸汽熏到窒息了。后来，多佛的一位劳德先生成功地踢开了一扇门才使得大家侥幸逃生。外科医生约瑟夫·卡普坐在另一车厢的仆人亨利·帕尔默和女佣简·沃森就没那么幸运了。他俩都是23岁，帕尔默的头骨被冲击力劈开了，沃森被车轮压扁了，都当场死亡。

这是英国发生的首批致命火车事故之一。公众得知后非常震惊，他们所喜欢及依赖的新事物会带来如此大的破坏。正如一位评论员所写：

（这样的碰撞）对于我们的先辈来讲过于巨大了，甚至在最荒诞不经的小说里也不允许有其一席之地。重达数吨的巨大车辆被震得粉碎；力量足以将支撑一座巨大建筑物的粗壮的铁棒如蜡棒一样掰弯、扭曲、折叠；巨大的金属条像玻璃一样折断了；在车辆和机器的残骸中，尸体散落各处，血肉模糊，无法辨认。被树干斩断的肢体，甚至头颅，散落在树干的左右两边，以至于同一个人的尸体也不可能重新拼接在一起———那些死者，即使面容仍完好，也带着一种可怕的混杂着惊愕和恐惧的表情，就像受难者在灾难和死亡之间短暂的瞬间所展现的那样。

铁路当局和公众都要求了解这次可怕的撞车事故的原因。是前引擎的设计吗，应该只有四个轮子而不是六个？是不是因为发动机的水箱太重了？是铁轨上有泥土吗？狭窄铁路在结构上是否不牢固？所有这些可能性都在接下来的周一在当地的一家啤酒店里进行了讨论。铁路公司还在一份报告中详细讨论了这些问题，公众和媒体也进行了相当详细的讨论。在剑桥，这次事件也成为哲学学会某些讨论的主题。

事故发生后不到两个月，三一学院的数学导师、后来成为大学图书管理员的约瑟夫·鲍尔牧师，在学会发表了他对事故原因的认定。当然，他是在剑桥接受数学方面的培养，他用方程的形式给出了铁路事故问题的解决方案：尽量减小 $F^2h^2/[M^2g(a^2+k^2)]$ 的值就可以挽救生命（见图21）。鲍尔摒弃了之前关于事故原因的所有理论，转而关注两个引擎是如何连接在一起的。他的主要论点是，火车出轨是因为前引擎的"颠簸"，而这个"颠簸"是由第一个和第二个引擎的连接处产生的。第一个引擎的司机感到其"前后摇晃"；第二个引擎的司机说，他看到前面的引擎出现了"摇摆运动"；与此同时，一位在路上看见火车的工人描述说，前引擎的前轮"跳上跳下"。

I will now give the mathematical details to which allusion has been made.

It will be as well to begin with the very simple case of a body whose centre of gravity is G, supported on a perfectly smooth horizontal plane PQ by two props BD, CE, and urged by a horizontal impulsive force F at the point A. Draw $GHKL$ vertical.

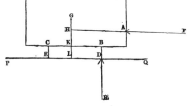

Let $GH = h$,
$DL = a$,
$GL = b$,
M the mass,
k its radius of gyration about G,
V the horizontal velocity communicated to D,
a the angular velocity about D resulting from the impact.

图 21　约瑟夫·鲍尔在 1841 年 11 月在学会发表的演讲中，给出了一列火车车厢的示意图，其中一些计算显示了理想的结合点

鲍尔认为，连接链在前引擎上的位置太低了。他想找到一个完美的位置——既不太高也不太低——在这个位置上可以把链条安全地拴在两台引擎之间。他的方程给出了一种根据发动机的质量、尺寸和它们之间的距离计算出最稳定的耦合方式的方法。他的计算是剑桥将数学应用于现实问题的完美例子。完成计算后，鲍尔请他的朋友杰克逊自然哲学讲席教授罗伯特·威利斯（Robert Willis）帮助他建造一个小型火车的模型，以便检验他的理论。威利斯和他的前任威廉·法里什（William Farish）一样，都是一个手巧的机械师，可以轻而易举地在自己的工作室里制作出这样的模型。鲍尔在模型的帮助下证明了他的方程的真实性，并在学会的会议室里展示了它，让同事们亲眼看到了他理论的真实性。这是一个重要问题的优雅解决方案。但是铁路公司倾向于根据具体情况来处理问题，而不是寻找普适的一般理论，所以他们对鲍尔的学术研究不怎么关注，鲍尔的建议也没有得

到采纳。

在鲍尔宣读其论文和论文在学会会报上发表之间的几个月里,大西部铁路发生了一起事故。1841年12月24日,一列火车在雷丁附近的索宁轨道因山体滑坡而脱轨。火车上有三节三等舱车厢,车厢里挤满了准备回家过圣诞节的工人,还有几辆满载行李的卡车。鲍尔认为,如果他的理论得以实施,车厢就不会像当时那样互相辗过并把乘客压在重型行李车厢和补给车厢之间进而导致9人死亡。

尽管铁路公司并没有采纳鲍尔的建议,但这些建议表明了剑桥哲学学会的成员们是如何热衷于研究当时的问题,以及他们是如何愿意解决传统上大学不会研究的问题。如果早在几十年前,剑桥就不会有能给鲍尔此类主题演讲的论坛,也不会有发表这种研究的期刊。鲍尔的演讲是一个很好的例子,说明了随着19世纪的推移,剑桥大学是如何变得更加开放和实用的。它还展示了维多利亚时代的英国潮流如何影响了这个大学城:对铁路的狂热反映在19世纪40年代的许多学会演讲中。在同一天晚上鲍尔关于布莱顿事故的演讲之后,约翰·弗雷德里克·斯坦福(基督学院的毕业生)又发表了一篇关于新发明的火车头的演讲。直到1845年,剑桥才有了自己的铁路。在学院的坚持下,他们把车站建在了离剑桥一英里多的地方,因为他们担心车站的噪声和烟雾会干扰镇上的宁静。火车表面上确实不错,但剑桥人实际上还是对其不是特别着迷。

随着19世纪40年代的进步和铁路网的扩大,铁路公司和政府开始就如何提高火车的安全性征求学者的意见。1847年,罗伯特·威利斯被委派到一个皇家委员会调查在暴露于"剧烈震荡和振动"的结构中的铁的使用问题。该委员会是在迪桥灾难发生后成立的。在那场灾难中,一列火车从铁桥上掉入河中,造成5名乘客死亡。为了测试铁桥对火车驶过时的振动有何反应,这位杰克逊讲席教授建立了一条只有9英尺长的微型铁路轨道,让不同重量的车厢以不同的速度在上面行驶。即使有了这个简化的模型,威利斯也可以看到铁桥受到经过的火车的压力有多大。1849年,也就是威利斯成为剑桥哲学学会主席的那一年,他来到索尔兹伯里,在那里,他观察到火车在一座70英尺高的桥上行驶。观察之后,威利斯向他的朋友乔治·加布里埃尔·斯托克斯寻求帮助,对这个问题进行数学分析。

爱尔兰人斯托克斯于1837年来到剑桥的彭布罗克学院(Pembroke College),并在著名的私人教师威廉·霍普金斯(William Hopkins)的指导下学习数学。

霍普金斯被誉为"牧马人制造者",他从18世纪30年代到60年代教出的学生中有200多人荣获"牧马人"荣誉,其中包括17名高级"牧马人"。在这段时间,这些教师是剑桥的重要组成,他们为那些有雄心壮志的学生授课,进而使这些年轻人获得极高的数学方面的荣誉。这些教师的另一个名称为"马车",此词源自当时在剑桥和伦敦之间通勤的速度越来越快的平板马车:在19世纪初,两个城镇之间的旅程大约花了7.5小时;到19世纪20年代是5.5小时;到19世纪30年代,车夫们骑得越来越快,已经能够在4.5小时完成这段路了。剑桥疲倦的学生感到老师同样越来越大的压力,开玩笑地说他们的导师像赶马车一样催促他们。霍普金斯是所有人中最著名的"马车夫",他虽然很聪明,获得奖学金轻而易举,但由于他在读大学时就已经结婚,所以他只好在大学系统之外工作。他是剑桥大学的知名人物,在他的朋友亚当·塞奇威克向他介绍自然地理领域之后,他便经常到哲学学会发表演讲。霍普金斯在学会上的报告通常集中在将数学分析应用于地质学上,这正是霍普金斯教给他的学生的那些内容。因此,像斯托克斯(Stokes)这样的人在自己学士学位考试之前便早已十分精通数学实际应用方面的知识了。

1841年,斯托克斯斩获了高级"牧马人"称号,并获得史密斯奖一等奖。他很快被选为彭布罗克(Pembroke)学院的研究员。第二年,斯托克斯向哲学学会报告了他的第一篇论文,其内容是关于不可压缩流体运动的测量。在接下来的几年中,他在一系列论文中进一步提出了关于流体运动的理论,并很快被视为该领域的主要权威。但是,斯托克斯并不是一个将自己局限于一个领域的人。他就光学、数学、天文学以及与铁路桥梁建造等相关实际问题向协会提交了多篇论文。斯托克斯对桥梁问题的研究方法,就像鲍尔对火车头链接问题的研究方法,其本质上是数学。斯托克斯意识到,在数学上处理火车穿越铁路桥梁时遇到的多个变量是一项极其复杂的任务:

作用于车体和桥的任何元件上的力取决于车体本身和桥的每个元件的位置和运动。或者更确切地说,取决于车体本身和桥的每个元件运动的变化。因此,精确地解决这个问题,即使假设偏差不大的情况下,也看起来不可能。

通过简化问题的各个部分,斯托克斯(使用威利斯(Willis)提供的数据)

提出了一个微分方程，为问题的解决提供了一些启示。他的研究结果指出了铁梁的设计和结构的潜在问题。这些结果大致上与铁路委员会的报告相符，后者的报告依赖更多的经验性研究。威利斯和斯托克斯在1849年向剑桥哲学学会提交了一系列合作论文，其中威利斯解释了他在铁路桥梁上的实验结果，而斯托克斯提供了威利斯所得结果中的一些数学解释。他们的演讲将听众从学会会议室的静雅中带出，使他们沉浸在工业世界的美妙中，在那里，科学、工程学和看似抽象的数学可以拯救人的生命。到最后一篇论文发表时，斯托克斯已被任命为卢卡逊数学讲席教授，并开始向大学生讲授他在铁路工作中所应用的各种数学原理。

铁路并不是世纪中叶学会讨论的唯一具有新闻价值的话题：正如我们之前讲到的，《创世自然史的遗迹》的风行激起了多篇关于进化论的评论。照相术是最近的另一项引起学会会员兴奋的发明。W.陶勒·金斯利牧师就照相的新艺术发表了多篇论文，例如谈到如何将照相与显微镜结合使用以得到新的科学结果。金斯利的照片受到他剑桥同事的高度赞扬，并在伦敦照相学会展出。一位评论家写道："它们是最杰出的标本……整个金斯利的胶印和蜡纸底片的收藏都精彩至极，我太喜欢他们了，尤其是那些半透明的杰作。"

该学会甚至还针对那个世纪最大的人道主义灾难之一——爱尔兰饥荒开展研究。尽管饥荒背后有许多因素，包括政治、社会和农业因素，但科学上最容易解决的问题是造成连续几年马铃薯歉收的疫病。彼得豪斯（Peterhouse）学院研究员乔治·坎普（George Kemp）分析了患病的块茎，希望找到造成这种疫病的原因。坎普观察到马铃薯在疾病三个阶段的发展过程：首先表皮下方会出现深褐色的斑点；接下来，黑线将开始向中心移动；最终，整个块茎都将变成"柔软、多孔的、黑色的和令人恶心的团块，内部所有微结构都消失了"。坎普用化学分析法解决了这个问题。他计算出健康和患病马铃薯中碳、氢、氮、氧和矿物质的百分比，以此来了解疾病的基本影响。在1846年2月和3月提供给学会的论文中，坎普给出了他的分析结果，并归纳出可能是由于植物过早发芽而造成的影响。坎普甚至提出了一种解决枯萎病的实用方法——在秋季播种，以确保在正确的时间发芽。如果坎普的解决方案行之有效，它也许可以使数百万饥民免于饥饿。但是多年以来，这种枯萎病一直没有被根除掉它，而且关于其真正原因的争论持续了数十年。

19 世纪，学会的研究人员全力以赴寻找各种社会问题的解决方案。面对不断增加的铁路事故，鲍尔、威利斯和斯托克斯重构了长期以来在大学里学到的抽象知识，以适应更多实际问题。坎普试图找出马铃薯枯萎病的原因，发现自己同时站在了应用化学的前沿。有些研究人员急于解决这样的现实问题，忙于应付现代世界的艰辛时，也有些人则完全把目光投向了我们的世界之外，悄无声息地发现一个新的星球。

在地球上，人们用肉眼可以轻易看到五个行星：水星、金星、火星、木星和土星。1781 年，天文学家威廉·赫歇尔（约翰·赫歇尔的父亲）发现了第六颗行星。他透过望远镜，发现一颗特定的恒星似乎相对于其周围的恒星运动。起初，他认为这是一颗彗星。但是，随着他在数周乃至数月的时间周期的观察，他逐渐意识到这可能是一颗真正的行星，是太阳系中新发现的一部分。

这个新的行星（现称天王星）需要八十多年才能绕太阳一周。1821 年，也就是发现天王星 40 年后，法国天文学家亚历克西斯·布瓦德（Alexis Bouvard）发表了关于预测天王星在绕太阳飞行时在天空中位置的天文图。到 18 世纪 40 年代，人们发现尽管布瓦德的预言在数学上是合理的，但与实际观测到的天王星位置并不完全匹配。天王星在摇摆。对此有两种可能的解释：第一，牛顿的万有引力定律是错误的；第二，有一个隐藏的天体，其引力影响了天王星。在剑桥，尽管那时《自然哲学中的数学原理》已经发表 150 多年了，但很少有人会认为牛顿是错误的。于是，有一位年轻的天文学家开始寻找另一颗新行星，以解释天王星的摇摆。

这位天文学家是约翰·库什·亚当斯（John Couch Adams），与威廉·赫歇尔不同，他没有通过望远镜来寻找新的行星。取而代之的是，他受剑桥数学传统的熏陶，使用笔和纸计算的方式。亚当斯是一个贫穷的康沃尔郡农民的儿子，他于 1839 年以公费资助生的身份来到圣约翰学院。这个谦虚而又与众不同的年轻人迅速证明了自己，在学业中脱颖而出，并在 1843 年斩获高级"牧马人"荣誉并获得史密斯奖一等奖。当亚当斯有闲暇时间时，他会辅导其他学生，以赚钱来支持他的弟弟的教育，他甚至还抽出时间教他的宿舍保洁员如何阅读。亚当斯着迷于行星问题，并且在学士学位考试和史密斯奖的评审考核结束后，他就开始着手解决这个奥秘。天王星的质量及其与预期位置的偏差是众所周知的，亚当斯利用这些数据来计算干扰天王星的那个天体自身的轨道、质量和位置。到1845年9月，他相信自己已经找到了该问题的准确答案。他与詹姆斯·查理斯（James Challis）（天文学教授，剑桥天文台负责人，1845—1847年哲学学会主席）取得了联系。查理斯又给亚当斯写了一封介绍信，向前剑桥大学天文学教授乔治·比德尔·艾里（George Biddell Airy）引荐他。尽管亚当斯当时与查理斯和艾里分享了他的发现，但他并没有非常好地处理好这一关系，致使三者之间存在一些误解。结果是亚当斯的计算结果被忽视耽搁了好几个月。

与此同时在巴黎，数学家勒维尔（Urbain Le Verrier）也意识到天王星的轨道出了点问题，并开始进行自己的计算。他在向巴黎科学研究院提交的一系列报告中陈述了他的计算结果。其中，1846年6月的一篇论文引起了艾里的注意：这使他想起了压在他桌上一堆纸下面的亚当斯的工作。为了能使英国而不是法国成为第一个发现新行星的人，艾里要求查理斯使用剑桥天文台的诺森伯兰望远镜来寻找它。对于纯粹的剑桥人艾里来说，向他的母校和他自己曾经管理过的天文台寻求帮助似乎很自然，他相信剑桥不仅拥有最合适的望远镜，而且拥有最好的观察员。他没有就亚当斯的计算结果与其他天文台联系。后来他因所谓的"剑桥私密事件"而受到外界批评。

查理斯同意提供帮助，并于7月开始搜寻该天体。诺森伯兰望远镜是诺森伯兰公爵1833年赠送给剑桥的礼物，是当时世界上最大的折射望远镜之一（见图22）。该望远镜藏在剑桥天文台的一栋小小的建筑物的一个木制的圆屋顶下，该圆屋顶在6个大铁球上旋转。该望远镜配有极为精确的时钟驱动的赤道仪，这使它可以非常精确地跟踪在天空中行进的特定恒星。查理斯和他的助手们开始工作，有条不紊地巡视天空，寻找以前被忽略的细微光亮。

在短暂的夏夜里，昼长夜短，天文学家每天只有几个小时的有效工作时间。在他们争分夺秒的竞赛中，巴黎的勒维尔继续计算，并于1846年8月向法国科学院报告了对新行星位置的最终预测。9月，勒维尔写信给柏林天文学家约翰·加勒（Johann Galle），请他在天空的某个位置中寻找不一样的天体。加勒在收到勒维尔的信后几个小时内就找到了几乎与勒维尔描述得一模一样的天体。

剑桥人被摧毁了，他们被法国人夺走了发现，但是欧洲其他地区则对这一新发现感到欣喜若狂。海王星（这个星球现在已被人们所熟知）的发现引起了大家

图22 剑桥天文台的诺森伯兰望远镜，位于乔治·比德尔·艾里为之特别设计的木制圆顶下

极大的兴趣，并在大众媒体上广受赞誉。此发现被称为"我们时代最伟大的科学成就之一""美丽的发现"和"崇高的成就"。人们对发现它的数学方法产生了和发现新星球一样的极大兴趣，正如一位记者热情地写道：

> 他试图在朦胧与模糊中看到些什么，看到那个人类从未看到过的美丽星星。一夜又一夜，他的双眼寻找着那遥远的美丽，那颗星在他的荣耀和满满的仁爱中反复出现，却未能与他复杂的数据和图标联系起来进而得到他的注意，他的脸色苍白、额头痛苦地低下来。

艾伯特亲王（当时刚当选剑桥大学校长和剑桥哲学学会赞助人）甚至参加了英国科学促进会的会议，会上，亚当斯、勒维尔、查理斯、艾里和其他人讨论了新星球的事。

在新行星的发现被确认后剑桥哲学学会的第一次会议上，查理斯叙述了他的观察结果。约瑟夫·罗米利在其日记中写道：

米勒教授来喝茶并向我们介绍了查利理斯今晚在哲学学会关于他自己观察和寻找新行星的演讲。亚当斯和查理斯看起来很难会与这次科学发现带来的盛誉失之交臂:亚当斯比勒维尔更早地计算了轨道,查理斯实际上在加勒之前便看到了那颗行星(他不知道那就是要找的行星)。

正如约翰·赫歇尔在一封私人信件中所写,"海王星应该天生便是一个英国人,而且每一寸都是剑桥人"(见图23)。查理斯和艾里承认他们的搜索开始得太慢了,也有许多人认为亚当斯太过保守而不太愿意公开他的结果。为了让亚当斯的贡献得到承认,赫歇尔和天文学家理查德·皮克桑克斯(Richard Sheepshanks)(另一位居住在伦敦的剑桥人)通过斡旋,成功地让亚当斯被正式确认为海王星的共同发现者。

图23 一张法国漫画,显示英国人亚当斯在寻找新行星海王星的比赛中输给了法国人勒维尔

多亏了赫歇尔和皮克桑克斯的努力,亚当斯成了名人,海王星的发现也被视为是剑桥科学的重要胜利(至少在英国如此)。《剑桥纪事》中的一首诗豪壮地比较了亚当斯和牛顿的发现,传达了这一发现所激发的一些自豪之情:

母亲对着你

温柔的微笑

因那新的繁荣

科学不再沉陷于

在无际天空深处那无限的隐藏孤寂世界

是有了思辨

让人类真正地飞跃

超越了凡人

进入了全新的领域

直到嫉妒被现实压制

才承认格兰塔拥有年轻的牛顿。

亚当·塞奇威克也看到了关于艾萨克·牛顿和约翰·库奇·亚当斯之间的比较，他写道：

上世纪初，安妮女王参观了这所大学，并且在三一学院大厅用餐后，公开授予了牛顿（我无须多介绍）骑士勋章荣誉，这改变了自然科学的整体面貌和形式。1847年，我们现在的君主（维多利亚女王）的到访，以及阿尔伯特亲王（作为大学校长）的就职，给我们增添了光荣和荣誉。在同样的喜庆和学术环境下，亚当斯先生获得了骑士身份，以表彰他自牛顿以来任何英国人所完成的最惊人的天文学发现。

不幸的是，亚当斯认为他必须拒绝接受骑士身份，因为若他没有大学的职位便会没有足够的财富来维持生活，而当时一个有骑士身份的人为本科生辅导将是荒谬的。也许是为了安慰，亚当斯的圣约翰学院以其荣誉设立了一个奖项：亚当斯数学或数学科学奖。除奖金外，获奖者还有将其获奖论文发表在《剑桥哲学学会学报》上的机会。

亚当斯是一个安静而谦逊的人，他似乎从不怨恨查理斯和艾里起初对他分析天王星轨道不感兴趣的事。但剑桥的许多人都对这一事件感到遗憾。20多年后，三一学院的年轻研究员、助理导师威廉·佩弗利尔·特恩布尔（William Peverill Turnbull）在参加哲学学会的一次会议时说：

探究精神——现代科学的基石

在煤气灯下，全体听众——包括凯莱教授和米勒教授，还有几位心仪哲学的女士都坐在一排排的长凳上。大众会员下面坐着几位很有威望的资深会士，我想他们是学会的核心部分……在这些名人的后面，有一系列亚当斯用来辅助讲解的大图表。查理斯还在黑板上写了一些内容。我感觉似乎有乐器在无声地伴奏，门窗仔细地把噪声和空气挡在外面，屋中是另一片天地。

亚当斯在1859年被任命为朗迪恩天文和几何学讲席教授，在1861年被任命为剑桥天文台的负责人。他在那天晚上的报告中谈到了狮子座流星雨。每隔33年，狮子座流星雨就会上演一场特别壮观的表演，成千上万颗流星布满夜空。亚当斯讨论了5种关于流星雨周期为33年的可能原因，并解释了为什么他认为狮子座流星雨和坦普尔彗星之间存在必然联系。查理斯强烈反对亚当斯的理论。在考虑哪种理论可能是正确的时候，历史蒙蔽了特恩布尔的判断：

我更认为亚当斯在这一点上是权威的，因为所有的人都认为亚当斯关于海王星的预言是正确的；我还记得在上一场海王星发现的竞争中，查理斯给亚当斯拖了后腿。如果没有查理斯，我怀疑英国，而不是法国，会获得这一发现的荣耀（尽管它并不是那么重要）。

尽管人们对剑桥大学不是唯一发现海王星的事有些失望，但人们普遍认为剑桥科学比上一代人要好了许多。直到19世纪中期，该学会的会员维持在500名以上，会议非常活跃，其出版物也很抢手。大学和各个学院更加重视科学。天文台取得了巨大的成功，大学的下一个主要科学项目是创建新的大学植物园。自18世纪60年代以来，剑桥一直只有一个占地约5英亩的小型植物园，其现在是新的博物馆所在地。到19世纪20年代，这个地方被描述为"荒芜的原野"，"完全不适合现代科学的需求"。约翰·史蒂文斯·亨斯洛在1825年成为植物学教授后不久就开始为植物园争取更大的场地。最后，在1831年，该大学在镇南部，靠近通往特朗普顿的公路处购买了40英亩的土地，打算创建一个更大的、包括大量树木和花床的植物园。19世纪30年代，由于与耕种土地农民间的谈判进程缓慢，这个植物园的建设进展甚微。但是，到了19世纪40年代，亨斯洛、惠威尔等人开始在哲学学会开会规划该园区的布局和管理事务。当这座新园区最终于1846年开放时，它被认为是大学科学资源的重要扩展。在19世纪余下的时间里，它将继续扩大和发展。几所大学的博物馆，如威廉·克拉克管理下的解剖学博物馆，也在这一时期不断扩建。伍德沃德之柜的藏品和大学图书馆的图书也终于在1844年找到科克莱尔楼这个新家园。在伍德沃德这批藏品捐给大学的30年后，1848年，菲茨威廉博物馆终于在现址开放，这也是大学愿意接受新学科和新观众的另一个标志（见图24）。

图24　正在建造中的科克莱尔大楼（19世纪40年代）。新建筑将容纳扩建的大学图书馆和伍德沃德之柜等一些收藏品。它现在是冈维尔和凯斯学院的图书馆

自1819年哲学学会成立以来，剑桥大学一直缓慢地向科学方向进军。更多的人从事科学研究，也传授给本科生更多的科学知识，而且科研设备也得到了改善。亚当·塞奇威克对这些变化表示欢迎，他将19世纪初困扰剑桥的"不健康的死亡般的停滞"与当前的现状进行对比，"化学、矿物学、地质学、植物学、解剖学、生理学和其他自然科学……万事顺意"。塞奇威克坚信，哲学学会的创立直接带来了剑桥大学科学氛围日益浓厚这个结果：

剑桥哲学学会已经成立了30年；《学报》（这是剑桥人刻苦工作的见证）中那些价值连城的原创性论文中讨论的每一个课题几乎都能引起欧洲伟大数学家的关注。在我们的《学报》中，高水平数学分析的所有力量已被最大限度地运用到物

理领域严峻且棘手的问题上：例如光和电理论，与潮汐运动相关的波动理论，行星干扰理论，地球的形状和内部结构，声音理论以及高等机械理论在许多实际领域的应用问题。尽管数学作为一种纯理论的工具不一定有任何应用前景，但我们的年轻研究员们从未忽视它。他们继续推动数学发展，使其超越了以前的极限，并自身获得了发现的喜悦以及来自对纯粹真理的爱之享受。有时候，也许是希望数学将来能应用于生活事务与我们同仁的实际利益。我们只需要提一下卡明、克里斯蒂、克拉克、赫歇尔、巴贝奇、休厄尔、亨斯洛、詹宁斯、威利斯、鲍尔、卢伯克、艾里、查理斯、米勒、霍普金斯、德摩根、墨菲、恩肖、凯兰、奥布莱恩、埃利斯、凯利、格林、斯托克斯和其他许多人的名字，他们都是我们身边培养出来的，也都获得过荣誉，并都是《学报》论文的作者——我们所做的足以证明我所说的，在过去30年，哲学精神激励着我们的大学前行。

当然，科学不仅在剑桥越来越受欢迎。在整个英国，科学学会的数量和活动都在增加：英国科学促进会仍在全国巡回举办会议；在利物浦、曼彻斯特、伦敦等地开设了许多面向实践的机械学院和矿务学校；新的大学在伦敦和其他城市兴起。人们对科学越来越感兴趣，科学也越来越与日常生活紧密相连，这种趋势全国可见。然而，塞奇威克说剑桥人正引领着这个趋势，尤其是在数学领域，这也许是对的。

剑桥的学位考试在全国仍然是独一无二的：每个学生在毕业前都必须学习数学。甚至在1851年之后，剑桥大学创造了自然和道德科学两个新学位时，其体系在根本上仍然是基于数学的。关于大学课程改革的争议颇多，直到阿尔伯特亲王以大学校长的身份介入，才使这一古老的制度发生了变化。1847年，阿尔伯特当选剑桥大学校长不久就约谈时任副校长、圣凯瑟琳学院院长及剑桥哲学学会主席亨利·菲尔波特商讨剑桥大学的课程设置问题。菲尔波特画了一张详细的图表，描述了学院和大学里正在进行的所有教学和考试。阿尔伯特把这张图表拿给他的顾问，前首相罗伯特·皮尔看，皮尔立刻看出了教授讲课和学生考试之间的脱节。

数学被认为是一门纯粹和真理的学科，它靠的是推理而不是猜测，这对训练年轻人的思想非常有用。学院和大学的老师担心数学在剑桥课程上的中心位置受影响。数学学习的是一种思维方式，而不仅仅是背诵事实。大学里一些比较激进的成员认为改革可能是有益的，但必须循序渐进。例如，威廉·惠威尔认为，科学事实被认可一个世纪之后才应该被考虑添加进在大学考试中。罗伯特·皮尔对这种几乎停滞的观点感到震惊，他写信给阿尔伯特亲王：

> 我认为惠威尔博士的立场是相当错误的。其认为数学知识被冠以永恒的称谓，因为它是人们熟悉的无可争辩的事实。化学这种科学门类是不适合在大学教授的，因为其科学事实与定律是有争议的，而且在不停地变化。当学生发现教授们不能维系像数学或代数真理一样无可争辩的权威时，可能会出现学生失去对教授尊敬的风险。

因此，惠威尔博士认为，科学上的新发现要经过一个世纪才能进入大学课程，这必将招致最严苛的质疑。难道剑桥的学生们在电对神经系统与肌肉活动的研究和疑问全部尘埃落定水落石出之前，就可以完全不去了解电方面的知识吗？

阿尔伯特亲王邀请菲尔波特到温莎堡讨论这个问题。菲尔波特同意改革是必要的，他认为，如果希望吸引更多的学生参加科学讲座，并使教授的研究兴趣更好地与本科生的课程相一致，就需要制定新的考试体系。菲尔波特和罗伯特·菲尔普斯（西德尼·苏塞克斯学院院长，即将接替他担任副校长）一起，在剑桥的议事厅讨论改革。这个委员会包括哲学学会的几位杰出成员——惠威尔、詹姆斯·查理斯教授、约翰·哈维兰、"牧马人制造机"威廉·霍普金斯以及几位导师、民法与神学教授、几位学院院长。委员会建议建立两个新的学位考试体系。道德科学学位考试将包括道德哲学、政治经济学、现代史和法律等必修课程，而自然科学学位考试将包括解剖学、生理学、化学、植物学和地质学。经过几年的争论、辩论、请愿、投票后，一个皇家委员会最终在新的学位考试正式出炉之前成立了。

要参加这两种考试的一种，学生必须已经通过数学学位考试。因此，所有在剑桥学习自然科学的学生在综合数学方面都有很好的基础。在新学位考试实行的最初几年中，学生在学习三年之后可通过数学学位考试；在参加自然科学学位考试之前，他只有一年的时间学习多种科学科目。自然科学荣誉学位的每一篇论文都涵盖了该学科的全部知识，就像一位学生在参加塞奇威克的第一次地质学考试后抱怨的那样：

> 地质学似乎人人都做得相当不错，但没有一个人做得很出色。如果这张纸只

有现在的四分之一大，那各方就会更满意了。富勒说，塞奇威克自豪地炫耀，他曾用了4个小时写了一篇"非常完整"的论文，把所有地质学都写进去了！

在19世纪50年代，由于工作量巨大，且在科学方面的就业前景不明朗，很少有学生参加新的荣誉学位考试。但改革表明，大学认识到人们对科学越来越感兴趣，并证明了它愿意做出改变。慢慢地，随着荣誉学位对学生的吸引力不断增加，参加的人数也开始增加，这带来了学生需要更多的科学教程方面的辅导教学，进而迫使大学增设新的教学岗位。这些增加的教学职位为年轻学者创造了就业，并鼓励更多的人在毕业后从事自然科学。

乔治·莱文（George Liveing）是第一届参加新学位考试的学生之一，他是萨福克郡一位外科医生的儿子。他在1850年获得数学荣誉学位"牧马人"，排名第11位；1851年，他获得了自然科学荣誉学位。之后，他在玉米交易街的一间农舍里建立了一个小实验室。由于生活拮据，他的实验室很简陋，设备也很差，但它仍然是当时剑桥最好的实验室之一。许多医学生都是在那里自学实用化学。在教了学生一年的化学反应、试剂、反应滴定、蒸馏和电解基本原理之后，莱文在1853年获得了圣约翰学院的职位。各个学院开始采取实际措施支持新荣誉学位的获得者也反映了它们对科学的兴趣：圣约翰学院聘请莱文为化学讲师，并在学院里、新法厅的后面为其建立了实验室，比他自己在玉米交易街的实验室宏大许多，设备也精良许多。许多年后，莱文谈到这件事的重要性："学院为我建立了化学实验室，这是向大型化学学院成长的第一个种子。"莱文在哲学学会中十分积极，并于1877年成为其主席。他还成为大学的化学教授，竞选（并获得了）更好的实验室和教室。

剑桥正在摆脱让塞奇威克非常担心的"死亡般的停滞"。讲座的出席率开始上升，更多的学生发表科学论文，科学在大学里变得更加有显示度。继剑桥哲学学会的成功之后，许多新的学会成立了，各自专注于科学中的特定学科。瑞俱乐部成立于1837年，是查理斯·卡代尔·巴宾顿为纪念17世纪的博物学家约翰·瑞建立的。巴宾顿于1827—1830年在圣约翰学院学习。由于对植物学表现出了浓厚的兴趣，亨斯洛邀请他做助手，使他终身着迷于植物分类学。毕业后，巴宾顿留在剑桥，继续住在学院里（尽管他直到1874年才获得职位）。他建立了瑞俱乐部，"通过友好的交流和相互指导来培养自然科学的兴趣"。它的成员们（最初仅限 12 人，后来增加了）在学期期间的每周三晚上开会，展示和研究自然历史标本。巴宾顿在雷俱乐部担任了 55 年的秘书；1851—1870 年，他还是哲学学会的秘书；1873—1875 年，他当上了学会主席，那时的他也继任亨斯洛担任植物学教授。19 世纪中期的一些新社会是专门针对学生的，其中包括自然科学学会和医学科学学会。整个世纪还有许多非科学的学会在剑桥涌现，包括古文物学会、卡姆登学会、伊兰奴斯学会、格罗特学会和著名的剑桥使徒组织（古文物学会和卡姆登学会就在哲学学会的楼里开会）。甚至还有一份新的专门发表数学研究的期刊——《剑桥数学杂志》，于 1837 年由三个新晋"牧马人"在三一学院创办，其被认为"充满了非常新颖的交流"。

尽管在剑桥有许多新的科学论坛，哲学学会仍然是其中心。它不仅仅是剑桥人展示他们最新研究的地方，还有很多来自剑桥以外的演讲者，其中一些是回到母校的老校友。乔治·比德尔·艾里就是一个例子。他曾是普卢米安天文学讲席教授，也是剑桥天文台的早期主任。1835 年，他被任命为皇家天文学家后，离开剑桥前往格林尼治。尽管从 1820 年起伦敦就有了自己的天文学会，而且这个学会也很受尊重，艾里还是选择在剑桥大学进行他的大部分研究。他经常到剑桥发表有关光学、日食、新望远镜设计、眼睛的工作原理和数学的论文。哲学学会完全把艾里当作自己人，就像塞奇威克写的这段话：

过去 30 年中，剑桥人有了两项重大发现。值得注意的是，这两项发现是自牛顿以来英国人在天文物理上仅有的两项重大发现。当然，我指的是艾里教授发现的金星扰乱地球轨道的现象以及亚当斯先生在理论上推导出天王星之外还存在一颗新行星。

艾里关于金星对地球轨道影响的论文实际是提交给了伦敦皇家学会，但塞奇威克认为它本质上是一篇"剑桥"论文，认为如果没有艾里早期在剑桥得到的数学思维训练以及剑桥哲学学会的影响，这篇论文是不可能诞生的。

艾里不是唯一一个在离开剑桥镇后与哲学学会保持联系的剑桥人。奥古斯都·德·摩根是三一学院的学生，1827 年斩获"牧马人"第四名，并深为他的导师威廉·惠威尔和乔治·皮科克所尊敬。因为他没有强烈的宗教信仰，所以从未从事神职，也没有寻求剑桥的职位；相反，他在 1828 年被选为新成立的伦敦大学的数学教授。德·摩根发现伦敦没有合适的平台来发表他的数学论文,他在接下来的几十年里定期回到剑桥来发表他在代数方面的重要著作。同样,菲利普·凯兰(1834年的高级"牧马人"获得者,后来成为爱丁堡的数学教授)、大卫·安斯特德(耶稣学院的学生和前研究员,后来成为伦敦新国王学院的地质学教授)和马修·奥布莱恩(1838年荣获"牧马人"第三名,后来成为伦敦国王学院自然哲学和天文学教授)都回到剑桥并在哲学学会上发表演讲,他们认为该学会与伦敦或爱丁堡的任何学术学会一样重要。

不仅仅是前剑桥学生和研究人员认为该学会是一个理想的演讲场所,许多与剑桥大学没有任何联系的著名自然哲学家也来到万圣小路的会馆展示他们的工作。伟大的比较解剖学家理查德·欧文于1842年被提名为哲学学会的名誉会员,同年,他成为伦敦亨特利安博物馆的常驻馆长,并创造了"恐龙"一词。他在学会上多次谈到他研究的化石,包括在什鲁斯伯里附近发现的一种喙蜥蜴(见图25)。这只蜥蜴非常重要,因为它证明了四足也许还是"温血"的动物在2亿多年前新红砂岩形成时就存在了。

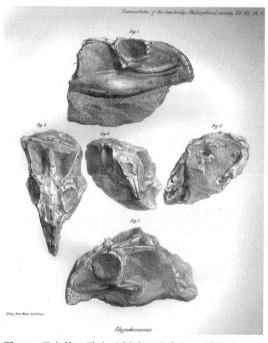

图25 理查德·欧文(创造"恐龙"一词的人)于1842年4月向学会展示了这些史前喙蜥蜴的图像

在整个19世纪中叶，学会还保持着出版学定期交流学报的传统——向世界展示其工作，并跟上其他领域新的发展。《学报》继续采用同行评议，并选择出版在学会会议上宣读的最好的论文。到19世纪中叶，该杂志更加倾向于数学和数学物理。1822年出版的第一卷《学报》中，数学、化学、物理、地质学、天文学、医学、解剖学、气象学和工程学方面的文章大致相当。第八卷在1849年出版，有36篇关于数学或数学物理的论文，只有少数关于地质、生物、医学和钟表制造等其他主题。学会中威廉·惠威尔等人，试图通过撰写在日益狭窄的"科学"范围之外的文章来保持学会的哲学广度。惠威尔为《学报》撰写的文章涵盖的主题包括黑格尔和德国唯心主义、亚里士多德的归纳理论、政治经济学、科学史和柏拉图的辩证法，以及偶尔关于纯数学的论文。尽管该学会仍然对一系列主题的论文开放，但学报日益增长的数学性质反映了学会成员的教学和研究兴趣。约翰·赫歇尔强调了《学报》作为大学学术生态记录者的独特地位，他宣称《学报》充满了多样性和趣味性，且诞生在一所大学内部，使其显得独一无二。

《学报》不仅是提交给学会高端论文的储存库，而且也是整个大学形象的广告，正如惠威尔主张的那样：

我们认为我们是在为我们的读者提供服务，以引起他们对《剑桥哲学学会学报》的注意，这既是因为该学报是集结各种主题的有价值和有趣味论文的回忆录，也是因为它可能有助于他们形成一个关于我们英国的大学在物理科学培养方面的正确看法……英国的大学近来不断被指责忽视现代知识和进步……

在展示了《学报》所包含的内容后，我们真的忍不住想问——懒惰、偏见、缺乏求是习惯和对现代知识进步同情的证据何在？每当不同阶层的作家提到英国大学时，这些都被反复地安插到英国的大学头上。哪一门科学英国的大学还没触及？我们又不知道哪些现代发现？与同胞相比，大学里的人是低人一等的吗？谁能指出我们还缺少什么研究手段呢？

除了《学报》的论文质量之外，学会努力让其成为收费的期刊。每新出一卷，学会理事会都会向大学出版社寻求帮助来分担印刷费用。大学出版社不断慷慨解囊，通常在19世纪40年代会支付一半的印刷费用，并在19世纪50年代增加资金支付全额承担了印刷和纸张的费用。试图重组财务并与书商重新谈判对缓解学报糟糕的财务状况没有什么帮助。

尽管学会拼力维持了一份期刊的运营，但理事会还是出人意料地发行了第二份期刊，这就是所谓的《剑桥哲学学会会议录》（以下简称《会议录》）。1843年夏天，学会决定在会议上发表的所有论文都应记录在案，即使它们没有正式发表在《学报》上。会议记录由学会的三名秘书汇编，列出了大多数（但不是全部）已召开会议的论文，并总结了论文的内容，特别是那些不会全文发表的论文。该期刊内容还包括新成员选举的信息，新章程的通过，或者演讲者的补充说明。他们开始记录论文宣读后讨论的迷人片段，或者提到演讲者被问到的一些问题:《会议录》显示，到19世纪50年代，大多数论文宣读后都进行了热烈的讨论，尽管细节往往很粗略。

学会还维持并扩大了自第一卷《学报》出版以来一直进行的定期交流计划。他们与慕尼黑、梅茨、维也纳、波尔多、伯尔尼、瑟堡、华盛顿、波士顿和维多利亚的学术机构建立了新的联系，发送《学报》并接收来自世界各地的交换期刊。到19世纪60年代末，该协会与英国更远地区的80多家机构交换期刊，确保了其持续扩张。

学会发展在19世纪中叶达到新高度。学会有自己舒适的会馆，召开伟人们参加的会议，宣读关于国家重要课题的论文，用最先进的方法做出改变世界的发现，推动大学的科学发展，并与全球其他学会互动。几十年来，学会的成员一直保持在500人以上。众所周知，剑桥大学的所有科学教授都将加入并积极参与学会的日常工作，但也有数百名研究人员刚刚开始他们的科学生涯，许多人并不寻求成为专业的"科学家"，而是仅仅对自然哲学感兴趣，将其作为生活的一部分。学会还吸引了剑桥以外杰出的自然哲学家作为荣誉会员。其中包括热能专家詹姆斯·焦耳、著名的植物学家和科学旅行家约瑟夫·道尔顿·胡克、地质学家查理斯·莱尔、数学家和逻辑学家乔治·布尔、德国化学家尤斯图斯·冯·李比希、物理学家和登山家约翰·丁达尔以及哲学家和政治经济学家约翰·斯图亚特·穆勒。图书馆和阅览室一如既往地受欢迎，博物馆仍在扩大收藏。科学在维多利亚时期的英国呈上升趋势，剑桥哲学学会是这种上升的核心。很难相信学会在这个世纪将要经受一次灭顶之灾。

5

克劳奇先生的罪行

1851年2月24日，奥古斯都·德·摩根准备前往剑桥，这位前"牧马人"现在是伦敦大学学院的数学教授，这是一所激进的"高尔街无神机构"。当他向北走向他的母校时，他的脑袋里充满了 ψs 和 φs。那天晚上，他要给哲学学会做一个关于他最喜欢的话题之一的演讲：积分学。当德·摩根在脑海中闪过微分方程及其解时，从伦敦开来的火车沿着轨道疾驰，学会的理事会正匆忙为他们的客人准备会议室。万圣小路上的房子通常秩序井然，然而今天一片混乱。因为，当德·摩根的思想攀登到纯数学的高峰时，一个人面临着一个相当平凡的问题。哲学学会的管理员约翰·克劳奇紧张地站在剑桥郡法院前。他被宣布为破产债务人。

多年来，克劳奇在剑桥一直是一位传奇人物。年轻时，他曾是一名狂热的板球运动员，为镇上的许多俱乐部（联盟、切斯特顿、铁环和皇家乔治旅馆）效力，也是许多镇上居民与剑桥师生之间板球比赛上的明星运动员，他的队友称之为"他在球板上的技巧是一大奇迹"。克劳奇也是该大学的书记捧持（见图26）。捧持们为大学履行礼仪和行政职责，包括协助毕业典礼，向学生收取罚款，在镇上的企业中执行某些大学规则，以及充当传令人。作为一个传令人，克劳奇穿着黑色长袍，戴着高顶礼帽，肩上扛着一根银色的权杖，他洪亮的声音在剑桥繁忙的街道上回荡。克劳奇现存的一幅画于1847年，画中他中年时和镇上的板球队一起摆姿势，并穿着板球队的队服（见彩插图6和图27）。克劳奇坐在前景中，他的深色西装与年轻人的白色形成了鲜明的对比，他是一个可靠且威严的人物，看上去外表庄严。

克劳奇自1820年以来一直担任学会的管理员。他和他的家人几乎免费住在学会的房子里，他得到了丰厚的工资，且定期加薪。他在学会的工作不是很繁重，这意味着他有时间更好地尽自己作为捧持的职责，而捧持的工资微薄。但是，尽

探究精神——现代科学的基石

图26　随侍捧持（左）和书记捧持（右），约1815年。约翰·克劳奇在大学里当了几十年的书记捧持，履行行政和礼仪职责

图27　帕克街上一场镇上居民与剑桥师生之间的板球比赛，背景中可以看到城镇的监狱（19世纪40年代）

5 克劳奇先生的罪行

管有两个可靠的收入来源，极其便宜的住宿，以及作为一个正直的剑桥人的声誉，克劳奇不知何故发现自己陷入了债务。

他在法院的第一次出庭是为了审查他的债务程度和确定他的债权人。同一天，在学会的一次理事会会议上，一个由4名成员组成的委员会被任命调查克劳奇的破产问题。他们发现他负债超过700英镑（大约是他年收入的十倍），资产只有78英镑。这些人不仅调查了克劳奇的财务状况，还调查了他的性格，发现他有所欠缺："委员会遗憾地注意到，（克劳奇的债务）数额如此之大，时间如此之长，以至于表明他的消费习惯与管理员的职位不符。"克劳奇在学会的一个职责是收集图书馆罚款，他被允许为自己保留一半。他立即被停职，薪水也相应减少。委员会随后审议了"不时有人对他未充分履行职责提出的投诉"。几天后，克劳奇得到了一个警告处分。

尽管人们认为克劳奇已经不适合继续履职，但他们认识到他在学会的长期任职——毕竟，他已经为学会服务了三十多年，因此投票决定在他的余生每年给他25英镑的养老金。但是克劳奇的破产引起了一些人的怀疑，他们开始更仔细地审查他们的账簿。他们开始发现差异，并很快证明克劳奇从学会偷了至少80英镑。他的养老金立即被停止。克劳奇有很多机会从学会偷东西——除了收取图书馆罚款，他还在收取会员订阅费、向游客收取博物馆入场费、出售学报副本以及在阅览室出售旧报纸等。尽管学会有一个财务主管，但他没有监督克劳奇记入账簿的每笔交易，这意味着30年来，克劳奇一直能够悄悄地篡改账目。毫无疑问，学会的账目中遗漏的总数远远超过80英镑。克劳奇很可能也骗走了大学的钱，因为他作为书记捧持的部分职责是向市场摊贩收费。他还负责收集镇板球俱乐部的会费，这也许是另一个个人收入来源。克劳奇的一些债务是在他试图帮助一个破产的亲戚时积累起来的，但这只占总数的一小部分——克劳奇把其余的钱花在了什么上还不知道。

克劳奇被命令在五年内每年向县法院支付10英镑，但从未提起刑事指控。1858年克劳奇去世前，大学一直雇用他为助教，甚至在1856年增加了他的工资。学会也许是害怕丑闻，没有对克劳奇采取进一步的行动，但是他们将在未来的几十年里感受到他的行为的负面影响。

尽管学会以其精美的建筑、优雅的博物馆和阅览室给人以繁荣的印象，但它自己的房子却是借钱建造的。大部分资金是通过向学会会员出售价值 50 英镑的债券筹集的；这些债券的利息将按 4% 的利率偿还。会员会费轻松地支付了利息的偿还，但学会努力节流资金，开始偿还本金。除此之外，还有支付教区教堂维持费的问题；经过长时间的通信和辩论，学会被迫从 1852 年开始向他们的教区教堂支付费用。在发现克劳奇的不端行为后，成员们更加关注他们的财务状况，并开始试图削减他们的开支：他们停止在会议室使用煤气灯；他们削减了图书馆的期刊数量，减少了新出版物的购买，因为"财政状况不允许任何额外开支"；他们甚至开始考虑关闭心爱的阅览室。1854 年年底，为了维持日常开支，研究员们不得不贷款 200 英镑。到 1856 年，很明显，学会不能继续以目前的状态运作。它有 2050 英镑的债务，另外它需要 200 英镑来续租。研究员计算出他们每年需要 50~60 英镑的盈余来维持生计，并任命了一个研究员小组委员会来审议这一情况。除了克劳奇引起的问题，以及每年教堂费用 40 英镑的额外开支，研究员们看到近年来订阅量逐渐下降。随着科学在剑桥的成长，新的社团和讨论组、新的实验室和新的出版物也在剑桥成长。哲学学会不再是镇上唯一重要的科学论坛，曾经理所当然会加入的人现在有了其他选择。会费收入的下降意味着学会每年的支出超过收入约 70%。为解决这个问题，委员会负责人的建议是将阅览室与学会分开。

多年来，美丽的高天花板阅览室一直是许多人灵感的源泉，他们会在那里闲荡几个小时，翻遍大都市的报纸或研读德国和法国的最新期刊。这是来自不同学院的研究员的聚会场所，除此之外他们的研究没什么交叉。失去阅览室将是一个沉重的打击，但如果它能拯救房子的其余部分，这一代价也许值得。将阅览室从学会中分离出来将意味着消除其运行成本；此外，出租房间将意味着新的收入来源。虽然阅览室仍然很受欢迎，但它不再是唯一的了。学院一直在追赶学会，现在许多研究员能够在他们自己学院就可以获得高质量的阅读材料；报纸和期刊也变得越来越便宜，这意味着个人更有可能购买自用。有人担心成为学会会员的订阅费太高，特别是因为阅览室在剑桥不再唯一。摆脱阅览室意味着订阅费可以降低，有望吸引更多的研究员，并最终提高收入。在 1856 年 4 月的一次学会大会上，如何处理阅览室的问题被付诸表决。学会的木制投票箱被放在会议室里，每个人拿走一颗小黑豆（见图 28）。他们一个接一个地把手伸进盒子黑暗的凹槽里，这样看不出他们的选择。后来，当三位秘书——植物学家查理斯·卡代尔·巴宾顿、化学家乔治·利弗宁和天文学家约翰·库奇·亚当斯打开盒子时，他们看到盒子左格里堆着一堆豆子，而右格只有几颗豆子。会员投票决定让阅览室离开。个别研究员提出自己管理阅览室的建议，但没有人付诸实施。

于是旧阅览室以每年45英镑的价格出租给了数学家威廉·沃尔顿。带着悲伤，会员们开始拆除他们建造的东西。詹姆斯·查利斯和威廉·哈洛斯·米勒负责为装饰房间的仪器和天文钟寻找新家。报纸被卖了，文学期刊也被拍卖了（图书馆的书和科学期刊不受影响）。除了两个书架和一个玻璃橱柜，所有的家具都被估价并出售了。这些精心收集的物品随风散落。接替了约翰·克劳奇担任管理员的潘卡斯先生宣布自己减薪。

图28 剑桥哲学学会的投票箱和计数豆

提前支付订阅费的研究员因无法进入阅览室而得到补偿，但许多人放弃了这一权利，包括约瑟夫·罗米利。在接下来的几个月里，这种奉献精神得到了更多的响应。对学会长期忠诚的伙伴们撕毁了他们的债券，放弃了对学会的所有财务要求。乔治·皮柯克、亚当·塞奇威克和查理斯·卡代尔·巴宾顿都是这样做的人。许多人还向学会捐款，其中一些捐款专门用于博物馆的维护。

这些措施在一定程度上缓解了学会的财政困境，但不足以解决偿还贷款的问题。学会仍在与日常开支作斗争。1859年，秘书们同意"只要学会的资金能够承担费用"，他们将出版下一卷的《学报》。事实上，直到1864年，下一卷才出现。第十卷和前一卷之间间隔八年；19世纪初，各卷之间的平均间隔是三年半。尽管剑桥大学出版社仍在支付纸张和印刷的费用，但学会无法支付其出版费用，学会也无法维持其工作人员。1863年，他们取消了管理员的职位，请潘卡斯先生离职。他每年65英镑的工资对这些人来说已经太高了。在此位置上，学会雇佣了一个年薪24英镑的管事。没有常设管理员，图书馆、博物馆和房子本身的维护变得更加困难。

探究精神——现代科学的基石

正如学会的阅览室因各大学竞相提供自己的同类服务而人气下降一样，学会也成为自身成就的受害者。学会率先为剑桥的科学提供设施，并鼓励其研究员争取更多资源，他们在这方面很成功。在19世纪50年代和60年代，科学在剑桥发展成为显学。新的自然科学学院每年都吸引着更多的学生，科学领域的大学奖学金也越来越多，大学也开始认真考虑投资建设科学实验室和收藏馆。所有这些都意味着随着剑桥人找到了科学的替代空间，学会竞争加剧。这使得学会更难维持会员人数和订阅量。

在19世纪50年代，大学提议老植物园（学会最早的会议举行的地方）作为新的大学博物馆和演讲室。建筑师安东尼·萨尔温被要求为这些新建筑起草计划，为学生参加科学讲座创造空间，并为大学不断增长的动物学和比较解剖学收藏设计一个场所。萨尔温的方案在1854年获得批准，但是由于大学政治，建筑工作直到1863年才开始。到1865年，这些建筑已经可以使用了（见图29）。

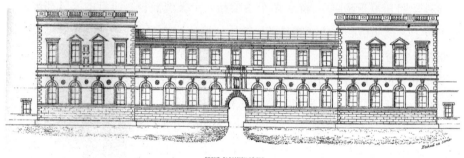

图29　安东尼·萨尔温为1865年的新博物馆设计图。哲学学会占据了建筑中部靠近拱门的房间。该建筑的大部分现已拆除，只剩下西区的一小部分

巧合的是，也是在1865年，学会最终承认，再也负担不起这些非常珍贵的房屋。尽管会员们已经尽了一切努力来维持，但还是没有成功。

这座房子耗尽了他们的资源，开始威胁他们的生存。勇敢向前看，学会理事会开始考虑新的选择，而且有一个选项很快脱颖而出。随着大学新博物馆的建成，随着建筑逐渐为人所知，一个想法开始在学会的几个成员的头脑中形成。1865年2月，学会主席威廉·赫普沃斯·汤普森，希腊的雷吉斯教授，写信给大学的副校长，试探学会在新博物馆获得一些房间的可能性。副校长亨利·威尔金森·库

克森是彼得豪斯学院的院长，也是学会的长期会员，他对这个想法持开放态度，但在新的行政结构最终确定之前，他无法给出正式的肯定答复。

在汤普森与库克森交流几周后，学会的理事会开始考虑将学会的博物馆作为礼物赠送给大学的可能性。40年前，约翰·史蒂文斯·亨斯洛赠送过几盒珍贵的昆虫和贝壳，双方的缘分由此开始，如今已经发展成为一种非同寻常的东西——一种地球生命的景象，一动不动地保存在无数玻璃器皿的玻璃后面。通过精心的管理，学会的博物馆已经成为剑桥最重要的科学收藏，它们很独特。但是，如果学会没有自己的房子，博物馆会怎么样呢？

但该博物馆的另一位早期馆长伦纳德·詹妮斯（Leonard Jenyns）仍然活着，并愉快地生活在巴斯，经营着他建立的一个自然历史领域的俱乐部。当时学会找到他，征求他对藏品命运的意见。作为一名实用主义者，詹妮斯赞同将藏品捐赠给大学的想法，因为只要他捐赠出来，藏品（尤其是一套剑桥郡的昆虫）便能够永久保存（见图30）。学会还需要另一位重要捐赠者——查尔斯·达尔文的许可。达尔文从南美回来几十年后，继续使用哲学学会博物馆作为他收藏品的存放处。他会把动物标本包裹起来寄给剑桥博物学家检查，其中一些标本将永远成为收藏的一部分，克劳奇先生随后会负责处理这些标本。达尔文也同意将藏品捐赠给大学。

图30　伦纳德·詹妮斯在19世纪50年代捐赠给学会博物馆的剑桥郡昆虫的一些标本，后来被捐赠给大学的新动物学博物馆

探究精神——现代科学的基石

显然，这对双方都有好处：如果学会不再有房子，它将需要安排其收藏品在其他地方出售、储存或展示。从大学的角度来看，获得一个高质量的自然历史收藏将是一个福音——对他们的新博物馆建筑来说这简直是太合适了。虽然大学有一个小的动物学博物馆，但它更多收藏的是解剖学的，而不是自然历史的，且范围非常有限。学会的收藏可以作为交换的对象，允许研究员用他们现成的博物馆换一个新家，并把他们从债务危机中解救出来。1865年5月，在学会大会上，投票箱再次出现，研究员一致投票决定将他们的自然历史收藏品提供给大学，并放入新博物馆（见图31）。几周后，一份正式的《大学恩典》获得通过，接受了收藏。此后不久，另一个恩典接踵而至，授予新博物馆的房间，以容纳学会及其图书馆。交易顺利完成。

图31　19世纪晚期，大学新的动物学博物馆（包含了许多来自哲学学会博物馆的标本）

那年夏天，珍贵的物品被裹在一捆捆的纸和麻绳里。烈酒罐、珍奇的鸟类和动物以及易碎的化石都必须单独包装——这是一项耗费数小时的工作。然后，它们被装上车，从万圣小路出发，驱车半英里到达新博物馆。在他们的新家，收藏品被仔细整理、重组和重置。如今,其中许多仍然可以在大学的动物学博物馆看到,这是现代剑桥古老传统的回响。书籍和期刊也打包好了,拖到镇上,在新博物馆旧址重新摆放,但这些仍然是学会的财产。既然图书馆和博物馆的内容已经搬迁,房子本身的命运就可以决定了。有人试图将它出租给保守的学生团体皮特俱乐部(当时在万圣小路的另一栋大楼里)未果,后来决定卖掉房子。1865年11月,安排拍卖;第二年2月,会员接受了乔治·拉尔夫·卡彭特1200英镑的出价——远远低于他们设计和建造房子的成本,但足以渡过危机。因此,学会与万圣小路的联系就此结束。

当1865年秋季学年开始时,学会开始在新博物馆所在地的数学报告室举行会议。与他们以前的会议室相比,这个房间显得光秃秃的,会议室里装饰着许多来自博物馆的精彩标本。但是,当艾尔弗雷德·卡顿开始谈论甲酸的合成,召唤出他实验台上的刺鼻气味,亚瑟·凯莱向他的听众展示了一个新定理的错综复杂之处时,这个地方开始有了家的感觉。

同一天晚上,研究员们选出了一个新的理事会,由亨利·威尔金森·库克森担任主席,正是他促成了学会迁至大学校园。第二年,威廉·赫普沃斯·汤普森被选为该大学的副校长,他在该提议被提出时是学会的主席。这种亲密的关系,特别是学会主席、大学副校长和各种高级学院职位上的人事交流,凸显了剑桥各组成部分之间的密切关系。虽然学会是独立于大学的,但其成员需要有剑桥学位才能当选,其理事会往往由学院和大学的资深人士组成。现在,学会已经搬进了一所大学大楼,学会的博物馆已经成为一所大学的收藏品,独立的界限变得更加模糊。

尽管学会仍有债务要偿还,但它在新博物馆的新住所让学会有了一段稳定时期。在经历了债务危机和搬家的干扰后,回到正常的科学事业是必然。而且,随着学会的入驻,剑桥的科学进入了新的上升阶段。萨尔温大楼体现了大学方面对科学设施进行大规模投资的意愿。这种对额外设施的需求在一定程度上与自然科学荣誉学位考试有关。1860年,荣誉学位考试进行了改革,这样学生在学习自然科学之前就不必参加数学荣誉学位考试了。在此之前,自然科学学院每年最多吸引六名候选人。学生只有一年时间准备为期四天的紧张考试:第一天是比较解剖学和地质学;第二天是生理学和植物学;第三天是化学和矿物学;第四天是科学总论，包括科学史等。从1861年起，学生可以花三年时间准备相同内容的科目。这很快促使参加自然科学荣誉学位考试的学生人数增加；到1870年，每年几乎有20名学生参加；到1880年，这个数字已经增加到60。这是首次修自然科学的学生数量等于修数学的学生数量。此外还有其他改革：1868年，实验物理学被添加到数学荣誉学位考试的课程中。与此同时，各大学开始在自然科学领域设立更多的奖学金。

实验物理学被纳入教学大纲是剑桥科学史上的一个关键时刻。19世纪60年代末，参议院委托一个财团来考察大学的科学状况。牛津大学刚刚开始建造新的克拉伦登物理实验室，剑桥担心会落后于它的老对手。包括乔治·斯托克斯（George Stokes）和乔治·利维（George Liveing）在内的财团建议建立一个类似的实验室与牛津大学竞争。但是大学的资金很少，不得不指定第二个财团来研究如何筹集大约7000英镑来建造、装备和配备这样一个实验室。

1870年，威廉·卡文迪什，德文郡第七公爵——前第二"牧马人"、史密斯奖获得者，阿尔伯特王子去世后的大学校长，剑桥哲学学会的资助者，资助了6300英镑。同年，卡文迪什被任命为皇家科学指导与科学进步委员会的主席，这个委员会后来被称为德文郡委员会。该委员会的任务是评估全国各个层次的科学教学状况。在委员会的工作中，卡文迪什开始发现英国的科学水平是如何落后于其欧洲邻国的。德文郡委员会在1872—1875年发表了8份报告，但在第一份报告完成之前，卡文迪什就决定采取实际行动，在剑桥大学筹建一个自己的实验室。他的捐款足以建造实验室，并购买必要的仪器，只需大学支付一位教授、一位助教和一名讲堂服务员的工资。自由学校巷的一块地皮被选作卡文迪什实验室，它是新博物馆的一部分，与学会可谓一墙之隔（见图32）。

就像任何一个昂贵的大学项目一样，关于新实验室的资金、设计、地位和用途的争论持续了很长时间。早期从剑桥各学院获得一些必要资金的计划失败了，因为各学院反对为这个新奇的计划出资。还有一些更彻底的反对意见，他们反对建立这个实验室：在参议院的一次会议上，一些议员对这样一个机构的必要性提出了质疑。几位大学的教务主任"强烈要求宣扬教会历史和田园神学"，科珀斯·克里斯蒂学院（Corpus Christi College）的院长"发表了言辞夸张的反对意见，认为自然科学是对经典和数学的贬低"，哲学学会前主席亨利·威尔金森·库克

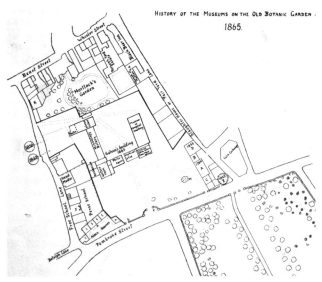

图 32　1865 年新博物馆的地图，部分藏品和部门的位置

森强调，存在道德和精神研究被自然科学压倒的潜在危险，因为自然科学只与"什么是物质和灭亡的东西"有关。一些人担心自然科学正在以牺牲更成熟的学科为代价取得太大的进展；另一些人则认为，即使是建造一个现代化和设备齐全的实验室也不足以重振剑桥科学。1873 年，就在建筑接近完工时，年轻的《自然》杂志宣布：

> 全世界都知道，科学在英国几乎已经消亡……众所周知，在我们的大学里，科学可能是最死气沉沉的。例如，我们不妨把剑桥大学同任何一所德国大学做比较，不，甚至是与法国大学的一些省级分支机构进行比较。他会发现，在英国并不重视科学的价值，也没有实验室可以从事科学工作；在德国或法国，科学在大学教学中占据了大部分的位置，四分之三的人在相应的实验室里工作。

这场讨论的深度远远超过了大学里的科学状况，它还涉及大学的核心问题。在《自然》杂志的一篇后续文章中，讨论了建立大学的三个可能观点：

第一种观点认为大学是教会托儿所。这是最初的观点。尽管这两所大学的一些成员还顽固地坚持这一观点，但总的来说已经渐渐淡出了人们的脑海。

第二种观点认为牛津和剑桥是为现代英国社会年轻的"鞑靼人"涂上一层"文

化"的清漆,进而打磨成绅士的地方。里昂·普莱费尔博士前几天在下议院说,苏格兰大学教人如何一年赚一千英镑,英国大学教人如何花掉这笔钱。英国大学拒绝把大学的职责定位为教会一个人为谋生而奋斗,而是培养他如何经商,提高艺术修养和专业能力,等等。

第三种观点目前几乎没有拥护者,认为大学是一个任何人都可以为走上任何体面的人生道路接受培训的地方,同时也是一个照顾所有高等教育和科学利益的地方。

显然,《自然》认为第三种观点是最好的。《自然》创刊于1869年,既是一份科学期刊,也是一份宣传工具。天文学家诺曼·洛克耶担任编辑,许多作者经常利用他们的领导人来提高人们对各种话题的认识,包括对科学的资助、科学教育和职业的改革,以及英国与其欧洲邻国科学状况的比较。洛克耶会故意引起论战,因此,他很乐意发表托马斯·乔治·邦尼(Thomas George Bonney)对这两篇关于剑桥文章的回应。邦尼是一名地质学家,圣约翰学院研究员,也是剑桥哲学学会非常活跃的成员。像学会的许多成员一样,他支持改革剑桥的想法,他认为近年来剑桥发生了许多改革:除了学习经典和数学之外,学生现在可以学到更高水平的自然科学和伦理学;理科学生可以获得奖学金;剑桥大学已经致力于使自己成为一个"任何人都可以为任何体面的人生道路接受培训的地方"。在邦尼看来,剑桥大学更广泛的改革的真正障碍不是在任的研究员或教授,而是参议院——一个由所有已被授予硕士学位的老议员组成的机构。这就意味着,成千的剑桥学生,虽然有对他们梦想学生时代的怀旧之情,但对学术几乎没有兴趣。但正是这些人投票决定剑桥大学如何运营。这个保守的团体经常会减缓或完全停止进步。

尽管遭到一些保守派的反对,但是卡文迪什实验室还是于1873年建成,并于1874年激动人心地开放了。实验室将由一位新任命的卡文迪什物理学教授负责管理。候选人的名单中包括威廉·汤姆森(后来被称为开尔文勋爵)——他曾是第二名的"牧马人",并获史密斯奖,后来成为格拉斯哥自然哲学教授。汤姆森因创立热力学理论和研究跨大西洋电报电缆而闻名。另一位候选人为赫尔曼·冯·亥姆霍兹——德国自然哲学家、生理学家和哲学家,他以场论研究而闻名。但汤姆森和亥姆霍兹都已经在现代实验室站稳脚跟;新成立的卡文迪什实验室的承诺不足以吸引他们来到剑桥。

后来实验室又瞄上了苏格兰物理学家詹姆斯·克拉克·麦克斯韦。麦克斯韦在爱丁堡学习了几年之后，被剑桥大学录取，师从威廉·霍普金斯。在进入剑桥大学学习之前，麦克斯韦就已经从事了原创性的研究。在剑桥，麦克斯韦确立了自己在物理、数学和哲学领域的创新思想家地位。他经常在剑桥使徒俱乐部发表演讲，并于1854年3月将自己的第一篇论文交给了剑桥哲学学会，当时他才22岁。他曾斩获第二名"牧马人"，并在1854年获得了史密斯奖。在1856年被任命为阿伯丁的马里斯夏尔学院的自然哲学教授之前，他曾短暂地成为三一学院的研究员。1857年，麦克斯韦因研究土星环而被授予亚当斯奖，他用动力学理论来探索土星环不是刚性而是流体的可能性。他的获奖论文本来是要发表在学会的《学报》上，但也许是因为篇幅的原因，它最终以独立的书的形式出版了。正是这个巩固了他作为数学物理领域的杰出思想家的地位。1860年，他离开苏格兰，到伦敦国王学院担任自然哲学教授，并在1859年辞去国王学院的教授职务，成为剑桥大学数学荣誉学位的考官。他开始引入新的学科，提出关于热、电和磁的问题，这提高了这些学科被永久纳入荣誉学位的呼声。

麦克斯韦被考虑聘为第一位卡文迪什教授，1871年，他参选并被任命为该讲席。他在实验室开放前三年就任职了，这意味着麦克斯韦可以在实验室的设计和仪器选择方面发挥核心作用，他甚至帮助支付了其中一些仪器的费用。在他的就职演讲中，麦克斯韦强调，在剑桥统治了这么长时间的理论物理学，要向实验物理学转变。他选择了不在参议院发表演讲，而是在一个不重要的演讲室里向少数学生发表演讲：

钢笔、墨水和纸张这些耳熟能详的器材将不再能满足我们的需要，我们需要比书桌前的座位更大的空间，比黑板更宽的面积。我们应该在讲堂里讲授物理学的某个分支的课程，辅以图解实验，在实验室里以研究实验课程结束。立即打开所有知识的大门，我们将确保科学教义与那些基本感觉的联系，这些基本感觉构成我们所有有意识的思想的模糊背景，并给思想以生动和宽慰，当这些思想作为纯粹抽象的术语呈现时，容易完全从记忆中淡出。

麦克斯韦的讲座在实验室开放之前就开始了，这意味着他关于在黑板和实验台之间自由移动的愿景不得不推迟几年。但他早期的演讲仍然意义重大，他把大部分的注意力集中在热、电和磁上,这些内容在 1872—1873 年的荣誉学位上被重新引入。此外,1873 年是他关于电和磁学的重要论著发表的那一年。在这本书中,麦克斯韦表述了物理定量,但并没有将它们直接与机械模型联系起来,这后来在数学物理中产生了巨大的影响。这篇论文提高了麦克斯韦的个人形象,也提高了剑桥物理学的知名度。

1869 年,学会举行 50 周年庆祝典礼。三位创始人之一的塞奇威克出席了会议。塞奇威克看到了他为剑桥建立科学学会的目标成为现实,尽管他在周年晚宴几年后便去世了,但他知道现在学会已经足够安全,可以离开他也继续存在。1873 年 2 月,在塞奇威克去世后召开的第一次会议上,研究员们表达了"对失去塞奇威克深感遗憾",然后坐下来听麦克斯韦关于运动方程和变分演算的两篇论文,这种场面正是塞奇威克想要的。

从一开始,卡文迪什实验室就是一个教学和研究的场所(见图 33)。这是欧洲的普遍做法,但在英格兰这是一个新想法。在英国,新造的"研究员"这个词最初的本意是贬义的:许多人认为新一代的研究员(以及那些为研究提供更多资金的人)与大学的真正目的不符。好奇的学生在实验室的第一年就开始了具体实验,他们发现了与他们以前所知截然不同的东西。阳光从巨大的窗户射入大型开放式实验室,照亮了学生们聚集在一起的坚固的大工作台。本科生学习了如何使用基本设备,熟练地设置仪器,测量、校准和调整,直到他们的简单实验正常

图 33 20 世纪早期卡文迪什实验室的内部环境

运行。令人惊讶的是，这些年轻的学生在卡文迪什实验室得到了自由。没有严格的实践课程；相反，学生们被允许追随自己的兴趣，通常是在威廉·加内特（William Garnett）的督导下开展。不过，会有一个实践考试，学生们必须证明他们可以完成基本的任务，比如找出镜头的焦距或测出导线的电阻。

本科毕业的学生也来进行更高级的实验。这些毕业生中有许多已经获得了（纯理论的）数学荣誉学位，而且以前从未在这样的实验室工作过。和那些惊讶的本科生一样，他们也必须接受实验的基本技能训练，然后研究就可以开始了。麦克斯韦鼓励动手研究，允许足够的试验和错误的空间。卡文迪什实验室的第一位研究生威廉·希克斯（William Hicks）——在数学荣誉学位中排名第七，回忆了麦克斯韦的研究让他"燃起了通过实验测量电磁波传播速度的欲望"。希克斯设计了一套仪器来进行测量，但在当时和他现有的设备情况下，这几乎是不可能的。他后来写道："当然没有任何结果，但这种实践对我来说非常有价值。很有趣的是它展示了一个人在麦克斯韦周围工作的那种氛围。"麦克斯韦向一位朋友解释了他的理由："我从不试图劝阻一个人尝试一项实验，如果他找不到他正在寻找的东西，他可能会找到其他东西。"即使麦克斯韦不在卡文迪什实验室工作后，这种开放的研究精神仍然指导着卡文迪什实验室的大部分工作。

除了鼓励他的学生，麦克斯韦还忙于自己的原创研究。他一直是一个有独创性的思想家：在1855年12月和1856年2月（离开阿伯丁前不久），麦克斯韦给剑桥哲学学会读了两篇论文，论述了如何理解电的问题。18世纪，电激发了自然哲学家们的想象力，这些精英们进行了大量的实验，试图理解其神秘的本质。公众也被吸引住了，他们急切地涌向现场，观看电的神奇力量的生动展示，甚至排队体验电击的新奇感。虽然已经取得了许多进展，但当年轻的麦克斯韦开始研究电的本质时，它仍然是个谜。麦克斯韦从看似完全不同的物理学领域，如光的传播研究和远距离作用的概念，来处理这个问题。虽然物理上不同，但这些现象背后的理论在数学上有有趣的重叠。麦克斯韦于1864年在《学报》上发表了他对这个问题的初步看法。在19世纪50年代末和60年代初，他在第一次演讲中提出的想法一直留在他的脑海中，播下了更多关于物理学不同分支之间相互联系的雄心勃勃的想法。这些反复出现的想法导致了更多的出版物。一种理论和一套方程式开始出现。

麦克斯韦方程组是由伦敦皇家学会的迈克尔·法拉第在磁场（或法拉第所称的"力线"）概念上所做的工作从理论上推导出来的。他还借鉴了两位德国研究人员——威廉·爱德华·韦伯的实验成果和鲁道夫·科尔劳什（Rudolf kohlrausch）所犯的错误——他们证明了电荷和磁力之间存在一个数学比例。麦克斯韦的天才之处在于他把理论和实验的元素结合起来，得出了一个永远改变物理学的结论：他证明了光是电磁辐射的一种形式。

几十年后，爱因斯坦总结了麦克斯韦成果的伟大意义：

想象一下，当麦克斯韦推导出的微分方程证明电磁场以极化波的形式以光速传播时（他自己）的感受吧！世界上很少有人能有这样的经历……物理学家们花了几十年的时间才领会麦克斯韦发现的全部意义，这一飞跃是如此的大胆，以至于他的天才推翻了他同事们的概念。

麦克斯韦方程组的全部含义之所以过了好几年才渗透到科学界，部分原因在于其表达的方式。这些方程式都包含在他19世纪60年代早期的论文中，而不是今天常见的形式。直到1884年，另一位物理学家奥利弗·希弗赛德（Oliver Heaviside）用向量微积分符号重新表述了它们，从而使这些方程更加实用。随着几十年的发展，麦克斯韦方程出现了新的数学公式，并发现了它们的新用途。

19世纪70年代回到剑桥后，麦克斯韦又回到了剑桥哲学学会。他从来没有让他的会员身份中断过，立即投入会员们的聚会和活动中。麦克斯韦的新实验室就坐落在哲学学会的新博物馆旁边，这样他就可以在工作日轻松地参观哲学图书馆，翻阅世界各地的最新期刊。他也被学会的会议所吸引，因为在那里他发现了一群志趣相投的人——他们的兴趣遍及整个现代科学领域。在接下来的几年里，在众多的论文中，以及在其他学者论文发表后的讨论中，他涉及了非常广泛的话题：电力自不用说，他还讨论达尔文的泛生学说，并从分子的角度提出几条反对意见；他会讲运动和动力学；他会分析数学学位论文；他建议改进观星相机的设计；他描述他看到的一台测量潮汐的机器；他会讲几何光学，眼睛的运动，探测湖泊的技术，以及图表的重要性。虽然麦克斯韦是一位物理学教授，但在本质上他是一位自然哲学家，他的兴趣广泛，并且完全融入了哲学学会，因为哲学学会的学者五花八门，论文种类繁多。1872年，麦克斯韦获得了学会的霍普金斯奖（这一奖项设立于1861年，旨在表彰在数学-物理或数学-实验科学方面的最佳原创工作，以纪念著名的导师威廉·霍普金斯）。1875年，麦克斯韦当选为学会主席。在很多方面，麦克斯韦都是学会与大学理想关系的化身：他在学会会议中找到了巨大的灵感，同时也为自己的思想提供了一个发泄的渠道。那些与他作为实验物理学教授的角色并不直接相关的想法也可以带到学会中来，得以研究、辩论和详细阐述——这使他在剑桥的岁月充满了智力的激荡。

但遗憾的是，麦克斯韦在剑桥的时间很短。他于1879年去世，享年48岁。这就产生了一个问题，因为原来教授职位的条款规定，该职位将在第一位任职者离职时终止。虽然大学愿意支持建设一个现代物理实验室，但他们没有承诺无限期地资助一位物理教授。尽管如此，麦克斯韦在他八年的教授生涯中已经做了足够多的工作，让大学管理层相信了此岗位的价值。在他死后不久，大学理事会就通过了一项宽裕令，允许新教授承担此教席。在威廉·汤姆森再次拒绝担任主席之后，第三任瑞利男爵约翰·威廉·斯特拉特成为最佳人选。瑞利师从乔治·斯托克斯和乔治·利文；1865年，他曾斩获高级"牧马人"，也是史密斯奖的获得者。他曾短暂地成为三一学院的研究员，但后来因为娶了伊夫林·巴尔弗而辞去研究员职位。离开剑桥大学后，瑞利在埃塞克斯郡特尔林公寓的家中建立了一个实验室，并在那里进行了多年的独立研究。

1879年回到剑桥后，瑞利立即开始讲课，扩大了麦克斯韦最初的研究项目。在麦克斯韦时期，本科生的参与非常有限，但瑞利的讲座内容广泛，包括色觉、散射、声音、电、磁化和气体密度。他为大学生制定了一套实践工作体系。实验室里还在进行更先进的研究。在卡文迪什时期，瑞利最得意的项目是重新确定欧姆、安培和伏特的绝对单位。麦克斯韦也从事过这样的测量工作，但瑞利采用了新的、更精确的仪器。为了完成这项工作，他付出了多年的艰苦努力。这些绝对单位对当时最激动人心的技术创新——海底电缆电报的成功至关重要。世界各国首次通过铺设在海底的铜线连接起来；以前信息通过船运到达目的地需要几周或几个月的时间，而现在信息可以以令人眩晕的速度传送，从一个国家传送到另一个国家只需几小时甚至几分钟。但是，为了使电缆有效工作，必须真正了解电通过金属线的方式。大英帝国的高层看到了这项工作的重要性，因为他们意识到，获知其海外领土正在发生的事情并对其进行控制的能力，取决于"将两三根连接到（维多利亚女王的）王国边缘角落的细长的电线"。对于卡文迪什实验室的研究人员来说，想要确定绝对单位还有更根本的原因。麦克斯韦曾经这样向他的学生解释："那些追求测量精度的渴望……是我们的本能，因为它们是造物主形象的基本组成部分，造物主一开始不仅创造了天地还创造了构成天地的物质。"

许多与瑞利一起在实验室工作的毕业生对这些问题进行了多方面的研究，这些人包括理查德·格莱泽布鲁克和威廉·纳皮尔·肖。然而，瑞利最亲密的合作者并不是获得过荣誉学位的毕业生。瑞利的嫂子埃莉诺·塞奇威克（妮·巴尔弗，又名诺拉）因为性别原因没有获得剑桥大学的学位，但她在卡文迪什实验室和瑞利的私人实验室里工作了很长时间，并与瑞利共同发表了几篇论文。塞奇威克是一位才华横溢的实验者，她和瑞利等人一起煞费苦心地搭建了巨大的旋转线圈、磅秤和磁力仪、阿尔干灯、目镜，以及用来记录测量结果的望远镜。研究人员经常夜以继日地工作，在实验室里静悄悄的时候埋头苦干，为了寻找那些难以捉摸的数字而耗尽精力。

1880年2月，瑞利被选为剑桥哲学学会的会员，同年4月，他在剑桥发表了第一篇论文。在接下来的几年里，他多次在学会上发表演讲，涉及的话题非常广泛：敏感火焰、电磁学、光学、望远镜的使用以及电池设计的改进。就像麦克斯韦一样，他的工作非常广泛。但瑞利作为卡文迪什教授的任期很短，因为他希望从事独立的研究。1884年，他离开剑桥，回到他的私人实验室。在那里，除了其他工作外，他继续了在剑桥开始的关于气体密度的研究，这项工作最终导致了一种新元素——氩的发现，并获得了诺贝尔物理学奖。

当瑞利离开卡文迪什实验室时，人们自然想找人接替他。这一次，讲席的位置出现了竞争。五名候选人参选，一位名叫约瑟夫·约翰·汤姆孙（通常被称为J.J.）的年轻剑桥毕业生获胜。汤姆孙十几岁时曾在曼彻斯特的欧文斯学院学习，后来进入剑桥大学。1880年，他是数学荣誉学位的第二名获得者，1881年成为三一学院的研究员，1882年成为学院的数学助理讲师，同年，他获得了亚当斯奖。毕业后，他还在卡文迪什实验室工作，为瑞利重新确定电单位的项目做出了贡献。虽然汤姆孙的职业轨迹令人印象深刻，但从某种意义上说，他是一个不寻常的实验物理学教授人选：他作为一个笨拙的实验者的名声在外，对仪器工作的直觉很差。但汤姆孙是一位杰出的理论家，也是一位以其大学价值观而闻名的受欢迎的

5 克劳奇先生的罪行

人。尽管在汤姆孙受命时,卡文迪什实验室已经运转了十年,但实验物理学在剑桥还有很长的路要走。人们并不认为汤姆孙缺乏实践头脑是他成为教授的障碍。

尽管汤姆孙有缺点,但事实证明他是管理实验室的理想人选。他把大部分的本科教学工作留给了格莱泽布鲁克和纳皮尔·肖,和以前一样,研究人员可以自由选择自己的项目。与瑞利在精密测量方面的工作形成鲜明对比的是,汤姆孙自己转向气体放电实验。他会耐心地观察电流穿过玻璃容器,使气体发出诡异的光芒。这些实验最吸引人的一点是,它们的结果更多的是定性的,而不是定量的。汤姆孙缺乏实验技能,虽然这看起来是一个劣势,但却是实验室在这一时期取得成功的关键。他比瑞利的方法有更多的回旋余地,研究人员并没有被特别鼓励加入汤姆孙的研究项目,但他们可以选择任何感兴趣的研究途径。

关于电流通过气体的研究当时在剑桥并不特别流行,但对汤姆孙来说却是完美的,因为它把他的各种理论与兴趣联系在一起,使研究者可以考虑气体分子在电场中的相互作用。基本的仪器由一个薄壁玻璃管组成,它的一端是负极,另一端是正极。里面是气压很低的气体。当电压加载两个电极上时,负极(称为"阴极")会发出射线,使电子管发光并变暖。汤姆孙在担任主席后的第一篇关于放电管的论文于1886年5月提交给剑桥哲学学会,后来发表在《议事录》上。通过在真空管中使用两个特别设计的电极,汤姆孙创造了一个放电过程,当他缓慢降低真空管中的压力时,观察光束形状变化。在较高的压力下,放电形成了"印度棍"的形状,但随着压力降低,棍的"脖子"变长;随着压力的进一步下降,放电再次改变形式,一个明亮的圆盘出现在负极附近(见图34)。实验中发出的光的颜色被汤姆孙愉快地描述为"浅剑桥蓝"。但是是什么导致了这个令人困惑的现象呢?汤姆孙考虑了各种可能的解释,但没有一个能令人信服。19世纪80年代的许多人,包括汤姆孙,认为放电可以解释为涡旋分子因电场而被破坏。这与以太(一种被认为填充所有空间的媒介)的概念相联系,与原子是以太中的旋涡的流行理论相联系。

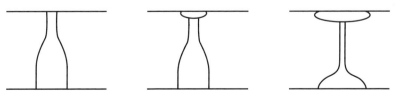

图34 J. J. 汤姆孙早期用阴极射线管做的实验中的一张示意图,显示了放电的形状,发出"浅剑桥蓝"的光。这是1886年5月在学会的一次演讲中提到的

汤姆孙等人要过几年才能令人满意地解释他们在放电管中看到的情况。与此同时，汤姆孙继续进行广泛的试验。他在卡文迪什实验室的工作并不局限于这些电学实验，正如他在哲学学会上发表的许多论文所显示的那样。他经常在那里演讲，主题包括导体、磁化、表面张力、光的偏振、电话理论和能量的吸收。和他的前任麦克斯韦一样，汤姆孙在被任命为教授后不久就被选为哲学学会主席。这加固了两家机构之间已经牢固的关系，卡文迪什实验室的研究人员也越来越多地在学会会议上展示或在《学报》或《会议录》上发表他们的发现。与卡文迪什实验室的联系加强了学会的声誉，特别是在剑桥以外的读者眼中，他们热切地关注着新实验室的发展。汤姆孙在哲学学会的经历也促使剑桥大学成立了一个新的科学学会——卡文迪什物理学会。这个组织成立于1893年，每两周开会一次，讨论物理实验室教职员工和学生目前的工作。尽管它的范围比哲学学会窄得多，目的是展示正在进行的工作而不是润色过的论文，但它为剑桥的科学研究提供了另一个渠道。

巧合的是，就在卡文迪什实验室建立之时，剑桥哲学学会迁到了新博物馆所在地，但这两件同时发生的事情对双方都是有利的。学会可以与大学里最现代、最创新的实验室结成联盟，同时给研究人员提供一个很棒的场所来展示和发表他们的发现。从1887年起，每当有物理论文要提交时，学会就在卡文迪什实验室召开会议。学会会议上经常使用实验室的仪器，在听众面前呼呼作响，此前听众很可能还未接触过这个现在举世闻名的实验室。学会的两份期刊是最有抱负的年轻物理学家发表论文的地方之一，只有英国皇家学会的《哲学学报》和《哲学杂志》具有同样的吸引力。即使是那些不打算成为学会期刊的论文，在别处发表之前也经常要在学会会议上宣读。

卡文迪什实验室的兴起在学会上引起了强烈的反响，但它也对整个大学产生了前所未有的影响。实验室将剑桥重新安置在维多利亚时代晚期英国的科学版图中。在19世纪中期，全国对科学的兴趣一直在上升。学校的科学教育正在改善，公众可以获得更多的出版物，科学机构成倍增加。在国家和大学一级上开展了改革科学教学和改进职业结构的运动。在国家一级，最能体现改革精神的是X俱乐部。这是一个由九位杰出的科学家组成的组织，其中包括托马斯·亨利·赫胥黎、约翰·廷德尔和赫伯特·斯宾塞，他们从1864年起定期在伦敦会面，讨论彼此的工作和英国的科学现状。俱乐部的一位成员写道:"将我们团结在一起的纽带是对科学的忠诚,纯洁和自由。"特别是,他们都对自然选择的进化理论和改革主要的科学团体感兴趣。值得注意的是,这九个人中没有一个拥有剑桥或牛津的学位。此外,还有几位曾在国外学习,并与欧洲同事保持联系。他们敏锐地意识到英国科学与欧洲大陆同行的对比:在19世纪70年代,德国化学家发表的论文是英国同行发表论文的6倍;英国化学期刊上一半的论文都是德国研究人员写的。就像《自然》杂志(X俱乐部的几位成员与该杂志有密切联系)的首席编辑写出的社论一样,他们担心"就知识的进步而言,英国只是一个三流或四流的国家"。

在接下来的几十年里,X俱乐部的成员在英国皇家学会和英国科学促进会担任大多数重要职位,并参加各种政府委员会。他们利用这些职位来推进他们的科学专业化进程。要实现科学专业化,科学教师的教育与培训需要重新思考。赫胥黎在这方面的贡献尤其大:他在伦敦杰明街的实用地质学博物馆、政府支持的南肯辛顿科学与艺术系以及伦敦研究所,为有抱负的科学工作者和科学教师授课。这类机构在维多利亚时期的激增不仅反映了人们对科学不断增长的兴趣,也反映了它们作为职业选择日益增长的活力,即现在学校教师、讲师和研究人员有了新的机会。

并非所有人都对这种发展感到高兴。在牛津,克拉伦登实验室的建立引发了对大学"德国化"的抗议,因为大学引入了更多的科学教学,并设立了新的教授职位。在一些地方,人们普遍担心传授研究技能将意味着"(学生)的前景将受到严重损害,他们以后将很难找到合适的工作"。此外,关于进化论的争论已经使一些批评家更加直言不讳地谈论科学可能对宗教产生的负面影响。为了平息这种担忧,有人试图让成员们在1864年英国科学促进会的会议上签署一份声明,声明科学和《圣经》并不冲突。但即使这个强大的游说团体也无法平息那些认为科学正在超越其界限的人。然而,尽管有这些反对的声音,英格兰的科学总体上比以往任何时候都更有展现度,更容易被接受,得到了更好的资助:在19世纪下半叶,政府提供了额外的资助,在1850—1870年,都市科学学会的成员数量翻了一番。

与此同时,剑桥也在进行自身的改革。其中许多改革,就像X俱乐部成员提出的那些改革一样,都与科学的专业化挂钩。各学院开始认识到,他们的终身奖学金制度并没有给学院带来最高的教学和研究标准。这个古老的制度根据年轻人的数学荣誉学位的成绩授予他们终身的工作。终身研究员没有任何特殊的责任。他们中的许多人做过一些数学辅导,但最好的数学辅导老师通常会在学院外当私教。终身研究员不需要进行原创研究,也不需要证明自己如何利用时间。许多人还过着教会生活,并被允许在教区和学院之间分配他们的时间。唯一的问题是,在结婚的情况下,奖学金必须被放弃。这意味着有些人在二三十岁时就失去了奖学金,但也有许多人接受了终身奖学金的概念,并永远保持单身。

从19世纪70年代开始,各学院开始采取措施减少终身奖学金的数量,或要求终身研究员在学术生活中发挥更大的作用。也是在19世纪70年代早期,"宗教考试"最终被完全废除。几个世纪以来,古代英国大学只接受英国国教成员的学生。这些关于学生的规定在19世纪50年代稍微放宽了一些,但是参议院的所有成员(实际上是任何想要获得学位的人,以及所有学院和大学的工作人员)仍然必须宣布自己是英国教会的成员。这对谁能在剑桥大学学习或教学造成了严重的限制。努马·爱德华·哈托格是一名著名的犹太学生,他在1869年斩获高级"牧马人"称号,但由于他的宗教信仰却无法获得大学奖学金,凸显了这种情况的荒谬性。在19世纪60年代和70年代早期有一场激烈的辩论,一方希望向非圣公会教徒开放学院和大学的职位,另一方则认为这对大学的宗旨构成了难以言表的威胁。最终,甚至议会也参与了辩论。哈托格和其他人在上议院委员会面前的证词改变了人们对宗教考试的看法,当时的首相威廉·格拉德斯通在1871年提出了一项废除宗教的法案。

这一时期的另一项重大改革是,大学开始允许学生结婚。少数大学从19世纪60年代开始实行这一做法,到19世纪80年代,这已成为一种惯例。这意味着有前途的年轻学者不必为了获得奖学金而献身于独身生活。废除宗教考试和引入已婚人士,这两件事一起彻底改变了剑桥的面貌。新的社会阶层现在可以获得职位和正常的家庭生活。剑桥的职业生涯开始与外界相似,剑桥科学"专业化"的想法变得更加可行。19世纪80年代,当学院不得不为大学捐款时,资金得到了改善——这一步改革使大学在资助科学教学和研究方面变得更加雄心勃勃。大多数年轻的大学研究员第一次能够为自己的职业进行规划和研究,而不再是一味地服从于学会。

很快，卡文迪什实验室就被视为英国人对科学新态度的象征，也是剑桥大学新风气的象征。这种新型的"研究型大学"为许多其他大学树立了榜样。19世纪后期，剑桥哲学学会与这个现代机构结为联盟，因为这种联盟使得学术上重新繁荣起来，尽管它面临财务危机，失去了学院和博物馆。维多利亚时代后期，许多哲学社团遭遇了财政危机，地位也随之丧失，因为现代的"科学"观念开始取代公众想象中的更古老的、更绅士的"自然哲学"。1905年，在约克郡，新布拉德福德科学学会蓬勃发展，而旧的布拉德福德哲学学会却崩溃了。同样地，许多其他哲学社团也纷纷解散或缩减活动，而听起来更现代的"力学研究所""外野俱乐部"和"微观学会"都在同一个城镇发展起来。哲学社团在早期经常培养和支持教育组织，但现在这些组织独立了，并切断了与更古老的社团的联系：利兹的约克夏尔科学学院和谢菲尔德大学的弗斯学院都曾得到当地的哲学学会支持，但现在它们变得独立自主，并开始承担曾经由它们的母组织负责一些职能（这些机构后来分别被并入利兹大学和谢菲尔德大学）。没有自己根基的学会受到的打击最大。剑桥哲学学会遇到了这样一些问题：它面临着剑桥中那些听起来更现代的俱乐部和社团的竞争，其成员在19世纪晚期开始减少。不过，校舍房屋的失去则是灾难性，这使学会不得已搬到新博物馆的边角位置。卡文迪什实验室的研究人员和其他年轻学者的涌入，为卡文迪什的期刊和会议注入了活力，他们在席卷大学的改革中出尽风头。许多地方的哲学学会开始与教育机构建立联系，但剑桥哲学学会在大学中一直处于独特的地位，它充分利用了这一地位，同时谨慎地保持独立性。

尽管学会和新博物馆之间存在着积极地联系，但学会仍未完全从19世纪中叶的财政困境中恢复过来。约翰·克劳奇行为的恶果在19世纪后期仍能感受到。尽管学会在19世纪50年代和60年代放弃了阅览室和博物馆，但他们保留了自己的图书馆，并把它搬到了新的博物馆所在地。图书馆通过购买、捐赠，当然还有广泛的定期交换计划继续发展。不断增长的馆藏使它在新家变得越来越拥挤，维护它的成本——包括人员、编目、装订和布置变得越来越高。学会成员意识到他们的图书馆需要更大的空间和更多的资金。大约在同一时间，剑桥大学开始意识到在新博物馆拥有一个官方科学图书馆的好处。1880年，阿尔弗雷德·牛顿——剑桥的动物学和比较解剖学首席科学家、哲学学会的主席，在他写给大学副校长的信中指出:"在新博物馆建设一个科学图书馆以满足教授、讲师和学生的使用需求。"牛顿有一个解决方案:"如果这样的图书馆被创建并设置在一个合适的房间,哲学学会理事会准备将这个图书馆向社会开放。"

  这一互利的解决方案受到了大学的欢迎。经过协商,哲学图书馆从1881年开始向大学师生开放。在大学方面,谈判由数学家和天文学家乔治·达尔文、动物学家和胚胎学家弗朗西斯·巴尔弗(诺拉·塞奇威克的弟弟)和物理学家威廉·加内特负责,他们都是学会成员。在学会方面,谈判是由阿尔弗雷德·牛顿、约翰·B.皮尔森、约翰·威利斯·克拉克和蔻驰·崔特主持的——牛顿、克拉克和崔特都担任大学职位。这七人协商决定,要求大学为图书馆提供一个更大的房间和一名全职图书管理员,同时要求学会维持它的定期交流,这样图书馆就会有来自世界各地的最新期刊。所有大学师生都可以借阅这些书,但只有学会成员可以借出。图书馆由一个委员会管理,其中一半来自学会,一半来自大学。1881年6月通过了一个确认这些条款的文件,学会和大学之间的关系再次发生了变化。与博物馆已经完全交给大学不同(尽管它是由约翰·威利斯·克拉克监管,他是学会秘书,后来担任哲学学会主席),学会仍保持对图书馆的控制,并继续通过交换期刊来增加其馆藏,并承担一部分的运行成本。这种资产的共有象征着学会和大学的复杂纠缠:双方都需要对方拥有的东西,又都从他们的亲密关系中获益。尽管挥霍无度的克劳奇先生让学会失去了房舍和博物馆,但他的行为最终导致了学会和大学之间更紧密的关系,这在一定程度上拯救了学会。在这个美丽的科学新世界里,有很多哲学学会都消失在了艰难的环境中。

6

每个人自己的工作台

自19世纪60年代以来，关于鸟类是否由恐龙进化而来的问题就一直存在争论。这些"可爱的"长着羽毛的生物在英国的城镇和乡村里"轻柔地"拍打翅膀，难道它们真的和那些从古代岩石中开采出来的怪物有关吗？1861年，在德国发现的始祖鸟——一种有羽毛的爬行动物化石引起了地质学家和公众的极大好奇。1862年，一个标本被送到大英博物馆，英国的争论开始真正激烈起来。比较解剖学家理查德·欧文在伦敦皇家学会的一次演讲中谨慎地把它描述为鸟，但无法完全解释其中一些反常的特征。鲁莽的托马斯·亨利·赫胥黎激烈地抨击这个标本，以此证明鸟类"只不过是一种经过极端改造的异常爬行动物"，并继续提出恐龙可能有滚烫的血液及与鸟类一样的心脏和肺。在1872年出版的《物种起源》第六版中，达尔文讨论了始祖鸟和其他"链接化石"，这些化石可能被用来理解古代和现代物种的关系。

到了19世纪70年代，许多人（甚至包括那些对达尔文理论持怀疑态度的人）相信恐龙和鸟类之间存在某种联系，但具体细节仍有待研究。1883年2月的一个晚上，爱丽丝·约翰逊站在剑桥哲学学会的会议上宣读了一篇论文，将小鸡的骨骼发育与恐龙的骨骼发育进行了比较。约翰逊将恐龙的骨盆与鸟类胚胎、成年鸟类、爬行动物和哺乳动物的骨盆进行了比较。她的研究结果显示了恐龙和鸟类胚胎之间最相似，结论是这两种动物之间存在着密切的关系。约翰逊的论文之所以值得注意，既因为它的主题——流行的恐龙研究领域和它关于不同生物之间的联系的大胆结论，而且还因为它是第一个由女性提交给学会的论文。

约翰逊作为客人发言。她不是学会的会员；她没有资格成为会员，因为只有剑桥大学的毕业生才能成为会员，而女性直到1948年才被授予剑桥学位。早在19世纪初，当著名的数学家和科学作家玛丽·萨默维尔访问剑桥时，人们就讨论过允许女性成为学会会员的问题。萨默维尔在儿时就自学了数学,尽管她的父亲禁止她阅读数学课本,但她在 1831 年因出版《天体原理》而声名鹊起。这本书最初是作为皮埃尔·西蒙·拉普拉斯的五卷本《机械》的浓缩翻译。在那本书中,法国学者拉普拉斯用数学分析解释了他的太阳系星云假说,这一假说很快成为天文学家和宇宙学家的一项关键工作。萨默维尔很快意识到,为了使她的这本书对说英语的读者有用,她必须包含大量解释拉普拉斯思想的原创内容。一开始只是一个简单的翻译项目,经过三年的努力,汇集了大量的原创性思考,并咨询其他专家,包括剑桥的约翰·赫歇尔、查尔斯·巴贝奇和奥古斯都·德·摩根。当这本书最终完成时,萨默维尔把书寄给了威廉·休厄尔、三一学院图书馆和剑桥哲学学会——这三个受赠者都很欢迎这本关于欧洲学术观点分析的书。休厄尔印象深刻,称这本书是"我们这个时代最杰出的书之一"。胡维尔特别感激萨默维尔寄了一份给学院图书馆,并写道:"我很高兴三一学院的年轻数学家们可以很容易地读到这本书,这对他们很有好处。"胡维尔对萨默维尔和她的书的尊敬程度在他为她写的十四行诗的最后几行中得到了最好的表达:

  对你来说,方舟似乎是明亮的,
  困惑似乎是平淡的,
  在一个清澈的心灵深处看到,
  充满了清晰的思想,从邪恶和虚荣中纯洁出来,
  那乌云遮蔽了内在的光芒。
  愿你有一个光荣的名字;心灵的宁静与你的名气一起成长。

乔治·皮柯克也表达了他对萨默维尔的仰慕,他写道《天体原理》极具价值和重要性,他将把这本书介绍他在剑桥的学生,并认为"我毫不怀疑它将立即成为渴望在考试中名列前茅的学生的选择"。在胡维尔、皮柯克等人的支持下,《天体原理》的大部分印刷版在剑桥出售。亚当·塞奇威克在这本书出版时是哲学学会的主席,他也被玛丽·萨默维尔的天才打动,并宣称"这无疑是自学术复兴以来女性出版的最杰出的作品"。事实上,塞奇威克对此印象深刻,他建议剑桥哲学学会选她为会员。但是,正如塞奇威克向他的朋友查尔斯·莱尔吐露的那样,"有些人反对这样做"。该提议的细节和失败尚不清楚,但学会创始人兼主席亚当·塞

奇威克的意愿肯定遭到强烈反对。"荣誉会士"这一类别自学会成立之初就存在了，而且荣誉会士不需要剑桥大学的学位。事实上，荣誉会士只能颁发给那些没有在剑桥大学学习过的人。在学会的会议纪要和章程中没有提到荣誉会士必须是男性，所以不清楚为什么萨默维尔不能成为荣誉会员。

在1832年英国科学促进会的牛津会议上，对于如何处理萨默维尔的事情也莫衷一是。威廉·巴克兰主持会议，觉得女人的存在将为学会增加让人不受欢迎的轻浮，并写下条文要求"女士们不应该参加阅读文献，尤其是在牛津大学这样一个地方。因为它将把事情变成一种阿尔伯马尔的半工半读的集会而不是一种严肃的哲学研究联盟"。最后，萨默维尔选择不参加，这让她们的交往变得容易些。巴克兰认为，这表明她同意女性不适合参加这种聚会。第二年，在英国剑桥学会会议上，亨斯洛对一个17岁名叫蒲琳娜·杰明的报告印象深刻，他开始运作允许妇女参加学会的会议，但他的愿望得以实现是在20年后了。其他7个学会对萨默维尔的褒奖更为热心，萨默维尔获得了皇家天文学会（1835年，她与卡罗琳·赫歇尔一起成为学会的第一批女性会员）、爱尔兰皇家科学院和布里斯托尔哲学与文学学会的荣誉会员资格。萨默维尔在皇家学会哲学会刊发表了她的一些实验结果（阳光的磁化能力），她是第一个也是唯一一个在皇家学会大厅拥有大理石半身像的女性。萨默维尔本人一向娴静端庄，举止优雅，对于自己被排除在某些学会之外一事从不作任何评论。1832年，她优雅地接受了剑桥崇拜者的邀请，是塞奇威克带头发出邀请，并为萨默维尔和她丈夫的来访做安排。对塞奇威克的尊贵客人来说，准备工作再周密也不嫌过分。他甚至在她住在三一学院期间为她安排了一张四柱床，"这完全不同于我们通常的修道制度"。萨默维尔的日程很快就被"剑桥人"填满了，"我希望星期二你能和皮柯克一起吃饭；周三与胡维尔；周四在天文台与艾利夫妇。周五干什么呢，我们的解剖学教授克拉克博士有一个很好的提议"。一想到有这样一位嘉宾，塞奇威克几乎无法抑制自己的兴奋之情："三一学院没有大炮，否则我们会在你进来时鸣响礼炮。"这次访问取得了巨大的成功，只是塞奇威克没能说服学会接纳萨默维尔为会员，这一点稍有逊色。

许多年后，在1872年，也就是萨默维尔去世后一年，剑桥哲学学会提出了一个新的会员类别，这个类别可能也适用于女性：准会员。这是针对那些对科学感兴趣但没有剑桥学位的剑桥居民。准会员可以参加会议和使用图书馆，但不能在影响学会运作的问题上投票。1873 年,经过一次全体会议的辩论,剑桥哲学学会的准会员制度诞生了,同年 2 月,第一批准会员被选出。如同荣誉会士一样,在管理学会的条例中并没有关于性别的规定,然而在 19 世纪没有妇女被选举出来。

这一点尤其值得注意,因为到 1873 年,剑桥有两所女子学院——格顿学院和纽汉姆学院,这两所学院都有许多积极从事科学研究的教职员工和学生(见图 35)。这些住宿学院的运作方式与男校相似:他们的学生参加大学讲座,高学术标准是常态;然而,这所大学并没有正式承认这两个学院,直到 1881 年,他们的学生才被允许定期参加学位考试。即使女性被允许参加荣誉学位考试,她们也没有获得学位。1890 年,纽汉姆的学生菲利帕·福塞特获得了数学荣誉学位的最高分,但没有获得高级"牧马人"的头衔,也没有获得学位,媒体对此进行了大量报道。然而,尽管很多人同情福塞特和其他处于类似地位的女性,但在 19 世纪末和 20 世纪初,参议院的投票一直拒绝授予女学生学位。

图 35 纽汉姆学院的教员,1896 年。上图:诺拉·塞奇威克坐在前排中央;非正式的高级"牧马人"菲利帕·福塞特坐在最右边;玛丽昂·格林伍德是一名助教,后来成为巴尔弗实验室的主任;她坐在前排左起第四位(坐在地上);物理学家海伦·克拉森在后排左起第二位。下图:左起,第二玛丽昂·格林伍德,第四菲利帕·福塞特,第七诺拉·塞奇威克,第八海伦·克拉森

虽然妇女在大学里或大学周围的许多俱乐部和社团里没有正式的地位，但她们在镇上的知识分子生活中确实发挥了积极的作用。剑桥哲学学会自成立以来，女性就一直在参加会议。1883年爱丽丝·约翰逊出现后，其他女性进行的研究也开始在那里提出。像约翰逊一样，这些女性中的许多人都参与了生命科学的研究，特别是在比较解剖学、胚胎学和生理学领域。

女性在生命科学领域的强势表现有几个原因。第一，19世纪70年代剑桥生命科学的普遍兴起。尽管几个世纪以来，大学里都有植物学、物理学和解剖学教授，但直到19世纪，这些学科的教学一直参差不齐。自然科学荣誉学位的设立和新博物馆的建成推动了生物学科的教学，并为专业化和以实验室为基础的生物研究提供了更多的空间。这意味着更多的学生开始学习实验科学，而不是准备数学荣誉学位。第二，像植物学这样的生物学科长期以来一直被认为是"适合"女性的，而数学学科则不然。1836年，伦敦植物学会成为第一个承认女性为会员的全国性重要科学学会，具有科学头脑的女性经常被推向植物学的追求。第三，更具体地说，宗教考试的废除使得三一学院在1870年聘请迈克尔·福斯特担任校长，他于1871年成为学院的一员。

福斯特是一位不墨守成规的宗教信徒，曾就读于伦敦大学医学院，擅长解剖学、生理学和化学。毕业后，他在巴黎完成了临床培训，然后作为海军外科医生和私人医生工作了几年。1867年，他获得了伦敦大学学院生理学和组织学讲师的职位，并迅速晋升为讲师，后来成为助理教授。他还被任命为伦敦皇家学会的生理学教授，并在托马斯·亨利·赫胥黎的南肯辛顿实验室担任助教。

三一学院认识到需要更多的科研人员。他们还认识到，选拔人才时，其从研经历比剑桥大学学士荣誉考试的成绩更重要，因此他们在赫胥黎的推荐下邀请福斯特加入该大学。福斯特在1871年10月获得了三一学院的奖学金，他成为剑桥或牛津的第一个非英国圣公会的成员；当他于1872年结婚时，他成为三一学院的第一位已婚男人。无论是在社会上还是在学术上，他都代表了这所大学的新起点。当福斯特到达剑桥时，大学里几乎没有组织过生理学教学。与法国和德国对科学精致而专业的探索相比，英格兰仍然被认为是科学界的死水，甚至无法和有着悠久的生理学研究传统的苏格兰相比。英格兰没有生理学杂志，这一领域未参加英国科学促进学会的会议，而且，除了伦敦大学学院的小型实验室外，该国没有任何生理实验设施。

福斯特的职位只是剑桥一个学院的教授,但他从一开始就决定教剑桥各个学院的学生,也包括女子学院。大学同意在新博物馆上提供一些空间(在一个原本用于陈列哲学器材的房间里),三一学院则提供了设备。到达后,福斯特开始为学生建立一个基于实验室的生物课体系,这是英格兰大学中首次此类尝试。以前,剑桥大学将植物学和动物学分开对待,但福斯特认为生物学的所有分支都应由一个基本原理来统合,达尔文的进化论理论在动植物界都是通用的,都可以用于解释现象。福斯特深受其导师赫胥黎理念的影响,他以赫胥黎的实践课为蓝本。在福斯特的新课程大纲中,一年级学生学习基础生物学,二年级学生学习实验生理学,三年级学生学习高级生理学。最初,福斯特只是在半间屋子大小的地方授课,但尽管条件狭窄,他还是坚持要面向全校本科生授课。尽管这可能引起争议,但植物学和动物学的教授查理斯·卡代尔·巴宾顿和阿尔弗雷德·牛顿认识到现代化剑桥生命科学的重要性,并支持福斯特。在开始实验生物学课程后不久,福斯特每学期吸引40~50名学生来听课。

生理学的教学供不应求。最初,福斯特被分配与普鲁士天文学教授詹姆斯·查尔斯共享一间分隔的房间。房间狭窄,福斯特不得不在新博物馆争取更多的空间来容纳他不断增长的学生。他的一位学生描述了福斯特如何做到这一点:

教室太小了,但福斯特没有抱怨:他睿智而幽默地建议他的一个学生,对蛋白质代谢的一些稀有解离产物进行研究。如果我没记错的话,该物质是尿赤霉素。为了获得足够数量的材料,这项研究要求在数天到数周内煮沸大量尿液。这位普鲁士教授不仅搬离了房屋,而且还散布了一份关于作为生理实验室近邻的弊端的可怕报告,由此福斯特的实验室空间得以翻了一番。

到1873年,福斯特在新博物馆上拥有两个房间,但仍不足以应付他不断增长的学生人数。正如当时一位德国来宾到这座城市时所说:"这里有很多财富,为什么不为您的大学建造更多的实验室呢?"在整个19世纪70年代,生理学的教学场地持续增加。福斯特本人不是剑桥大学的毕业生,在参议院没有投票权,难以对决策产生什么影响力。但是显然有很多人支持生理学科,一座新建筑于1879年建成并被投入生理学教学。福斯特以前的房间变成了哲学图书馆的一部分,而福斯特和他的学生则搬进了宽敞的新场所。

到1880年，福斯特在他的新实验室里有几个杰出的毕业生，其中的翘楚是弗朗西斯·梅特兰·巴尔弗（被称为弗兰克）。巴尔弗是诺拉·塞奇威克的兄弟，他曾与瑞利在卡文迪什实验室搭档（另一位姐姐爱丽丝是一位受人尊敬的博物学家，他们的兄弟亚瑟在1902年就任首相）。他于1870年进入三一学院，在福斯特的指导下，对雏鸡胚胎进行了原创性研究，并在大学期间就发表了几篇论文。毕业时，巴尔弗并不确定未来从事什么研究，"他坐在剑桥大学哲学图书馆的小房间里，请福斯特为他的未来事业发展提供建议"。福斯特建议从事胚胎学研究，因此，巴尔弗去了那不勒斯的一家动物研究实验室任职，这项决定使他最终回到了三一学院。他成长为大学讲师，出版的关于胚胎的书籍大获成功，年仅27岁就被选为英国皇家学会会员，几年后成为剑桥哲学学会会长，并被委以重任去管理剑桥新的形态学实验室。由于担心另一所大学可能会挖走他们的年轻明星，剑桥于1882年为巴尔弗创建了动物形态学教席。1883年，福斯特被任命为生理学教授，这让他在新博物馆终于有了正式的职位；1884年，他当选为剑桥哲学学会会长。

福斯特和巴尔弗不仅以其开创性的研究而著称，而且还以欢迎女性进入实验室闻名。来自剑桥以外的福斯特对与女性共享实验室空间的想法持开放态度。他的母校伦敦大学学院是一所风气进步的学校，并于19世纪70年代开始向女性授予学位。巴尔弗也一样，他的姐姐与卡文迪什实验室的教授密切合作，后来又成为纽汉姆学院院长。巴尔弗热切地赞成让女性接受高等教育。虽然一些剑桥教授拒绝了女性参加演讲和研讨，但是福斯特和巴尔弗允许来自纽汉姆和格顿的女性学生参加他们的演讲和研讨。一名学生后来回忆说：

迈克尔·福斯特让我们女性坐在一个走廊里，俯瞰他的大教室，里面满是男人。我可以谈谈弗兰克·巴尔弗先生吗？我参加了一个为期5个月的课程，在一个很小的房间里举行的关于胚胎学的授课，男男女女挤在一起。我对他那长而纤细的手和优美的实验操作记忆深刻，还有他奇妙而令人振奋的教学。

是否允许女性参加讲座由教师自己决定。亚当·塞奇威克从一开始就允许女性参加他的地质讲座，尽管他在写给一位女性朋友的信中明确认为她们有些让人分散注意力：

探究精神——现代科学的基石

您知道剑桥的夏娃们像她们的母亲一样，喜欢从知识的大树上摘取果实吗？而且，您知道吗，现在为女士找到单独的教室不是容易的事。她们香粉扑鼻，着装诱人，以至于她们在教室中引来一片骚动。为了防止她们使我的年轻人眼花缭乱，我让她们背对着光，安置在我教室的一个角落。您知道这样的后果是什么？我所有的课程中男生都开始斜眼。

到19世纪70年代，剑桥大学的34位教授中有22位允许女性参加讲座，但是不同学科之间存在显著差异。物理学被很多人视为男性的特有追求。詹姆斯·克拉克·麦克斯韦在卡文迪什实验室任职期间，一直禁止女性参加他的讲座和实验工作。在这个时期，过度学习（特别是物理学习）和考试可能损害妇女的想法很普遍。最新的科学研究经常为关于男女不同性的辩论提供信息：那些希望证明男性的大脑和体质自然优越性的人经常引用查尔斯·达尔文1871年的著作《人的后裔》。的确，人们认为，女性处于劣势的社会结构反映了进化的规律。1863年，女性教育活动家、格顿学院的共同创始人之一艾米丽·戴维斯总结了这些反对女性获得学位的观点：

他们认为女性不应该从事与男子相同的研究；如果这样做的话，女性将变得极其非女性化。我们被告知，受过充分教育的妇女将成为一个非常贫穷的妻子或母亲。大量的学习会使她发疯，并使她完全不适合去操持家务，这才是天经地义的。她会失去已有的温柔、优雅和甜美活泼，并且会变得冷酷、计较、男性化、快速、有主见。总的来说，这让人不快。

20年后的1884年，讽刺杂志《刺击》(*Punch*)（见图36）仍在诗歌中表达了相同的情感：

未来的女性！
可以肯定，
在纽汉姆或格顿的所有教育都将使她深刻地阅读。
她将以可怕的二次方，动力学和高等数学的奥秘来迷惑代数中的人；
或者，如果她转向文学漫游者的经典书籍，
她会给你一些霍瑞斯或荷马的"壮丽诗句"。

6 每个人自己的工作台

后来的恋人，

毫不留情地继续让女人的大脑超负荷，

让我们的女孩学习，

你会让女人变成男人的一半，

父母苦恼的灵魂，

女性原本的所有温柔都不复存在，

留下一两个好女孩吧，

让我们这些可怜的男人为爱人，妻子和母亲做点事吧。

图 36 "妇女接受高等教育的可怕结果！"海帕蒂亚·琼斯小姐（正在享受茶点的路上）告诉英国皇家学会会士帕勒克斯教授说："年轻男人在看女人，和她们跳舞，甚至结婚，以及所有这类事情上做得很好！"，"与 50 岁以下的男人进行任何理性的交谈完全是不可能的！"引自《刺击》1874 年

在 19 世纪初，女性意外地进入科学界时，她们的女性特质甚至被视为优势。正如威廉·惠威尔曾经在对玛丽·萨默维尔《关于物理科学的连接》的评论中所写的那样："女性理智的特征之一就是清晰的感知。女性是哲学家，她们很可能是

清醒的人。"但是现在，提倡成百上千的女性拥有高等教育的机会，人们却越来越相信，"我们宁可让全国一半的年轻妇女患有脑热或者精神病，也胜过让她们获取高等教育学位"。玛丽·萨默维尔毫无问题，一部分是因为她很稀有，另一部分是因为她的女性特质没有问题：她已婚，她是一位母亲，从未做过像在大学读书那样自负的事。在19世纪后期，剑桥大学的女性面临着巨大的偏见，不得不与批评打交道，质疑她们是否真的是女性。有些人，例如物理学家海伦·克拉森，故意选择了阳刚的服装，以免其出现在实验室中而使人分心，而另一些人，例如非正式的高级"牧马人"菲利帕·福塞特，则尽可能以一种女性化的方式穿着淡化潜在的争议和指责——"这些女子大学是由一群怪人组成的"。

这些先锋女性开始一点一点地进入大学的更多领域。尽管麦克斯韦不允许女性进入卡文迪什实验室工作，但在1879年的暑假中，威廉·加内特和麦克斯韦在苏格兰度假期间开始在实验室中向女性教授物理。这些女性在短短几周内就完成了一次完整的电气测量课程，该课程通常需要男生几个月才能完成（见图37）。当瑞利接任卡文迪什教授时，他对允许女性进入实验室的态度要开放得多。在1882年，女性开始以与男性相同的方式上课。但是瑞利掌管实验室的时间很短暂。当J. J. 汤姆孙被任命为主席，他确实像瑞利一样允许妇女继续在实验室工作，他承认她们在课程的初级阶段通常做得很好，但是他对妇女学习高级物理的智慧表示怀疑。他曾经写信给一位朋友："女性在荣誉考试的第一部分中总是做得很好，但在第二阶段很差。实际上，我认为20个案例中有19个最好不要尝试。"然后，他在另一封信中写道：

我想如果您现在在这里看我的演讲会感到很有趣——在我的基础课中，我的前排完全由年轻女性组成。她们以最艰苦和值得称赞的方式做笔记，但是在我的高级课程中很难看到一个女性。恐怕她一句话也听不懂。我的理论是她把我的课程假想成神学课，而且她尚未发现自己的错误。

这种态度令人惊讶，因为汤姆孙的妻子罗斯·佩吉特是纽汉姆学院的前学生，受过物理学培训，并在卡文迪什实验室开展研究。但是她的研究工作在和汤姆孙订婚后被中断了。相反，她成为了实验室的"女主人"，欢迎新职员和新学生，并主持社交场合。

6 每个人自己的工作台

图 37　1900 年卡文迪什实验室的女性

与此同时，在生理学实验室，福斯特和巴尔弗鼓励他们的女学生进行独立研究。但是，随着生理学在 19 世纪 70 年代到 80 年代的普及，从 1881 年开始，更多的女性获得剑桥的荣誉学士学位，福斯特努力寻找更多的实验室空间。1879 年，一座新大楼很快竣工，1882 年又不得不增加了一座。由于这是一座剑桥大学的建筑，人们普遍认为应该留给剑桥的学生。因为这两所女子学院均未正式与剑桥大学建立联系，因此无法优先考虑她们的学生。由于担心过度拥挤可能会导致学生进不去实验室，女子学院开始考虑如何确保她们的成员能够不受阻碍地继续学习和研究。每个女子学院都有自己的实验室，但这些实验室规模较小，设备不是特别齐全，而且主要是化学实验室，而不是生物实验室（见图38）。一些教师通过在课余时间授课来解决女性进入实验室受限的问题，比如化学家菲利普·梅因，他在圣约翰学院的实验室里开设了仅针对女性的清晨实验课。但还需要更多的举措。这两个学院采取了非常不同的做法：格顿学院希望大学为女性提供一个单独的实验室，部分资金由女子学院提供；纽汉姆学院知道做这个决定的速度有多慢，于是决定自己建立一个生物实验室。纽汉姆学院的学生们立即开始筹款并成立了一个委员会，包括诺拉·塞奇威克（见图39），现在是纽汉姆的副院长，弗兰克·巴尔弗和其他几家机构开始筹划这项事业。

135

图 38　格顿学院实验室里的女性，1900 年　　　　图 39　诺拉·塞奇威克

纽汉姆的委员会在唐宁广场一个废弃的小教堂里为新实验室找到了一个地点，这个小教堂离新博物馆只有几百米远。他们邀请格顿学院参与其中，但格顿学院更愿意继续在政策层面推动建立大学女性实验室。虽然这两所学院愿景不同，但纽汉姆的研究员向格顿的同行保证，实验室将"完全可以供格顿的学生使用，就像选择了一个更完整的组合一样"，格顿为实验室的设备筹集了一些资金。购买这座小教堂的资金大部分来自塞奇威克本人和她姐姐爱丽丝·布兰奇·巴尔弗的捐赠。1883 年，教堂进行了翻新和修整，准备于 1884 年开放。

这个新实验室被命名为剑桥大学巴尔弗妇女实验室。这反映了巴尔弗家族做出的许多贡献，尤其对实验室的伟大支持者弗兰克·巴尔弗表示敬意，但是他在实验室仍在规划中时，不幸在一次登山事故中丧生。弗兰克在被任命为动物形态学教授两个月后去世，当时他还是剑桥哲学学会的主席。剑桥大学的科学界对失去他深感遗憾。他的女学生和同事们特别清楚弗兰克·巴尔弗对他们工作的支持程度。正是巴尔弗向爱丽丝·约翰逊的研究提出了研究恐龙和鸟类之间联系的想法，才成就了女性在哲学学会上的首次演讲。

约翰逊曾在纽汉姆学院学习自然科学，并于 1881 年在荣誉学位考试中获得第一名。随后，她获得了巴瑟斯特奖学金，开始在新博物馆的动物实验室进行研究。这项奖学金是由一名前纽汉姆学生于 1879 年设立的，旨在帮助那些"通过了自然科学荣誉学士学位考试并获得学分的年轻女性，她们希望在剑桥教师的建议下，独立地继续深造"。约翰逊曾在巴尔弗门下读本科，并继续一直作为巴瑟斯特学者与巴尔弗以及亚当·小塞奇威克一起合作。小塞奇威克是地质学家亚当·塞奇威克的侄孙，曾在福斯特手下学习，并于1877年参加了自然科学荣誉学士学位考试。随后，他成为巴尔弗实验室的助教，与他共同发表了多篇论文，并独立发表论文。巴尔弗死后，小塞奇威克被任命为巴尔弗所在学院的讲师，并成为动物形态学的大学讲师。尽管约翰逊在塞奇威克的实验室也有地方，但她一开始就把她的研究转移到巴尔弗妇女实验室，她主要在巴尔弗的实验间进行大部分研究工作，这些实验间在巴尔弗死后被捐赠给了实验室。她成为实验室的第一任主任以及动物形态学的助教。前格顿学院的学生马里恩·格林伍德成为生理学和植物学的第一位助教。

尽管巴尔弗实验室不像新博物馆里的其他实验室那样建在现代化的大楼里，但它是按照最现代的理念精心设置的。纽汉姆学院杂志自豪地描述了这些：

> 实验室三面的走廊主要用于显微镜工作，窗户已经扩大以增加光线。走廊里的家具包括靠墙摆放的桌子，都与煤气、水、架子等等贴合一致。一排桌子放在更靠后的地方，一排橱柜放在整个走廊的边缘。房间的一角是一个助教的房间。这条走廊有充足的空间和光线，非常适合用于比较解剖学和生理学的演示。它能够宽敞地容纳18名学生，即使学生数量翻倍也是很舒适的（见图40）。

图40 剑桥大学的巴尔弗妇女实验室，从1884年运转到1914年

这个实验室很快就招来了热情的学生，虽然它本来是一个生物实验室，但也有一些物理和化学的基础教学。最关键的是，这三门课都是实验教学。有讲座，

但实验被认为是更重要的,时间紧张的学生被告知"不仅仅是来听讲座,还要示范操作"。这种实验式生物学教学方法直接来自迈克尔·福斯特,他曾在巴尔弗那里当过许多年的助教。这意味着巴尔弗实验室与剑桥大学实验室保持一致的价值观,也与福斯特在赫胥黎手下学习时的伦敦学院大学的价值观相似。学生们被鼓励自己看,自己思考。正如一位学生所写的那样"手、眼睛和大脑都得到了教育"。学生们努力学习,但也抽出时间来娱乐。后来的主任之一伊迪丝·丽贝卡·桑德斯在她的同事马里恩·格林伍德(曾在1890—1899年担任实验室主任)的讣告中深情回忆道:

午餐后,下午上课前的一小段时间是在板羽球(羽毛球的一种早期形式)中度过的,围绕着炉子和桌椅玩这种游戏奇怪而危险。另一个偶尔沉迷的娱乐活动是惠斯特桥牌。

在19世纪80年代和90年代,巴尔弗实验室每年吸引大约40名学生。其中,平均有14人打算参加自然科学荣誉学士学位考试(有些人参加其他荣誉学士学位考试,有些人选择不参加考试也不获得学位)。对于更高级的工作,学生有时会申请使用大学实验室的许可,这些实验室有更高级、专业的设备。1897年,亚当·小塞奇威克禁止女性进入他的班级,导致巴尔弗实验室的人数激增。小塞奇威克的实验室一直严重过度拥挤,这是其拒绝女学生的真正原因。其他人,如弗朗西斯·达尔文(植物学家,查尔斯·达尔文之子,哲学学会主席),虽然支持妇女接受高等教育,偶尔也会被迫将女学生排除在实验课之外。但小塞奇威克从根本上反对向妇女授予学位的想法,他还担心,如果参议院改变对女毕业生的政策,"这所大学作为一个伟大人物生产者的光荣使命将受到严重的制约"。此时,小塞奇威克已是形态学学院的院长,因此他的决定影响了大批学生。巴尔弗实验室利用有限的资源,为自己建造了一个新的教室,任命了一位新的形态学讲师,并设法为剑桥的女学生提供生物学和形态学方面的所有教学——这是一项了不起的成就。

1883年,约翰逊在哲学学会的演讲是剑桥女性知名度不断提高的一个重要标志。继约翰逊之后,更多的女性在学会上发言,并开始在《会议录》上发表论文。这些研究的大部分与巴尔弗实验室有关。佛罗伦斯·艾夫斯描述了她在肝脏发酵方面的实验；安娜·贝特森和多萝西娅·珀兹都多次介绍了植物生理学；米歇·阿尔考克介绍了七鳃鳗幼体的消化系统；伊丽莎白·达勒讨论了她的植物学工作。还有一些关于物理和化学的论文，其中一些是由女性在卡文迪什实验室（它没有像形态学实验室那样驱逐女性）和其他大学实验室发表的。还有一些是由巴尔弗实验室自己的女性发表的，巴尔弗从1891年就有了自己的物理助教。海伦·克拉森谈到了硫酸的导电性，而弗洛伦斯·马丁（与J. J. 汤姆孙一起工作）谈到了她在放电管方面的工作。这些女性自己读论文，但那些与男性合作者共事的人通常坐在一边，由她们的男同事大声朗读论文：安娜·贝特森的论文经常被她的兄弟威廉·贝特森朗读；多萝西娅·珀兹经常与弗朗西斯·达尔文共事，后者往往代表她朗读；卡文迪什实验式女研究员的论文经常由J. J. 汤姆孙朗读。

女性发表生理学论文占主导地位不仅表明了巴尔弗实验室的重要性，也表明了19世纪末生理学在剑桥的普及程度。正如卡文迪什实验室的建立使得实验物理学兴起一样，迈克尔·福斯特来到剑桥预示着生命科学迎来曙光。自19世纪70年代以来，哲学学会的每次会议都致力于一个特定的科学分支，在数学、物理学和化学，生物学和地质学，以及文学、历史、法律和伦理学之间轮换。虽然这三个类别中的最后一个经常被认为参与人数不足并最终消失，但物理和生物非常受欢迎。会议也开始在专门地点举行。现在，这个学会不再有自己的会议室，他们可以自由地在不同的地点之间漫游。演讲通常在新博物馆的数学讲堂进行，但如果需要进行科学论证，会议将转移到卡文迪什或某个生物实验室或博物馆。

在19世纪后期的几十年里，不仅是会议，哲学学会的出版物也越来越受生理学和物理学的支配。数学，传统上是剑桥大学科学精英的中流砥柱，仍然是学会论文的一个重要话题，但是，随着数学荣誉学士学位开始被自然科学荣誉学士学位所取代，数学失去了它以往至高无上的地位。《会议录》仍然刊载了大量关于数学和数学物理的论文，但《议事录》正从一种流水账演变成一种更为标准的期刊，开始为生命科学提供更多的空间。19世纪70年代中期的《会议录》通常包含一些关于生物学主题的论文。例如，第三卷（1876—1880年），共包含84篇论文，其中9篇是关于动物学、生理学、医学或解剖学的论文。它还包含41篇关于数学或物理学的论文，14篇关于地质学的论文，以及少数几篇关于天文学、化学和科学仪器的论文，另外还有一些关于考古学等其他主题的零散论文。相比之下，到 1883 年第四卷出版时，数学和物理学的 27 篇论文，与生命科学的 22 篇论文相当，约占总论文的四分之一。在 19 世纪后半叶出版的每一卷《议事录》中，约有三分之一的论文是关于生命科学的，且着重于生理学。

  在这方面，学会反映了英国科学发展中一个更广泛的趋势。1870 年当福斯特到达剑桥时，英国还没有生理学杂志。1873 年，他创建了第一期《剑桥大学生理实验室研究》。这本短寿的杂志于 1878 年被《生理学杂志》（也是福斯特创办和编辑的）取代。随着生理学实验室在英国成倍增加，人们需要新的平台来发表生理学研究成果。像《会议录》这样很灵活的杂志就扮演了重要的角色，与此同时也有很多其他新的杂志。随着奖学金的设立，生理学也获得了新的资助，如乔治·亨利·刘易斯奖学金，该奖学金由小说家乔治·艾略特（玛丽·安妮·埃文斯）于 1879 年为纪念她的搭档而创立；值得一提的是，它对男女都开放。

  专业细化是维多利亚晚期科学的标志。卡文迪什、福斯特生理学实验室或弗兰克·巴尔弗动物形态学实验室等研究实验室推动了细化的研究，并培养了学生的专业技能。研究实验室不仅致力于特定领域的研究，还有专门的期刊、学会和会议。在剑桥，汤姆孙成立了卡文迪什物理学会，福斯特成立了生理学学会；在全国范围内，英国文化协会创建了新的部门来处理正在兴起的学科和分支学科；此外，曾经能迎合不同取向观众的哲学学会，正在让位于专注单一领域的新的科学团体。

  随着 1880 年自然科学课程被分为两部分，剑桥大学本科生也被这种专业细化趋势所吸引：第一部分是涵盖一系列领域的初级课程，而第二部分是要求学生掌握更深入的知识和特定研究技能的高级课程。第二部分课程不仅对写论文的学生们有重大影响，对大学来说也很重要。例如，在地质学领域，第二部分课程产生了一系列新的大学职位：除了伍德沃德教授之外，还任命了一名讲师（1883 年）、一名助教（1883 年）、一名古植物学助教（1892 年）、一名古动物学助教（1892 年）、一名教授助理（1892 年）、一名岩石学讲师（1904 年）和一名岩石学助教（1910 年）。不到 20 年，这位原本孤身一人的大学地质学家就引来一群其他专业人士地加入，他们都在同一栋楼里一起工作，以达到同样的目标——这就是大学系的诞生。在各个学科中（不仅仅是科学领域），这种情况不断重复上演。随着每个自然科学课程被分为两部分，更多专业化的教学和研究在专门的中心发展起来。到1910年，几乎所有的荣誉学士学位课程都分成了两部分。这不仅使传统的数学和经典研究得以发展，而且促进了历史系、法律系、神学系、现代语言系、经济学系和机械科学系的发展。新课程鼓励学生的创新思维。在19世纪70年代（亚当·小塞奇威克于1873年去世之后），地质学的学生们开始发现教学大纲很枯燥，因为它只专注于简单的描述和地质特征；但是，从1880年起，新的第二部分教学大纲鼓励学生将地质学与其他科学（如物理和化学）联系起来，将野外工作与实验室工作联系起来，并从事新的子学科（如岩石学）。这不仅给学生们重新注入了动力，而且使他们的老师也恢复了活力，特别是那些即将毕业和开始学术生涯的年轻研究人员。

虽然对学院和大学的许多人来说，重新安排课程和雇用更多的专业教师似乎是一个积极的改变，但并不是每个人都赞成新的院系。正如圣约翰学院研究员、古典主义学者特罗·格洛弗所说：

> 几个世纪以来，学术生活的中心一直是学院（也是一个非常好的中心，类型多样）；现在是"教员！"（一群兴趣相同的人）。我们把这归咎于科学院系；它们每一个都集中在巨大的建筑中，更像政府办公室或工厂，而不是过去的学院；他们的员工来自每个学院；大楼被保留了下来，员工的工资大部分来自对大学的征税，而以前这种征税并不是为了上述目的。"实验室"实际上比学院更适合这些新人……学院变成了一个给实验室里的科学工作者提供免费晚餐的地方，这些人往往是从外面带进来的，不能指望他们理解学院的感觉。

格洛弗还抱怨"搞数学和自然科学的人哪儿都没去过，什么都没看过，什么都没读过"，他特别批评了物理学家保罗·狄拉克，因为他需要别人告诉他"伊拉斯谟是谁，什么时候的人"。诚然，随着课程的专业化，学生受教育的范围缩小了；以前所有的学生都对古典文学、神学、语言、文学、数学和自然哲学有所了解，现在许多学生都被限制在一个单一的技术学科。

除了研究有限专业领域的本科生之外，还有一类新人来到了剑桥——研究员或研究生。有年轻的男性，偶尔也有女性，他们曾经在其他大学或机构学习过，由于剑桥的现代化实验室和联系紧密的研究团体，他们被剑桥吸引过来。此前，没有剑桥学位的学者难以在任何重要的学院中发挥作用，但由于不断扩大的实验室需要外部研究人员——实验室也从涌入的外部思想中受益匪浅。这些学生在19世纪70年代卡文迪什实验室建成时就已经来到了剑桥，但到了19世纪90年代，人们才开始考虑为这些学生提供一些正式的认可和融入剑桥的途径。1895年，通过一项决议，允许上述学生根据他们的工作获得学士学位。后来，允许授予基于研究工作的硕士学位；到了20世纪20年代，剑桥大学开始授予学生博士学位。

剑桥哲学学会在1873年通过创建准会员来接纳新的研究生——就像卡文迪什学会一样。学会很快意识到研究生对促进研究和传播科学成果的重要性。而研究生们也意识到学会作为展示和出版其作品的平台作用。会员资格很快变得流行起来，许多来自卡文迪什实验室、福斯特生理学实验室和其他实验室的成员都申请参会。新的会员类别允许欧内斯特·卢瑟福、尼尔斯·玻尔和罗伯特·奥本海默等研究人员加入学会，否则这些人将因没有剑桥大学本科学位而被排除在外。

当哲学学会的会员人数略有下降时（由于许多其他科学学会开始活跃于剑桥，并且学会不再处于专享博物馆、阅览室和图书馆的独特地位），时任主席约翰·威利斯·克拉克指出，"我们每年招入的人员在质量上弥补了数量上的缺陷"。他希望这些新成员，其中许多是研究生，将有助于保持"我们学会长期以来的知名度"，并为其"注入活力与健康"。他强调，学会的会议仍然是剑桥最好的聚会场所之一，可以见到具有品位和兴趣相近的人，并促进科学研究。他还指出，这些会议"有许多吸引力，就像英国人对茶的喜爱，这是一种魅力，可以让我们的成员聚在一起，促进我们目标"。在19世纪和20世纪之交，这些会议仍然是剑桥最大的科学论坛。而且，尽管专业学会不断发展壮大，哲学学会仍保持其多样性，在其会议上涵盖了广泛的主题。同样，《议事录》也被认为是来自不同背景的年轻研究人员发表论文的理想平台。

但是，尽管哲学学会试图向剑桥的新学生宣传自己，尽管它希望吸引新的研究学生，但仍不是那么欢迎女性。女性可以以客人的身份演讲，但她们对无法成为其中的一员而感到沮丧。有几个学会，如塞奇威克俱乐部——一个为纪念亚当·塞奇威克于1880年成立的地质俱乐部允许女性加入，甚至参加野外旅行，但其他许多学会——如由学生运作的自然科学俱乐部排斥女性。因此，女性开始创建自己的科学学会。纽汉姆学院于1883年成立了自然科学俱乐部，格顿学院于1884年成立了自己的学会。这些学会主要由学生运作，也发表一些学生和实验室助教的高端论文。后来，纽汉姆和格顿科学学会开始举行联席会议。女性学会在为女学生提供论坛方面至关重要，与卡文迪什物理学会这样的团体相比，这一点尤其值得注意。在卡文迪什学会，女性可以参加会议，但记录显示，她们的主要角色仅仅是泡茶，没有证据表明女性在那里做过演讲。

随着19世纪接近尾声，对于剑桥的女性而言，尤其是那些希望从事生命科学的女性，情况正在慢慢改善。随着生物学和生理学的兴起，以及对达尔文学说的日益接受，人们对遗传研究产生了新的兴趣。由于另一位支持者威廉·贝特森的影响，许多女性被这个领域所吸引。19世纪80年代初，贝特森在自然科学荣誉学士考试中获得第一名。他在迈克尔·福斯特和弗兰克·巴尔弗的指导下学习，并于1884年毕业仅一年后开始向剑桥哲学学会提交原创研究。他在那里的第一篇论文是关于柱头虫———种海洋蠕虫的演化，一些人认为它是介于脊椎动物和无脊椎动物之间的一种"纽带"。随着贝特森对脊椎动物的起源、变异和遗传越来越感兴趣，他逐渐远离了在剑桥非常流行的比较解剖学和胚胎学。在1885年回到剑桥接受圣约翰学院的奖学金之前，他在北美花了一些时间继续研究他的遗传学思想。在剑桥，他著作颇丰，19世纪80年代和90年代的剑桥哲学学会《会议录》上到处都是他的论文。

贝特森并非一个人工作。他一回到剑桥，就开始召集周围的学生和合作者。贝特森的第一个非正式"研究小组"有13名成员，其中7名是女性：安娜·贝特森（威廉的妹妹）、多萝西娅·珀兹、伊迪丝·丽贝卡·桑德斯、玛丽亚·道森、伊丽莎白·戴尔、简·高恩和埃塞尔·萨金特。安娜·贝特森是威廉最著名的同事之一。她比威廉小两岁，在19世纪80年代中期在纽汉姆学院学习，并参加了自然科学课程的两个部分。他们的母亲，也叫安娜，在19世纪80年代曾在纽汉姆学院的管理委员会任职；他们的姐姐玛丽后来成了学院的历史研究员。作为进步的纽汉姆学院的一员，年长的安娜·贝特森和年轻的安娜·贝特森于1884年参与建立了剑桥女性选举权学会。在这样的家庭中长大，威廉几乎不可能不支持女性接受高等教育的权利。令人高兴的是，他和安娜也有许多共同的知识兴趣。完成学业后，安娜·贝特森获得了巴瑟斯特奖学金，这使她得以在巴尔弗实验室进行研究，她后来成为该实验室的植物学家。她在弗朗西斯·达尔文的植物学工作中担任研究助理，并与他共同发表了几篇关于植物生理学的论文。她还与她的哥哥一起研究植物学的变异——他们在 1890 年 11 月的剑桥哲学学会会议上介绍了他们的结果。安娜一直是一个务实的人，并以喜欢抽烟斗和喝啤酒的古怪个性而闻名，她在 19 世纪 90 年代离开学术界去从事园艺职业，留下她的哥哥去寻找新的合作者。

贝特森首先向安娜的朋友多萝西娅·珀兹求助。珀兹和安娜·贝特森一样，曾在纽汉姆学院学习，并于 1885 年在自然科学荣誉学位考试中取得了第二名的成绩。之后，她与弗朗西斯·达尔文合作，共同发表了关于植物向地性和向日光性、杂交和水生植物生理学的重要论文。安娜·贝特森离开剑桥后，珀兹开始与威廉·贝特森合作研究变异和遗传问题。在贝特森早期工作的基础上，他们发表了几篇论文，详细介绍了植物杂交育种的实验，展示了异常变异是如何连续几代传递的。

与威廉·贝特森一起研究遗传的另一位重要的女性是伊迪丝·丽贝卡·桑德斯。桑德斯曾在纽汉姆学院学习，以第一名的成绩于 1888 年获得自然科学荣誉学士学位，并随后成为巴瑟斯特学者，她在被任命为实验室主任之前，于 1889 年至 1899 年在巴尔弗实验室担任植物学助教。她于 1895 年开始与威廉·贝特森合作。与安娜·贝特森和珀兹不同，桑德斯开始与威廉·贝特森合作时，已经独立进行了几年的研究；她不是初级同事，而是在很大程度上与他平起平坐。他们的实验集中在植物杂交以及遗传理论研究上。桑德斯利用贝特森从意大利旅行带回来的种子在剑桥植物园培育孪果荠（一种小型荠菜）的标本。她让两种不同形态的植物杂交：一种有多毛的叶子，另一种有光滑的叶子。桑德斯发现，这种植物几乎总是繁殖出单一特征的后代——要么有多毛的叶子，要么有光滑的叶子，尽管少数后代确实是光滑和多毛叶子的混合物。桑德斯想测试中间形式的重复杂交是否最终会导致特征的"混合"，或者"纯"光滑或多毛的变异是否会偶尔在它们后代中出现。桑德斯和贝特森希望开发一种统计模型来预测某些特征繁殖的可能性。他们对变异感兴趣不仅仅是因为它本身，而是希望它能为遗传机制提供线索，并揭示一些关于物种起源的东西。他们写道：

进化的本质是进化过程中的任何一步是如何完成的。一种表型是如何与另一种表型分离的？通过将这两种表型杂交在一起，并研究由杂交后代所表现出来的遗传现象，我们希望获得一个重要的线索——来阐明父母区别的原因，以及维持这种不同的原因。

他们的工作使他们从"混合"理论转向"不连续"继承理论，这解释了为什么有时特征似乎消失了几代才以"单一"的形式出现。不连续的遗传也使得大的进化跳跃成为可能，而并非变化的逐渐积累。为了收集这方面的证据，桑德斯和贝特森继续他们的杂交实验，在他们的实验中增加新的物种，并整理大量的统计数据。到1900年，他们已经收集了足够的证据表明遗传是不连续的，但他们仍要找到一种通用的模型来解释或预测在任何给定的个体中会出现什么样的遗传特征。

1900年，孟德尔关于特征遗传的研究被重新报道。1900年5月，贝特森和桑德斯得知了孟德尔关于杂交豌豆植株的结果，结果表明在第二代植株中"显性"特征与"隐性"特征的比例为3∶1。到1900年秋天，贝特森和桑德斯已经将孟德尔的理论融入他们的分析中，并重新设计了他们的实验来检验和扩展孟德尔的研究。他们的研究将孟德尔理论带到了剑桥，并对未来几十年的研究方向产生了重大影响。尤其是纽汉姆学院，贝特森的许多合作者都曾在那里学习过，该学院后来被称为孟德尔主义的中心。这些纽汉姆女性引导了巴尔弗实验室，它也与最新的科学学科——遗传学——一个由贝特森在1905年创造的词联系在一起。

到世纪之交，女性对剑桥科学的贡献得到了更广泛的认可。1900年，剑桥哲学学会向每一所女子学院提交了一整套的《学报》和《会议录》——这是承认她们对剑桥知识的贡献迈出的试探性的一步。1914年2月，唐宁学院的研究员、法学教授考特尼·肯尼提出了女性成为学会名誉会员的可能性。而肯尼此前指出，名誉研究员没有投票权，只有限的使用图书馆或参加会议的权利。因此，肯尼写道："我在宪章和细则的政策和精神上，当然也在它们的实际条款中，没有看到任何可以阻止一位女士当选为会员的理由。"肯尼的意见被接受了。次年5月，由于在辐射和镭元素方面的研究而两次获得诺贝尔奖的居里夫人和其他一些杰出人物，如马克斯·普朗克，也被列入了荣誉研究员的名单。

此外，1914年是巴尔弗实验室关闭的一年。实验室重新开放是因为大学最终允许女性回到实验室。亚当·小塞奇威克在1897年禁止女性进入他的实验室，并在1906年重新接纳她们。1909年塞奇威克离开剑桥时，他的继任者约翰·斯坦利·加德纳明确表示，他的讲座和实践课都欢迎女性，甚至任命了一位名叫凯瑟琳·哈登的女性助理助教在形态学实验室工作。到 1910 年，大学的生物实验室再次扩大，它们更容易容纳女生和男生。管理实验室的巴尔弗委员会知道大学实验室的资金和设备比以往任何时候都好，因此抓住机会让学生重新加入更大的实验室。1914 年，植物学和生理学实验室跟随加德纳的领导，给予女性充分的机会。巴尔弗实验室实现了向女性提供高质量科学教育的目标。它使其学生和教职员工能够证明她们能够与男性同行达到同样的水平，并对大学施加了持续但微妙的压力，最终使许多人相信女性在剑桥的科学生活中可以发挥重要作用。

在这个关于女性如何逐渐进入剑桥大学的故事中，剑桥哲学学会就像一个缩影。虽然学会中有些人欢迎女性对会议的贡献，但也有长达几十年的反对意见，甚至拒绝授予女性荣誉或准成员资格。更广泛地说，就像剑桥的情况一样，有一些教授和研究员支持女权，而参议院一再投票反对授予女性学位。最终，学会打败了大学，实现了平等：它在 1929 年允许女性成为正式研究员，比大学给予女性平等地位早了 20 年（尽管从 1926 年起女性被允许担任一些大学教师职务）。正是在 1922 年，哲学学会的一些成员开始鼓动以与男性同等的条件接纳女性为成员。这场辩论是由阿瑟·贝里发起的，他是国王学院的数学家和天文学家，1885 年曾担任高级"牧马人"。贝里于 1922 年 5 月首次向学会提出了他的建议，但对它的讨论被推迟了几个月，直到 11 月，会员们才真正开始考虑它。后来，贝里的提议被粗暴地驳回，休·尼沃（天体物理学教授）和亚瑟·苏厄德（植物学教授）——两人都是哲学学会的前主席——认为在大学决定授予女性学位之前，讨论这个问题没有什么意义。这件事搁置了几年，直到 1928 年 11 月，后来以历史学家和汉学闻名的生物化学家约瑟夫·李约瑟（Joseph Needham）提议修改学会的章程，允许女性成为会员。他于 1929 年 1 月在学会的一次特别大会上提交了建议。大会主席、统计学家乔治·乌尔宣读了一份支持该提议的声明，称"如果（女性）被接纳为会员……她们应和其他会员一视同仁，她们应有资格成为理事会成员"。此次会议前的六年里发生了什么变化还不清楚，但是会员们在李约瑟和尤尔的劝说下，一致投票支持选举女性进入学会。

当学会于 1819 年成立时，一个用来描述科学从业者的常用短语是"科学的绅士"——这个短语同时反映了对"理想"会员的性别和阶层。"科学家"这个词还没有被创造出来，即使它被创造出来了，它也被认为是负面的，直到 19 世纪末才在英国被使用。到 1900 年，科学界发生了变化：在当时出现了相当多的女性科学家；也包括了来自更多不同社会背景的人；还包括了许多专注于小众学科的专家，他们乐于接受具有更现代和更具包容性的"科学家"一词。虽然剑桥哲学学会保留了原来的名称，但自然哲学的思想在剑桥和其他地方正在被侵蚀；工作在学会的研究人员不再把自己视为哲学家或科学绅士，而是认为自己是科学家。

7

图书馆里的实验室

在哲学学会图书馆里，约翰·拉什利（John Rashleigh）坐下来观察摆在他面前的木制和铜制仪器。拉什利正在通过学习成为一名医生，他今天来到图书馆不是为了查阅图书，而是作为一项科学实验的对象。哲学学会的图书管理员怀特先生将进行这项实验，他有条不紊地对拉什利的身体进行了一系列的观察和测量。拉什利的皮肤颜色被描述为红润，他的头发是棕色和波浪形的，他的颧骨不明显，他的耳朵是扁平的，有耳垂。然后测量结果是：拉什利的头部长 190 毫米，宽 152 毫米，高 132 毫米；他的鼻子长 51 毫米，宽 29 毫米，被描述为"弯曲的"。同样，测量了他的脸部长度和宽度，以及他的眼睛之间的距离；他的身高、体重和臂展，他的肺活量，他在拉伸和挤压时的手臂力量，以及他的视力和色觉，等等。拉什利支付了三便士来参加这项实验，然后拿着一张小卡片离开了，卡片上记载了他所有的数据——这是怀特先生保存的一张卡片的复制品，并被小心翼翼地存档于索引箱中（见图 41）。

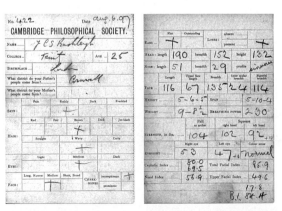

图 41　剑桥哲学学会档案馆的人体测量卡。档案馆里有成千上万张这样的卡片。图中这名学生是约翰·科斯莫·斯图尔特·拉什利三世，他后来成为一名医生和康沃尔的高级警长

拉什利的卡片是保存在剑桥哲学学会档案馆的数千张卡片中的一张。有的卡片记录了约翰·梅纳德·凯恩斯（John Maynard Keynes）的鼻子长度，欧内斯特·卢瑟福（Ernest Rutherford）的瞳距，以及天文学家乔治·达尔文（George Darwin）的臂展和拉力。它们是19世纪80年代至20世纪初在剑桥哲学学会内运行的人体测量学委员会的工作遗产。人体测量学对人体尺寸和能力进行数学研究，是19世纪晚期的一门大众科学。它最著名的支持者是弗朗西斯·高尔顿（Francis Galton），他是查尔斯·达尔文（Charles Darwin）的表亲，在游历各地并对人类学产生兴趣之前，曾在剑桥学习数学。高尔顿对数学和人类学的兴趣，以及达尔文的《物种起源》出版后对进化论的兴趣，促使他思考如何将种群的数学研究纳入遗传学研究。

今天，高尔顿的贡献受到争议，他激发了指纹和智商测试背后的大部分研究，但他也与种族和阶级特征分析以及20世纪初的优生学运动联系在一起。然而，在19世纪80年代，高尔顿被视为一位相当没有争议的科学人物，他试图应用数学技术来解析人体和大脑。虽然他的一些研究是非正统的，比如训练自己靠嗅觉计算，通过告诉自己一群马在看着他，进行妄想症研究等，但他仍被许多人视为推动科学边界向前发展的先驱。1884年，高尔顿应邀在剑桥大学举办了一年一度的里德演讲（Rede Lecture），他选择了"人类特征的测量"作为这次公开活动的主题。通过这次非常优雅的演讲，高尔顿唤起了剑桥大学研究人员对人体测量学的兴趣。此外，1884年是高尔顿在南肯辛顿国际卫生展览会上设立公众人体测量学实验室的一年（见图42）。这样的展览在维多利亚晚期的英国非常流行，公众蜂拥而至，都想了解医学和健康科学的最新发展。最受欢迎的展览是那些可以邀请观众亲身参与的，比如高尔顿的展览，在他的展览实验室里，观众们花3便士即可测量他们的17项生理和心理特征，包括身高、体重、拉力和视力等。在实验室运营的几个月里，几乎有10000人进行了参观。这一结果不仅使受试者愿意了解自己的身体，并且为科学研究做出贡献。这也是高尔顿收集的第一组重要数据，他希望这些数据可以用来得出关于英国总体人口的结论。

实验室的展览宣传了高尔顿的观念，并点燃了大众对人体测量学的普遍兴趣。该实验室的成功，以及高尔顿在剑桥的演讲受到的热烈欢迎，引发了在剑桥大学建立类似实验室的提议。1886年1月，奥斯卡·布朗宁（国王学院研究员，历史

图42　弗朗西斯·高尔顿在南肯辛顿的国际健康展览实验室，1884年拍摄

学家，弗朗西斯·高尔顿的通信作者）在高尔顿本人的建议下，写信给剑桥哲学学会的秘书理查德·格雷兹布鲁克（Richard Glazebrook）。布朗宁提议，学会应该配备高尔顿人体测量仪器，并建立一个实验室供使用和管理。由于当时剑桥没有正式的人类学或人体测量学系，该学会似乎是从事这类科学工作的最佳选择。学会理事会投票决定授予高尔顿管理这些仪器，并成立了一个委员会对其进行监督。该委员会将由学会主席（1886年，由物理学家、三一学院副校长库茨·特罗特担任）、解剖学教授亚历山大·麦卡利斯特、贺拉斯·达尔文（查尔斯·达尔文的儿子、剑桥科学仪器公司的联合创始人）、经验丰富的物理学家李先生和格雷兹布鲁克组成。

在剑桥联合会进行了非常简短的试用后，学会同意在新博物馆为基础的哲学会图书馆内建立实验室。图书馆有空间进行这样的工作，并安排了一名全职工作人员通过接受培训后进行测量工作。自1881年以来，它一直对大学的所有成员开放，并希望每个学期都有大量的人员来访问该实验室。高尔顿花费10英镑购买设备，并通过向每名受试者收取3便士的费用以支付持续的人工费用和实验室费用。到1886年2月，实验室已经可以使用了，在建筑楼的外面固定了一个标志牌,并且进行了广告宣传。在两个月内,有将近200人在哲学学会图书馆进行了人体测量。

哲学学会的会员们急于了解在他们的图书馆里正在进行的新研究,因此贺拉斯·达尔文和理查德·斯雷福尔(卡文迪什实验室的一名宣传人员,曾与J.J.汤姆孙一起工作)在1886年2月的一次学会会议上介绍了他们的工作。那时产生任何明显的结论还为时过早,达尔文和斯雷福尔两人都对科学仪器的工作很感兴趣,他们展示并描述了高尔顿先生用于人体测量的一些仪器,然后介绍了他们对一些仪器提高和改进的建议(见图43)。这是该实验室的主要目的之一,也是将其设在剑桥的原因之一,除了作为一个收集数据的地方,高尔顿还将它视为一个与达尔文的剑桥科学仪器公司一起完善他的仪器的机会。1887年,在实验室运行一年后,剑桥科学仪器公司发布了一份与高尔顿合作设计的人体测量仪器目录。自南肯辛顿实验室成立以来,根据剑桥实验室工作人员和受试者的反馈,对许多仪器都进行了调整。

图43　19世纪晚期典型的人体测量仪器。其安置的具体位置不明

该目录不仅描述了测量人体各方面的仪器——身高、臂展、呼吸能力、视觉色彩、听觉敏锐度、反应时间等,还解释了为何这些测量可能有用。首先,有一个自己和为家人使用的问题,这些仪器可以用来测试儿童发育是否正常。作者写道,这让人想起今天的父母被告知新生儿的体重图和头围图:

探究精神——现代科学的基石

请注意养育中的错误，努力寻找和补救，以免孩子长大成人后的未来效能受到损害。成千上万的案例表明，由于纯粹的忽视，视力受到了不经意的伤害，已经无法修复；畸形生长和胸肌发育不良，这些情况在早期已表现出来，如果及时处理，可以检查出来。

其次，有一些事关国计民生的重要问题：

经过统计学处理的人体测量记录，显示出整个国家和它的几个部分的效能以及它正在变化的方向，不论是好是坏。它们使我们能够比较不同职业、住所、学校、种族等对身体发育的影响。

像南肯辛顿或剑桥这样的实验室可以实现这两个目标，通过给每个受试者提供测量结果的副本，鼓励他们反复测量，并保留所有结果的副本，供以后进行统计分析。

当然，这些实验还有许多其他目的。高尔顿经常强调大规模研究的医学用途。他引用了美国内战期间由战争办公室进行的一项研究作为例子，该研究表明浅色头发的人比深色头发的人更容易得病。如果像头发颜色这样微不足道的东西都会影响对疾病的易感性，那么更详细的测量会预测什么呢？从数学家的角度来看，这个实验可以提供大量的数据，使他们能够利用现实世界的例子来发展和改进统计技术。此外，实验背后还有其他动机，其中一些没有被公开地阐述。有些人希望用这个结果对人类进行"排序"，个人对个人，国家对国家，种族对种族。有些人轻率地说道，例如，这些排名可能会提高学生的体育竞争力，或者有助于为公务员职位的候选人排序，但这种排名也许有更险恶的动机。

在剑桥大学，哲学图书馆的研究结果主要用于研究一个人的头脑大小是否与智力成正比。民间普遍认为，脑袋越大，脑力就越强。正如高尔顿所言："众所周知，大学生戴的帽子大小远远超过未受教育的人。"但这是真的吗？如果是的话，是否可以用来预测年轻人的智力潜能？第一个问题是准确地测量一个活人头部的长度、宽度和高度，以便能够估计出他们头骨的容量，从而估计他们大脑的体积。高尔顿和贺拉斯·达尔文一起设计了一个"水平式头部扳手"，其中包括两块木头被安置在纵向上相互滑动，每一块木头的两端都固定有一对细长的钢棒，与它们成直角排列。每一对钢棒都在一个平面上，与滑块的运动方向成直角。在使用扳手时，要移动滑块，使每对钢棒刚好接触头部相对的表面，并使扳手左右移动，直到获得所需方向的最大尺寸。

这种相当简单的仪器可以从剑桥科学仪器公司以 3 英镑的价格购买。"垂直式头部扳手"的设计和使用要复杂得多。头骨的垂直高度必须与一个明确的平面成直角。高尔顿和达尔文使用的是"穿过耳洞和眼眶底部的平面"，但该仪器并不完美，他们希望通过进一步的实验加以改进。

1888 年 4 月，剑桥实验室的第一批成果是由冈维尔和凯斯学院的研究员约翰·维恩提出的，他对逻辑学、哲学和数学感兴趣。维恩在剑桥已经很出名了，早在 1880 年向哲学学会提交的论文中，已阐明了他表示逻辑命题的图解方法——后来被称为"维恩图解"（见图 44）。高尔顿和维恩知晓彼此的研究已有多年，他们都对概率的研究有共同的兴趣。维恩在剑桥大学的论文对大约 1100 名学生的测量数据进行了研究整理，这些测量数据是在 1886—1888 年进行的。

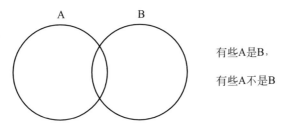

图 44　最早的维恩图之一，摘自 1880 年约翰·维恩提交给剑桥哲学学会的一篇论文——他是首次谈论这个问题的人

虽然在剑桥实验室测量的受试者数量比在南肯辛顿展览测量的受试者数量要少得多，但剑桥样本组有很多优势，剑桥大学的研究对象是非常均衡的。当时大多数剑桥学生仍然来自少数的社会经济背景。用维恩的话说，他们属于"上流职业和绅士阶级，他们总是吃得好，穿得好，而且由于他们父母几代人都享有同样的优势，所以他们的起点很好"。大多数人有类似教育背景的，大多数是在十几岁或二十岁出头、积极活跃的和身体健康的，并且大多数是男性（女性在关于头部大小和智力的分析中被忽略了，因为没有足够多的女性受试者得出稳健可靠的结论）。在南肯辛顿展览期间，高尔顿的样本来自不同年龄、阶层和教育背景的人群，因此很难进行归纳，并且南肯辛顿实验室在为女性测量头部尺寸时遇到了一些问题，因为在当时要求一位女性摘掉帽子是不得体的行为。

维恩在高尔顿主持的伦敦人类学研究所发表了他关于剑桥研究结果的第一篇论文，高尔顿后来在《自然》杂志上对其进行了总结。为了进行分析，维恩将受试者分为三组：A 组学生，他们的导师认为他们将在学位论义考试中获得最高分；B 组包含那些预计获得中等分数的学生；C 组包含那些预计在学业上表现不佳，只能获得及格学位的学生。来自各个学院的导师帮助维恩评估学生的潜力，接下来，维恩把学生按年龄进行分组。然后，他通过把每个学生头部的长度、宽度和高度相乘，计算得出"头部积"，即每个学生的相对脑容量。当然，这样的计算将等同于一个长方形的盒子，但它被用作一个近似值，维恩认为它将与实际头骨体积成比例。维恩的分析给出了一个明确的结果："获得高荣誉的男人拥有比其他人大得多的大脑。"（见图 45）。

Head Products.

Ages.	Class A. "High onour" men.	Number of measures.	Class B. The remaining "honour" men.	Number of measure.	Class C. "Poll" men.	Number of measures.
19	241.9	17	237.1	70	229.1	52
20	244.2	54	237.9	149	235.1	102
21	241.0	52	236.4	117	235.1	79
22	248.1	50	241.7	73	240.2	66
23	244.6	27	239.0	33	235.0	23
24	245.8	25	251.2	14	244.4	13
25 and upwards	248.9	33	239.1	20	243.5	26
		258		476		361

RELATIVE BRAIN CAPACITY OF CAMBRIDGE UNIVERSITY MEN ACCORDING TO THEIR PROFICIENCY AND AGE (FROM DR. VENN'S TABLES).

The Numerals along the top of the diagrams sinify the product of the three Head measures, viz. :-
Length × Breadth × Height (in inches)

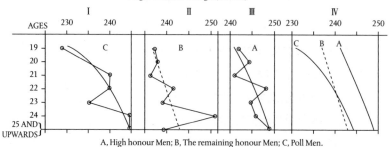

A, High honour Men; B, The remaining honour Men; C, Poll Men.

图 45　高尔顿和维恩的图表显示了更大的头和更好的成绩之间的关系。A 组代表成绩最高的学生，B 组代表成绩中等的学生，C 组代表成绩较差的学生。研究表明，A 组的头部测量明显大于其他两组

并非所有人都同意维恩的分析。人们提出了以下问题：计算出的头部尺寸是否真的与脑容量成比例？计算过程中引入的误差，以及仪器操作和操作仪器的人可能带来的误差。剑桥大学三一学院的一位成员列举了他的三个朋友的例子，他们每个人都在哲学图书馆被测量了多次，三人每次测量的结果都不一样。这位匿名的三一学院男子写道："正如所有看到测量仪器的人所预料的那样，它的身高测量结果是最不令人满意的。"高尔顿立即回应解决了其中一些问题，并承认为了减少误差，应该在更大的样本中进行分析，同时需要改进垂直式头部扳手。

在 1889 年发表的一篇篇幅较长的论文中，维恩对剑桥的结果进行了更详细的讨论。对他来说，这个实验最有趣的部分不一定是脑袋越大成绩越好这个问题，而是如何运用大量的原始数据，分析得出更有意义的结论。维恩打算运用高尔顿提出的一个统计概念——百分位数，维恩向他的读者解释道："在这个方案中，总人数被缩减到 100 人，然后分成 10 个数目相等的班级。"这将使得一个人立即看到在与所有其他对象比较时自己所处的位置，也可以很容易地绘制在图上（见图 46）。

Class.	Height in inches.	Strength of pull (lb.).	Squeeze (strongest hand).	Breathing capacity (cubic inches).
1st ten	72 to 77·8	102 to 155	103 to 125	305 to 400
2nd ten	71 — 72	95 — 102	98 — 103	284 — 305
3rd ten	70·2 — 71	90 — 95	94 — 98	274 — 284
4th ten	69·5 — 70·2	86 — 90	90 — 94	265 — 274
5th ten	68·9 — 69·5	83 — 86	87·5 — 90	254 — 265
6th ten	68·3 — 68·9	80 — 83	86 — 87·5	248 — 254
7th ten	67·6 — 68·3	76 — 80	82·5 — 86	235 — 248
8th ten	66·8 — 67·6	72 — 76	78·5 — 82·5	223 — 235
9th ten	65·6 — 66·8	68 — 72	73 — 78·5	209 — 223
Lowest	60·1 — 65·6	35 — 68	45 — 73	90 — 209

图 46　百分位数图，来自约翰·维恩的一篇论文。百分位数的概念是用来处理人体测量数据的。在这里，维恩将百分位数应用于从哲学图书馆实验室收集到的有关剑桥大学本科生的人体测量数据，以说明身高、体重（拉伸和挤压）和呼吸能力的分布情况

宏量的数据也使得维恩能够向读者解释概率论。遵循他的结论，他还鼓励人们思考这种分析更加广泛的含义："就头部测量而言，A 组比 B 组、B 组比 C 组有明显的优越性。"但我们必须尝试比这更多的东西，须求助于概率论。维恩对利用这些数据研究如何计算和推断概率误差特别感兴趣。这本身就是一个有趣的工作，但它也使维恩证明了组间的差异是真实的，而不仅仅是由概率误差造成的。1890 年，维恩发表了另一篇关于剑桥大学本科生头颅大小和成绩的论文，他拥有另外数千人的参考数据，更大的样本集证实了他早期的发现。

这个问题就这样搁置了十多年，直到对遗传有兴趣的统计学家卡尔·皮尔森开始重新审视这个问题。卡尔·皮尔森曾斩获剑桥大学的"牧马人"荣誉，在伦敦定居之前，他曾在德国学习物理、语言和法律。在伦敦，他遇到了高尔顿，并开始对统计学产生兴趣。卡尔·皮尔森对"如果有的话，是哪一种身体特征与智力显著相关"这个问题很感兴趣，于是他询问剑桥哲学学会，能否利用从图书馆收集的学生数据来回答这个问题。卡尔·皮尔森与在格顿学院、剑桥大学登记处的一些学生（他们做了很多烦琐的数据处理）以及一些来自伦敦大学学院的研究人员（包括爱丽丝·李，该领域的专家）一起工作，确定了被测量的学生获得的实际成绩，并着手减少数据。

哲学图书馆收集的数据对卡尔·皮尔森特别有用，因为样本非常相似。例如，有研究表明"剑桥大学本科生的头部比罪犯的头部大"，但这类研究很少考虑到研究对象的社会或经济背景。通过测量剑桥大学数千名学生的头部尺寸——长、宽、高，以及这些数据与学生的最终学业成绩之间的联系，使卡尔·皮尔森得出结论："能力与头部的形状和大小之间没有显著的相关性。"卡尔·皮尔森的结果与维恩的不同，一部分原因是他将三个头部维度单独处理，而不是将它们组合成一个"头部产品"，还有部分原因是自从维恩分析以来的 20 年里，样本数量增加了，从而可以更精确地计算概率误差。当爱丽丝·李在接下来的一年里延续这项研究时（观察诸如身高、力量、健康以及头部大小等特征），她证实了皮尔森的发现，写道：

没有任何一个案例证明智力和身体特征之间的相关性是否足够大，使我们能够将优等生划分为不同的身体等级，或者从个人的身体特征中预测出即使中等程度的智力相关联性。

7 图书馆里的实验室

尽管人体测量学领域还没有明确的答案，但直到20世纪，剑桥大学的学生们一直涌向这个位于哲学图书馆的实验室。很多人对人体测量学非常着迷，一次又一次地回来，每次都要支付3便士。卡尔·皮尔森评论道："一位高级'牧马人'被测量了不下五次！"而维恩评论道："有一个男人对这种身体检查似乎有一种病态的热爱，在大约3年的时间里，他的各种尺寸和能力被测试了不少于8次。"这类实验室（剑桥并不是唯一的实验室，后来在都柏林、伊顿公学和牛津等地也有）不仅提高了公众对人体测量学的认识，而且也提高了公众对科学的普遍认识。他们鼓励普通人以某种方式参与大规模实验的想法，这些结果对于非专业人士来说也很容易理解，人们可以立刻领会数学是如何应用于人体研究的，他们可以通过观看具体的例子来理解这些统计数据。

这门新科学的明星话题经常引用它与遗传研究的相关性，特别是与达尔文遗传的相关性：他们对图书馆里的实验室很感兴趣，想看看特别的特征是如何在大量人群中复制的，以及这些特征的社会后果是什么。到19世纪末，英国科学促进会成立了一个研究人体测量学的小组，高尔顿的仪器在他们的会议上被展示和使用。伦敦皇家学会还成立了一个由几位剑桥人组成的委员会，其中包括瑞利、G. G. 斯托克斯和迈克尔·福斯特，英国协会和英国政府等组织对此提供了资金支持。

除了这些偏向理论的研究之外，公共领域的许多人都对科学的即时实用感兴趣——它是否可以用来预测犯罪行为，对工作中的竞争对手进行排名，或者最终确定男性是否真的比女性优越？大众媒体纷纷利用人体测量学来谈论当今的一些社会和政治问题。高尔顿发表了一些男性和女性实验对象相比较的结果，结果显示，最强壮的女性比普通男性拥有更大的拉力（86磅），讽刺杂志《刺击》用诗句"86磅的挤压"纪念她：

那强壮肌肉的少女，
你将在所有男子格斗中闻名，
我很清楚，
如果在未来丈夫玩任何阴谋或是阳谋……
你会笑着给他来一次86磅的挤压

同样，医生查尔斯·迈尔斯也承认高尔顿在推动该领域向遗传学和孟德尔理论的方向发展方面做了一些重要的工作。迈尔斯对许多关于种族的人体测量学的结论持怀疑态度。他还强调了从人体测量学研究发展而来的一门新科学——生物测量学的可能性。然而，尽管高尔顿和其他人都希望对男性和女性能力等问题得到最佳的答案，但他们的结论有时会偏离科学的客观性，正如高尔顿写道：

> 我发现，通常情况下，男人比女人有更细腻的辨别能力，而商业生活的经历似乎证实了这一观点。据我所知，钢琴调音师都是男人，品茶品酒的人、羊毛分拣员等诸如此类的也都是男人……如果女性的灵敏度高于男性的话，商人的自身利益将使得她们永远被雇用。

后来，卡尔·皮尔森驳斥了这种说法，他指出，在那个年代有很多职业是对女性关闭的，而并不是她们真正不适合那些职业。同样地，当人体测量学被应用于有关种族或阶级的问题时，得出的结论往往受到偏见的歪曲。

在哲学学会的档案中，除了主要的卡片外，还有一小包标记着"印度学生"的卡片。卡片上没有记录种族，但是记录了出生地。肤色的选项有"苍白""红润""深色"和"雀斑"。在19世纪后期，尽管越来越多的印度和其他海外的学生来到英国，但人体测量委员会显然不认为英国存在足够的种族多样性，不值得在实验室卡片上提出这个问题。从20世纪的最后25年，尤其是在准会员制度成立之后，许多印度人的名字开始出现在哲学学会的记录中，其中最著名的是1914年来到剑桥的数学家斯里尼瓦萨·拉马努扬，而这堆"印度卡片"是否作为任何特殊目的分析的对象，不得而知。

虽然高尔顿和许多其他实践者可能对性别、种族和阶级有各种先入为主的观念，但他们在将数学方法引入人文科学方面采取了一些积极的措施。卡尔·皮尔森尽管对高尔顿的许多研究结果持怀疑态度，但他在文章中对做到这一点表示了赞赏：

> 高尔顿的新微积分……使我们获得了真正的知识……在许多迄今为止只有观点的领域，它使我们摆脱了古老的迷信，即因果关系无法追溯就不可能进行精确的或数学的探索。我们看到了科学、定量研究的领域被有机地与思想结合。

哲学学会图书馆的实验室于1910年被关闭，记录实验细节的卡片被送到伦敦的卡尔·皮尔森处作进一步分析。在20世纪最初的几十年里，人们认为这些数据集对科学和政府都至关重要。人们对公共卫生、人口健康和新生的优生学产生了新的兴趣。优生学，简单来说指的是通过考虑遗传理论来改善人口数量。它的支持者认为，科学的力量可以被用来改善未来个人和国家的命运，这个想法非常流行，优生学社团开始在全国乃至全世界出现，但优生学的残酷现实很快开始显现。1911年高尔顿去世后，《纽约时报》在为一个新的优生学实验室筹集资金时，引用了最近的工业行动作为对工人阶级施加更大控制的必要性的证据："最近的罢工揭露了道德和智力的状况……表明了研究和应用优生学的必要性。"与此同时，遗传学家约翰·伯登·桑德森霍尔丹预言了150年后的世界，优生学家们成功地在他们认为不受欢迎的家长阶层中制造了最激烈的反对和仇恨。事实上，当强迫绝育、种族隔离，甚至杀害那些被认为不值得活下去的人们的做法在许多国家获得官方批准时，那些原本看似温和的想法——鼓励健康的人早婚并拥有大家庭，迅速变成了更加残酷的现实。很快发现，优生学不仅仅是促进后代健康或减少遗传疾病影响的一种方法，它已成为国家对社会的一种控制方式，用来对付其最脆弱的一些公民。

随着20世纪的发展，与主宰了20世纪中期的优生学联系非常紧密的人体测量学已经不再流行了。皮尔森在20世纪30年代退休后，那些卡片被遗忘在伦敦大学学院的一个地下室里几十年。19世纪60年代，它们在那里被重新发现，一位统计学家给剑桥哲学学会写信，亲切地询问该学会是否想要回它们，"你认为它们会被废弃吗？"由于不知道如何处理这些奇怪的档案，该协会将这些卡片存放在大学动物博物馆地下室的"大头骨"旁边的一个茶箱里长达几十年之久。多年以后，人们又开始研究这些卡片，他们提供了一个罕见的历史时期的图像：在一个特定的历史时期，在一个特定的地方，关于一大群人的身体状况数据集，告诉我们一些关于人们的生活，也告诉我们许多关于开展这些实验的科学家们以及这门过往热门科学的微妙之处，他们如何设计并进行这些实验，他们希望证明什么，他们为什么试图证明这一点。

剑桥哲学学会成立两个世纪以来支持了许多研究，不过人体测量实验是一个规模空前的实验。从19世纪80年代到20世纪早期，图书馆工作人员对大学生的身体尺寸和能力进行了数以万计的精确测量，寻找不同属性之间的统计相关性。

这个庞大项目最持久的遗产与其说是人体测量数据,不如说是由此产生的分析方法——数学和统计学在生物研究中的大规模应用。

到1923年,哲学学会的人体测量学实验室已经闲置了十多年,人体测量学也不如早期受欢迎。但科学的基本方法——将统计学应用于生物数据以一种新的形式出现了。那一年,J. B. S. 霍尔丹来到了剑桥,他毕业于伊顿公学和牛津大学,在那里学习数学、古典文学和哲学。第一次世界大战期间,他曾在法国和美索不达米亚服役。1919年,他成为牛津大学新学院的研究员,并在那里开始学习生理学和遗传学。几年后,他在生命科学领域崭露头角,并得到了剑桥大学的一个职位。1923年3月,他加入了哲学学会,并在第二年当选为理事会成员。他在剑桥期间的第一篇重要论文发表在了《学会会刊》上,题目是"自然和人工选择的数学理论"。

这个题目很引人注目——霍尔丹试图将进化论数学化。虽然物理、化学和地球科学在19世纪变得越来越数学化,许多人仍然认为生命科学更多的是定性而不是定量。但人体测量学及其姊妹科学——生物统计学,在改变这种看法方面发挥了重要作用。生物统计技术侧重于生物的可测量数据的大规模积累;但是,由于它不一定涉及人类,它避免了许多与人体测量学相关的道德和哲学问题。创建生物统计技术的关键人物是卡尔·皮尔森。他在伦敦大学学院创办了一所生物统计学院,并创办了《生物统计学》杂志,以展示这一新学科的成果。伦敦生物统计学院是当时英国唯一提供高级统计理论培训的学校,它吸引了许多数学家进入生物研究领域。

生物统计学有几个潜在的用途,其中最主要的用途是作为研究达尔文自然选择的工具。虽然进化的基本事实在20世纪初已经被广泛接受,但达尔文关于自然选择导致缓慢持续变化的机制并没有被广泛相信。相反,许多科学家认为物种的进化发生在跳跃-突变中,与父母截然不同的后代可能由于遗传物质的突变而突然出现。但生物统计学家更喜欢达尔文的缓慢持续变化的观点,而且证据似乎也支持他们的观点。以身高问题为例:如果测量数百名男性或女性的身高一并绘制在一张图表上,就会产生一条平滑的曲线。大多数人会集中在平均身高附近,少数人例外,会特别高或特别矮。测量的个体越多,曲线就会越平滑。这种图表支持了生物统计学家关于生物有机体可测量特征连续性的观点。生物统计学被一些人认为比其他生物学方法更"科学",因为它依赖可量化的因素,它与更古老的观察方法和动物形态学家所做的工作形成了对比,后者试图根据外观对动物进行分组,从而创建进化树。

与生物统计学家相对立的是突变论者。这些科学家相信进化论,但并不完全像达尔文所描述的那样。相反,他们把目光投向了格雷戈尔·孟德尔关于遗传的研究,认为进化是由于对截然不同的新突变的选择而发生的。突变论者与新兴的科学"遗传学"结盟。事实上,当威廉·贝特森在1905年创造这个词时,是想用它来区分他的观点和生物统计学家的观点,"遗传学"这个词是为了对抗生物统计学家的纯粹达尔文主义。于是,一种对立出现了,一方是孟德尔学派,即遗传学家或突变论者,另一方是生物统计学家,即达尔文学派。

新的遗传学是非常有争议的,以至于在这门学科设立后不久,《自然》杂志就决定不再发表这一学科的文章。在收到剑桥大学的一些文章后,它的编辑解释说:"不准备继续讨论孟德尔的原理,因此把贝特森先生最近寄来的论文退还给了他。"《生物统计学》(*Biometrika*)杂志也开始拒绝发表任何关于孟德尔学说或遗传学的文章。但是也有一些人愿意支持贝特森所提倡的激进的研究,正如贝特森的合作者雷金纳德·庞尼特后来回忆的那样:

顶尖期刊拒绝发表他们对学科的投稿,这对苦苦挣扎的遗传学家来说是一段艰难的时期,我们不得不在剑桥哲学学会和皇家学会进化委员会的友好帮助下尽可能地相处。

但是,尽管遇到了一些挫折,孟德尔学派还是决心研究他们所建立的理论模型。格雷戈尔·孟德尔在19世纪对豌豆和其他植物进行的著名实验表明,某些特性是在没有"混合"的情况下从父母遗传给后代的。这意味着高的父母和矮的父母不会生出中等身高的后代,而是会生出高的或矮的后代。年轻一代植株的高矮比例通常被发现是固定的,这导致了一些性状是显性,而另一些性状是隐性的观点。孟德尔学派希望能够测试和扩展这个理论框架,这样他们就可以模拟遗传过程,并了解父母是如何将遗传物质(或"孟德尔因素")传递给子女的。关于基因物质存在的观点仍然存在争议,即使是这一领域早期工作的先驱贝特森,也不相信"基因"(孟德尔因子后来被称为基因)是真实存在的;相反,他认为它们是一种"谐波共振"。

相比之下,生物统计学家采取了一种更具经验性的方法。他们收集了大量数据,并专注于量化物理特征,然后寻找并统计相关性。这两种方法本可以看作是互补的,但它们的敌对支持者认为这两种方法完全不可比较。孟德尔学派想要了解"基因型"——生物体的基因组成,而生物统计学家想要描述"表型"——生物体的物理特征。孟德尔学派认为是突破的发现被生物统计学家视为无关紧要,反之亦然。生物统计学的领军人物皮尔森认为孟德尔学说狭隘得令人绝望,而孟德尔学派最重要的人物贝特森则认为,生物统计学缺乏技巧,并不是真正意义上的生物学。皮尔森将孟德尔学派总结为"被混乱和未定义的概念所限制",而他和他的同事们则被"清晰和定量明确的思想"所引导。

但有一个人看穿了孟德尔学派和生物统计学学派的不同之处,并试图将二者结合起来,他是乔治·乌德尼·尤尔——剑桥哲学学会未来的主席,他主张女性应该被允许成为"完全的伙伴"。尤尔曾在伦敦大学学院接受工程师培训,并在那里结识了卡尔·皮尔森。尤尔对应用数学和统计学的兴趣使他在1893年成为皮尔森的演示者。后来,他被任命为伦敦大学学院的助理教授。1912年,他来到剑桥大学,成为第一位统计学讲师,1902年,尤尔发表了一篇论文,试图调和生物统计学家和孟德尔学派的观点,他写道,他希望对两个学派得出的结果进行比较,并讨论这两种观察结果对彼此的影响。他将两所学校之间的鸿沟归因于一个语言问题:

在生物学家和统计学先驱们之间一直存在着很大的误解,我相信两者在很大程度上,比如在都不使用遗传、变异、变量、可变性等方面完全相同。

尤尔从贝特森、皮尔森和高尔顿的论文中提取了一些元素,并试图将它们综合成一个连贯的整体,证明生物统计学家的方法与孟德尔定律相一致,而不是像贝特森所主张的那样,两者"绝对不一致"。但是这篇关于尤尔的论文却没有引起多少关注,生物统计学家和孟德尔学派之间的争论愈演愈烈。

将生物统计学和孟德尔主义结合起来的可能性在很大程度上一直被忽视,直到1918年,一位名叫罗纳德·艾尔默·费舍尔的剑桥大学数学毕业生加入了这场辩论,在查尔斯·达尔文的另一个儿子伦纳德·达尔文的鼓励下,费舍尔尝试将

7 图书馆里的实验室

生物统计学与孟德尔学说联系起来,两人因对优生学的共同兴趣而相识。1911年,费舍尔与达尔文共同创立了剑桥大学优生学协会,达尔文作为伦敦优生学教育协会主席于1912年受邀在剑桥集团发表演讲。到1916年,费舍尔建立了一个统计模型,将这两门相互竞争的科学联系起来,但他找不到地方发表。伦敦皇家学会拒绝了这篇论文,因为他们的一位审稿人发现它太"遗传"了,而另一位又太数学化了。最终,多亏了达尔文,费舍尔将论文发表在了《爱丁堡皇家学会会刊》上,并立即被誉为开创性研究。费舍尔指出,连续性状的遗传(如平滑的钟形高度曲线所示)可以用孟德尔的术语来解释,他写道,"总的来说,孟德尔因子累积的假设似乎非常准确地符合事实"。在这样做的过程中,他成功地将达尔文缓慢变化的持续进化与遗传学家的突变联系起来。

费舍尔的论文开启了思考进化的新途径,但仍有许多细节有待解决,霍尔丹成为这一运动的一部分,开始了他对自然选择的数学研究。到达剑桥后不久,霍尔丹就开始研究自然选择的数学含义。1924—1934年,在剑桥哲学学会发表的一系列论文中,霍尔丹向世界展示了他的新颖想法。他这样概述了他的项目:一个令人满意的自然选择理论必须是定量的,为了建立自然选择的观点是能够解释进化的已知事实,我们不仅要证明进化能导致物种改变,还需要证实它能够解释现在和过去跨越突变。

霍尔丹用某些昆虫、鱼类和不能世代繁殖的一年生植物等样本建立了一个简单的模型。一开始,他把自己的研究局限于单一的、完全占主导地位的孟德尔因素。随着这一系列论文的进展,霍尔丹引入了更多的复杂案例,这些案例具有更多的变量,直到他的这些模型变得和数学、物理中的任何模型一样令人生畏。在过去的十年,霍尔丹主要把想法集中在选择的发生速度,显性和隐性的品质是如何表达,环境对自然选择的作用,突变是怎样工作的,地理隔离的作用,死亡率的影响和许多其他方面的自然选择。霍尔丹推导出了探索进化的所有不同方面的方程,随着这个系列的进展,他的模型变得越来越复杂。

数学对霍尔丹来说是一个有用的工具,但它本身并不是目的。在本系列的末尾,霍尔丹描述了一组非线性有限差分方程组,他们的完整解决方案适合讨论优生学和人工选择引发的问题。和同时代的许多其他生物学家、生物统计学家和遗传学家一样,霍尔丹对优生学的发展潜力着迷,他称之为"生物学在政治上的应用"。对霍尔丹来说，他对优生学的兴趣与他对社会主义的兴趣密切相关，他把每一个兴趣都看作是人类改善生活的途径。

也许是由于他对政治的兴趣和对科学改变社会的力量的信念，霍尔丹热衷向尽可能多的观众解释他的工作。他是最早向普通读者解释关于自然选择的复杂的新数学思想的作家之一。1932年，他把与剑桥哲学学会一起发表的九篇技术性很强的论文整理成了通俗易懂的书籍《进化的原因》。这本书的重点不是数学（大部分的统计工作仅限于附录），而是自然选择背后的思想。而且，尽管霍尔丹指出，整个现代进化科学是建立在高级统计知识的基础上的，但他认识到，关于进化最有趣的问题可以由任何人提出（也许可以回答）。当涉及诸如"（进化）是好还是坏，是美还是丑，有导向还是无导向？"霍尔丹也没有比他的读者更好的能力来回答这些问题。他写道：

我写自然选择的文章很有权威，因为我是最了解自然选择数学理论的三个人之一。但是，我的许多读者对进化论有足够的了解，他们可以通过价值判断来证明自己，这些价值判断可能与我自己的不同，甚至完全相反。

因此，公众被邀请参加当时最前沿的辩论。

《进化的原因》一书是后来被称为"现代进化综合"的关键文本。从本质上说，这种综合是孟德尔学派和生物统计学家之间争论的结果。生物学家朱利安·赫胥黎描述了这个综合过程是如何依赖"生物学各个分支的事实和方法——生态学、遗传学、古生物学、地理分布学、胚胎学、系统学、比较解剖学，更不用说来自地质学、地理学和数学等其他学科的补充"。它将严谨的数学和实验方法与达尔文的自然选择思想相结合。

当霍尔丹宣布自己是最了解这背后的数学合成三个人中之一，他把自己和他的同行罗纳德·费舍尔以及美国遗传学家休厄尔·赖特相提并论，前者在1918年发表的论文引发了人们对该领域的兴趣，后者在群体遗传学领域开创了许多实验技术。这三个人的工作，不仅创造了一个新的理论，而且推广了一种新的科学方法。他们不仅用孟德尔的结果证明了达尔文的理论，还展示了长期以来被视为主要定性科学的生物学如何可以完全定量。霍尔丹这样总结了进化的原因："数学对生物学的渗透才刚刚开始……它将继续下去，这里概述的研究代表了一个新的应用数学分支的开始。进化论已经被数学化了。"

很长一段时间以来，和其他地方一样，剑桥大学的生物学研究主要集中在定性研究上。唐宁医学院教授助理查尔斯·马歇尔提交给剑桥哲学学会的一篇论文中，可以找到这类长期占据主导地位的研究的一个典型例子。在他的论文中，马歇尔讲述了他是如何在1896年2月的一个星期三吃完午饭后，同时进行两个实验的。第一个是应教授的要求进行了相当简单的化学蒸馏。第二个则不那么正统：他摄入了相当数量的大麻脂。马歇尔从他在克莱尔和凯斯学院认识的一些化学研究员那里获得了这种药物，他对这种化合物的药理作用很感兴趣。当然，这种药物已经使用了几千年，但当时它在英国还不是特别出名，对其效果的科学研究也很少。服药45分钟后，马歇尔开始有了感觉：

我突然感到口干舌燥……紧接着是手脚发麻。我渐渐变得筋疲力尽，无法控制实验的步骤了，开始在房间里漫无目的地徘徊。我忍不住要笑起来。一切都显得滑稽可笑。

马歇尔别无选择，只能让化学效应继续下去，但他以科学的名义继续记录这些效应：

我现在处于一种急性中毒的状态，说话含糊不清，步态失调。当我从所有的担心和忧虑中解脱出来，我感到无比的快乐。一阵阵的笑声出现，特别是在开始的时候，有时我脸上的肌肉都绷紧了，几乎达到了痛苦的程度。最奇特的效果是完全失去了时间意识，时间似乎根本不存在。

最后，在实验室里咯咯地笑了三个半小时后，马歇尔喝了两杯咖啡，感觉好些了，然后步行回家。

马歇尔适时地将这项实验与学会的一次会议联系起来，并把它写进了会议记录中。尽管他的主题不同寻常，但仍然引起了学会里一些人的注意，这篇论文是19世纪末在药理学、生理学和生物学领域向学会宣读的各种论文的经典范例。它涉及的是在非常小的样本集中对一种现象的密切观察；在马歇尔的例子中，样本数量只有一个。显然，这样做的目的是让其他研究人员添加他们自己的类似实验，以便建立更大的数据集。但是，在生命科学的某些领域，这种模式正在慢慢变得不受欢迎，随着20世纪的开始，两种新的方法越来越多地被使用。第一种是数学和统计学的应用，这是人体测量学和生物测量学的特征，最终被视为现代进化合成的支柱。第二种是采用物理科学的技术来研究生物现象。

劳伦斯·布拉格发现了X射线衍射，并在剑桥哲学学会的一次会议上宣布了这一发现（我们将在下一章讨论这一点），这不仅对物理学和化学产生了巨大的影响，而且对生物学也产生了巨大的影响。布拉格的技术使科学家能够看到分子内部，包括生物分子。它使人们能够以一种从未想象过的方式来理解物质。对生命的研究在规模上逐渐发生了变化，从对整个生物体的研究，到对其器官的研究，再到对其细胞的研究，现在变成了对其构成化学物质的研究。随着生命系统简化为化学物质和数字，更古老的生命理论被抛弃。尽管新的生物学可能不具备旧系统的整体完整性，但它有巨大的揭示秘密的力量，慢慢地，生命的秘密开始被解开。

在20世纪20年代开始出版的一本新期刊《生物学评论》中，可以看出该学会对不断扩大的生物学学科的严肃态度。1922年，经过多次讨论，学会同意将其各种出版物中的学科分开，以反映20世纪科学的发展。《会议录》成了数学和非生物科学的期刊，而有关生命科学的论文汇集在《生物学评论》中。后者于1923年开始接受论文，第一期于1925年完成，但是，尽管科学正在分裂，成为越来越分散的学科，一门新的交叉学科却在逐渐成长，使得化学或物理的方法可以定期出现在生物学期刊上，而生物学数据集则如雨后春笋般出现在统计和数学论文中。该学会最早的成员曾希望为自然界带来的数学化，在他们首次宣布其为该学会的核心目标的一个多世纪之后，终于取得了成果。他们曾经写道："植物学、动物学和其他科学分支……数学原理的应用已经说明了一部分，并且也许会获得更大一部分的精确度和确定性，而这些精确度和确定性伴随实证科学的结论。"霍尔丹、费舍尔和其他许多为现代综合理论作出贡献的人甚至超越了这一雄心勃勃的愿景——他们试图使生物学成为数学的一个分支。

8

希望它永远不会对任何人有任何用处

1896年年末，在卡文迪什实验室，J.J.汤姆孙在放电管上进行了新的试验。自19世纪80年代以来，他一直在观察从阴极发出的神秘射线穿过容器时照亮电子管的美丽光芒。1895年，当德国科学家威廉·伦琴发现了"X射线"（许多人称之为"伦琴射线"）时，汤姆孙的工作被赋予了新的意义。这些X射线是当阴极射线在高压下加速通过放电管时发出的，当阴极射线击中金属表面时，X射线就会释放出来。尽管一些早期的研究人员已经注意到了这些射线的影响，但伦琴是第一个认真关注这些射线的人。伦琴在1895年宣布了这一发现，引起了轰动，并催生了数百篇研究论文，世界各地的物理学家都在争先恐后地解释这些射线的真实性质。

在剑桥，汤姆孙是此领域绝对的领军人物。他花了十多年时间完善仪器，磨炼研究技能，以了解神秘的X射线。由于剑桥大学允许以前没有在剑桥学习的研究生入学的新政策，使得汤姆孙的实验室里也有了几名新的研究人员，其中最主要的是欧内斯特·卢瑟福，他于1895年从新西兰来到这里，在新西兰他已经完成了他的第一个学位（见图47）。他于1896年成为哲学学会会员。

图47 卡文迪什实验室研究人员，1897年。前排左数第四位为汤姆孙，前排右数第二位为欧内斯特·卢瑟福，后排左数第二位为查尔斯·威尔逊

在卢瑟福抵达卡文迪什实验室仅仅两个月后,X射线就被发现了,不久之后,汤姆孙邀请这位年轻人加入他对放电管的研究。他们一起发表了在卡文迪什发现的最重要的论文之一——关于暴露在伦琴射线下的气体中的电的传输。他们在1896年9月一次英国科学促进会上宣读了这篇论文,在这篇论文中,汤姆孙和卢瑟福描述了一系列实验,在这些实验中,汤姆孙和卢瑟福研究了X射线将气体从绝缘体转变为导体的能力,然后研究了电是如何通过这种带电的气体传递的。在这些实验中,汤姆孙和卢瑟福研究了X射线将气体从绝缘体转变为导体的能力,然后研究了电流如何通过这种带电气体。汤姆孙利用他们的实验结果建立了一组方程,并阐述了他的电离理论。

尽管他们的实验工作对X射线的性质提供了一些答案,但汤姆孙仍然对引起X射线的阴极射线的性质有更根本的原因感到困惑(见图48),他决定进一步研究。1897年2月,他在剑桥哲学学会的一次会议上展示了他的一些初步发现。会议由弗朗西斯·达尔文主持,汤姆孙描述了实验装置,使他最终证明阴极射线上存在负电。此外,汤姆孙能够利用磁场使阴极射线束偏转,这意味着阴极射线束本身肯定携带电荷。虽然他还没有准备好在哲学学会的会议之前得出更明确的结论,但阴极射线的这些特性使汤姆孙进一步推测了其本质。到了1897年4月,经过进一步的实验和计算,汤姆孙信心十足地得出有关阴极射线的一些主要结论——它们是由微小的粒子组成的,这些带负电荷的粒子,是原子的组成部分。

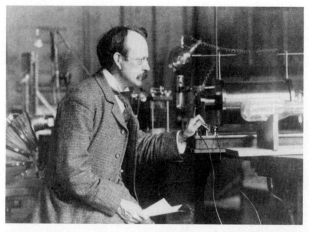

图48 1909年,汤姆孙在一次演讲中演示。在图像的右手边可以看到一根玻璃放电管

这是一个非同寻常的结论。根据原子的定义，它们是不可分割的粒子。如果汤姆孙的理论是正确的，它将动摇现代科学的核心。汤姆孙坚持自己的理论，通过计算粒子的电荷质量比来支持他的理论，并展示了带负电荷的"微粒"，他这样称呼它们，即使与最小的氢原子的质量相比都是微小的。但是，尽管他可以证明这些粒子是真实存在的，并可以确定它们的性质，比如它们的电荷和质量，但人们对原子可分割的观点还是有很大的抵触。汤姆孙理论在当时也很少有实际应用，因此很多人忽视了他的发现。在英国科学促进会的一次会议上，汤姆孙谈到了他在"微粒"方面的工作，之后，颇有影响力的杂志《电工》报道宣称，在最近的会议上没有宣布最重要的科学发现。大约在十年之后，汤姆孙认为原子中存在微小的带负电荷的微粒的观点才得到广泛认可。

1906 年，汤姆孙因其在放电管方面的工作而被授予诺贝尔奖。阴极射线中的粒子被称为电子，它们不仅在理解电学方面的重要性，而且在理解物质本身方面的重要性也逐渐被物理学家所接受。第一个亚原子粒子的发现对卡文迪什实验室的研究产生了深远的影响，也对剑桥哲学学会产生了影响。

在 19 世纪的最后几十年里，在该学会的论文集中，有关生理学和生命科学的论文数量急剧增加。数学和数字物理也曾是许多论文的主题，但实验物理一直落后。在 1898 年（第九卷）和 1900 年（第十卷）出版的论文集中，大约 15% 的论文涉及实验物理，其中很多都是汤姆孙一人所写。1900 年以后，随着汤姆孙的电子理论被更广泛地接受，提交给学会的实验物理论文数量突然猛增，其中许多都专注于电子或 X 射线的研究。1902 年（第十一卷）发表的论文中，近 30% 与实验物理有关，1904 年（第十二卷）占 35%，1910 年（第十五卷）占 40%，1912 年（第十六卷）占 50%。汤姆孙本人继续广泛发表论文，不过其中许多论文都是由卡文迪什实验室的年轻研究生们撰写的。

物理学家威廉·布拉格的儿子劳伦斯·布拉格（Lawrence Bragg）就是这样的学生之一。他于 1909 年进入三一学院学习数学和物理，并于 1911 年毕业（见图 49）。据报道，1912 年夏天，三位德国科学家——马克斯·冯·劳厄、沃尔特·弗里德里希和保罗·坎平将 X 射线穿过晶体，观察到了一种类似于光通过光栅时的干涉图案。

图49 劳伦斯·布拉格，1915年

那年夏天，威廉和劳伦斯一起在约克郡度假，他们讨论了这一发现，并讨论了德国实验的意义。有些人认为X射线是由粒子组成的，但在这个实验中，它们表现得更像光波。威廉·布拉格仍然相信X射线是粒子的观点，尽管他一直在试图找到一种方法可以协调它们的粒子和波的性质。与此同时，劳伦斯·布拉格回到剑桥继续思考这个问题。

劳厄和德国科学家曾假设X射线进入晶体并击中晶体中的原子，因此，原子被激发并发射二次X射线，这就是产生干涉图案的X射线。劳厄随后解释了这种模式，假设晶体是由原子组成的立方排列，入射的X射线分布在几个离散的波长区域。但是，X射线离开晶体时产生的圆点图案并不完全符合劳厄的假设。

相反，劳伦斯·布拉格提出了一种更简单的解决方案，他认为进入晶体的X射线与以整齐图案离开晶体的X射线相同。他还假定，这种晶体并不是立方结构，而是面心晶格，X射线跨越的波长范围很广，而不仅仅是几个离散的波长。采用这些假设，劳伦斯能够很好地解释X射线产生的图案（见图50）。他还能够推导出一个方程式（现在称为布拉格方程式），描述了X射线离开晶体的角度，并将其与晶格中原子的排列联系起来。1912年11月，劳伦斯·布拉格在剑桥哲学学会的一次会议上提出这一理论，当时他仅22岁，由于他太年轻，决定让他的导师J.J.汤姆孙代他宣读这篇论文，该论文立刻在剑桥引起了轰动，因为劳伦斯的想法不仅解释了X射线产生的图案，还创造了一种新的理解物质的方式。

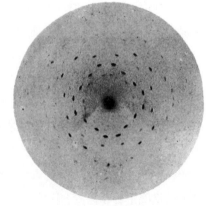

图50 1912年11月劳伦斯·布拉格提交给剑桥哲学学会的关于这一主题的第一篇论文中的一张X射线衍射图

这种晶体充当了一个三维衍射的作用，因此，通过知道 X 射线的入射角和记录干涉图案中的点的布局，就有可能知道其中原子的排列。在试图解释劳厄的结果时，劳伦斯·布拉格无意中创造了一种理解物质结构的新方法，以及物理学的一个新分支——X 射线结晶学。劳伦斯的父亲威廉是最早改用这种方法的人之一。在劳伦斯·布拉格的论文被提交给哲学学会几周后，威廉写信给一位朋友："我的家人都很好，劳伦斯正在剑桥大学进行训练和实验，他刚刚在解释新的 X 射线和晶体实验方面做了相当不错的工作。"威廉在接下来的一周给《自然》杂志的一封信中进一步阐述了这一点：

在剑桥哲学学会最近读到的一篇论文中，我的儿子提出了一种理论，可以计算晶体和照相底片的所有配置的光斑的位置。它还解释了斑点的形式和其他细节，其基本思想是，晶体内任何富含原子的平面都可以看作一个反射面，然后可以采用反射定律普通的方法计算出光斑的位置。

威廉仍然不完全相信他儿子的工作最终证明了 X 射线的波动理论，但他被利用 X 射线来理解晶体的想法所打动，于是两人立即开始合作。

威廉利用劳伦斯向哲学学会提出的理论，设计了一种名为 X 射线光谱仪的新科学仪器。1912 年至 1913 年冬天，威廉·布拉格和技术人员 C. H. 詹金森在利兹的实验室里建造了第一台这样的仪器，威廉·布拉格夫妇和其他人开始使用这些新的光谱仪来研究从不同来源发出的 X 射线，并很快发现每种元素都会发出由特定波长组成的特征 X 射线光谱。在牛津大学，亨利·莫斯利使用光谱仪测定了各种元素的原子序数（现在被认为是原子核中带正电的粒子的数量），从而将元素周期表背后的抽象理论与原子的物理结构联系起来。X 射线结晶学一直是现代科学中最重要的技术之一，它不仅影响了物理学，也影响了化学和生物学。它已经被用来证明电子具有波和粒子的性质，被用来理解化学键，最著名的是用来发现 DNA 分子的双螺旋结构。在 1915 年，威廉·布拉格和劳伦斯·布拉格因他们的工作而获得诺贝尔奖，在 X 射线结晶学方面的工作比其他任何科学技术获得的诺贝尔奖都多。

劳伦斯·布拉格并不是卡文迪什实验室中唯一一个试图解决一个小难题却无意中创造了一种新的物理方法的研究者。查尔斯·威尔逊曾在剑桥大学学习，并于 1892 年从自然科学学院毕业。他的第一个爱好是气象学，毕业后，他经常在苏格兰最高峰本尼维斯天文台观察云层的形成和阳光透过苏格兰雾气的过程。他后来回忆道：

> 当太阳照射在山顶周围的云层上，特别是围绕太阳的彩色光环（日冕）或山顶观测者在云雾上投射的阴影（光辉）周围时，这些奇妙的光学现象，极大地激发了我的兴趣，使我想在实验室里模仿它们。

1894 年，威尔逊以研究生的身份回到剑桥和卡文迪什实验室，并于 1895 年 5 月向剑桥哲学学会提交了他的第一篇科学论文。这篇论文是关于威尔逊为在实验室研究大气现象而开发的一种仪器——云室（见图 51 和图 52）。他是一个熟练的玻璃吹制者，他创造的玻璃室使水蒸气在不同的温度或压力下冷凝或膨胀，这意味着他可以在一个精心控制的环境中研究云的形成。他的第一篇论文特别提到了灰尘，尤其强调了将其排除在试验环境之外的重要性，因为灰尘的存在会导致水滴在粒子周围凝结。

图 51　查尔斯·威尔逊在云室，1924 年

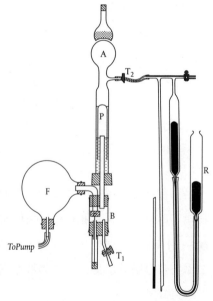

图 52　查尔斯·威尔逊向剑桥哲学学会提交的一篇早期论文中的云室装置示意图

尽管威尔逊的主要兴趣是气象学和水滴物理学，但在19世纪90年代中期的卡文迪什实验室，由于他很容易接触到X射线管，因此他开始研究X射线、紫外线和其他辐射对人造云的影响。他发现，将X射线引入云层系统，极大地增加了液滴可以凝聚的原子核数量。接下来，他尝试用"贝克勒尔发现的铀辐射"照射云层，再次发现水蒸气中形成了大量的原子核。他得出结论："气体在伦琴和铀射线的作用下的电学性质表明了自由离子的存在。在相同的条件下，通过冷凝现象，我们很自然地可以识别出气体中的原子核。"

汤姆孙对威尔逊的研究结果感到震惊。大约在威尔逊用X射线和铀射线照射云室的同时，汤姆孙正在计算阴极射线中粒子的荷质比，他证实这个比例几乎是氢离子的2000倍。接下来，他需要测量粒子的电荷，以确定它们的质量。汤姆孙借鉴了威尔逊的研究成果，他写道，"当云室中有带电粒子时，每一个带电粒子都成为水滴形成的中心，水滴形成云，因此带电粒子无论一开始有多小，现在都变得可见，可以被观察到。当电离室暴露在镭的照射下，会形成大量的正电荷和负电荷的粒子，从而形成许多水滴"。汤姆孙解释说，这可以告诉他关于带电粒子的一些信息：

我们可以使用水滴找到粒子的电荷，当我们知道活塞的行程（用来扩展和压缩室内的空气）时，我们可以推断出过饱和度的大小，从而推断出云形成时沉积的水量。水以许多大小相同的小水滴的形式沉积下来，水滴的数量将是沉积的水的体积除以其中一滴的体积。因此，如果我们找到其中一个水滴的体积，我们就可以找到在带电粒子周围形成的水滴的数量。如果粒子不是太多，每个粒子周围都会有一个水滴，这样我们就可以求出带电粒子的数目。

根据液滴缓慢下降的速度，我们可以确定它们的大小。根据斯托克斯推导的公式，汤姆孙利用下落液滴的速度来估算其半径：

这样，我们可以用这种方法求出液滴的体积。因此，如上所述，可以计算出液滴的数量，从而计算出带电粒子的数量。

用电学方法求这些粒子上的总电量是一件很简单的事情。因此，当我们知道粒子的数量时，就可以推导出每个粒子上的电荷。

威尔逊的发明是为研究大气现象而设计的，最初以一篇简短而朴素的论文提交给剑桥哲学学会，该发明的制作成本约 5 英镑，用于确定第一个已知的亚原子粒子的电荷。汤姆孙对云室的使用，使其后来成为 20 世纪初卡文迪什实验室的关键设备之一。在 20 世纪 10 年代，威尔逊进一步开发了这一设备，使人们可以对带电粒子在电离室内的轨迹进行拍摄。到那时，人们已经知道了许多不同种类的辐射和带电粒子，除 X 射线和电子外，还有亨利·贝克勒尔发现的从铀中发出的射线，以及欧内斯特·卢瑟福在研究镭时发现的所谓 α 粒子和 β 粒子。每一种不同的辐射或粒子都可以通过威尔逊的云室进行研究。通过它们穿过电离室的轨迹图像，人们可以了解它们是哪种粒子——它们的电离特性、质量、电荷以及它们在原子中的位置。多亏威尔逊对气象学的热爱，原子的秘密被解开了。当时使用的其他仪器都不如威尔逊云室有效。正如物理学家帕特里克·布莱克特（曾是卡文迪什实验室中的学生）后来观察到的：

在物理学史上，有许多决定性的实验，如果它们不是在当时做的，那么不久以后也会有人做的。威尔逊发现云室方法可能并非如此。尽管它本质上很简单，但通往最终成就的道路是漫长而艰辛的。如果没有威尔逊的远见和高超的实验技巧，人类可能要等很多年才能找到方法。

欧内斯特·卢瑟福称云室为"科学史上最新颖、最奇妙的仪器"。

在 20 世纪初的几十年里，剑桥哲学学会与卡文迪什实验室的研究人员的联系越来越紧密。在卡文迪什实验室出版的所有研究论文中，大约三分之一的论文是由该学会发表的，许多演讲都是在该学会的会议上进行的，这些结果最终在伦敦或其他地方的期刊发表。卡文迪什实验室是一个独特的组合，既有像汤姆孙这样的知名物理学家，也有像布拉格或威尔逊这样的年轻研究生。这两类研究人员都受到了学会的欢迎，并有机会展示和发表他们的研究成果。由于学会和实验室之间的联系，以及学会在大学中的地位，该学会比其他期刊更可能发表默默无闻的研究人员的"空谈"研究。该研究的非正式性质——接受非常短的论文和正在进行中的工作，也为那些年轻的研究人员提供了便利，并为他们提供了一个原本无法获得的平台。该学会的会议和出版物为许多后来成为 20 世纪科学明星的人的早期职业生涯提供了至关重要的推动力。布拉格在向该学会发表第一篇论文时才22岁，威尔逊26岁，两人都因为在剑桥哲学学会会议上首次向世界介绍他们的研究成果而获得了诺贝尔奖。

卡文迪什实验室在20世纪初的发展势头似乎不可阻挡，不过在1914年，随着第一次世界大战的爆发，实验室的蓬勃发展突然中断。尽管实验室仍然开放，但许多研究人员离开剑桥，去参加战争。从1914年开始，本科生入学人数也大幅下降，1916年开始征兵后下降得更厉害。战争前，剑桥大学有近4000名本科生，到1916年，这一数字下降到大约400人。由于讲座取消，实践课程减少，学生被士兵取代。纽汉姆学院是当时的一所女子学院，该学院受入学人数下降的影响不大，其中的一名学生回忆说：

在这些大学里，士兵们住在里面，学习各种课程，在大街上和乡村里来回行进。在纽汉姆的图书馆工作时，你可以听到他们走过，唱着那些年的歌曲，这些歌曲至今仍能打动人心。

后来成为天体物理学教授的F. J. M.斯特拉顿记得：

镇上所有的空地都被占领了，营地一直延伸到格兰切斯特附近的田野；马匹被安置在像亚当斯路这样安静的道路上。驻扎在仲夏公地扎营的第三步枪旅军官被邀请成为凯斯学院高级委员会的荣誉成员，他们在大学里吃饭，并在高级餐桌用餐。

与此同时，三一学院的部分地区以及国王和克莱尔学院的板球场（现在是大学图书馆的所在地）都被改建为临时医院。

在卡文迪什实验室，大多数研究人员加入了军官训练团。少量的研究仍在继续，其中一些与战争有关，实验室的车间则用于制造兵工厂使用的仪表。当时很少有人看到物理学实验与战争之间有着特别密切的联系，因此实验室的资源被转移，尽管实验室中一些较有名望的成员成为政府顾问（例如，J. J.汤姆孙是英国皇家海军管理的发明和研究委员会成员）。

在哲学学会里，业务照常进行，至少表面上如此。每两周星期一的晚上都会举行会议，期刊也继续印刷，但是，由于剑桥大学缺少了那么多的研究人员，该学会的产出在战争年代大大减少。《会刊》没有一卷在战争期间出版，尽管出版了两卷《会议录》，但其中的文章数量只有战前的一半。该学会的社交活动，如年度晚宴和家庭聚会被取消或无限期推迟。从1916年起，在会议上喝茶的惯例就停止了。

困扰该学会理事会的一个问题是，如何处理学会通过定期交换项目收到的德国期刊，以及是否继续向德国科学学会发送其出版物。经过一番辩论后，决定继续交流。1916年，政府正式要求学术团体在未经军火部审查的情况下，不得发表有关军火或相关主题的论文。到1918年年初，学会不得不向贸易委员会申请许可，才能继续进行与德国的定期交流。尽管以前的战争影响了敌对国家之间的科学交流，但20世纪的战争对科学家和科学产生了更深远的影响。科学，尤其是化学和声学，在第一次世界大战中发挥了重要作用，由于政府对科学的资助不断增加，人们有了一种新的感觉，即科学发现既不属于科学家的财产，也不属于公众的财产，人们逐渐形成了新的观点——新发现（特别是在敏感领域）不一定适合像以前那样广泛传播。

这迫使学术界重新思考与国外同行交流的方式。战后，伦敦皇家学会的一些成员甚至要求剥夺德国人和奥地利人的会员资格，1919年，由协约国和中立国组成的国际研究理事会成立，但德国被排除在外。许多英国科学家和科学协会不信任德国同行，并怀疑他们工作的价值。牛津大学天文学教授特纳写道："科学社团的基础是缔约各方的诚意，在科学问题上，我们能否接受某些缔约方认为在其他方面不具约束力的保证？"即使在战争结束后，英国皇家天文学会仍拒绝向"敌国"发送其期刊的副本。但是，当一些机构切断与德国的联系时，剑桥哲学学会却继续在图书馆里储存德国期刊，也许他们认为科学应该超越政治。

战争结束后，研究人员回到剑桥，热情饱满地重新开始他们以前在实验室和学会的工作。每个人不仅必须重新点燃他们的科学研究兴趣，而且还必须在新的国际科体系工作，在那里，使用德国人的思维方式有可能会遭到排斥。在物理学方面，当有那么多有趣的结果，特别是理论物理学的结果来自德国时，假如研究人员把自己所有与德国相关的工作割断，那就太草率了。

剑桥大学科学家阿瑟斯坦利·埃丁顿，作为一名贵格会教徒与和平主义者，坚信在他的工作中使用了德国的思想。埃丁顿自1907年以来一直是剑桥哲学学会的会员，他在1915—1917年担任该学会的副会长，一直到20世纪20年代担任该学会的理事会成员。与许多贵格会教徒一样，他认为通过个人接触和项目合作，使那些"敌人"具有人情味是很重要的。因此，埃丁顿开始考虑用德国科学家阿尔伯特·爱因斯坦的想法进行实验。

1905年爱因斯坦首次发表他的狭义相对论时，埃丁顿正在为获得数学荣誉学位而学习，但这一理论在剑桥并没有引起太大的兴趣。1915年、1916年，爱因斯坦提出了他的广义相对论。那时，埃丁顿已经是普鲁士天文学教授和剑桥天文台主任。在许多英国科学家刻意忽视德国人思想的时候，埃丁顿却很快就意识到了广义相对论的重要性，并开始考虑用实验来证明爱因斯坦的理论。埃丁顿对爱因斯坦的理论以及他用来支持这一理论的数学证明印象深刻，当他得知爱因斯坦是一名和平主义者，并且听到爱因斯坦这样优秀的思想家是反普鲁士时，埃丁顿很高兴，也很兴奋。爱因斯坦也很高兴能与一位英国同事一起工作，并"在误解的深渊上架起了一座桥"。

埃丁顿意识到，1919年发生的日食将是一个绝佳的机会，通过观察恒星这样的大型物体是否通过引力使光线产生弯曲，来检验重力是空间和时间的几何结果的理论。埃丁顿与皇家天文学家弗兰克·戴森一起，开始计划从非洲西海岸的普里恩西岛观察日食，同时还计划前往巴西进行探险。当埃丁顿和戴森开始计划这次旅行时，战争仍在激烈进行。埃丁顿曾以宗教为由申请免兵役，但最终由于他独一无二的科学技能使他没有被征召入伍（尽管当埃丁顿出发前往几内亚湾时，战争已经结束）。

到1919年4月，埃丁顿和他的团队登上了普林西比。他们有一个月的时间在这个树木茂密、非常迷人的岛屿上安装设备。由于暴雨、蚊子、瘟疫和调皮的猴子干扰设备，他们的进展很缓慢。1919年5月29日，日食发生的那天早晨，望远镜和照相机已经准备就绪，记录站受到了一场猛烈的暴风雨袭击，天空乌云密布。不过，距离五分钟的日全食只有半小时的时候，云层开始变薄。太阳被月亮完全遮住，岛上一片漆黑，埃丁顿的摄影设备记录下了这一时刻。然后，这些日全食照片通过艰难复杂的测量，才能分析它们。在普林西比拍摄的16张照片和在巴西拍摄的19张照片中，只有少数几张照片的质量可以用于科学研究，但它们揭示的内容令天文学家们感到震惊，它们显示了来自太阳附近几个星球的星光。实际上，这些恒星就在太阳的正后方，从地球上看不到它们。太阳的引力使

探究精神——现代科学的基石

其他恒星发出的光线绕着太阳弯曲，这一结果非同寻常。经典物理学不允许光线弯曲，但爱因斯坦的新广义相对论认为引力只是质量周围时空弯曲的结果，如果时空本身是弯曲的，那么光线在大型物体周围也会弯曲。埃丁顿的观察证实了爱因斯坦理论的预言。

1919年11月，皇家天文学会和皇家学会召开了一次特别联合会议，由当时的皇家学会主席汤姆孙主持。这次会议的唯一目的是让埃丁顿介绍他从普林西比那里得到的结果。那天晚上，埃丁顿向全世界宣布，在牛顿定律和爱因斯坦定律之间的测试中，爱因斯坦定律获胜了。人们对宇宙的理解发生了转变。

几周后，在英国媒体激动人心地报道了伦敦会议之后，埃丁顿向他的家乡听众做了一次演讲。11月24日晚，他出现在剑桥哲学学会。会议在卡文迪什实验室举行，由查尔斯·威尔逊主持。埃丁顿后来写给他的朋友爱因斯坦的信中描述了这次会议，他说："几天前，我在剑桥哲学学会有一大群听众，数百人因无法接近会议室而被拒之门外。"

埃丁顿受到了哲学学会同事的热烈欢迎。许多成员都认为在战争期间，他在维持学会和德国科学机构之间的定期交流方面发挥了关键作用。哲学学会图书馆是当时剑桥主要的科学图书馆，这些交流使剑桥的研究人员在战争年代及以后的许多年里，有机会保持与德国科学的交流，而当时这两个昔日的敌人之间的交流仍然停滞不前。尽管存在政治障碍，该学会仍努力与国外同行保持科学沟通。例如，在俄国革命后的几年里，他们试图与"俄罗斯不快乐的科学人"保持联系，当这个国家遭受内战蹂躏时，学会决定将他们的会议记录和副本寄给俄国的科学家和机构。

在同一封写给爱因斯坦的信中，埃丁顿描述了哲学学会的人士，他还写道："人们觉得非常幸运的是，即使在战争时期，德国和英国的科学家也是团结一致的"。埃丁顿对日食的观测具有重大的科学意义，这也对修复第一次世界大战后英国和德国科学家之间的关系起到了很大作用。欧内斯特·卢瑟福描述了当时的感觉：

战争刚刚结束，维多利亚时代和爱德华时代的自满情绪被打碎了。人们感到他们所有的价值观和理想都迷失了方向。现在，他们突然得知，一位德国科学家的天文预测已被考察证实……由英国天文学家提出……一项超越世俗纷争的天文

8 希望它永远不会对任何人有任何用处

发现引起了人们的共鸣。

许多人认为这次探险并不是偶然的，他们认为埃丁顿将这次探险精心策划为一次国际合作，他坚信倡导和平、促进国际理解和推进科学事业应该齐头并进。

1919年年末，就在埃丁顿的演讲吸引了大量的听众来到哲学学会的几周后，学会庆祝了它的百年诞辰。12月13日，在西德尼·苏塞克斯学院大厅举行了一场有九道菜的晚宴，这也是该学会第一次正式会议的日子，晚宴上穿插进行了十次演讲。第二天，庆祝活动继续，并进行了一系列科学演讲。战后，百年庆典是一个让学会会员们思考改革的好机会。有人希望召开一些会议，讨论一些普遍感兴趣的话题，而不是原创研究的主题，以吸引更多的非专业人士，甚至是公众；改变一些会议的时间；包括增加更多的展品以吸引新的观众；改变期刊的结构以增加发行量；为新博物馆网站的研究员设立一个公共休息室。其中的一些变化在接下来的十年中慢慢展开，特别强调调整期刊结构和使一些会议更容易举办。但进一步改革的努力，特别是进行货币投资的改革，比如新建一个公共休息室，因财政方面的担忧而受阻。

战后几年，英国通货膨胀加剧，学会的财政受到影响。直到战争开始时，学会的支出与他们的收入大致相当，尽管他们没有多少储备，但在1920年，学会需要委派一个紧急委员会来审查他们的财务状况。该委员会发现，情况还没有到令人严重焦虑的地步，但提出了几项削减成本的措施，比如停止向准会员发送会议记录副本，并将年度晚宴活动调整为两年一次。但在1922年，随着英国经济衰退，情况已经恶化，学会的年度支出超出年度收入125英镑。学会决定提高研究员和助理的会费，要求科学部门出资支付图书馆的部分运营费用，并呼吁终身成员提供帮助。

该学会的两个主要开支来源是出版工作和图书馆的维护。但是，尽管价格昂贵，这些期刊和图书馆对学会的使命至关重要：这些出版物是"剑桥研究的记录……"和"一种交换媒介"，而图书馆的重要性很难被高估。尽管大学为图书馆提供了财政支持，特别是为图书馆提供场地和工作人员，但学会必须承担每月寄来的许多期刊装订的全部费用。装订成本从1913年的50英镑上升到1920年的181英镑，这意味着学会只能承受得起装订那些最受欢迎的期刊。图书馆的花费是值得的，无论是从它存放的期刊内容来看，还是从它为大学节省的钱来看。

在1922年图书馆所收的600种期刊中，除了45种之外，其余都是通过学会的期刊定期交换计划获得的。交换这些期刊并不是以市场价全额购买，这意味着大学每年可以节省500多英镑。

在接下来的几年里，学会通过吸引伙伴和出售一些珍稀书籍，设法缓解了一定的财政困难。剑桥大学出版社清算了180英镑的债务，皇家学会为期刊的制作成本提供了一些资金，这进一步缓解了财政困难。会员的订阅量略有增加，到1929年，曾经是合伙人的女性被提升为会员时，她们更高的订阅又引起了收入的增加。到1925年，协会有能力进行一些小额投资。到1929年，赤字几乎减少到零。

但也许对学会长期财务稳定做出最大贡献的是战后期刊的重组。到了世纪之交，《学报》已经成为专门研究数学和数学物理的刊物，而《学报》的出版范围则涵盖了更广泛的主题。在20世纪的头20年里，实验物理学成为期刊的主要主题，但生理学和其他主题仍然得到了很好的表现。但在1920年，期刊突然将焦点转向了数学，在第19卷发表的54篇论文中，有23篇是关于纯数学的。这一变化是由哈代带来的。他在两岁的时候就能数到数百万，小时候在教堂里通过分解赞美诗的数字来取乐。1896年，他来到剑桥，并在1898年成为学位考试中的第四名"牧马人"，他于1900年成为三一学院的研究员，1901年成为剑桥哲学学会的会员。尽管哈代一直被认为是一位优秀的数学家，但他的事业在1911年真正开始腾飞，当时他开始与另一位三一学院的研究员约翰·利特尔伍德合作。哈代和利特尔伍德一起撰写了上百篇论文，内容涉及数论和分析的许多不同方面。他们将成为20世纪英国最重要的数学家，彻底复兴了分析。哈代认为数学是所有学科中最美丽的，他写道：

数学家就像画家或诗人一样，是图案的制造者。假如他的图案比他们的更持久，那是因为他们是用思想做成的……数学家的图案，像画家或诗人的图案，必须是美丽的；这些思想，像颜色或文字，必须和谐地结合在一起。美貌是第一个考验；丑陋的数学在世界上没有永久的位置。

哈代只对数学的美学感兴趣，他认为大多数实用和应用数学都相当枯燥。他刻意回避任何可能被认为具有实用价值的数学问题。

除了与利特尔伍德合作外，哈代还与印度数学家斯里尼瓦萨·拉马努扬在

1913年进行了一次令人惊叹但很短暂的合作。拉马努扬没有接受过正规的数学训练，他寄给哈代的一些论文给这位英国数学家留下了深刻的印象，以至于哈代开始努力把拉马努扬带到剑桥来。作为三一学院的研究员，拉马努扬花了几年时间解决了许多所谓的无法解决的问题，不幸的是，他于1920年英年早逝。

哈代与利特尔伍德和拉马努扬的合作激励他取得了更大的成就，同时也使他更加意识到当时英国数学水平的低下状态。1912年，在哲学学会的赞助下，在剑桥大学召开了第260届国际数学家大会，加强了哈代对英国和欧洲数学差异的认识。哈代是组委会成员，并在欢迎400位数学家来到剑桥的过程中发挥了重要作用。这次会议使他清楚地看到了剑桥数学，特别是纯数学和分析，与国外同行相比是多么落后。

此外，1912年哈代加入了剑桥哲学学会理事会，直到1919年，哈代一直为该学会的秘书之一。秘书对学会的出版物负有编辑责任，哈代有能力影响其内容。因此，在战后，学会期刊上出现了一个高度数学化的问题，其中包括哈代、拉马努扬和利特尔伍德等人的几篇论文，还包含了许多其他数学家写的论文。哈代在学会的会议上读了这些论文，要么是因为这些数学家被认为太年轻，不能展示他们自己的成果，要么是因为他们没有从剑桥大学毕业。显然，哈代正在学会里努力推进他的数学议程，在1918年提交给学会理事会的一份报告中，他写道："令人痛心的是，剑桥虽然完全保持着英国数学中心的领先地位，却没有一流的数学期刊。在斯托克斯和亚瑟凯利时代，我们的学报可能是英格兰最好的此类期刊，当然仅次于皇家学会的《哲学会刊》。就纯数学而言，这两篇论文几乎都不再有价值。"

哈代对这个问题的建议是将《学报》分成两份期刊：一份是数学、天文学和物理学，另一份是生物、化学和其他科学。他希望学会的出版物更加专业化，以此来吸引更多的数学论文，这些论文的水平将高于战前的数学论文。

尽管学会理事会当时决定不将《学报》分成两份期刊，但哈代还是被允许进行实验，他的想法是创建一份更专业的数学期刊，这就是1920年那本大部头数学著作的由来。理事会的其他成员也认为有必要对期刊进行改革，并提出了各种建议，比如使学报成为数学期刊，使学报处理实验课题，使学报完全是生物学的，或者停止学报，等等。最后，在1922年，学会同意应该有一个单独的生物学期刊,于是,后来被称为《生物评论》的期刊成立了,而学会的学报则是为数学和非生物科学保留的。《生物评论》在1923年开始接受论文,第一期于1925年完成。与此同时,经过多年的争论,学会决定停止当时全部内容都是数学的学报,《学报》的最后一卷于1931年出版,涵盖了1923—1928年。

学会期刊的重组,以及将其划分为生物科学和非生物科学,使这些期刊得以蓬勃发展。随着更多专业论文的发表,这两家期刊的声誉都有所提高。至关重要的是,重组使两家期刊的财务基础都更加稳固。《生物评论》销量快速上升,期刊交流增多。

尽管哈代为《会议录》设想了一个纯粹的数学未来,但它继续发表数学和实验物理论文(其他学科,如化学和地质学,在20世纪20年代逐渐消失)。战争结束后,尽管卡文迪什实验室曾因缺乏仪器而苦苦挣扎,但开始逐渐恢复之前的势头,哲学学会会议上的许多论文都是由卡文迪什研究亚原子粒子、辐射、量子理论和相对论相关思想的研究人员发表的。1919年,欧内斯特·卢瑟福被任命为卡文迪什教授,他曾在蒙特利尔和曼彻斯特担任教授多年,研究放射性衰变和不同种类的放射性粒子。1911年,他提出原子有一个原子核,原子核集中了原子的大部分质量和电荷。1917年,他发现氢核存在于其他原子中,实质上是发现了质子。1919年,当他从曼彻斯特返回剑桥时,他延续了汤姆孙关于物质本质的启发基础研究等遗留问题的研究,而关于这些研究中,大部分的首次报告出现在剑桥哲学学会的会议上。

卢瑟福本人发表了几篇关于α粒子和放射性元素的论文,他的学生也发表了多篇论文。J. J. 汤姆孙和罗斯·佩吉特的儿子——乔治·汤姆孙发表了一篇关于阳极射线的论文,也就是放电管中有时产生了正射线,并提出它们是由离子组成的。詹姆斯·查德威克曾在曼彻斯特跟随卢瑟福学习,并于1920年跟随卢瑟福来到剑桥,他发表了一篇关于不同类型镭产生的β射线的论文。美国研究生罗伯特·奥本海默于1926年7月向学会提交了他的第一篇论文。1924年7月,保罗·狄拉克的第一篇关于气体分子离解的论文,由他的导师拉尔夫·福勒于1924年3月提交给了该学会。乔治·汤姆孙、查德威克、奥本海默和狄拉克后来都成为杰出的物理学家。乔治·汤姆孙在1927年证明了电子的波动性质,这与他父亲证明电子是粒子的工作相辅相成;查德威克在1932年发现了中子;奥本海默带领洛斯阿拉莫斯实验室研制了原子弹，而狄拉克解决了量子力学的很多关键方程式。

这些只是剑桥哲学学会鼓励其最早工作的学生和研究人员中的一部分。学会工作的另一个重要方面是为剑桥大学和以英语为母语的科学界带来新思想。1923年，有人提议学会出版尼尔斯·玻尔关于量子理论的论文的译本。玻尔曾在自己的家乡哥本哈根学习，1911年作为研究生来到了剑桥，然后前往曼彻斯特，师从卢瑟福，最后回到哥本哈根。在20世纪10年代，玻尔发展了他的原子模型，在该模型中，电子以离散的能级围绕原子核运行。这项工作将电子和其他原子粒子的实验结果与量子物理的理论结果完美地结合在一起。玻尔的工作赢得了许多赞誉，他被选为剑桥哲学学会的荣誉会员。在对玻尔的表彰中，学会赞扬了他对数学、物理和化学的贡献，称他的工作"美丽"和"卓越"。对玻尔工作的赞赏，加上学会致力于促进创新思想，使学会成为将玻尔的关键论文译成英文出版的自然场所。1924年，这些研究成果作为《会议录》的补充出现，使大量研究人员得以接触到玻尔的理论。

在整个20世纪的二三十年代，学会继续在其《会议录》上发表各种数学和物理论文。这些文章是由剑桥大学的研究人员撰写的，既有成熟的研究，也有刚刚开始的探索，同时也有海外科学家撰写的论文，他们认为《会议录》是一个理想的发表平台。彼得·卡皮萨、欧内斯特·沃尔顿、斯诺、欧文·薛定谔、保罗·厄多和弗雷德·霍伊尔只是这一时期出现在学报上的杰出人物中的一部分。

在20世纪初的几十年里，剑桥的科学格局发生了微妙的变化，不同的科学分支受欢迎的程度高低不同，新的成果创造了新的研究途径，各种各样的研究人员都加入了该城市的实验室。1933年，出现了第一个新类型的科学家——移民学家。1933年4月，德国社会主义新政府通过了一项"重建专业公务员制度法"。新法律禁止"非雅利安人"或"不可靠"人担任国家公职。由于几乎所有的大学职员都是政府雇员，这迫使无数科学家离职，他们中的很多人看不到自己在德国的未来，于是纷纷逃离德国。在剑桥和世界上其他许多大学城，这些难民受到了科学界的欢迎。20世纪30年代，德国在科学领域处于世界领先地位，尤其是在物理学领域，这些移民在英国受到高度重视。剑桥哲学学会尽其所能帮助新来的人重建他们的工作，确保他们可以免费查阅哲学图书馆的期刊。

随着20世纪30年代的进展，德国的形势明显恶化。1938年11月，德国占领苏台德区的一个月后,也就是"水晶之夜"的几天后,剑桥哲学学会开始为一旦发生战争后的空袭做准备。他们开始把学会图书馆的藏品搬到地下室的储藏室里,把第二份图书目录的副本存放在另一栋楼里,他们还把很多《学报》《会议录》和《生物学评论》的过刊搬到了卡文迪什实验室、动物学系和旧解剖学院的地下室里。当战争最终在1939年秋天爆发时,学会决定像第一次世界大战期间一样,尽可能正常地开展活动。期刊的出版和交换将照常进行,规章中增加了一些临时的细则,以便在法定人数不足时选出新的研究员和助理人员。像纸张短缺、新闻审查制度、图书馆工作人员因战争服务而流失等小问题都可以比较容易地克服。

尽管剑桥居民的日常生活发生了变化,但它受到战争的影响并没有像全国大部分地区那么严重。大学停止了新的任命,冻结了新的项目,一些建筑物被征用供政府使用,志愿者报名参加了消防观察任务,但是大学生人数并没有像前一场战争中那样急剧下降,研究也没有被大幅削减。在20世纪30年代,人们开始认识到现代物理学可能在战争中发挥作用,这就是卡文迪什实验室能够维持其许多研究项目的原因。为了达到同样的目的,本科教学变得更加集中于电子学等学科,这些学科被认为对雷达系统的发展具有潜在的用途。

英国政府对雷达技术非常感兴趣,在战争爆发前的几年里,英国政府投入了大量资金研究雷达。那些逃离欧洲大陆并在英国实验室任职的科学家们常常被明确禁止从事雷达项目,因为雷达被认为是战争的核心。鲁道夫·佩尔斯就是这样一位被禁止研究雷达的科学家,他是德国公民,父亲是犹太人,母亲是天主教徒。1933年希特勒上台时,佩尔斯正在剑桥学习,并获准留在英国,他曾在柏林、慕尼黑和莱比锡等几所德国大学学习,之后在苏黎世(与沃尔夫冈·泡利合作的地方)、敖德萨和罗马继续他的研究生学业,后来成为一名固体物理学专家,并致力于将量子力学应用于金属和半导体中的电子问题。佩尔斯一经获准留在英国,便回到曼彻斯特度过了一段时间,当时在曼彻斯特设立了一个基金,以便难民科学家继续他们的研究。他开始在蒙德实验室工作,该实验室是1933年成立的卡文迪什实验室的姊妹实验室。1935年,佩尔斯被选为剑桥哲学学会会员,1936年成为研究员。

1938年年末,奥托·哈恩和弗里茨·斯特拉斯曼在柏林进行了一系列实验,在这些实验中,利用中子轰击铀原子,释放出钡原子和大量能量。钡的释放出乎意料，因此哈恩将他的研究结果发给了他以前的同事莉丝·梅特纳（一个逃到瑞典的奥地利犹太人），询问她对铀原子事情的看法。梅特纳和她的侄子奥托·弗里施于1939年年初正确地解释了这一结果，他们认为是核裂变——铀原子在被中子撞击时分裂成两个大小相近的较小原子，释放出能量和更多的中子。在发现核裂变后的几周内，人们的注意力就转向了它所释放出的大量能量及其潜在的用途。人们很快意识到，可能会发生链式反应，在这种反应中，一次裂变产生的中子会引发更多的原子裂变，释放出更多的能量和中子，等等。一个连锁反应能够迅速释放出大量的能量。

考虑到欧洲的政治局势，人们开始考虑将这种能量用于军事目的——制造一种前所未有的炸弹。首先，必须解决"临界质量"问题，即维持链式反应需要多少铀？法国物理学家弗朗西斯·佩林估计，临界质量可能高达44吨，即一块约3米宽的铀块。这是一个巨大的数字，这使核裂变武器的想法似乎完全不可行。但是鲁道夫·佩尔斯并不相信佩林的计算，1939年夏天，佩尔斯决定自己计算。佩尔斯认为这显然是一个学术问题，而不是实际问题，他将完成的论文寄给了剑桥哲学学会发表。学会于1939年6月收到该论文，并同意佩尔斯的观点，认为这确实是一个有趣的问题，他们在同年晚些时候发表了这篇论文，正值战争爆发之际。佩尔斯使用了一系列方程式来计算临界质量，该临界质量比佩林算的小得多，但他仍然认为太大，无法制造出来。佩尔斯后来解释说："我的结果表明至少要吨级的体量。因此，我认为这篇论文与核武器无关。整个质量，相当于现在的温德斯卡尔反应堆的大小。当然，把这样的东西装进飞机是不可能的，而且这篇论文似乎也没有什么实际意义。"

战争爆发时，佩尔斯已到伯明翰大学担任主席。奥地利人奥托·弗里希是最早研究并证实核裂变存在的人之一，战争爆发时，他正在伯明翰访问，并被困在那里，无法返回哥本哈根，在那里他与尼尔斯·玻尔一起工作。佩尔斯邀请弗里希和他在一起，两人很快成为亲密的合作伙伴，并建立了深厚的友谊，他们一起讨论了佩尔斯在《会议录》上发表的方程之后，并开始意识到还有另一种解释它们的方法。

铀有两种常见类型，一种是同位素 ^{235}U，其原子核中有92个质子和143个中子，并且易裂变；另一种是同位素 ^{238}U，具有92个质子和146个中子，通常被认为是不可裂变的。中子轰击也有两种可能导致裂变，快和慢。这意味着可能有四种可能导致裂变的组合：

^{238}U 的慢中子轰击

^{238}U 的快中子轰击

^{235}U 的慢中子轰击

^{235}U 的快中子轰击

研究者尚未观察到其中的第一个裂变，并且假定 ^{238}U 不会因慢中子而裂变。裂变确实通过第二种方法发生，但不是一种产生能量的有效方法。第三种产生足够的能量来发电，但被认为太慢，无法用于武器。第四种从未被认真考虑过，因为 ^{235}U 在自然界中发现的铀中所占比例不到1%。但是弗里希开始考虑第四种选择，他一直在研究分离铀的两种同位素的方法，他对自己能够产生足够的 ^{235}U 进行实验充满信心。他去找佩尔斯寻求帮助，两个人一起重新计算了炸弹所需的铀的临界质量。

佩尔斯的公式要求将 ^{235}U 的快中子裂变的"截面"插入其中，截面表示当 ^{235}U 被快中子轰击时发生裂变的概率。尽管没有人通过实验计算出这一点，但弗里希和佩尔斯相信裂变的可能性很大。正如佩尔斯所说，如果中子撞击 ^{235}U 原子核，一定会发生某些事情。佩尔斯和弗里希选择了他们认为合理的横截面，并将其代入佩尔斯的方程式中。令他们惊讶的是，他们计算出的临界质量远小于佩尔斯最初计算的几吨，他们发现只有大约 1 千克 ^{235}U 就足以制造出一枚威力难以想象的核弹。对于铀这样密度的物质来说，这意味着体积比一个小苹果还小。

当佩尔斯在学会期刊上发表他的论文时，他并不知道论文中可能包含了证明制造原子弹是现实可行的必要信息。但当他意识到这些信息的力量时，他和弗里希开始为英国政府写一份秘密备忘录。具有讽刺意味的是，这两个朋友之所以能够花时间研究核裂变问题，是因为他们作为外国人，被排除在诸如雷达等战时项目之外。由于他们俩都在讲德语的国家做过大量工作，他们知道德国同行在核物理学方面非常先进，他们非常担心希特勒可能已经将研究方向转向了核武器的制造。佩尔斯和弗里希在写给英国政府的备忘录中描述了这种武器的可能性：

所附的详细报告涉及制造"超级炸弹"的可能性，该炸弹利用存储在原子核中的能量作为能源。这种超级炸弹爆炸所释放的能量与1000吨炸药爆炸产生的能量大致相同。这种能量以很小的体积被释放出来，在一瞬间，它会产生与太阳内部相当的温度。这种爆炸产生的冲击波会毁灭一片广阔区域内的生命。这片区域的面积很难估计，但可能会覆盖一个大城市的中心。

此外，炸弹释放的部分能量会产生放射性物质，这些物质会放射出非常强烈和危险的辐射。这些辐射在爆炸后立即产生最大的影响，但它只是逐渐衰减，甚至在爆炸后的几天内，任何进入受影响地区的人都会死亡。这些放射性物质中的一部分将随风飘散，并将污染物扩散到下风几英里的地方，这可能会导致人死亡。

作为回应，英国政府成立了莫德委员会，该委员会几乎完全由卡文迪什实验室的工作人员或前工作人员组成，以调查佩尔斯和弗里希提出的理论观点的实际意义。在莫德委员会的支持下，有意推出一个看似乏味的探测管合金项目，以开发英国的核武器。在美国，另一批移民——匈牙利人尤金·维格纳和莱奥·西拉德，他们首先假设了核连锁反应的概念，以及德国人阿尔伯特·爱因斯坦敦促该国政府考虑使用核物理技术制造武器。尽管他们最初推测的武器太大，无法用飞机携带，但他们的游说最终促成了曼哈顿计划的诞生。

在各国政府开始认真考虑核武器的可能性后，发表的有关核物理学的论文数量急剧下降，并在战争余下的时间里一直处于较低水平。科学家们进行自我审查，这是政府规定的要求，潜在的敏感论文在发表前必须经过官员的检查。在第一次世界大战期间，由于科学家被重新部署到战争任务或秘密研究行动，科学论文的数量总体下降。随着战争的进展，该学会的论文数量变得越来越少，实验性论文被纯粹的数学论文和宇宙学等理论论文所取代。

幸运的是，德国科学家没有认识到佩尔斯关于临界质量的论文的重要性。1943年，佩尔斯带着他的助手克劳斯·福克斯前往美国加入曼哈顿计划。福克斯虽然从来不是剑桥哲学学会的成员，但或许是在佩尔斯的建议下，他在《会议录》上发表了几篇论文。福克斯被认为是一位优秀的物理学家，也是一位特别有技巧的理论家。佩尔斯和福克斯一直在洛斯阿拉莫斯实验室工作，直到战争结束几年后，正当冷战愈演愈烈之际，福克斯被揭露是一名苏联间谍，他一直在向俄国特工传递关于制造铀弹和钚弹的情报。

物理学在短短几十年间已经发生了翻天覆地的变化，从一个深奥的、学术性很强的研究变成了一个可能影响数百万人生活的国家机密。在20世纪早期，当 J. J. 汤姆孙在卡文迪什晚宴上提到电子，希望它永远不会对任何人有任何用处时，几乎没有人能够想象到那些纯真的日子会这么快结束。剑桥哲学学会的身影出现在 20 世纪早期科学的许多最重要的时刻，从汤姆孙第一次暗示亚原子粒子的存在，到 X 射线衍射和云室的发明；经历了两次毁灭性的世界大战以及它们对学术界造成的影响，导致了关于跨越国界共享科学信息的激烈辩论；从金融不稳定到科学专业化的提高。尽管学会会议听取了许多重要实验的报告，发表了无数的新成果，或许在这一时期，学会对科学唯一最重要的贡献就是让年轻的研究人员发出了声音，这些人还没有建立起足够的地位，不能被邀请加入国家学会，他们的想法仍在实验中。劳伦斯·布拉格、查尔斯·威尔逊、乔治·汤姆孙、詹姆斯·查德威克、保罗·狄拉克、欧内斯特·沃尔顿和弗雷德·霍伊尔是 20 世纪物理学的一些巨人，他们在各自学术生涯的早期便与剑桥哲学学会产生紧密的联系。

9
继续向前

霍提亚是一种纠结的幽灵怪兽，它弯曲的双臂交叉在一起，它暴露出来的肌肉随意地波动着：这生命中所有辉煌与混沌永远地被冻结在灰暗的粉砂岩床上。霍提亚生活在大约5.6亿年前，被认为是世界上最古老的动物之一。2011年，人们在纽芬兰海岸的岩石中发现了它扭曲的残骸。霍提亚的意思是"恶魔"，来自那个岛上的Beothuk语言，这种语言也已经消失了，只留下几个互不相连的单词来证明在这个消失的世界曾存在过。

霍提亚生活在阿瓦洛尼亚（Avalonia）附近的水域，这不是亚瑟王传说中的岛屿，而是一个古老的微大陆，以纽芬兰东南端真实而崎岖的阿瓦龙（Avolon）半岛命名。这里距离霍提亚被发现的博纳维斯塔半岛不远。这些暴露出来的半岛曾经是海底，后来被抬高，形成了陆地。这里到处都是奇怪的化石，包括许多神秘的叶子形状的化石，尺寸有半米甚至更大。这些化石是数百万年前存在于一个已经不复存在的大陆上的繁荣的生物群落的证据。这里的岩石和它们携带的化石可以追溯到埃迪卡拉纪，即从大约6.35亿年前持续到寒武纪开始的5.41亿年前。亚当·塞奇威克首先发现并命名了寒武纪，人们普遍认为，这是地球上大规模复杂动物生命开始的时期。据说，正是在寒武纪，世界上的生命爆发了。这如我们所熟知的，在这时，第一次，大型生物有了我们能称之为动物的共同特征。几乎所有主要的动物门都可以追溯到这一时期。据说寒武纪大爆发是我们星球生命进化的决定性时刻，它在著名的伯尔吉斯页岩等化石中被详细地记录了下来。

那么像霍提亚这样的动物可能在比寒武纪大爆发早4000万年的时期做什么呢？所有动物生命都是在一次戏剧性的突然爆发中出现的，这种精巧的故事是不是不太正确？这正是包括亚历山大·刘（Alexander Liu）等许多科学家所思考的，他是第一个科学地描述了霍提亚的团队的一员。

刘和他的同事于2014年发表了他们描述霍提亚的论文时，他是格顿学院的亨斯洛学者。亨斯洛奖学金由剑桥哲学学会与几个剑桥大学的学院于2010年创立，其愿景为继续坚持由塞奇威克和亨斯洛在1819年多年前提出的希望：继续保持探究的精神。在许多方面，现在的科学世界与亨斯洛和塞奇威克时代的科学世界已大不相同。科学不再需要个人大踏步地走出去，用他们的激情和一些简单的仪器去探索世界的前沿。今天，科学是一项国际性的事业，需要团队合作，而且往往需要大型机构资助来建立复杂和昂贵的设备及研究手段。刘与来自牛津大学和纽芬兰纪念大学的国际团队合作进行了该研究。他们的资金来源非常多渠道，来自包括加拿大和英国政府以及私人慈善机构；他们运用的技术也十分多元，包括高分辨率电镜，这在几代人之前是无法想象的。尽管如此，刘的许多研究体验也再现了塞奇威克和亨斯洛早年的探索：风雨交加中在暴露的岩石上攀爬，试图把古代生命的痕迹与表面上的其他上百个痕迹区分开来的困难，以及获得发现时的激动不已。

化石首次被发现时，刘还是牛津大学的博士生。他向我讲述了他和他的同学是如何在他们的导师——牛津大学的古生物学家马丁·布拉塞尔（Martin Brasier）带领下，发现包含霍提亚具有奇怪的波纹状结构的岩层的（见图53）。一个阴天，在暗淡、干燥的灰色岩石上，这些痕迹很容易被错过。但是，在上面浇点水，再加一点斜光，就会有什么痕迹开始显现出来。在没受过训练的人看来，霍提亚出土之处是一团混乱。但对刘、布拉塞尔和他们的同事来说，他们马上就意识到，看到了一件非同寻常的物体。特别是，那些保存完好的缠绕成束的丝线非常像肌肉纤维。如果他们的猜测是正确的，刘等人不仅发现了已知最古老的动物化石，而且还发现了已知最古老的肌肉化石。经过重建后，人们发现这种生物与现代的柄状水母完全不同，后者将自己固定在海底，同时在水中摆动着许多触须来觅食（见图54）。

霍提亚化石只是埃迪卡拉纪的众多化石之一。1946年，雷金纳德·斯普里格（Reginald Sprigg）在阿德莱德北部弗林德斯山脉北部的埃迪卡拉山（Ediacara Hills）发现了第一块埃迪卡拉动物化石，当时他正在寻找矿物。在它们被发现后的几十年里，世界各地的古代岩石中都发现了类似的化石。但是，在19世纪，查尔斯·达尔文对早于寒武纪的岩石中明显缺乏化石感到困惑。根据他的理论，

图53 霍提亚，生活在大约5.6亿年前。其被认为是已知的最早的动物，可能也是化石记录中已知的最早的肌肉纤维例子

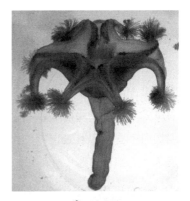

图54 霍提亚的艺术复原图——人们相信这种生物很像柄状水母

这些化石应该在那里，但是没有人有任何的发现。因此，当听说人类学家约翰·威廉·索特在什罗普郡发现化石时，他高兴极了。因为人们本以为这里的石头都属于"azoic"，也就是过于古老而被认为不会有生命痕迹的岩石。在参加1846年的地理调查之前，索特曾经和亚当塞奇威克一起工作过。正是索特创造了那幅巨大显示植物如何在地球上进化的图画（见图19），该图来自他发表在剑桥哲学学会会刊与学报上的多篇论文中的一篇。在1850年，他在什罗普郡的贫瘠高原上，看到了可能是海洋蠕虫或者甲壳类动物的痕迹。这是一个重大的发现，达尔文也在《物种起源》评述引用了这些化石。索特的发现的真实性是具有争议的，那些痕迹也常被解释为自然形成过程和微生物行为，但其也极大地鼓励了人们对于前寒武纪大规模生命迹象的研究。

今天，刘和另一个亨斯洛学者艾米莉米歇尔，得到剑桥哲学学会资助专门研究古生物群落生态系统。可以想见,如果亚当·塞奇威克和约翰·史蒂文斯·亨斯洛在世的话,他们也将会非常赞同这个课题,因为其正是沿着他们自己两百年前开启的研究方向先行——那个他们切开怀特岛上的化石,试图还原几百万年前原始世界的图景的研究方向。正如塞奇威克和亨斯洛破开层层岩石,刘已经开始尝试去解开霍提亚的肢体,米歇尔寻找解开埃迪卡拉纪海洋生物之间的联系网络。他们与一些来自其他国家的科学家合作,为早期生命进化提供了新观点论据,并增加了人们对地球历史的了解。

亨斯洛奖学金于2010年设立,为科学界交叉研究、促进科学跨界交流提供研究基金。基于学会两个世纪来的工作,这项奖学金重点支持年轻的科研人员,在他们科研生涯早期提供帮助,促使他们能在跨学科间产生一些奇思妙想。亨斯洛学者们的研究涵盖了现今科学界的几乎所有重要方向,从绘制人脑图到下一代图像交流链接技术,从尝试去理解老化的机制到用量子理论去探寻物质的性质,从追踪头部受伤的患者分子变化到测量细胞内分子的相互作用。亨斯洛学者们与他们学会中的前辈一样,他们在嘈杂的自然世界里寻找规律。但是,这些学者的实验操作与所用到的昂贵的实验设备均是早年的学者所难以想象的。

20世纪的科学发生了翻天覆地的变化,科学不再是那些孤独的绅士在私人工作室中的探索。随着比如卡文迪什实验室在19世纪后期的创建,科学研究已经变成了一项团体活动,集合众人的思维一起解决一个问题。卡文迪什实验室和其他类似的实验室只不过是这种趋势的开始,为了承担更加重大的任务,20世纪科研变成了一个个日益复杂和耗费巨资的项目,每个都需要建立起越来越庞大的队伍来支撑。曼哈顿工程可以说是这种朝着大科学趋势发展的典范,由整个国家为制造原子弹这个单一目标来背书。这是大科学时代最好的例子,虽然其看起来很宏大,但其实际上已经影响到了日常的科学。全世界范围内的科学研究都日益朝着需要越来越多的资金与设备发展,它们在社会中的位置也在与政府和个人发生互动的过程中悄悄地发生着改变。

剑桥和其他地方一样,也已感受到了这些变化。剑桥现在不仅仅在英国,在全世界也已经是科学的高地之一。剑桥大学从1850年只能勉强授予一小部分学位的规模发展到如今培养成以万计的研究生、本科生、博士后和高级研究员的大机构。剑桥科学不再局限于自己的大学或学院,在剑桥周围发展起来的所谓

"硅沼"雇用了数万名从事高科技工作的人。资金来自国家研究委员会、私人捐赠者和专业慈善机构。剑桥大学曾经只有一个科学学会,现在则已有无数的讨论小组、研讨会、俱乐部和学会。剑桥大学曾经只有一份科学期刊,现在已经有数百种期刊由大学出版社或其他学者编辑出版。剑桥哲学学会的图书馆、博物馆和阅览室曾经是这座小城里独一无二的东西,现在则有了几十个现代的同类机构。

剑桥大学科学的发展与剑桥哲学学会的发展密不可分。随着学会的崛起,大学也发生了变化。与此同时,学会本身也受到外界的影响:更大的全球事件通过学会的档案记录,展示了事件是如何从国家层面渗透到地方层面的。就像第一次世界大战期间学会努力维持与欧洲同行的关系,"冷战"期间,研究员(其中许多"左倾")试图与苏联科学家继续他们的关系,甚至允许在苏联印刷其数学学报。学会的记录展示了战争与和平、繁荣和萧条,越来越多的女性参与剑桥的活动,科学的国际化,以及计算机的出现(这方面大部分工作是由计算机科学先驱莫莱斯·威尔克斯(Maurice Wilkes)完成的,他在1946—1958年担任该学会的财务主管,见图55)。

图55　莫莱斯·威尔克斯和EDSAC(电子延迟存储自动计算器)——最早的电子数字存储程序计算机之一。1946—1958年,威尔克斯是剑桥哲学学会的财务主管

193

学会的档案记录也能看出科学传播方式的变化。剑桥最早的图书馆从个人捐赠的藏书发展成为剑桥最大、最系统的科学图书馆，其通过发展庞大的期刊交换网络使其保持在城市科学生活的中心地位（见图56）。在20世纪60年代，这个被许多代人简单地称为哲学图书馆的图书馆，变成了科学期刊图书馆——一个听起来更现代的名字，反映了当时快节奏的期刊出版。20世纪70年代，图书馆完全并入大学图书馆；这使得剑桥大学最终实现了拥有自己的综合科学图书馆的雄心，同时也为图书馆的工作人员提供了更稳定的工作环境，使他们能够与剑桥大学众多图书馆的同行们建立联系。2001年，数学部分从图书馆的主体中分离出来，重新安置在一个新的数学图书馆中——这是科学领域日益专业化的标志。2004年，剩下的科学期刊图书馆成为中央科学图书馆。2015年，随着新博物馆的重建项目开始，持续了近200年的定期交换计划被暂停。图书馆也关闭了，馆藏也被处理了。这最后一步说明了当今科学领域电子通信的力量：虽然纸质期刊仍在生产，但物理图书馆的关闭几乎不会阻碍研究人员获取他们所需要的期刊的能力。虽然有些人可能会为拥有可爱的木制走廊和锻造铁螺旋楼梯的老图书馆的离去而哀悼，但科学在前进，社会也在前进。图书馆的故事可以是科学的故事，也可以是交流的故事——不断变化和发展，没有固定的终点。

图56 哲学图书馆，新博物馆。1865年，图书馆搬到了新博物馆所在地，并在这（连续几次更换不同的名字）直到2015年

学会上还有其他一些变化。自1819年以来，学会的会议仍然在学期期间的每两周的第二个星期一晚上举行，且现在人们更容易参加。公众被邀请进来听剑桥实验室正在进行的最新研究，会议的形式是精心打磨的演讲：它们更有可能是多年工作的高潮，而不是仓促准备的工作。这一变化可以追溯到1919年，当时的学会副主席欧内斯特·卢瑟福建议偶尔召开一次会议，集中讨论和展示科研成果，以使科学更容易让大众所知。卢瑟福提出这个建议时正值该学会的期刊变得更加专业化，其建议表达了科学家对确保公众仍然能够参与新科学发展的愿望。从那时起，该学会一直确保至少有一些会议能吸引非专家。到了20世纪的最后几十年，该学会的大多数会议都致力于向公众传播科学知识，而不是在同行之间分享知识。

随着会议越来越普遍，学会的出版物越来越专业化。《数学学报》（从1975年最初的《学报》更名而来）和《生物学评论》都继续在各自的领域内成为高影响力的期刊，而且随着它们所代表的主题不断分支到更加离散的领域，它们都变得越来越具有技术性。在会议上发表的演讲和该学会出版物的内容之间不再有任何正式的联系——这反映了科学传播是如何发生变化的。

这些期刊成功的一个意料之外的结果是，它最终给学会带来了早年缺乏的金融稳定性。自20世纪80年代末以来，期刊收入显著增加。这不仅使学会得以维持，并能够摆脱其在20世纪中期采取的极其谨慎的财政政策，转向一种更有策略的投资政策。这些投资为学会的工作提供了资金，并确保了学会的未来。除了亨斯洛奖学金外，该学会还为最后一年完成论文的博士生提供支持，为交换学生和处于起步阶段的年轻研究人员提供旅行资助，为希望在剑桥学习的数学家和希望鼓励学生从事研究的学校教师提供资金。在20世纪70年代停止的荣誉奖学金的方案已经重新设立。该学会仍然颁发威廉·霍普金斯奖（用于物理或地质科学研究），自20世纪60年代以来，又增加了生物科学威廉·贝特·哈代奖。会员人数已增至数千人。

在物质方面，早期学会几乎什么都没有留下。它的房子、博物馆和图书馆都不见了。这里还保留着一些文物：装饰旧阅览室的天文钟；章程和印章；还有一些精装的珍本书籍，它们曾经是图书馆的中心。但学会一直远不只是一个物理的地点或有趣的事物的集合处。它已经成为一个社区——一个可以分享想法、培养人才和思想交汇的地方。其核心是，它今天所做的事情与以往一样——全力以赴

> 探究精神——现代科学的基石

促进科学发展。

当学会会员第一次听到达尔文的信在万圣小路旁的会议室闪烁的煤气灯下被大声朗读时，没有人能预测年轻的达尔文的观察结果会带来什么，没有人能猜到劳伦斯·布拉格关于 X 射线如何通过晶体衍射的短篇论文将为两位后来的学会成员弗朗西斯·克里克和詹姆斯·沃森揭开了 DNA 的秘密带来什么，没有人能预见到查尔斯·威尔逊对云的痴迷会揭示亚原子世界的运作方式。这个学会过去是，现在也是一个可以沉思之处，一个可以分享思想的地方。它对年轻研究人员的支持，使得那些思想曾模糊不清的人未来能获得科学带来的回报。因为最有趣的概念往往是在不确定性的发酵中成长起来的。

剑桥哲学学会是这座现代世界最复杂科学中心之一的城市的现代科学之母。这个学会是第一个专门研究科学的地方，在这里，科学曾经充其量只是这些可能会成为乡村牧师或小贵族学生们闲暇时的消遣。学会的成员们呼吁改革课程，设立科学学位，建立科学图书馆、实验室和博物馆。这些东西对曾经的剑桥来说被看作无关紧要，但现在却是不可或缺。学会说服大学认真地对待科学。它的愿景已经实现了：它成功地把剑桥建成了一个科学之都，剑桥内部的许多科学空间远远超过了原来的规模。两百年前，驱使亚当·塞奇威克和约翰·史蒂文斯·亨斯洛在怀特岛的岩石上攀爬的那种探究的精神，如今以多种方式在全城百倍地重现。哲学学会已经成为剑桥大学科学王国的一小部分——而这正是它成功的真正标志。

但这不仅仅是一个关于剑桥沃野的故事，剑桥小城已经成长为科学界的巨人。这是一个远远超越剑桥的故事；它是一个缩影，可以用来解释科学在英国国内和全球的兴起，了解它是什么，我们为什么要这样做，以及它可以把我们引向何方。

尾 注

前 言

1. For information on the history of ancient natural philosophy, see Stephen Gaukroger *The emergence of a scientific culture* Oxford: Clarendon Press 2006 chapter 6. On natural philosophy as an essentially religious activity see Andrew Cunningham 'How the *Principia* got its name; or, taking natural philosophy seriously' *History of science* XXIX (1991) pp. 377–92, pp. 380–1; for a critique of Cunningham, and a discussion of the relationship between natural philosophy and science, see Edward Grant *A history of natural philosophy* Cambridge: Cambridge University Press 2007 chapter 10.
2. On the bilateral influence of natural philosophy and the exact sciences, see Edward Grant *A history of natural philosophy* Cambridge: Cambridge University Press 2007 chapter 10.
3. S.J.M.M. Alberti 'Natural history and the philosophical societies of late Victorian Yorkshire' *Archives of natural history* XXX (2003) pp. 342–58, p. 343; this article also has a good discussion of provincial philosophical societies in the late eighteenth and early nineteenth centuries. On the moral aspects of natural philosophy, see James A. Secord *Visions of science* Oxford: Oxford University Press 2014 p. 81 and Steven Shapin *The scientific life* Chicago: University of Chicago Press 2008 pp. 24–6. On the moral aspect of philosophical societies, see Roy Porter 'Science, provincial culture and public opinion in Enlightenment England' in Peter Borsay (editor) *The eighteenth-century town* London and New York: Longman Group 1990 pp. 243–67, p. 257.
4. For a discussion of the most popular topics of discussion in provincial philosophical societies, the books most borrowed from their libraries, and their teaching activities, see S.J.M.M. Alberti 'Natural history and the philosophical societies of late Victorian Yorkshire' *Archives of natural history* XXX (2003) pp. 342–58, pp. 346–50.
5. The Society's archive was catalogued by Joan Bullock-Anderson. Most of the archive is held in the Whipple Library, Department of the History and Philosophy of Science, University of Cambridge, with a small number of objects remaining in the Society's offices. The catalogue is available online via the Janus database.
6. There have been two previous histories of the Society. The first was written in 1890 by John Willis Clark and published in the Society's *Proceedings* in 1892. Clark was the son of Mary Willis and William Clark. William Clark had once been Professor of Anatomy and President of the Cambridge Philosophical Society and he and Mary had worked together to build up the University's anatomy museum (see Chapter 3 of this book on William Clark's involvement with the Society); John's

uncle Robert Willis was a former Jacksonian Professor of Natural Philosophy and another former president of the Society (see Chapter 2 of this book for more on Willis). John Willis Clark, whose interests veered more towards architectural history, was himself President of the Society when he wrote his brief history, which focused only on its first few decades: John Willis Clark 'The foundation and early years of the Society' *Proceedings of the Cambridge Philosophical Society* VII (1892) pp. i–l.

The second history was written by A. Rupert Hall in 1969 to mark the Society's 150th anniversary. This very short book almost entirely omits twentieth-century history, as Hall did not wish to discuss the work of persons still living: A. Rupert Hall *The Cambridge Philosophical Society: a history 1819–1969* Cambridge: Cambridge Philosophical Society 1969.

The Cambridge Philosophical Society is strangely absent from many histories of Cambridge science, and it is particularly notable that Susan Cannon's *Science in culture* with its meticulous dissection of 'the Cambridge network' almost entirely neglects the Society; see Susan F. Cannon *Science in culture: the early Victorian period* New York: Dawson and Science History Publications 1978 and Walter F. Cannon 'Scientists and broad churchmen: an early Victorian intellectual network' *Journal of British studies* IV (1964) pp. 65–88.

1 剑桥沃野的哲学家们

1. Adam Sedgwick 'On the geology of the Isle of Wight' *The annals of philosophy* III (1822) pp. 340–2.
2. S. Max Walters 'John Stevens Henslow (1796–1861)' *Oxford dictionary of national biography* Retrieved 2 March 2018 from http://www.oxforddnb.com/view/10.1093/ref:odnb/9780198614128.001.0001/odnb-9780198614128-e-12990.
3. Robert Fox 'John Dawson (bap. 1735–1820)' *Oxford dictionary of national biography* Retrieved 2 March 2018 from http://www.oxforddnb.com/view/10.1093/ref:odnb/9780198614128.001.0001/odnb-9780198614128-e-7350. Dawson taught eleven (or perhaps twelve) boys who would go on to be 'senior wrangler' (i.e. the highest-ranked student in mathematics in Cambridge) between 1781 and 1807.
4. John Willis Clark and Thomas McKenny Hughes *The life and letters of Adam Sedgwick, volume I* Cambridge: Cambridge University Press 2009 p. 71.
5. R.M. Beverley *A letter to His Royal Highness the Duke of Gloucester* London 1833 p. 14. The author of the pamphlet from which these quotations were taken was Robert Mackenzie Beverley, a Yorkshire man who matriculated at Trinity College in 1816. This rather hysterical pamphlet was filled with wild allegations about moral lapses in the University. While some allegations may have been unfounded, his descriptions of undergraduate 'wine-parties' were probably based in reality.
6. George Gordon, Lord Byron 'Thoughts suggested by a college examination' *Hours of idleness* Newark 1807 pp. 113–14.
7. William Ainger to Adam Sedgwick, 11 April 1807, quoted in John Willis Clark and Thomas McKenny Hughes *The life and letters of Adam Sedgwick, volume I* Cambridge: Cambridge University Press 2009 p. 87.

8. John Willis Clark and Thomas McKenny Hughes *The life and letters of Adam Sedgwick, volume I* Cambridge: Cambridge University Press 2009 pp. 86–7.
9. Colin Speakman *Adam Sedgwick: geologist and dalesman* Broad Oak: Broad Oak Press 1982 p. 49.
10. Adam Sedgwick to William Ainger, 19 February 1808, quoted in John Willis Clark and Thomas McKenny Hughes *The life and letters of Adam Sedgwick, volume I* Cambridge: Cambridge University Press 2009 pp. 96–7.
11. Adam Sedgwick to Fanny Hicks, 12 August 1854, quoted in John Willis Clark and Thomas McKenny Hughes *The life and letters of Adam Sedgwick, volume I* Cambridge: Cambridge University Press 2009 p. 202. Sedgwick had met this woman in Derbyshire in 1818. Another letter to his niece reveals that the lady in question went on to marry a goldsmith in Glasgow and had at least one son.
12. John Willis Clark and Thomas McKenny Hughes *The life and letters of Adam Sedgwick, volume I* Cambridge: Cambridge University Press 2009 pp. 142–7.
13. J.M. Levine 'John Woodward (1665/1668–1728)' *Oxford dictionary of national biography* Retrieved 2 March 2018 from http://www.oxforddnb.com/view/10.1093/ref:odnb/9780198614128.001.0001/odnb-9780198614128-e-29946. Woodward's cabinets of fossils can be seen today in the Sedgwick Museum of Earth Sciences.
14. Roy Porter 'John Woodward: "a droll sort of philosopher"' *Geological magazine* CXVI (September 1979) pp. 335–343, p. 342.
15. John D. Pickles 'John Hailstone (1759–1847)' *Oxford dictionary of national biography* Retrieved 2 March 2018 from http://www.oxforddnb.com/view/10.1093/ref:odnb/9780198614128.001.0001/odnb-9780198614128-e-11874.
16. Adam Sedgwick to William Ainger, 19 March 1818, quoted in John Willis Clark and Thomas McKenny Hughes *The life and letters of Adam Sedgwick, volume I* Cambridge: Cambridge University Press 2009 p. 153.
17. John Willis Clark and Thomas McKenny Hughes *The life and letters of Adam Sedgwick, volume I* Cambridge: Cambridge University Press 2009 pp. 155–8.
18. J.A. Secord 'Adam Sedgwick (1785–1873)' *Oxford dictionary of national biography* Retrieved 2 March 2018 from http://www.oxforddnb.com/view/10.1093/ref:odnb/9780198614128.001.0001/odnb-9780198614128-e-25011; Colin Speakman *Adam Sedgwick: geologist and dalesman* Broad Oak: Broad Oak Press 1982.
19. John Willis Clark and Thomas McKenny Hughes *The life and letters of Adam Sedgwick, volume I* Cambridge: Cambridge University Press 2009 pp. 153–4; Colin Speakman *Adam Sedgwick: geologist and dalesman* Broad Oak: Broad Oak Press 1982 p. 55.
20. Adam Sedgwick to William Ainger, 23 October 1818, quoted in John Willis Clark and Thomas McKenny Hughes *The life and letters of Adam Sedgwick, volume I* Cambridge: Cambridge University Press 2009 pp. 200–1.
21. S.M. Walters and E.A. Stow *Darwin's mentor: John Stevens Henslow, 1796–1861* Cambridge: Cambridge University Press 2001 pp. 22–3.
22. On the state of the geology museum, see *Report of the inspectors*, 7 May 1819, quoted in John Willis Clark and Thomas McKenny Hughes *The life and letters of Adam Sedgwick, volume I* Cambridge: Cambridge University Press 2009 p. 205.

23. Leonard Jenyns *Memoir of the Rev. John Stevens Henslow, M.A., F.L.S., F.G.S., F.C.P.S.: late rector of Hitcham and Professor of Botany in the University of Cambridge* London: John Van Voorst 1862 pp. 13, 17; John Willis Clark and Thomas McKenny Hughes *The life and letters of Adam Sedgwick, volume I* Cambridge: Cambridge University Press 2009 p. 204.
24. Jack Morrell and Arnold Thackray *Gentlemen of science: early years of the British Association for the Advancement of Science* Oxford: Clarendon Press 1981 pp. 12–13.
25. John Willis Clark 'The foundation and early years of the Society' *Proceedings of the Cambridge Philosophical Society* VII (1892) pp. i–l, p. xlviii; George Cornelius Gorham *Memoirs of John Martyn, F.R.S., and of Thomas Martyn, B.D., F.R.S., F.L.S., Professors of Botany in the University of Cambridge* London: Hatchard 1830 pp. 165–7.
26. Leonard Jenyns *Memoir of the Reverend John Stevens Henslow, M.A., F.L.S., F.G.S., F.C.P.S.: late rector of Hitcham and Professor of Botany in the University of Cambridge* London: John Van Voorst 1862 p. 17.
27. Leonard Jenyns *Memoir of the Reverend John Stevens Henslow, M.A., F.L.S., F.G.S., F.C.P.S.: late rector of Hitcham and Professor of Botany in the University of Cambridge* London: John Van Voorst 1862 p. 17.
28. Colin Speakman *Adam Sedgwick: geologist and dalesman* Broad Oak: Broad Oak Press 1982 p. 62.
29. Adam Sedgwick to William Ainger, 14 August 1819, quoted in John Willis Clark and Thomas McKenny Hughes *The life and letters of Adam Sedgwick, volume I* Cambridge: Cambridge University Press 2009 pp. 211–12.
30. John Stevens Henslow to Adam Sedgwick, 31 March 1820, quoted in John Willis Clark and Thomas McKenny Hughes *The life and letters of Adam Sedgwick, volume I* Cambridge: Cambridge University Press 2009 p. 214; Anonymous 'Replies to queries' *Yn lioar Manninagh* I (1889) pp. 23–4; Joseph Train *An historical and statistical account of the Isle of Man, from the earliest times to the present date: with a view of its ancient laws, peculiar customs, and popular superstitions, volume I* Douglas: Mary A. Quiggin 1845 pp. 7–8.
31. William Otter *The life and remains of the Reverend Edward Daniel Clarke, LL.D., Professor of Mineralogy in the University of Cambridge* London: J.F. Dove 1824 pp. 54–5.
32. William Otter *The life and remains of the Reverend Edward Daniel Clarke, LL.D., Professor of Mineralogy in the University of Cambridge* London: J.F. Dove 1824 p. 55.
33. William Otter *The life and remains of the Reverend Edward Daniel Clarke, LL.D., Professor of Mineralogy in the University of Cambridge* London: J.F. Dove 1824 pp. 503–6.
34. See http://webapps.fitzmuseum.cam.ac.uk/explorer/index.php?oid=65755.
35. William Otter *The life and remains of the Reverend Edward Daniel Clarke, LL.D., Professor of Mineralogy in the University of Cambridge* London: J.F. Dove 1824 p. 555.
36. Edward Daniel Clarke to John Marten Cripps, 12 February 1807 and 18 February 1807, quoted in William Otter *The life and remains of the Reverend Edward Daniel Clarke, LL.D., Professor of Mineralogy in the University of Cambridge* London: J.F. Dove 1824 p. 557.
37. John Martin Frederick Wright *Alma mater, or, seven years at the University of Cambridge, volume II* Cambridge: Cambridge University Press 2010 pp. 30–1; Brian Dolan

Exploring European frontiers: British travellers in the age of Enlightenment Basingstoke: Macmillan 2000 pp. 167–70.
38. Leonard Jenyns *Memoir of the Reverend John Stevens Henslow, M.A., F.L.S., F.G.S., F.C.P.S.: late rector of Hitcham and Professor of Botany in the University of Cambridge* London: John Van Voorst 1862 p. 17.
39. Cambridge Philosophical Society Archives, 3/1/1, minutes of general meeting, 30 October 1819.
40. John Willis Clark 'The foundation and early years of the Society' *Proceedings of the Cambridge Philosophical Society* VII (1892) pp. i–l, pp. iii–iv.
41. J.P.C. Roach (editor) 'The University of Cambridge: The Schools and University Library' in *A history of the county of Cambridge and the Isle of Ely, volume III: the City and University of Cambridge* London 1959 pp. 312–21. Retrieved 2 March 2018 from British History Online http://www.british-history.ac.uk/vch/cambs/vol3/pp312-321.
42. Peter Searby *A history of the University of Cambridge, volume III: 1750–1870* Cambridge: Cambridge University Press 1997 p. 208.
43. Anonymous 'Preface' *Transactions of the Cambridge Philosophical Society* I (1822) pp. iii–viii, pp. iv–vi.
44. John Willis Clark 'The foundation and early years of the Society' *Proceedings of the Cambridge Philosophical Society* VII (1892) pp. i–l, p. iv.
45. Mark W. Weatherall 'John Haviland (1785–1851)' *Oxford dictionary of national biography* Retrieved 2 March 2018 from http://www.oxforddnb.com/view/10.1093/ref:odnb/9780198614128.001.0001/odnb-9780198614128-e-12636.
46. Anonymous 'Preface' *Transactions of the Cambridge Philosophical Society* I (1822) pp. iii–viii, p. vi; Anonymous *Cambridge chronicle* 5 November 1819.
47. John Gascoigne 'The universities and the scientific revolution: the case of Newton and Restoration Cambridge' *History of science* XXIII (1985) pp. 391–434, p. 392.
48. Christopher N.L. Brooke *A history of the University of Cambridge, volume IV: 1870–1990* Cambridge: Cambridge University Press 1993 p. 167; Mark Weatherall *Gentlemen, scientists and doctors: medicine at Cambridge 1800–1940* Woodbridge: Boydell Press 2000 pp. 30–1.
49. Charles Babbage *Reflections on the decline of science in England, and on some of its causes* London: B. Fellowes 1830 p. 3.
50. David Brewster, 1830, quoted in Jack Morrell and Arnold Thackray *Gentlemen of science: early years of the British Association for the Advancement of Science* Oxford: Clarendon Press 1981 p. 52.
51. Andrew Warwick *Masters of theory: Cambridge and the rise of mathematical physics* Chicago: University of Chicago Press 2003 p. 186.
52. Andrew Warwick *Masters of theory: Cambridge and the rise of mathematical physics* Chicago: University of Chicago Press 2003 pp. 56–8.
53. David B. Wilson 'The educational matrix: physics education at early-Victorian Cambridge, Edinburgh and Glasgow Universities' in P.M. Harman (editor) *Wranglers and physicists: studies on Cambridge physics in the nineteenth century* Manchester: Manchester University Press 1985 pp. 12–48, pp. 12–13.

54. Andrew Warwick *Masters of theory: Cambridge and the rise of mathematical physics* Chicago: University of Chicago Press 2003 pp. 51, 59–60.
55. I. Grattan-Guinness 'Mathematics and mathematical physics from Cambridge, 1815–1840: a survey of the achievements and of the French influences' in P.M. Harman (editor) *Wranglers and physicists: studies on Cambridge physics in the nineteenth century* Manchester: Manchester University Press 1985 pp. 84–111, pp. 85–7.
56. R.M. Beverley *A letter to His Royal Highness the Duke of Gloucester* London 1833 pp. 38–9.
57. Doron Swade 'Charles Babbage (1791–1871)' *Oxford dictionary of national biography* Retrieved 2 March 2018 from http://www.oxforddnb.com/view/10.1093/ref:odnb/9780198614128.001.0001/odnb-9780198614128-e-962.
58. Philip C. Enros 'The Analytical Society (1812–1813): precursor of the renewal of Cambridge mathematics' *Historia mathematica* 10 (1983), pp. 24–47, p. 31.
59. Philip C. Enros 'The Analytical Society (1812–1813): precursor of the renewal of Cambridge mathematics' *Historia mathematica* 10 (1983) pp. 24–47.
60. John Herschel to Charles Babbage, 12 January 1814, quoted in Philip C. Enros 'The Analytical Society (1812–1813): precursor of the renewal of Cambridge mathematics' *Historia mathematica* 10 (1983) pp. 24–47, p. 34.
61. John Whittaker to Edward Bromhead, 16 February 1813 and 20 March 1813; Charles Babbage to Edward Bromhead, 30 November 1813; and John Herschel to Edward Bromhead, 19 November 1813; quoted in Philip C. Enros 'The Analytical Society (1812–1813): precursor of the renewal of Cambridge mathematics' *Historia mathematica* 10 (1983) pp. 24–47, pp. 35, 37, 41.
62. Sylvestre Lacroix (translated by Charles Babbage, John Herschel, and George Peacock) *An elementary treatise on the differential and integral calculus* Cambridge: Cambridge University Press 1816.
63. Harvey W. Becher 'George Peacock (1791–1858)' *Oxford dictionary of national biography* Retrieved 2 March 2018 from http://www.oxforddnb.com/view/10.1093/ref:odnb/9780198614128.001.0001/odnb-9780198614128-e-21673; Philip C. Enros 'The Analytical Society (1812–1813): precursor of the renewal of Cambridge mathematics' *Historia mathematica* X (1983) pp. 24–47.
64. Adam Sedgwick to John Herschel, 26 February 1820, quoted in John Willis Clark and Thomas McKenny Hughes *The life and letters of Adam Sedgwick, volume I* Cambridge: Cambridge University Press 2009 p. 208.
65. Jephson later fled the country after accusations of committing an 'unnatural crime'. Anonymous *The crimes of the clergy; or, the pillars of priestcraft shaken* London 1823 pp. 239–40; William Cobbett 'The parson and the boy' *Cobbett's weekly register* XLVII (2 August 1823) pp. 256–319.
66. Cambridge Philosophical Society Archives, 3/1/1, minutes of general meeting, 8 November 1819.
67. Anonymous 'Preface' *Transactions of the Cambridge Philosophical Society* I (1822) pp. iii–viii, p. vii.
68. Charles Babbage *Reflections on the decline of science in England, and on some of its causes* London: B. Fellowes 1830 pp. 186–7.

69. Anita McConnell 'William Farish (1759–1837)' *Oxford dictionary of national biography* Retrieved 2 March 2018 from http://www.oxforddnb.com/view/10.1093/ref:odnb/9780198614128.001.0001/odnb-9780198614128-e-9162.
70. Thomas Hamilton (revised by John D. Haigh) 'Samuel Lee (1783–1852)' *Oxford dictionary of national biography* Retrieved 2 March 2018 from http://www.oxforddnb.com/view/10.1093/ref:odnb/9780198614128.001.0001/odnb-9780198614128-e-16309.
71. Thompson Cooper (revised by Julia Tompson) 'Bewick Bridge (1767–1833)' *Oxford dictionary of national biography* Retrieved 2 March 2018 from http://www.oxforddnb.com/view/10.1093/ref:odnb/9780198614128.001.0001/odnb-9780198614128-e-3386.
72. A.M. Clerke (revised by Anita McConnell) 'Thomas Catton (1758–1838)' *Oxford dictionary of national biography* Retrieved 2 March 2018 from http://www.oxforddnb.com/view/10.1093/ref:odnb/9780198614128.001.0001/odnb-9780198614128-e-4903.
73. Thompson Cooper (revised by M.C. Curthoys) 'Thomas Turton (1780–1864)' *Oxford dictionary of national biography* Retrieved 2 March 2018 from http://www.oxforddnb.com/view/10.1093/ref:odnb/9780198614128.001.0001/odnb-9780198614128-e-27895.
74. Pamela Tudor-Craig 'Thomas Kerrich (1748–1828)' *Oxford dictionary of national biography* Retrieved 2 March 2018 from http://www.oxforddnb.com/view/10.1093/ref:odnb/9780198614128.001.0001/odnb-9780198614128-e-15471.
75. Harvey W. Becher 'Robert Woodhouse (1773–1827)' *Oxford dictionary of national biography* Retrieved 2 March 2018 from http://www.oxforddnb.com/view/10.1093/ref:odnb/9780198614128.001.0001/odnb-9780198614128-e-29926.
76. Christopher F. Lindsey 'James Cumming (1777–1861)' *Oxford dictionary of national biography* Retrieved 2 March 2018 from http://www.oxforddnb.com/view/10.1093/ref:odnb/9780198614128.001.0001/odnb-9780198614128-e-6896.
77. Jonathan Smith and Christopher Stray (editors) *Teaching and learning in nineteenth-century Cambridge* Woodbridge: Boydell Press 2001.
78. Negley Harte and John North *The world of University College London 1828–1978* London: University College London 1978.
79. Hugh James Rose *The tendency of prevalent opinions about knowledge considered* Cambridge 1826 pp. 236–7. More and Mede were seventeenth-century Cambridge academics; More was a Platonist, and Mede was a biblical scholar and Professor of Greek.
80. David A. Valone 'Hugh James Rose's Anglican critique of Cambridge: science, antirationalism, and Coleridgean idealism in late Georgian England' *Albion: a quarterly journal concerned with British studies* XXXIII (2001) pp. 218–42.
81. Charles Babbage *Reflections on the decline of science in England, and on some of its causes* London: B. Fellowes 1830 pp. 1–30.
82. Robert E. Schofield 'History of scientific societies: needs and opportunities for research' *History of science* II (1963) pp. 70–83, p. 70; Jack Morrell and Arnold Thackray *Gentlemen of science: early years of the British Association for the Advancement of Science* Oxford: Clarendon Press 1981 p. 14; David Brewster 'Decline of science in England' *Quarterly review* XLIII (1830) p. 327.

2　万圣小路上的房子

1. Leonard Jenyns *Memoir of the Reverend John Stevens Henslow, M.A., F.L.S., F.G.S., F.C.P.S.: late rector of Hitcham and Professor of Botany in the University of Cambridge* London: John Van Voorst 1862; S. Max Walters 'John Stevens Henslow (1796–1861)' *Oxford dictionary of national biography* Retrieved 2 March 2018 from http://www.oxforddnb.com/view/10.1093/ref:odnb/9780198614128.001.0001/odnb-9780198614128-e-12990; S.M. Walters and E.A. Stow *Darwin's mentor: John Stevens Henslow, 1796–1861* Cambridge: Cambridge University Press 2001.

2. Mr Dryden 'Quarterly night' 2 October 1816, quoted in Walter Jerrold *Michael Faraday: man of science* London: S.W. Partridge & Co. 1892 p. 58. For more on the history of the City Philosophical Society, see Frank James 'Michael Faraday, the City Philosophical Society and the Society of Arts' *Royal Society of Arts Journal* CXL (1992) pp. 192–9.

3. J.S. Rowlinson *Sir James Dewar, 1842–1923: a ruthless chemist* London: Routledge 2012 p. 21. Slaughterhouse Lane is now called Corn Exchange Street; it had previously been known as Fairyard Lane. Bird Bolt Lane is now called Downing Street. The Beast Market was located on what now remains of St Tibb's Row (also known as St Tibbs Row, or Tib Row, as it appears on some maps, once extended all the way to Petty Cury); see J.P.C. Roach (editor) *A history of the county of Cambridge and the Isle of Ely, volume III: the City and University of Cambridge* London: Victoria County History 1959 pp. 101–8.

4. John Gascoigne *Cambridge in the age of the Enlightenment* Cambridge: Cambridge University Press 1989 pp. 277, 292.

5. Anita McConnell 'William Farish (1759–1837)' *Oxford dictionary of national biography* Retrieved 2 March 2018 from http://www.oxforddnb.com/view/10.1093/ref:odnb/9780198614128.001.0001/odnb-9780198614128-e-9162; William Farish *A plan of a course of lectures on arts and manufactures, more particularly such as relate to chemistry* Cambridge: J. Burgess 1796.

6. Edward Daniel Clarke 'Observations upon the ores which contain cadmium, and upon the discovery of this metal in the Derbyshire silicates and other ores of zinc' *Annals of philosophy* XV (1820) pp. 272–6.

7. For examples of post-meeting displays in later years, see Anonymous 'Review of a meeting of the Cambridge Philosophical Society, 18 June 1835' *The London, Edinburgh, and Dublin philosophical magazine and journal of science: series 3* VII (1835) p. 71; Anonymous 'Review of a meeting of the Cambridge Philosophical Society, 30 November 1840' *The annals and magazine of natural history* VI (1841) p. 379.

8. Cambridge Philosophical Society Archives, 3/1/1, minutes of general meeting, 21 February 1820; Anonymous 'Review of meeting of Cambridge Philosophical Society' *The Edinburgh philosophical journal* III (1820) pp. 184–5; Anonymous 'Review of meeting of Cambridge Philosophical Society' *The London literary gazette and journal of belles lettres* 1820 p. 172.

9. Adam Sedgwick to John Herschel, 26 February 1820, quoted in John Willis Clark and Thomas McKenny Hughes *The life and letters of Adam Sedgwick, volume I* Cambridge: Cambridge University Press 2009 p. 209.

10. Anonymous 'Review of meeting of Cambridge Philosophical Society' *The Edinburgh philosophical journal* III (1820) pp. 184–5; Anonymous 'Review of meeting of Cambridge Philosophical Society' *The London literary gazette and journal of belles lettres* 1820 p. 172.
11. Cambridge Philosophical Society Archives, 3/1/1, minutes of general meeting, 6 March 1820, 20 March 1820, 17 April 1820; William Whewell 'On the position of the apsides of orbits of great eccentricity' *Transactions of the Cambridge Philosophical Society* I (1822) pp. 179–94.
12. Richard Yeo 'William Whewell (1794–1866)' *Oxford dictionary of national biography* Retrieved 15 March 2018 from http://www.oxforddnb.com/view/10.1093/ref:odnb/9780198614128.001.0001/odnb-9780198614128-e-29200.
13. Cambridge Philosophical Society Archives, 2/1/1, minutes of Council meeting, 13 March 1820, 23 March 1820.
14. See advertisements for Smith's auctions in, for example, the 5 November 1819 issue of the *Cambridge chronicle*.
15. Cambridge Philosophical Society Archives, 2/1/1, minutes of Council meeting, 22 May 1820.
16. Cambridge Philosophical Society Archives, 2/1/1, minutes of Council meeting, 22 May 1820, 24 October 1820, 27 January 1824; 2/1/2, minutes of Council meeting, 24 October 1836.
17. Cambridge Philosophical Society Archives, 2/1/1, minutes of Council meeting, 22 May 1820, 24 October 1820; John Herschel 'On certain remarkable instances of deviation from Newton's scale in the tints developed by crystals, with one axis of double refraction, on exposure to polarised light' *Transactions of the Cambridge Philosophical Society* I (1822) pp. 21–42.
18. Cambridge Philosophical Society Archives, 3/1/1, minutes of general meeting, 1 May 1820, 13 November 1820; 2/1/1, minutes of Council meeting, 1 May 1820.
19. Carla Yanni *Nature's museums: Victorian science and the architecture of display* London: Athlone Press 2005.
20. Cambridge Philosophical Society Archives, 2/1/1, minutes of Council meeting, 4 December 1819; 3/1/1, minutes of general meeting, 13 December 1819.
21. Leonard Jenyns *Chapters in my life* Cambridge: Cambridge University Press 2011 p. 23.
22. Leonard Jenyns 'Cambridge Philosophical Society museum' in J.J. Smith (editor) *The Cambridge portfolio* London: J.W. Parker 1840 pp. 127–9, p. 127. For lists of donations, see Anonymous 'Donations to the museum' *Transactions of the Cambridge Philosophical Society* I (1822) pp. 463–4; Anonymous 'Donations to the museum' *Transactions of the Cambridge Philosophical Society* II (1827) pp. 450–1; Anonymous 'Donations to the museum' *Transactions of the Cambridge Philosophical Society* III (1830) pp. 447–8.
23. Haswell later renamed himself Halswell.
24. William Buckland *Reliquiae diluvianae, or, observations on the organic remains contained in caves, fissures and diluvial gravel, and on other geological phenomena* London: John Murray 1823. The Kirkdale fossils in the Cambridge Philosophical Society's

museum were donated by Rev. Francis Wrangham, a noted author, poet, and abolitionist who had studied in Cambridge in the 1780s.
25. M.E. Bury and J.D. Pickles (editors) *Romilly's Cambridge Diary, 1842–1847* Cambridge: Cambridgeshire Records Society 1994 p. 101.
26. Leonard Jenyns 'Cambridge Philosophical Society museum' in J.J. Smith (editor) *The Cambridge portfolio* London: J.W. Parker 1840 pp. 127–9, p. 128; Cambridge Philosophical Society Archives, 2/1/1, minutes of Council meeting, 24 November 1821, 21 July 1823; 3/1/1, minutes of general meeting, 19 March 1821.
27. A. Rupert Hall *The Cambridge Philosophical Society: a history 1819–1969* Cambridge: Cambridge Philosophical Society 1969 p. 9. Cambridge Philosophical Society Archives, 6/2/1, membership records.
28. Cambridge Philosophical Society Archives, 2/1/2, minutes of Council meeting, 14 November 1831, undated April 1832, 4 May 1832, 9 May 1832.
29. Cambridge Philosophical Society Archives, 1/2/2, lease of the Society's house.
30. The name is occasionally spelled 'Humphrey'. For more details on his buildings, see Anonymous *An inventory of the historical monuments in the City of Cambridge* London: Her Majesty's Stationery Office 1959 pp. 209–44. Christopher N.L. Brooke *A history of the University of Cambridge, volume IV: 1870–1990* Cambridge: Cambridge University Press 1993 pp. 252, 304.
31. Cambridge Philosophical Society Archives, 7/2/1, specification for the Philosophical Society's house in All Saints' Passage; 2/1/2, minutes of Council meeting, 5 June 1832, 12 June 1833.
32. Cambridge Philosophical Society Archives, 2/1/2, minutes of Council meeting, undated April 1832, 5 June 1832.
33. Leonard Jenyns 'Cambridge Philosophical Society museum' in J.J. Smith (editor) *The Cambridge portfolio* London: J.W. Parker 1840 pp. 127–9, p. 127.
34. Cambridge Philosophical Society Archives, 2/1/1, minutes of Council meeting, 18 March 1822.
35. John Stevens Henslow to Leonard Jenyns, 8 April 1823, quoted in S.M Walters and E.A. Stow *Darwin's mentor: John Stevens Henslow, 1796–1861* Cambridge: Cambridge University Press 2001 p. 40.
36. Charles Darwin to William Darwin Fox, 8 October 1830, Darwin Correspondence Project letter #86.
37. John Willis Clark 'The foundation and early years of the Society' *Proceedings of the Cambridge Philosophical Society* VII (1892) pp. i–l, p. xii.
38. David McKitterick *Cambridge University Library: a history: the eighteenth and nineteenth centuries* Cambridge: Cambridge University Press 2009.
39. Cambridge Philosophical Society Archives, 2/1/1, minutes of Council meeting, 24 November 1821, undated May 1822, 23 May 1831, 28 November 1831.
40. Cambridge Philosophical Society Archives, 2/1/2, minutes of Council meeting, 25 July 1833, 9 December 1833, 17 March 1834; 2/1/3, minutes of Council meeting, 16 November 1840.
41. Anonymous 'Donations to the library' *Transactions of the Cambridge Philosophical Society* I (1822) pp. 461–3; Anonymous 'Donations to the library' *Transactions of the*

Cambridge Philosophical Society II (1827) pp. 446–9; Anonymous 'Donations to the library' *Transactions of the Cambridge Philosophical Society* III (1830) pp. 445–7.

42. Cambridge Philosophical Society Archives, 7/2/1, specification for the Philosophical Society's house in All Saints' Passage, pp. 8–11. On the architecture of provincial philosophical societies, see Sophie Forgan 'Context, image and function: a preliminary enquiry into the architecture of scientific societies' *British journal for the history of science* XIX (1986) pp. 89–113.
43. Cambridge Philosophical Society Archives, 3/1/1, minutes of general meeting, 15 May 1820.
44. William Whewell 'On the results of observations made with a new anemometer' *Transactions of the Cambridge Philosophical Society* VI (1838) pp. 301–15; Anonymous 'Anemometers of Messrs. Whewell and Osler' *Arcana of science and art* (1838) pp. 279–81.
45. Cambridge Philosophical Society Archives, 2/1/2, minutes of Council meeting, 24 October 1836.
46. Cambridge Philosophical Society Archives, 2/1/3, minutes of Council meeting, 6 November 1839; Christopher Webster and John Elliott (editors) *'A church as it should be': the Cambridge Camden Society and its influence* Stamford: Shaun Tyas 2000.
47. Cambridge Philosophical Society Archives, 2/1/2, minutes of Council meeting, undated April 1832. Charters had been awarded to the Royal Institution (1800), the Linnean Society (1802), the Horticultural Society (1809), the Geological Society (1825), the Zoological Society (1829), and the Royal Astronomical Society (1831). Retrieved 19 July 2016 from http://privycouncil.independent.gov.uk/royal-charters/chartered-bodies/.
48. Adam Sedgwick to Prince William Frederick, 21 May 1832, Cambridge Philosophical Society Archives 1/2/1a. This letter was found in 2016 in the basement of a building once occupied by the Privy Council; it was rescued from the recycling bin by Patricia Mulcahy.
49. Cambridge Philosophical Society Archives, Royal Charter, 1832.
50. Adam Sedgwick, quoted in John Willis Clark and Thomas McKenny Hughes *The life and letters of Adam Sedgwick, volume I* Cambridge: Cambridge University Press 2009 p. 397.
51. Cambridge Philosophical Society Archives, 2/1/2, minutes of Council meeting, 23 October 1832, 29 October 1832; 1/2/2, Charter and bye laws of the Cambridge Philosophical Society.
52. M.E. Bury and J.D. Pickles (editors) *Romilly's Cambridge Diary, 1842–1847* Cambridge: Cambridgeshire Records Society 1994 p. 21. Connop Thirlwall was a fellow of Trinity College. In the 1830s, he was involved in disputes about allowing greater religious freedoms in Cambridge; Thirlwall supported the idea of allowing dissenters to study at Cambridge and lost his fellowship over this stance. His main opponent was another fellow of the Cambridge Philosophical Society— Thomas Turton, who had sat on the Society's first Council. J.W. Clark (revised by H.G.C. Matthew) 'Connop Thirlwall (1797–1875)' *Oxford dictionary of national biography* Retrieved 15 March 2018 from http://www.oxforddnb.com/view/10.1093/

ref:odnb/9780198614128.001.0001/odnb-9780198614128-e-27185. Lodge may have been John Lodge, the University Librarian and a member of the Society's council.

53. Adam Sedgwick to Roderick Impey Murchison, 7 November 1832, quoted in John Willis Clark and Thomas McKenny Hughes *The life and letters of Adam Sedgwick, volume I* Cambridge: Cambridge University Press 2009 p. 397.

54. Cambridge Philosophical Society Archives, 2/1/2, minutes of Council meeting, 29 October 1832, 14 November 1832; Nicolas Carlisle *A memoir of the life of William Wyon* London: W. Nichol 1837 p. 206.

55. David McKitterick *A history of Cambridge University Press, volume II* Cambridge: Cambridge University Press 1998 chapter 1; Aileen Fyfe *Steam-powered knowledge: William Chambers and the business of publishing, 1820–1860* Chicago: University of Chicago Press 2012; Adrian Johns 'Miscellaneous methods: authors, societies and journals in early modern England' *British journal for the history of science* XXXIII (2000) pp. 159–86.

56. Cambridge Philosophical Society Archives, 2/1/1, minutes of Council meeting, 1 May 1820, 5 June 1820. For a history of the Geological Society of London, see C.L.E. Lewis and S.J. Knell (editors) *The making of the Geological Society of London* London: Geological Society 2009. For more information on the style and content of the *Transactions*, see M.J.S. Rudwick 'The early Geological Society in its international context' in C.L.E. Lewis and S.J. Knell (editors) *The making of the Geological Society of London* London: Geological Society 2009 pp. 145–54, pp. 149–50. See also *Transactions of the Geological Society* I (1811); Anonymous 'Review of *Transactions of the Geological Society*, volume I' *The Edinburgh review, or critical journal* XIX (1812) pp. 207–29; and Charles Babbage *Reflections on the decline of science in England, and on some of its causes* London: B. Fellowes 1830 p. 45.

57. Cambridge Philosophical Society Archives, 2/1/1, minutes of Council meeting, 4 December 1820; Anonymous 'Preface' *Transactions of the Cambridge Philosophical Society* I (1822) pp. iii–viii, p. viii; Anonymous 'Regulations' *Transactions of the Cambridge Philosophical Society* I (1822) pp. xvii–xxiii, p. xx. On the financial difficulties of publishing journals, see Aileen Fyfe 'Journals, learned societies and money: Philosophical Transactions, ca. 1750–1900' *Notes and records of the Royal Society* LXIX (2015) pp. 277–99. On the new landscape of literacy, printing, and scientific publications, see Jack Morrell and Arnold Thackray *Gentlemen of science: early years of the British Association for the Advancement of Science* Oxford: Clarendon Press 1981 pp. 18–19; David M. Night 'Scientists and their publics: popularisation of science in the nineteenth century' in Mary Jo Nye (editor) *The Cambridge history of science, volume V: the modern physical and mathematical sciences* Cambridge: Cambridge University Press 2003 pp. 72–90, p. 75; David McKitterick *A history of Cambridge University Press, volume II* Cambridge: Cambridge University Press 1998 p. 25; Cambridge Philosophical Society Archives, 2/1/2, minutes of Council meeting, 18 March 1837.

58. David McKitterick *A history of Cambridge University Press, volume II* Cambridge: Cambridge University Press 1998 p. 6.

59. Cambridge Philosophical Society Archives, 2/1/1, minutes of Council meeting, 5 June 1820, 24 January 1821, 15 December 1821, 10 May 1822. For more on John Smith, see David McKitterick *A history of Cambridge University Press, volume II* Cambridge: Cambridge University Press 1998 chapter 15. For more on John Murray, see William Zachs, Peter Isaac, Angus Fraser, and William Lister 'Murray family (per. 1768–1967)' *Oxford dictionary of national biography* Retrieved 15 March 2018 from http://www.oxforddnb.com/view/10.1093/ref:odnb/9780198614128.001.0001/odnb-9780198614128-e-64907. Mr Lowry may have been Wilson Lowry or his son, Joseph Wilson Lowry, both engravers active at this time. Mr Bowtell may have been John Bowtell, the nephew of a very well-regarded Cambridge bookbinder also called John Bowtell.
60. Aileen Fyfe 'Peer review: not as old as you might think' *Times higher education* 25 June 2015 Retrieved 8 October 2018 from http://www.timeshighereducation.com/features/peer-review-not-old-you-might-think; Alex Csiszar 'Peer review: troubled from the start' *Nature* DXXXII (2016) pp. 306–8; Noah Moxham and Aileen Fyfe 'The Royal Society and the prehistory of peer review, 1665–1965' *The historical journal* (2017) doi:10.1017/S0018246X17000334. Before the publication of the first volume of the Society's *Transactions*, Charles Babbage's paper on the notation used in calculus was examined by the newest Council members—George Peacock and William Whewell; Adam Sedgwick's first papers on Cornish geology were reviewed by Edward Clarke and George Peacock; Edward Clark's mineralogical papers were read by William Farish and John Haviland; and William Whewell's paper on orbits was reviewed by Thomas Turton and Richard Gwatkin. In the early days, most papers passed the review process, but a few were rejected—like that by one Mr Emmett, rejected after a report by John Haviland and Adam Sedgwick. Though any fellow of the Society could be called upon to review an article, in reality, most reviewing was done by members of the Council. Cambridge Philosophical Society Archives, 2/1/1, minutes of Council meeting, 22 May 1820.
61. Cambridge Philosophical Society Archives, 2/1/1, minutes of Council meeting, 22 May 1820; Anonymous 'Preface' *Transactions of the Cambridge Philosophical Society* I (1822) pp. iii–viii, p. xx.
62. Anonymous 'Preface' *Transactions of the Cambridge Philosophical Society* I (1822) pp. iii–viii.
63. Adam Sedgwick to William Ainger, 13 April 1821, quoted in John Willis Clark and Thomas McKenny Hughes *The life and letters of Adam Sedgwick, volume I* Cambridge: Cambridge University Press 2009 p. 225.
64. Anonymous 'Review of *Transactions of the Cambridge Philosophical Society, volume I, part II*' *The British critic: a new review* XVIII (1822) pp. 386, 395.
65. Anonymous 'Review of *Transactions of the Cambridge Philosophical Society, volume I, part I*' *The Cambridge quarterly review and academical register* I (1824) pp. 163, 166, 171, 181, 182.
66. Cambridge Philosophical Society Archives, 2/1/1, minutes of Council meeting, 2 April 1821, 10 May 1822.

67. Cambridge Philosophical Society Archives, 2/1/1, minutes of Council meeting, undated May 1822; 2/1/2, minutes of Council meeting, 16 November 1829; Anonymous 'Donations to the library' *Transactions of the Cambridge Philosophical Society* I (1822) pp. 461–3; Anonymous 'Donations to the library' *Transactions of the Cambridge Philosophical Society* II (1827) pp. 446–9; Anonymous 'Donations to the library' *Transactions of the Cambridge Philosophical Society* III (1830) pp. 445–7.
68. John Willis Clark and Thomas McKenny Hughes *The life and letters of Adam Sedgwick, volume I* Cambridge: Cambridge University Press 2009 p. 396.
69. Anonymous 'Preface' *Transactions of the Cambridge Philosophical Society* I (1822) pp. iii–viii, p. v.
70. Roderick Impey Murchison to Adam Sedgwick, 1828, quoted in Crosbie Smith 'Geologists and mathematicians: the rise of physical geology' in P.M. Harman (editor) *Wranglers and physicists: studies on Cambridge physics in the nineteenth century* Manchester: Manchester University Press 1985 pp. 49–83, p. 52.
71. James A Secord *Controversy in Victorian geology: the Cambrian–Silurian dispute* Princeton: Princeton University Press 1986 pp. 61–6; Crosbie Smith 'Geologists and mathematicians: the rise of physical geology' in P.M. Harman (editor) *Wranglers and physicists: studies on Cambridge physics in the nineteenth century* Manchester: Manchester University Press 1985 pp. 49–83, p. 52.
72. Adam Sedgwick 'On the physical structure of those formations which are immediately associated with the primitive ridge of Devonshire and Cornwall' *Transactions of the Cambridge Philosophical Society* I (1822) pp. 89–146.
73. Crosbie Smith 'Geologists and mathematicians: the rise of physical geology' in P.M. Harman (editor) *Wranglers and physicists: studies on Cambridge physics in the nineteenth century* Manchester: Manchester University Press 1985 pp. 49–83, p. 55.
74. William Whewell 'Mathematical exposition of some of the leading doctrines in Mr Ricardo's "Principles of political economy and taxation"' *Transactions of the Cambridge Philosophical Society* IV (1833) pp. 155–98, p. 156.
75. Anonymous 'Review of a meeting of the Cambridge Philosophical Society, 22 February 1836' *The London, Edinburgh, and Dublin philosophical magazine and journal of science: series 3* VIII (1836) p. 429; Isaac Todhunter (editor) *William Whewell, Master of Trinity College, Cambridge: an account of his writings, volume I* London: Macmillan 1876 chapter 6.
76. Henry J.H. Bond 'A statistical report of Addenbrooke's Hospital, for the year 1836' *Transactions of the Cambridge Philosophical Society* VI (1838) pp. 361–78; Henry J.H. Bond 'A statistical report of Addenbrooke's Hospital, for the year 1837' *Transactions of the Cambridge Philosophical Society* VI (1838) pp. 565–75.
77. Terence D. Murphy 'Medical knowledge and statistical methods in early nineteenth-century France' *Medical history* XXV (1981) 301–19; Andrea A. Rusnock *Vital accounts: quantifying health and population in eighteenth-century England and France* Cambridge: Cambridge University Press 2002.
78. Adam Sedgwick, quoted in John Willis Clark and Thomas McKenny Hughes *The life and letters of Adam Sedgwick, volume I* Cambridge: Cambridge University Press 2009 p. 208.

79. Adam Sedgwick to William Wordsworth, May 1842, quoted in John Willis Clark and Thomas McKenny Hughes *The life and letters of Adam Sedgwick, volume I* Cambridge: Cambridge University Press 2009 p. 248.
80. Adam Sedgwick, 1853, quoted in John Willis Clark and Thomas McKenny Hughes *The life and letters of Adam Sedgwick, volume I* Cambridge: Cambridge University Press 2009 p. 249.
81. William Whewell, 1824, quoted in John Willis Clark and Thomas McKenny Hughes *The life and letters of Adam Sedgwick, volume I* Cambridge: Cambridge University Press 2009 p. 247.
82. Adam Sedgwick, 1853, quoted in John Willis Clark and Thomas McKenny Hughes *The life and letters of Adam Sedgwick, volume I* Cambridge: Cambridge University Press 2009 p. 249.
83. William Wordsworth *The excursion* London 1814 pp. 103–4.
84. Adam Sedgwick to William Wordsworth, 1842, quoted in Crosbie Smith 'Geologists and mathematicians: the rise of physical geology' in P.M. Harman (editor) *Wranglers and physicists: studies on Cambridge physics in the nineteenth century* Manchester: Manchester University Press 1985 pp. 49–83, p. 83.
85. Charles Babbage *Reflections on the decline of science in England, and on some of its causes* London: B. Fellowes 1830 pp. 10, 30–1, 36–7.
86. Adam Sedgwick to William Ainger, 19 February 1825, quoted in John Willis Clark and Thomas McKenny Hughes *The life and letters of Adam Sedgwick, volume I* Cambridge: Cambridge University Press 2009 p. 263.
87. John Herschel to Charles Babbage, 18 December 1815, quoted in Günther Buttmann *The shadow of the telescope: a biography of John Herschel* Guildford: Lutterworth Press 1974 p. 18.
88. Michael J. Crowe 'John Frederick William Herschel (1792–1871)' *Oxford dictionary of national biography* Retrieved 15 March 2018 from http://www.oxforddnb.com/view/10.1093/ref:odnb/9780198614128.001.0001/odnb-9780198614128-e-13101.
89. George Peacock to John Herschel, 3 December 1816, quoted in Roger Hutchins *British university observatories, 1772–1939* Aldershot: Ashgate 2008 p. 31.
90. Adam Sedgwick to John Herschel, 14 November 1820, quoted in John Willis Clark and Thomas McKenny Hughes *The life and letters of Adam Sedgwick, volume I* Cambridge: Cambridge University Press 2009 p. 208.
91. Roger Hutchins *British university observatories, 1772–1939* Aldershot: Ashgate 2008 pp. 30–7.
92. George Biddell Airy 'On the use of silvered glass for the mirrors of reflecting telescopes' *Transactions of the Cambridge Philosophical Society* II (1827) pp. 105–18.
93. Allan Chapman 'George Biddell Airy (1801–1892)' *Oxford dictionary of national biography* Retrieved 15 March 2018 from http://www.oxforddnb.com/view/10.1093/ref:odnb/9780198614128.001.0001/odnb-9780198614128-e-251; Susan F. Cannon *Science in culture: the early Victorian period* New York: Dawson and Science History Publications 1978 p. 8.
94. S.M Walters and E.A. Stow *Darwin's mentor: John Stevens Henslow, 1796–1861* Cambridge: Cambridge University Press 2001 p. 42.

95. Roger Hutchins *British university observatories, 1772–1939* Aldershot: Ashgate 2008 pp. 32–3.
96. Richard Dunn and Rebecca Higgitt *Ships, clocks, and stars: the quest for longitude* Glasgow: Collins and London: Royal Museums Greenwich 2014.
97. Jack Morrell and Arnold Thackray *Gentlemen of science: early years of the British Association for the Advancement of Science* Oxford: Clarendon Press 1981 p. 42.
98. Charles Babbage *Reflections on the decline of science in England, and on some of its causes* London: B. Fellowes 1830 p. 148.
99. John Willis Clark and Thomas McKenny Hughes *The life and letters of Adam Sedgwick, volume I* Cambridge: Cambridge University Press 2009 p. 320.
100. Jack Morrell and Arnold Thackray *Gentlemen of science: early years of the British Association for the Advancement of Science* Oxford: Clarendon Press 1981 p. 48; Anonymous [David Brewster] 'Decline of science in England' *Quarterly review* XLIII (1830) pp. 305–42.
101. Charles Babbage *Reflections on the decline of science in England, and on some of its causes* London: B. Fellowes 1830.
102. Jack Morrell and Arnold Thackray *Gentlemen of science: early years of the British Association for the Advancement of Science* Oxford: Clarendon Press 1981 p. 49.
103. David Brewster to John Philips, 23 February 1831, quoted in Jack Morrell and Arnold Thackray *Gentlemen of science: early years of the British Association for the Advancement of Science* Oxford: Clarendon Press 1981 p. 59.
104. A.D. Orange *Philosophers and provincials: the Yorkshire Philosophical Society from 1822 to 1844* York: Yorkshire Philosophical Society 1973 pp. 7–10. For the foundation story of another philosophical society in Yorkshire, see E. Kitson Clark *The history of 100 years of life of the Leeds Philosophical and Literary Society* Leeds: Jowett and Sowry 1924 pp. 5–25.
105. Jack Morrell and Arnold Thackray *Gentlemen of science: early years of the British Association for the Advancement of Science* Oxford: Clarendon Press 1981 pp. 38, 58; Jack Morrell 'William Vernon Harcourt (1789–1871)' *Oxford dictionary of national biography* Retrieved 15 March 2018 from http://www.oxforddnb.com/view/10.1093/ref:odnb/9780198614128.001.0001/odnb-9780198614128-e-12249.
106. Jack Morrell and Arnold Thackray *Gentlemen of science: early years of the British Association for the Advancement of Science* Oxford: Clarendon Press 1981 pp. 58–88.
107. William Buckland to Adam Sedgwick, 19 April 1832, quoted in John Willis Clark and Thomas McKenny Hughes *The life and letters of Adam Sedgwick, volume I* Cambridge: Cambridge University Press 2009 p. 390.
108. Susan F. Cannon *Science in culture: the early Victorian period* New York: Dawson and Science History Publications 1978 p. 214.
109. Jack Morrell and Arnold Thackray *Gentlemen of science: early years of the British Association for the Advancement of Science* Oxford: Clarendon Press 1981 pp. 168–71, 216; Anonymous *Report of the third meeting of the British Association for the Advancement of Science, held at Cambridge in 1833* London: John Murray 1834. The other members of the organizing committee (apart from Sedgwick et al.) were George Peacock, Joseph Cape, Edward John Ash, William Hodgson, Charles Currie, James

Bowstead, Frederick Hildyard, William Henry Hanson, Henry Philpott, Charles Thomas Whitley, Charles Cardale Babington, William Lewes Pugh Garnons, James William Lucas Heaviside, John Maurice Herbert, John Matthews Robinson, John Thompson, and Thomas Thorp. Charles Dickens *The Mudfog Papers* Richmond: Alma Classics 2014.

110. Simon Schaffer 'Scientific discoveries and the end of natural philosophy' *Social studies of science* XVI (1986) pp. 387–420 p. 409. For more on Coleridge's views of natural philosophy and science, see Samuel Taylor Coleridge 'General introduction, or, a preliminary treatise on method' in Edward Smedley, Hugh James Rose, and Henry John Rose (editors) *Encyclopædia metropolitana, volume I* London: J.J. Griffin 1849, pp. (1)–(27). For more on the role of the British Association in shaping the idea of 'science', see Richard Yeo *Defining science* Cambridge: Cambridge University Press 1993 pp. 24–35. On the narrowing of scientific terminology in the nineteenth century, see Lorraine Daston and H. Otto Sibum 'Scientific personae and their histories' *Science in context* XVI (2003) pp. 1–8; David Cahan (editor) *From natural philosophy to the sciences* Chicago: Chicago University Press 2003 chapter 1; and Jed Z. Buchwald and Sungook Hong 'Physics' in David Cahan (editor) *From natural philosophy to the sciences* Chicago: Chicago University Press 2003 pp. 163–95.

111. William Whewell 'Review of *On the connexion of the physical sciences*' *The quarterly review* LI (1834) pp. 54–68, pp. 59–60; James A. Secord *Visions of science: books and readers at the dawn of the Victorian age* Oxford: Oxford University Press 2014 pp. 104–6.

112. For a discussion of the so-called Cambridge network, see Susan F. Cannon *Science in culture: the early Victorian period* New York: Dawson and Science History Publications 1978, and Walter F. Cannon 'Scientists and broad churchmen: an early Victorian intellectual network' *Journal of British studies* IV (1964) pp. 65–88.

113. Adam Sedgwick to William Ainger, 16 August 1825, quoted in John Willis Clark and Thomas McKenny Hughes *The life and letters of Adam Sedgwick, volume I* Cambridge: Cambridge University Press 2009 p. 267.

114. John Willis Clark and Thomas McKenny Hughes *The life and letters of Adam Sedgwick, volume I* Cambridge: Cambridge University Press 2009 p. 208; Cambridge Philosophical Society Archives, 2/1/3, minutes of Council meeting, 30 October 1839.

3　南方来信

1. Charles Lyell to Caroline Lyell, 26 February 1829, quoted in K.M. Lyell (editor) *Life, letters and journals of Sir Charles Lyell, Bart* Cambridge: Cambridge University Press 2010 pp. 251–2.
2. John Herschel (edited by David S. Evans, Terence J. Deeming, Betty Hall Evans, and Stephen Goldfarb) *Herschel at the Cape: diaries and correspondence of Sir John Herschel, 1834–1838* Austin: University of Texas Press 1969 pp. 47, 72.
3. Michael J. Crowe 'John Frederick William Herschel (1792–1871)' *Oxford dictionary of national biography* Retrieved 15 March 2018 from http://www.oxforddnb.com/view/10.1093/ref:odnb/9780198614128.001.0001/odnb-9780198614128-e-13101.

4. John Herschel to Charles Lyell, 12 June 1837, quoted in Walter F. Cannon 'The impact of uniformitarianism: two letters from John Herschel to Charles Lyell, 1836–1837' *Proceedings of the American Philosophical Society* CV (1961) pp. 301–14, p. 314.
5. John Herschel (edited by David S. Evans, Terence J. Deeming, Betty Hall Evans, and Stephen Goldfarb) *Herschel at the Cape: diaries and correspondence of Sir John Herschel, 1834–1838* Austin: University of Texas Press 1969 pp. 144, 152, 192, 194–5, 200.
6. Anonymous 'Cambridge Philosophical Society, 16 November 1835' *The London, Edinburgh, and Dublin philosophical magazine and journal of science: series 3* VIII (1836) pp. 78–80, pp. 78–9.
7. Cambridge Philosophical Society Archives, 3/1/2, minutes of general meeting, 16 November 1835.
8. George Peacock to John Stevens Henslow, first letter before 24 August 1831, second letter undated, quoted in Nora Barlow (editor) *Darwin and Henslow: the growth of an idea, letters 1831–1860* London: Murray 1967 pp. 28–9.
9. Charles Darwin to Susan Darwin, 4 September 1831, Darwin Correspondence Project letter #115; John Stevens Henslow to Charles Darwin, 24 August 1831, quoted in Nora Barlow (editor) *Darwin and Henslow: the growth of an idea, letters 1831–1860* London: Murray 1967 pp. 29–30.
10. Charles Darwin to John Stevens Henslow, 15 November 1831, Darwin Correspondence Project letter #147.
11. Charles Darwin *Narrative of the surveying voyages of His Majesty's ships* Adventure *and* Beagle, *volume III: journal and remarks, 1832–1836* London: Henry Colburn 1839 pp. 484–5.
12. Charles Darwin *Extracts from letters addressed to Professor Henslow* Cambridge: Cambridge Philosophical Society 1835 pp. 1–31; Cambridge Philosophical Society Archives, 3/1/2, minutes of general meeting, 16 November 1835; Anonymous 'Cambridge Philosophical Society, 16 November 1835' *The London, Edinburgh, and Dublin philosophical magazine and journal of science: series 3* VIII (1836) pp. 78–80, p. 79.
13. Charles Darwin (edited by Nora Barlow) *The works of Charles Darwin, volume I: diary of the voyage of H.M.S. Beagle* New York: New York University Press 1986 p. 315.
14. Charles Darwin to Catherine Darwin, 3 June 1836, Darwin Correspondence Project letter #302.
15. Charles Darwin to John Stevens Henslow, 9 July 1836, Darwin Correspondence Project letter #304. Herschel also recorded the dinner with Darwin in his diary: John Herschel (edited by David S. Evans, Terence J. Deeming, Betty Hall Evans, and Stephen Goldfarb) *Herschel at the Cape: diaries and correspondence of Sir John Herschel, 1834–1838* Austin: University of Texas Press 1969 p. 242.
16. Caroline Darwin to Charles Darwin, 29 December 1835, Darwin Correspondence Project letter #291; Anonymous 'Geological Society of London' *The Athenaeum* Issue 421, 21 November 1835 p. 876.
17. John Stevens Henslow to William Lonsdale, 28 November 1835, quoted in Susan F. Cannon *Science in culture: the early Victorian period* New York: Dawson and Science History Publications 1978 p. 56.

18. Charles Darwin *Extracts from letters addressed to Professor Henslow* Cambridge: Cambridge Philosophical Society 1835 pp. 23–31; Cambridge Philosophical Society Archives, 3/1/2, minutes of general meeting, 14 December 1835; Anonymous 'Cambridge Philosophical Society, 14 December 1835' *The London, Edinburgh, and Dublin philosophical magazine and journal of science: series 3* VIII (1836) p. 80.
19. See the article by the French naturalist M. Gay in Charles Darwin *Extracts from letters addressed to Professor Henslow* Cambridge: Cambridge Philosophical Society 1835 pp. 30–1.
20. Charles Darwin to John Stevens Henslow, 18 May 1832, Darwin Correspondence Project letter #171.
21. Charles Darwin to John Stevens Henslow, 11 April 1833, Darwin Correspondence Project letter #204.
22. Charles Darwin *Extracts from letters addressed to Professor Henslow* Cambridge: Cambridge Philosophical Society 1835 p. 24.
23. Cambridge Philosophical Society Archives, 2/1/2, minutes of Council meeting, 30 November 1835.
24. Charles Darwin *Extracts from letters addressed to Professor Henslow* Cambridge: Cambridge Philosophical Society 1835 preface, dated 1 December 1835.
25. Charles Darwin to Catherine Darwin, 3 June 1836, Darwin Correspondence Project letter #302.
26. Caroline Darwin to Charles Darwin, 29 December 1835, Darwin Correspondence Project letter #291.
27. Charles Darwin to John Stevens Henslow, 30 October 1836, quoted in Nora Barlow (editor) *Darwin and Henslow: the growth of an idea, letters 1831–1860* London: Murray 1967 pp. 118–23.
28. Charles Darwin to John Stevens Henslow, 9 September 1831, quoted in Nora Barlow (editor) *Darwin and Henslow: the growth of an idea, letters 1831–1860* London: Murray 1967 p. 40.
29. Adam Sedgwick to Samuel Butler, 1835, quoted in quoted in John Willis Clark and Thomas McKenny Hughes *The life and letters of Adam Sedgwick, volume I* Cambridge: Cambridge University Press 2009 p. 280; Charles Darwin to John Stevens Henslow, 30 October 1836, quoted in Nora Barlow (editor) *Darwin and Henslow: the growth of an idea, letters 1831–1860* London: Murray 1967 p. 119. The Zoological Museum referred to is the Museum of the Zoological Society of London.
30. Leonard Jenyns 'Cambridge Philosophical Society museum' in J.J. Smith (editor) *The Cambridge portfolio* London: J.W. Parker 1840 pp. 127–9, p. 128.
31. Cambridge Philosophical Society Archives, 3/1/2, minutes of general meeting, 27 February 1837; Anonymous 'Cambridge Philosophical Society, 27 February 1837' *The London, Edinburgh, and Dublin philosophical magazine and journal of science: series 3* X (1837) p. 316.
32. Charles Darwin to Caroline Darwin, 27 February 1837, Darwin Correspondence Project letter #346. Adam Sedgwick was a prebendary of Norwich Cathedral.

33. Cambridge Philosophical Society Archives, 3/1/2, minutes of general meeting, 12 March 1838; Charles Darwin to John Stevens Henslow, 26 March 1838, Darwin Correspondence Project letter #406.
34. The best-known pre-Darwinian theory of transmutation of species was proposed by Jean-Baptiste Lamarck; see R.W. Burkhardt *The spirit of system: Lamarck and evolutionary biology* Cambridge, Mass., and London: Harvard University Press 1995.
35. James A. Secord *Victorian sensation* Chicago: University of Chicago Press 2000 p. 2.
36. Book reviews: Anonymous 'Review of *Vestiges of creation*' *The Examiner* 9 November 1844 pp. 707–9; Anonymous 'Review of *Vestiges of creation*' *The Spectator* 9 November 1844 p. 1072.
37. James A. Secord *Victorian sensation* Chicago: University of Chicago Press 2000 pp. 1–2, 168–9.
38. Anonymous [Robert Chambers] *Vestiges of the natural history of creation* London: John Churchill 1844 pp. 12–15, 44–54, 58, 63, 76–80, 94–104, 111.
39. Anonymous [Robert Chambers] *Vestiges of the natural history of creation* London: John Churchill 1844 pp. 168, 185.
40. Anonymous [Robert Chambers] *Vestiges of the natural history of creation* London: John Churchill 1844 pp. 204–5.
41. Anonymous [Robert Chambers] *Vestiges of the natural history of creation* London: John Churchill 1844 pp. 212–13.
42. James A. Secord *Victorian sensation* Chicago: University of Chicago Press 2000 p. 131.
43. James A. Secord *Vestiges of the natural history of creation and other evolutionary writings* Chicago and London: University of Chicago Press 1994 introduction.
44. Anonymous [Adam Sedgwick] 'Review of *Vestiges of the natural history of creation*' *Edinburgh review* CLXV (1845) pp. 1–85, pp. 3, 74.
45. William Whewell to Adam Sedgwick, 6 June 1845, quoted in John Willis Clark and Thomas McKenny Hughes *The life and letters of Adam Sedgwick, volume I* Cambridge: Cambridge University Press 2009 p. 98.
46. James A. Secord *Victorian sensation* Chicago: University of Chicago Press 2000 pp. 227–8; William Whewell *Indications of the Creator* London: John W. Parker 1845.
47. William Whewell to R. Jones, 18 July 1845, quoted in James A. Secord *Victorian sensation* Chicago: University of Chicago Press 2000 p. 228.
48. Cambridge Philosophical Society Archives, 3/1/2, minutes of general meeting, 28 April 1845; James A. Secord *Victorian sensation* Chicago: University of Chicago Press 2000 p. 250.
49. William Clark 'A case of human monstrosity, with a commentary' *Transactions of the Cambridge Philosophical Society* IV (1833) pp. 219–56, p. 220.
50. William Clark, quoted in Anonymous [Adam Sedgwick] 'Review of *Vestiges of the natural history of creation*' *Edinburgh review* CLXV (1845) pp. 1–85, pp. 78–9. Clark did not publish the paper he delivered to the Society in 1845, but it can be reconstructed from this review which was published a few months later by Sedgwick in the *Edinburgh review* and which quoted Clark extensively.

51. Anonymous [Adam Sedgwick] 'Review of *Vestiges of the natural history of creation*' *Edinburgh review* CLXV (1845) pp. 1–85, pp. 74, 80–1.
52. See Darwin's comments in Charles Darwin to Caroline Darwin, 27 February 1837, Darwin Correspondence Project letter #346 about discussion at a meeting of the Society; and there are several instances of discussion mentioned in *Proceedings of the Cambridge Philosophical Society* I (1843–1863).
53. William Whewell *Indications of the Creator* London: John W. Parker 1845 p. 26.
54. J.W. Clark (revised by Michael Bevan) 'William Clark (1788–1869)' *Oxford dictionary of national biography* Retrieved 30 May 2018 from http://www.oxforddnb.com/view/10.1093/ref:odnb/9780198614128.001.0001/odnb-9780198614128-e-5478; James A. Secord *Victorian sensation* Chicago: University of Chicago Press 2000 pp. 249–50.
55. James A. Secord *Victorian sensation* Chicago: University of Chicago Press 2000 pp. 231–3.
56. For a list of the members of the Association's council, see Anonymous *Report of the fifteenth meeting of the British Association for the Advancement of Science, held at Cambridge in June 1845* London: John Murray 1846 p. viii; for details of the planning of the Association's meeting in Cambridge, see Cambridge Philosophical Society Archives, 2/1/3, minutes of Council meeting, 12 May 1845, 18 June 1845, 10 November 1845.
57. Michael J. Crowe 'John Frederick William Herschel (1792–1871)' *Oxford dictionary of national biography* Retrieved 15 March 2018 from http://www.oxforddnb.com/view/10.1093/ref:odnb/9780198614128.001.0001/odnb-9780198614128-e-13101.
58. Walter F. Cannon 'The impact of uniformitarianism: two letters from John Herschel to Charles Lyell, 1836–1837' *Proceedings of the American Philosophical Society* CV (1961) pp. 301–14.
59. James A. Secord *Victorian sensation* Chicago: University of Chicago Press 2000 pp. 406–9; John Herschel 'Address' *Report of the fifteenth meeting of the British Association for the Advancement of Science, held at Cambridge in June 1845* London: John Murray 1846 pp. xxvii–xliv.
60. M.E. Bury and J.D. Pickles (editors) *Romilly's Cambridge Diary, 1842–1847* Cambridge: Cambridgeshire Records Society 1994 p. 129.
61. John Herschel 'Address' *Report of the fifteenth meeting of the British Association for the Advancement of Science, held at Cambridge in June 1845* London: John Murray 1846 pp. xxvii–xliv, pp. xlii–xliii.
62. John Herschel 'Address' *Report of the fifteenth meeting of the British Association for the Advancement of Science, held at Cambridge in June 1845* London: John Murray 1846 pp. xxvii–xliv, p. xxviii.
63. John Herschel 'Address' *Report of the fifteenth meeting of the British Association for the Advancement of Science, held at Cambridge in June 1845* London: John Murray 1846 pp. xxvii–xliv, p. xxviii.
64. *Prospectus* quoted in Morse Peckham 'Dr. Lardner's *Cabinet Cyclopaedia*' *The papers of the Bibliographical Society of America* XLV (1951) pp. 37–58, p. 41.

65. Raymond D. Tumbleson '"Reason and religion": the science of Anglicanism' *Journal of the history of ideas* LVII (1996) pp. 131–56, pp. 132–3. For a case study of Professor William Buckland's approach to combining geology and religion, see Mott T. Green 'Genesis and geology revisited: the order of nature and the nature of order in nineteenth-century Britain' in David C. Lindberg and Ronald L. Numbers (editors) *When science and Christianity meet* Chicago and London: University of Chicago Press 2003 pp. 139–60.
66. John Herschel *A preliminary discourse on the study of natural philosophy* London: Longman, Rees, Orme, Brown and Green 1831 p. 7.
67. William Whewell *Astronomy and general physics considered with reference to natural theology* London: William Pickering 1833 pp. 356–7.
68. Walter F. Cannon 'John Herschel and the idea of science' *Journal of the history of ideas* XXII (1961) pp. 215–39, pp. 215–19.
69. John Herschel *A preliminary discourse on the study of natural philosophy* London: Longman, Rees, Orme, Brown and Green 1831 p. 76.
70. Adam Sedgwick to Charles Darwin, 24 November 1859, Darwin Correspondence Project letter #2548.
71. John Herschel *A preliminary discourse on the study of natural philosophy* London: Longman, Rees, Orme, Brown and Green 1831 pp. 144–5.
72. Adam Sedgwick *A discourse on the studies of the University of Cambridge* Cambridge: University of Cambridge Press 1833 pp. 9–13. See also Crosbie Smith 'Geologists and mathematicians: the rise of physical geology' in P.M. Harman (editor) *Wranglers and physicists: studies on Cambridge physics in the nineteenth century* Manchester: Manchester University Press 1985 pp. 49–83, p. 61; Eric Ashby and Mary Anderson 'Introduction' in Adam Sedgwick *A discourse on the studies of the University of Cambridge* Leicester: Leicester University Press 1969 pp. (7)–(17).
73. Adam Sedgwick *A discourse on the studies of the University of Cambridge* Fifth edition London: Parker 1850 p. xi.
74. Adam Sedgwick *A discourse on the studies of the University of Cambridge* Fifth edition London: Parker 1850 p. cccxxiii. The sequel to *Vestiges* was Anonymous *Explanations: a sequel to 'Vestiges of the natural history of creation'* London: Churchill 1845. The sequel to *Vestiges* was published in 1845 as a short response to some of the criticisms faced by it: Anonymous *Explanations, a sequel* London: John Churchill 1845.
75. Adam Sedgwick *A discourse on the studies of the University of Cambridge* Cambridge: University of Cambridge Press 1833 p. 23.
76. Cambridge Philosophical Society Archives, 3/1/2, minutes of general meeting, 7 May 1849; 3/1/3, minutes of general meeting, 5 March 1855.
77. Charles Darwin to John Stevens Henslow, 11 November 1859, Darwin Correspondence Project letter #2522.
78. Charles Darwin to Adam Sedgwick, 11 November 1859, Darwin Correspondence Project letter #2525; Charles Darwin *On the origin of species by means of natural selection* London: John Murray 1859.

尾 注

79. Adam Sedgwick to Charles Darwin, 24 November 1859, Darwin Correspondence Project letter #2548.
80. Adam Sedgwick to Charles Darwin, 24 November 1859, Darwin Correspondence Project letter #2548.
81. John Stevens Henslow to Charles Darwin, 5 May 1860, Darwin Correspondence Project letter #2783
82. John Stevens Henslow to Charles Darwin, 5 May 1860, Darwin Correspondence Project letter #2783.
83. Cambridge Philosophical Society Archives, 3/1/3, minutes of general meeting, 7 May 1860.
84. Anonymous *Cambridge Herald and Huntingdonshire Gazette* 19 May 1860.
85. John Stevens Henslow to Joseph Dalton Hooker, 10 May 1860, Darwin Correspondence Project letter #2794. Dr Clark is William Clark, the anatomy professor who had chaired the meetings at which Darwin's letters from South America were read to the Society and who had spoken against *Vestiges*.
86. Charles Darwin to John Stevens Henslow, 14 May 1860, Darwin Correspondence Project letter #2801.
87. Charles Darwin to Joseph Dalton Hooker, 15 May 1860, Darwin Correspondence Project letter #2802.
88. J.A. Secord 'Adam Sedgwick (1785–1873)' *Oxford dictionary of national biography* Retrieved 2 March 2018 from http://www.oxforddnb.com/view/10.1093/ref:odnb/9780198614128.001.0001/odnb-9780198614128-e-25011; Roy Porter 'The natural science tripos and the "Cambridge school of geology", 1850–1914' *History of universities* II (1982) pp. 193–216, p. 206.
89. Charles Darwin to John Stevens Henslow, 2 April 1860, Darwin Correspondence Project letter #2742.
90. J.W. Salter 'On the succession of plant life upon the earth' *Proceedings of the Cambridge Philosophical Society* II (1876) pp. 125–8.
91. J.W. Salter 'Diagram of the relations of the univalve to the bivalve, and of this to the brachiopod' *Transactions of the Cambridge Philosophical Society* XI (1871) p. 485–8, pp. 488.
92. Cambridge Philosophical Society Archives, 3/1/3, minutes of general meeting, 31 March 1862, 27 February 1865. For more on Newton's views on Darwinism, see Jonathan Smith 'Alfred Newton: the scientific naturalist who wasn't' in Bernard Lightman and Michael S. Reidy (editors) *The age of scientific naturalism* Pittsburgh: University of Pittsburgh Press 2016 pp. 137–56.
93. Cambridge Philosophical Society Archives, 2/1/5, minutes of Council meeting, 1 May 1882.
94. Cambridge Philosophical Society Archives, 2/1/6, minutes of Council meeting, 27 April 1896.
95. A.C. Seward (editor) *Darwin and modern science* Cambridge: Cambridge Philosophical Society and Cambridge University Press 1910.

4 新繁荣

1. Anonymous 'Fatal accident on the London and Brighton Railway four lives lost' *The Times* 4 October 1841; Anonymous 'Report on the Inquest' *The Times* 5 October 1841 Retrieved 14 September 2016 from Sussex History Forum: http://sussexhistoryforum.co.uk/index.php?topic=3615.0;wap2.
2. Dionysius Lardner (editor) *The museum of science and art, volume I* London: Walton and Maberly 1854 p. 162.
3. For a report of the inquest, see Anonymous 'Report on the Inquest' *The Times* 5 October 1841. The official report was published by the Board of Trade, 15 October 1841 Retrieved 14 September 2016 from Railway Archives http://www.railways-archive.co.uk/documents/BoT_HaywardsHeath1841.pdf. For an example of public and press interest, see Walter Fletcher 'Letter to the editor' *The Spectator* 30 October 1841 p. 12.
4. Joseph Power 'An enquiry into the causes which led to the fatal accident on the Brighton Railway (Oct. 2 1841), in which is developed a principle of motion of the greatest importance in guarding against the disastrous effects of collision under whatever circumstances it may occur' *Transactions of the Cambridge Philosophical Society* VII (1842) pp. 301–17; David McKitterick 'Joseph Power (1798–1868)' *Oxford dictionary of national biography* Retrieved 31 May 2018 from http://www.oxforddnb.com/view/10.1093/ref:odnb/9780198614128.001.0001/odnb-9780198614128-e-22666.
5. Alexandrina Buchanan *Robert Willis (1800–1875) and the foundation of architectural history* Cambridge: Cambridge University Press 2013 p. 259.
6. Joseph Power 'An enquiry into the causes which led to the fatal accident on the Brighton Railway (Oct. 2 1841), in which is developed a principle of motion of the greatest importance in guarding against the disastrous effects of collision under whatever circumstances it may occur' *Transactions of the Cambridge Philosophical Society* VII (1842) pp. 301–17, p. 317. Power's detailed knowledge of railway accidents did not put him off investing in the proposed Cambridge and Oxford Railway of 1845: Anonymous *The railway chronicle* 26 April 1845 p. 488.
7. Cambridge Philosophical Society Archives, 3/1/2, minutes of general meeting, 29 November 1841.
8. Robert Willis to George Gabriel Stokes, 21 July 1849, quoted in George Gabriel Stokes and Joseph Larmor (editor) *Memoir and scientific correspondence of the late George Gabriel Stokes, Bart, volume I* Cambridge: Cambridge University Press 2010 pp. 124–5; George Gabriel Stokes 'Discussion of a differential equation relating to the breaking of railway bridges' *Transactions of the Cambridge Philosophical Society* VIII (1849) pp. 707–35, p. 707.
9. Andrew Warwick *Masters of theory: Cambridge and the rise of mathematical physics* Chicago: University of Chicago Press 2003 pp. 89–90.
10. Crosbie Smith 'William Hopkins (1793–1866)' *Oxford dictionary of national biography* Retrieved 31 May 2018 from http://www.oxforddnb.com/view/10.1093/ref:odnb/9780198614128.001.0001/odnb-9780198614128-e-13756.

11. Cambridge Philosophical Society Archives, 3/1/2, minutes of general meeting, 25 April 1842, 29 March 1843, 14 April 1845. David B. Wilson 'George Gabriel Stokes (1819–1903)' *Oxford dictionary of national biography* Retrieved 31 May 2018 from http://www.oxforddnb.com/view/10.1093/ref:odnb/9780198614128.001.0001/odnb-9780198614128-e-36313.
12. Cambridge Philosophical Society Archives, 3/1/2, minutes of general meeting, 12 May 1845, 6 December 1847, 21 May 1849, 10 December 1849, 7 March 1853, 25 May 1868.
13. George Gabriel Stokes 'Discussion of a differential equation relating to the breaking of railway bridges' *Transactions of the Cambridge Philosophical Society* VIII (1849) pp. 707–35, p. 707.
14. J.L.A. Simmons *Report to the Commissioners of Railways, by Mr. Walker and Captain Simmons, R.E., on the fatal accident on the 24th day of May 1847, by the falling of the bridge over the River Dee, on the Chester and Holyhead Railway* London 1849.
15. Cambridge Philosophical Society Archives, 3/1/2, minutes of general meeting, 21 May 1849, 10 December 1849.
16. George Gabriel Stokes and Joseph Larmor (editor) *Memoir and scientific correspondence of the late George Gabriel Stokes, Bart, volume I* Cambridge: Cambridge University Press 2010 p. 8.
17. Cambridge Philosophical Society Archives, 3/1/2, minutes of general meeting, 26 April 1852, 1 May 1854, 11 May 1857. W. Towler Kingsley 'Application of the microscope to photography' *Journal of the Society of Arts, London* I (1853) pp. 289–92; W. Towler Kingsley 'Application of photography to the microscope' *Proceedings of the Cambridge Philosophical Society* I (1863) pp. 117–19.
18. Anonymous letter in P.M. Harman (editor) *The scientific letters and papers of James Clerk Maxwell, volume I: 1846–1862* Cambridge: Cambridge University Press 1990 p. 314; Roger Taylor and Larry John Schaaf *Impressed by light: British photographs from paper negatives, 1840–1860* New Haven: Yale University Press 2007 p. 337–8.
19. Cambridge Philosophical Society Archives, 3/1/2, minutes of general meeting, 23 February 1846, 9 March 1846; Anonymous 'Cambridge Philosophical Society' *The London, Edinburgh, and Dublin philosophical magazine and journal of science: series 3* XXIX (1846) pp. 65–6; John Timbs *The year-book of facts in science and art* London 1847 pp. 194–5, 242.
20. Roger Hutchins 'John Couch Adams (1819–1892)' *Oxford dictionary of national biography* Retrieved 31 May 2018 from http://www.oxforddnb.com/view/10.1093/ref:odnb/9780198614128.001.0001/odnb-9780198614128-e-123.
21. Walter White *The journals of Walter White* Cambridge: Cambridge University Press 2012 p. 72.
22. George Biddell Airy *Account of the Northumberland equatoreal and dome attached to the Cambridge Observatory* Cambridge: Cambridge University Press 1844.
23. Anonymous *Inverness courier* 28 October 1846; Anonymous 'Professor Airey's [sic] statement regarding Leverrier's planet' *The British quarterly review* VI (1847) pp. 1–40, pp. 34, 36; Anonymous *Royal Cornwall gazette* 17 September 1847.

24. Cambridge Philosophical Society Archives, 3/1/2 minutes of general meeting, 3 May 1847; 2/1/3 minutes of Council meeting, 13 May 1847; Susan F. Cannon *Science in culture: the early Victorian period* New York: Dawson and Science History Publications 1978 pp. 191–2.
25. Cambridge Philosophical Society Archives, 3/1/2, minutes of general meeting, 9 November 1846.
26. J.P.T. Bury (editor) *Romilly's Cambridge Diary, 1842–1847* Cambridge: Cambridgeshire Records Society 1984 p. 180. Professor Miller was William Hallowes Miller, who had been Professor of Mineralogy since 1832 and was an expert on crystallography.
27. John Herschel to Richard Sheepshanks, 17 December 1846, quoted in Robert W. Smith 'The Cambridge network in action: the discovery of Neptune' *Isis* 80 (1989) pp. 395–422, pp. 415–16.
28. Roger Hutchins 'John Couch Adams (1819–1892)' *Oxford dictionary of national biography* Retrieved 31 May 2018 from http://www.oxforddnb.com/view/10.1093/ref:odnb/9780198614128.001.0001/odnb-9780198614128-e-123; Sophia Elizabeth De Morgan *Memoir of Augustus De Morgan* Cambridge: Cambridge University Press 2010 pp. 127–30.
29. Robert W. Smith 'The Cambridge network in action: the discovery of Neptune' *Isis* 80 (1989) pp. 395–422.
30. Anonymous 'A choral ode addressed to HRH Prince Albert' *Cambridge chronicle* 10 July 1847. The editor helpfully explains that 'mother' refers to 'alma mater'. 'Granta' is another name for the River Cam.
31. Adam Sedgwick *A discourse on the studies of the University* Fifth edition London: Parker 1850 p. cccxxxiii. On the same occasion, John Herschel presented the first bound copy of his observations made at the Cape of Good Hope to the royal couple.
32. The Adams Prize is still awarded today, but the winner's essay is no longer (necessarily) published by the Society. The first prize was awarded to R. Peirson in 1850 for 'The theory of the long inequality of Uranus and Neptune' *Transactions of the Cambridge Philosophical Society* IX (1856) Appendix I pp. i–lxvii. The judges were H.W. Cookson (Vice-Chancellor of the University and later President of the Cambridge Philosophical Society), John Herschel, James Challis, and Matthew O'Brien.
33. The quotations are taken from an article William Peverill Turnbull wrote for the Parallelepiped Club and which was cited in A. Rupert Hall *The Cambridge Philosophical Society: a history 1819–1969* Cambridge: Cambridge Philosophical Society 1969 p. 17. For information on Turnbull, see John Venn and J. A. Venn (editors) *Alumni Cantabrigienses, part II: 1752–1900, volume vi* Cambridge: Cambridge University Press 1954 p. 245 and John Couch Adams 'On the meteoric shower of November, 1866' *Proceedings of the Cambridge Philosophical Society* II (1866) p. 60.
34. See the graph in A. Rupert Hall *The Cambridge Philosophical Society: a history 1819–1969* Cambridge: Cambridge Philosophical Society 1969 p. 71. There had been a

slight dip in undergraduate numbers in the 1840s, and attendance at scientific lectures had also fallen. The general fall in numbers has been attributed to the 'hungry forties'—a phenomenon caused by a combination of strict Corn Laws that imposed taxes on imported grain, and British crop failures in the 1840s; it meant that people had less disposable income to spend on education. Around the same time, the Royal College of Surgeons began to accept members who did not have a degree from Cambridge or Oxford—this too affected enrolments in Cambridge. The fall in numbers attending scientific lectures in Cambridge has been attributed to the creation of a new divinity examination in 1842 that was essential for those wishing to be ordained (still the majority of students at this period); the exam meant that students had less free time to devote to subjects like natural philosophy, which was not examined. But, by the 1850s, the numbers enrolling at the University and attending lectures was rising again; see Harvey W. Becher 'Voluntary science in nineteenth-century Cambridge University to the 1850s' *British journal for the history of science* 19 (1986) pp. 80–1 and James A. Secord *Victorian sensation* 2000 p. 224.

35. Nora Barlow (editor) *Darwin and Henslow: the growth of an idea, letters 1831–1860* London: Murray 1967 p. 5.
36. Cambridge Philosophical Society Archives, 2/1/3, minutes of Council meeting, 11 May 1846; S.M. Walters and E.A. Stow *Darwin's mentor: John Stevens Henslow, 1796–1861* Cambridge: Cambridge University Press 2001 pp. 128–53.
37. Lucilla Burn *The Fitzwilliam Museum: a history* London: Philip Wilson 2016.
38. Adam Sedgwick *Discourse on the studies of the university* Fifth edition London: Parker 1850 pp. cccxxxv–cccxxxvi.
39. Adam Sedgwick *Discourse on the studies of the university* Fifth edition London: Parker 1850 pp. cccxxxi–cccxxxii.
40. Peter Searby *A history of the University of Cambridge, volume II: 1750–1870* Cambridge: Cambridge University Press 1997 pp. 507–13.
41. Robert Peel to Prince Albert, 27 October 1847, quoted in Theodore Martin *The life of His Royal Highness the Prince Consort, volume II* Cambridge: Cambridge University Press 2013 pp. 117–18.
42. Peter Searby *A history of the University of Cambridge, volume II: 1750–1870* Cambridge: Cambridge University Press 1997 pp. 507–30.
43. Compare this to Oxford where, until the 1880s, the undergraduate curriculum focused primarily on the classics. Science became a degree subject in Oxford in 1886. M.G. Brock and M.C. Curthoys (editors) *The history of the University of Oxford, volume VI: nineteenth-century Oxford, part 1* Oxford: Clarendon Press 1997 p. 355.
44. Fenton J. Hort to his mother, 8 March 1851, quoted in Peter Searby *A history of the University of Cambridge, volume II: 1750–1870* Cambridge: Cambridge University Press 1997 p. 203.
45. Peter Searby *A history of the University of Cambridge, volume II: 1750–1870* Cambridge: Cambridge University Press 1997 pp. 203–8.

46. In reply to an address which the Senate ordered to be presented to him on the 75th anniversary of his matriculation: Anonymous 'Address to the President' *The Eagle* XLII (1922) pp. 161–70, p. 163; W.C.D. Dampier (revised by Frank A.J.L. James) 'George Liveing (1827–1924)' *Oxford dictionary of national biography* Retrieved 31 May 2018 from http://www.oxforddnb.com/view/10.1093/ref:odnb/9780198614128.001.0001/odnb-9780198614128-e-34559; Peter Searby *A history of the University of Cambridge, volume II: 1750–1870* Cambridge: Cambridge University Press 1997 pp. 223–4.

47. Anonymous *The Cambridge Ray Club. Instituted March 11, 1837. A short account of the Club, with its laws, and a list of members* Cambridge 1857; Anna Maria Babington (editor) *Memorials, journal and botanical correspondence of Charles Cardale Babington* Cambridge: Cambridge University Press 2013 pp. liii, 70, 97, 111, 122; William C. Lubenow *'Only connect': learned societies in nineteenth-century Britain* Woodbridge: Boydell Press 2015 pp. 48–9.

48. For information on the natural sciences and medical sciences societies, see Mark Weatherall *Gentlemen, scientists, and doctors: medicine at Cambridge 1800–1940* Woodbridge: Boydell Press 2000 pp. 104–5. The Antiquarian Society was also founded by Babington. The Camden Society was ostensibly devoted to the study of church architecture, but involved itself heavily in the politics of the Church of England; see James F. White *The Cambridge movement: the ecclesiologists and the Gothic revival* Cambridge: Cambridge University Press 1962. For information on the Eranus Society, see William C. Lubenow *'Only connect': learned societies in nineteenth-century Britain* Woodbridge: Boydell Press 2015 pp. 44–8; for information on the Grote Society, see John Gibbins *John Grote, Cambridge University and the development of Victorian thought* Exeter: Imprint Academic 2007; for information on the Cambridge Apostles, see William C. Lubenow *The Cambridge Apostles, 1820–1914* Cambridge: Cambridge University Press 1998.

49. Augustus De Morgan to John Herschel, 28 May 1845, quoted in Tony Crilly 'The Cambridge mathematical journal and its descendants: the linchpin of a research community in the early and mid-Victorian age' *Historia mathematica* XXXI (2004) pp. 455–97, p. 470.

50. Cambridge Philosophical Society Archives, 3/1/2, minutes of general meeting, 2 May 1836, 16 May 1836, 18 March 1839, 2 March 1840, 10 November 1840, 25 May 1846; 3/1/3, minutes of general meeting, 8 May 1848, 6 December 1858, 9 November 1868.

51. Adam Sedgwick *A discourse on the studies of the University* Fifth edition London: Parker 1850 p. cccxxxii.

52. George Biddell Airy 'On an inequality of long period in the motions of the Earth and Venus' *Philosophical transactions of the Royal Society* CXXI (1832) pp. 67–124; Adam Sedgwick *A discourse on the studies of the University* Fifth edition London: Parker 1850 p. cccxxxix.

53. Cambridge Philosophical Society Archives, 3/1/2, minutes of general meeting, 16 May 1836, 16 March 1840, 14 December 1840, 29 November 1841, 27 November

1843, 28 October 1844. Leslie Stephen (revised by I Grattan-Guinness) 'Augustus De Morgan (1806–1871)' *Oxford dictionary of national biography* Retrieved 31 May 2018 from http://www.oxforddnb.com/view/10.1093/ref:odnb/9780198614128. 001.0001/odnb-9780198614128-e-7470.

54. Ronald M. Birse 'Philip Kelland (1808–1879)' *Oxford dictionary of national biography* Retrieved 31 May 2018 from http://www.oxforddnb.com/view/10.1093/ref:odnb/9780198614128.001.0001/odnb-9780198614128-e-15284; John C. Thackray 'David Ansted (1814–1880)' *Oxford dictionary of national biography* Retrieved 31 May 2018 from http://www.oxforddnb.com/view/10.1093/ref:odnb/9780198614128.001.0001/odnb-9780198614128-e-577. For information on Matthew O'Brien, see Alex D.D. Craik *Mr Hopkins' men: Cambridge reform and British mathematics in the 19th century* London: Springer 2007 p. 142. Cambridge Philosophical Society Archives, 3/1/2, minutes of general meeting, 16 and 30 March 1840, 4 and 18 May 1840; Anonymous 'University news: Cambridge' *The British magazine and monthly register* XVII (1840) p. 707; Matthew O'Brien 'On the symbolical equation of vibratory motion of an elastic medium, whether crystallized or uncrystallized' *Transactions of the Cambridge Philosophical Society* VIII (1849) pp. 508–23 (O'Brien had five papers in this volume of the *Transactions*).

55. Richard Owen 'Description of an extinct lacertian reptile, *Rhynchosaurus articeps*, (Owen) of which the bones and footprints characterize the Upper New Red Sandstone at Grinsill, near Shrewsbury' *Transactions of the Cambridge Philosophical Society* VII (1842) pp. 355–70; Geoffrey Tresise and Michael J. King 'History of ichnology: the misconceived footprints of rhynchosaurs' *Ichnos* XIX (2012) pp. 228–37.

56. All articles are by William Whewell: 'On the fundamental antithesis of philosophy' *Transactions of the Cambridge Philosophical Society* VIII (1849) pp. 170–82; 'Second memoir on the fundamental antithesis of philosophy' *Transactions of the Cambridge Philosophical Society* VIII (1849) pp. 614–20; 'On the intrinsic equation of a curve' *Transactions of the Cambridge Philosophical Society* VIII (1849) pp. 659–71; 'On Hegel's criticism of Newton's *Principia*' *Transactions of the Cambridge Philosophical Society* VIII (1849) pp. 696–706; 'Criticism of Aristotle's account of induction' *Transactions of the Cambridge Philosophical Society* IX (1856) part I pp. 63–72; 'Mathematical exposition of some doctrines of political economy' *Transactions of the Cambridge Philosophical Society* IX (1856) part I pp. 128–49; 'Second memoir on the intrinsic equation of a curve' *Transactions of the Cambridge Philosophical Society* IX (1856) part I pp. 150–6; 'Mathematical exposition of certain doctrines of political economy, third memoir' *Transactions of the Cambridge Philosophical Society* IX (1856) part II pp. 1–7; 'Of the transformation of hypotheses in the history of science' *Transactions of the Cambridge Philosophical Society* IX (1856) part II pp. 139–46; 'On Plato's survey of the sciences' *Transactions of the Cambridge Philosophical Society* IX (1856) part IV pp. 582–9; 'On Plato's notion of dialectic' *Transactions of the Cambridge Philosophical Society* IX (1856) part IV pp. 590–7; 'Of the intellectual powers according to Plato' *Transactions of the Cambridge Philosophical Society* IX (1856) part IV pp. 598–604.

57. John Herschel 'Address' *Report of the fifteenth meeting of the British Association for the Advancement of Science, held at Cambridge in June 1845* London 1846 p. xxviii.
58. Anonymous [William Whewell] 'Review of *Transactions of the Cambridge Philosophical Society, volume the third*' *The British critic* IX (1831) pp. 71–90, pp. 71, 89.
59. Cambridge Philosophical Society Archives, 2/1/3, minutes of Council meeting, 14 March 1842, 14 November 1842, undated May 1843, 1 July 1843, 15 February 1845, 1 November 1847, 18 November 1851, 24 November 1851; 2/1/4, minutes of Council meeting, 30 May 1859, 8 February 1869.
60. Cambridge Philosophical Society Archives, 2/1/3, minutes of Council meeting, 1 July 1843; *Proceedings of the Cambridge Philosophical Society* (1843–63).
61. Cambridge Philosophical Society Archives, 2/1/3, minutes of Council meeting, 16 October 1841, 5 February 1844, 24 November 1851, 16 February 1852; 2/1/4, minutes of Council meeting, 12 December 1853, 10 December 1855, 19 May 1856, 16 October 1869, 22 November 1869.
62. Cambridge Philosophical Society Archives, 2/1/4, minutes of Council meeting, 11 December 1854, 6 July 1858, 20 April 1863.

5 克劳奇先生的罪行

1. Augustus De Morgan 'On some points of the integral calculus' *Proceedings of the Cambridge Philosophical Society* I (1863) pp. 106–9.
2. Willie Sugg *A history of Cambridgeshire cricket, 1700–1890* 2008 Retrieved 4 August 2016 from http://www.cambscrickethistory.co.uk/new%20writing.shtml. On the yeoman bedell and other university posts in the nineteenth century, see Anonymous *A new guide to the University and Town of Cambridge* Cambridge 1831 pp. 14–15; for information of the kinds of task Crouch would have performed as bedell, see Charles Henry Cooper *Annals of Cambridge, volume V* Cambridge: Warwick and Co. 1850–1856 pp. 63–4; on the salaries paid to bedells, see H.P. Stokes *The esquire bedells of the University of Cambridge from the 13th century to the 20th century* Cambridge: Cambridge Antiquarian Society 1911 p. 128.
3. Anonymous *The Gazette* Issue 21180, 11 February 1851 p. 357.
4. Cambridge Philosophical Society Archives, 2/1/3, minutes of Council meeting, 10 March 1851.
5. Cambridge Philosophical Society Archives, 2/1/3, minutes of Council meeting, 5 February 1844, 10 March 1851, 14 March 1851.
6. Cambridge Philosophical Society Archives, 2/1/3, minutes of Council meeting, 15 March 1852.
7. Cambridge Philosophical Society Archives, 2/1/3, minutes of Council meeting, 7 November 1842, 5 February 1844, 18 June 1845.
8. Cambridge Philosophical Society Archives, 2/1/3, minutes of Council meeting, 10 March 1851.
9. Anonymous *Cambridge independent press* 2 August 1851; H.P. Stokes *The esquire bedells of the University of Cambridge from the 13th century to the 20th century* Cambridge: Cambridge Antiquarian Society 1911 pp. 124, 129.

10. John Willis Clark 'The foundation and early years of the Society' *Proceedings of the Cambridge Philosophical Society* VII (1892) pp. i–l, pp. xiii, xvi.
11. Cambridge Philosophical Society Archives, 2/1/3, minutes of Council meeting, 29 May 1852, 6 September 1852, 19 October 1852, 26 October 1852; 7/2/9, papers relating to the dispute between CPS and the churchwardens of the Holy Sepulchre over the poor tax.
12. Cambridge Philosophical Society Archives, 2/1/4, minutes of Council meeting, 13 November 1854, 27 November 1854.
13. Cambridge Philosophical Society Archives, 2/1/4, minutes of Council meeting, 11 December 1854.
14. Cambridge Philosophical Society Archives, 2/1/4, minutes of Council meeting, 7 April 1856.
15. Cambridge Philosophical Society Archives, 3/1/3, minutes of general meeting, 14 April 1856.
16. Cambridge Philosophical Society Archives, 2/1/4, minutes of Council meeting, 28 June 1856, 20 July 1856, 3 November 1856, 8 December 1856, 9 February 1857.
17. Cambridge Philosophical Society Archives, 2/1/4, minutes of Council meeting, 25 May 1857.
18. Cambridge Philosophical Society Archives, 3/1/3, minutes of general meeting, 28 April 1856, 6 November 1856, 26 October 1863; 2/1/4, minutes of Council meeting, 20 July 1856, 3 November 1856.
19. Cambridge Philosophical Society Archives, 2/1/4, minutes of Council meeting, 30 May 1859.
20. Cambridge Philosophical Society Archives, 2/1/3, minutes of Council meeting, 24 November 1851; 2/1/4, minutes of Council meeting, 8 February 1869.
21. Cambridge Philosophical Society Archives, 2/1/4, minutes of Council meeting, 12 December 1853, 2 November 1863, 7 December 1863.
22. Cambridge Philosophical Society Archives, 2/1/4, minutes of Council meeting, 13 February 1865, 27 February 1865.
23. Cambridge Philosophical Society Archives, 2/1/3, minutes of Council meeting, 23 November 1850; 2/1/4, minutes of Council meeting, 21 May 1855, 1 May 1865; 3/1/3, minutes of general meeting, 21 May 1855. Jenyns's specimens are still held in Cambridge University's Zoology Museum, but have not been kept together as he wished.
24. Charles Darwin to Leonard Jenyns, 9 May 1842, Darwin Correspondence Project letter #629; Cambridge Philosophical Society Archives, 2/1/4, minutes of Council meeting, 1 May 1865.
25. Cambridge Philosophical Society Archives, 2/1/4, minutes of Council meeting, 13 March 1865.
26. Cambridge Philosophical Society Archives, 2/1/4, minutes of Council meeting, 24 May 1865, 8 June 1865; 3/1/3, minutes of general meeting, 15 May 1865.
27. Cambridge Philosophical Society Archives, 2/1/4, minutes of Council meeting, 29 May 1865, 16 October 1865, 30 October 1865, 27 November 1865; 3/1/3, minutes of general meeting, 5 February 1866.

28. A.R. Catton 'On the synthesis of formic acid' *Proceedings of the Cambridge Philosophical Society* I (1863) p. 235; Arthur Cayley 'A new theorem on the equilibrium of four forces acting on a solid body' *Proceedings of the Cambridge Philosophical Society* I (1863) p. 235.
29. Peter Searby *A history of the University of Cambridge, volume III: 1750–1870* Cambridge: Cambridge University Press 1997 p. 251; Roy MacLeod and Russell Moseley 'Breaking the circle of the sciences: the Natural Sciences Tripos and the "examination revolution"' in Roy MacLeod (editor) *Days of judgement: science, examinations and the organization of knowledge in late Victorian England* Driffield: Nafferton 1982 pp. 189–212, pp. 192, 195.
30. Christopher N.L. Brooke *A history of the University of Cambridge, volume IV: 1870–1990* Cambridge: Cambridge University Press 1993 pp. 157, 295.
31. Malcolm Longair *Maxwell's enduring legacy: a scientific history of the Cavendish Laboratory* Cambridge: Cambridge University Press 2016 p. 43.
32. Christopher N.L. Brooke *A history of the University of Cambridge, volume IV: 1870–1990* Cambridge: Cambridge University Press 1993 pp. 152, 173–4; Malcolm Longair *Maxwell's enduring legacy: a scientific history of the Cavendish Laboratory* Cambridge: Cambridge University Press 2016 pp. 43–4; Cambridge Philosophical Society Archives, 2/1/4, minutes of Council meeting, 10 November 1862; 3/1/3, minutes of general meeting, 10 November 1862. For more on the Devonshire Commission, see Bernard Lightman 'Huxley and the Devonshire Commission' in Gowan Dawson and Bernard Lightman (editors) *Victorian scientific naturalism* Chicago: University of Chicago Press 2014 pp. 101–30.
33. Sedley Taylor 'Physical science at Cambridge' *Nature* II (12 May 1870) p. 28; *Cambridge University reporter* 4 November 1873 pp. 68–9.
34. Anonymous 'A voice from Cambridge' *Nature* VIII (8 May 1873) p. 21.
35. Anonymous 'A voice from Cambridge II' *Nature* VIII (15 May 1873) p. 41.
36. Ruth Barton 'Lockyer's columns of controversy in *Nature*' Retrieved 9 October 2018 from http://www.nature.com/nature/history/full/nature06260.html.
37. T.G. Bonney 'Science at Cambridge' *Nature* VIII (29 May 1873) p. 83.
38. Malcolm Longair *Maxwell's enduring legacy: a scientific history of the Cavendish Laboratory* Cambridge: Cambridge University Press 2016 p. 49; Crosbie Smith 'William Thomson (1824–1907)' *Oxford dictionary of national biography* Retrieved 31 May 2018 from http://www.oxforddnb.com/view/10.1093/ref:odnb/9780198614128.001.0001/odnb-9780198614128-e-36507.
39. Cambridge Philosophical Society Archives, 3/1/3, minutes of general meeting, 13 March 1854; James Clerk Maxwell 'On the transformation of surfaces by bending' *Transactions of the Cambridge Philosophical Society* IX (1856) pp. 445–70.
40. Cambridge Philosophical Society Archives, 2/1/4, minutes of Council meeting, 14 March 1859; James Clerk Maxwell *On the stability of the motion of Saturn's rings* Cambridge: Macmillan 1859; P.M. Harman 'James Clerk Maxwell (1831–1879)' *Oxford dictionary of national biography* Retrieved 31 May 2018 from http://www.oxforddnb.com/view/10.1093/ref:odnb/9780198614128.001.0001/odnb-9780198614128-e-5624.

41. James Clerk Maxwell 'Introductory lecture on experimental physics' in W.D. Niven (editor) *The scientific papers of James Clerk Maxwell, volume II* Cambridge: Cambridge University Press 1890, pp. 241–55, pp. 241–2; Dennis Moralee *A hundred years and more of Cambridge physics* Cambridge: Cambridge University Physics Society 1995 pp. 8–20.
42. Cambridge Philosophical Society Archives, 3/1/3, minutes of general meeting, 3 February 1873; James Clerk Maxwell 'On the proof of the equations of motion of a connected system' *Proceedings of the Cambridge Philosophical Society* II (1876) pp. 292–4; James Clerk Maxwell 'On a problem in the calculus of variations in which the solution is discontinuous' *Proceedings of the Cambridge Philosophical Society* II (1876) pp. 294–5.
43. Roy M. MacLeod 'The support of Victorian science: the endowment of research movement in Great Britain, 1868–1900' *Minerva* IX (1971) pp. 197–230, p. 209.
44. Dennis Moralee *A hundred years and more of Cambridge physics* Cambridge: Cambridge University Physics Society 1995 pp. 8–20.
45. W.M. Hicks, quoted in *A history of the Cavendish Laboratory, 1871–1910* London: Longman, Green and Co. 1910 p. 19.
46. James Clerk Maxwell, quoted in Dong-Won Kim *Leadership and creativity: a history of the Cavendish Laboratory, 1871–1919* Dordrecht: Kluwer 2002 p. 14.
47. James Clerk Maxwell 'On Faraday's lines of force' *Proceedings of the Cambridge Philosophical Society* I (1863) pp. 160–6; James Clerk Maxwell 'On Faraday's lines of force' *Transactions of the Cambridge Philosophical Society* X (1864) pp. 27–83; James Clerk Maxwell 'On physical lines of force, part I' *The London, Edinburgh, and Dublin philosophical magazine and journal of science: series 4* XXI (1861) pp. 161–75; James Clerk Maxwell 'A dynamical theory of the electromagnetic field' *Philosophical transactions of the Royal Society* CLV (1865) pp. 459–512. See also Crosbie Smith 'Force energy and thermodynamics' in Mary Jo Nye (editor) *The Cambridge history of science, volume V: the modern physical and mathematical sciences* Cambridge: Cambridge University Press 2003 pp. 289–310, pp. 305–6.
48. Albert Einstein 'Considerations concerning the fundaments of theoretical physics' *Science* XCI (1940) pp. 487–92.
49. *Proceedings of the Cambridge Philosophical Society* II (1876) pp. 242, 289, 292, 294, 302, 318, 338, 365, 372, 407, 427.
50. Cambridge Philosophical Society Archives, 2/1/4, minutes of Council meeting, 3 June 1861; *Proceedings of the Cambridge Philosophical Society* II (1876) p. 63.
51. Kostas Gavroglu 'John William Strutt, third Baron Rayleigh (1842–1919)' *Oxford dictionary of national biography* Retrieved 31 May 2018 from http://www.oxforddnb.com/view/10.1093/ref:odnb/9780198614128.001.0001/odnb-9780198614128-e-36359.
52. Henniker Heaton, 1887, quoted in Simon Schaffer 'Rayleigh and the establishment of electrical standards' *European journal of physics* XV (1994) pp. 277–85, p. 278; Bruce Hunt 'Doing science in a global empire: cable telegraphy and electrical physics in Victorian Britain' in Bernard Lightman (editor) *Victorian science in context* Chicago: University of Chicago Press 1997 pp. 312–33.

53. James Clerk Maxwell, quoted in Simon Schaffer 'Rayleigh and the establishment of electrical standards' *European journal of physics* XV (1994) pp. 277–85, p. 278.
54. *Proceedings of the Cambridge Philosophical Society* III (1880) p. 339; William Strutt, Lord Rayleigh 'On the minimum aberration of a single lens for parallel rays' *Proceedings of the Cambridge Philosophical Society* III (1880) pp. 373–5.
55. William Strutt, Lord Rayleigh 'On a new arrangement for sensitive flames' *Proceedings of the Cambridge Philosophical Society* IV (1883) pp. 17–18; William Strutt, Lord Rayleigh 'The use of telescopes on dark nights' *Proceedings of the Cambridge Philosophical Society* IV (1883) pp. 197–8; William Strutt, Lord Rayleigh 'On a new form of gas battery' *Proceedings of the Cambridge Philosophical Society* IV (1883) p. 198; William Strutt, Lord Rayleigh 'On the mean radius of coils of insulated wire' *Proceedings of the Cambridge Philosophical Society* IV (1883) pp. 321–4; Lord Rayleigh 'On the invisibility of small objects in a bad light' *Proceedings of the Cambridge Philosophical Society* IV (1883) p. 324.
56. Isobel Falconer 'Joseph John Thomson (1856–1940)' *Oxford dictionary of national biography* Retrieved 31 May 2018 from http://www.oxforddnb.com/view/10.1093/ref:odnb/9780198614128.001.0001/odnb-9780198614128-e-36506.
57. J.J. Thomson 'Some experiments on the electric discharge in a uniform electric field, with some theoretical considerations about the passage of electricity through gases' *Proceedings of the Cambridge Philosophical Society* V (1886) pp. 391–409, pp. 391–3.
58. Helge Kragh 'The vortex atom: a Victorian theory of everything' *Centaurus* XLVI (2002) pp. 32–114; Malcolm Longair *Maxwell's enduring legacy: a scientific history of the Cavendish Laboratory* Cambridge: Cambridge University Press 2016 pp. 118–20.
59. J.J. Thomson 'Note on the rotation of the plane of polarisation of light by a moving medium' *Proceedings of the Cambridge Philosophical Society* V (1886) pp. 250–4; J.J. Thomson and H.F. Newell 'Experiments on the magnetisation of iron rods' *Proceedings of the Cambridge Philosophical Society* VI (1889) pp. 84–90; J.J. Thomson and J. Monckman 'The effect of surface tension on chemical action' *Proceedings of the Cambridge Philosophical Society* VI (1889) pp. 264–9; J.J. Thomson 'The application of the theory of transmission of alternating currents along a wire to the telephone' *Proceedings of the Cambridge Philosophical Society* VI (1889) pp. 321–5; J.J. Thomson 'On the effect of pressure and temperature on the electric strength of gases' *Proceedings of the Cambridge Philosophical Society* VI (1889) pp. 325–33; J.J. Thomson 'On the absorption of energy by the secondary of a transformer' *Proceedings of the Cambridge Philosophical Society* VII (1892) p. 249; J.J. Thomson 'A method of comparing the conductivities of badly conducting substances for rapidly alternating currents' *Proceedings of the Cambridge Philosophical Society* VIII (1895) pp. 258–69.
60. Paula Gould 'Women and the culture of university physics in late nineteenth-century Cambridge' *British journal for the history of science* XXX (1997) pp. 127–49, p. 143; Malcolm Longair *Maxwell's enduring legacy: a scientific history of the Cavendish Laboratory* Cambridge: Cambridge University Press 2016 p. 101.

61. Cambridge Philosophical Society Archives, 2/1/6, minutes of Council meeting, 24 October 1887.
62. Thomas Archer Hirst, quoted in J. Vernon Jensen 'The X Club: fraternity of Victorian scientists' *British journal for the history of science* V (1970) pp. 63–72, p. 63. See also Roy M. MacLeod 'The X Club: a social network of science in late-Victorian England' *Notes and records of the Royal Society of London* XXIV (1970) pp. 305–22; Ruth Barton '"Huxley, Lubbock, and half a dozen others": professionals and gentlemen in the formation of the X Club, 1851–1864' *Isis* LXXXIX (1998) pp. 410–44; Roy M. MacLeod 'The support of Victorian science: the endowment of research movement in Great Britain, 1868–1900' *Minerva* IX (1971) pp. 197–230, pp. 200–2.
63. Roy M. MacLeod 'The support of Victorian science: the endowment of research movement in Great Britain, 1868–1900' *Minerva* IX (1971) pp. 197–230, p. 207.
64. Anonymous 'Our national industries' *Nature* VI (6 June 1872) p. 97.
65. Adrian Desmond 'Thomas Henry Huxley (1825–1895)' *Oxford dictionary of national biography* Retrieved 31 May 2018 from http://www.oxforddnb.com/view/10.1093/ref:odnb/9780198614128.001.0001/odnb-9780198614128-e-14320.
66. Roy M. MacLeod 'The support of Victorian science: the endowment of research movement in Great Britain, 1868–1900' *Minerva* IX (1971) pp. 197–230, p. 198.
67. Roy M. MacLeod 'The support of Victorian science: the endowment of research movement in Great Britain, 1868–1900' *Minerva* IX (1971) pp. 197–230, pp. 227–8.
68. Ruth Barton '"Huxley, Lubbock, and half a dozen others": professionals and gentlemen in the formation of the X Club, 1851–1864' *Isis* LXXXIX (1998) pp. 410–44, p. 410.
69. Roy M. MacLeod 'The support of Victorian science: the endowment of research movement in Great Britain, 1868–1900' *Minerva* IX (1971) pp. 197–230, p. 198.
70. Christopher N.L. Brooke *A history of the University of Cambridge, volume IV: 1870–1990* Cambridge: Cambridge University Press 1993 pp. 99–101.
71. Roy M. MacLeod 'The support of Victorian science: the endowment of research movement in Great Britain, 1868–1900' *Minerva* IX (1971) pp. 197–230, p. 210.
72. Gerald L. Geison *Michael Foster and the Cambridge school of physiology: the scientific enterprise in late Victorian society* Princeton: Princeton University Press 1978 p. 81.
73. Samuel J.M.M. Alberti 'Natural history and the philosophical societies of late Victorian Yorkshire' *Archives of natural history* XXX (2003) pp. 342–58, pp. 351–2.
74. Cambridge Philosophical Society Archives, 2/1/4, minutes of Council meeting, 22 February 1869.
75. Cambridge Philosophical Society Archives, 2/1/5, minutes of Council meeting, 25 October 1880.
76. Cambridge Philosophical Society Archives, 2/1/5, minutes of Council meeting, 7 February 1881.
77. For a full set of library regulations, see 'Report of the Council of the Cambridge Philosophical Society' *Proceedings of the Cambridge Philosophical Society* IV (1883) pp.101–6. For a discussion of the library's 1882 catalogue, see Norma C. Neudoerffer

'The function of a nineteenth-century catalogue belonging to the Cambridge Philosophical Library' *Transactions of the Cambridge Bibliographical Society* IV (1967) pp. 293–301.

78. Cambridge Philosophical Society Archives, 2/1/6, minutes of Council meeting, 1 March 1886, 1 February 1904; J.W. Clark 'President's address' *Proceedings of the Cambridge Philosophical Society* VII (1892) pp. 2–4, p. 3.

6 每个人自己的工作台

1. Adrian Desmond *Archetypes and ancestors: palaeontology in Victorian London, 1850–1875* London: Blond and Briggs 1982 pp. 121–32.
2. Alice Johnson 'On the development of the pelvic girdle and skeleton of the hind limb in the chick' *Proceedings of the Cambridge Philosophical Society* IV (1883) pp. 328–31.
3. William Whewell quoted in Mary Fairfax Somerville *Personal recollections from early life to old age of Mary Somerville* London: John Murray 1874 pp. 170–2.
4. George Peacock quoted in Mary Fairfax Somerville *Personal recollections from early life to old age of Mary Somerville* London: John Murray 1874 p. 172.
5. Adam Sedgwick quoted in Charles Lyell *Life, letters and journals of Sir Charles Lyell, Bart, volume I* London: John Murray 1881 p. 368; Mary R.S. Creese 'Mary Somerville (1780–1872)' *Oxford dictionary of national biography* Retrieved 1 June 2018 from http://www.oxforddnb.com/view/10.1093/ref:odnb/9780198614128.001.0001/odnb-9780198614128-e-26024; Mary Somerville *The mechanism of the heavens* London: John Murray 1831.
6. William Buckland to Roderick Murchison, 5 April 1832, quoted in Jack Morrell and Arnold Thackray *Gentlemen of science: early years of the British Association for the Advancement of Science* Oxford: Clarendon Press 1981 p. 150. Albemarle is a reference to the fashionable Royal Institution on London's Albemarle Street.
7. Jack Morrell and Arnold Thackray *Gentlemen of science: early years of the British Association for the Advancement of Science* Oxford: Clarendon Press 1981 pp. 149, 152. Jermyn met her future husband—a geologist who had come to exhibit some coprolites—at the 1833 British Association for the Advancement of Science meeting, and she remained friends with Henslow, Sedgwick, and Whewell. Raleigh Trevelyan 'Paulina Jermyn Trevelyan, Lady Trevelyan (1816–1866)' *Oxford Dictionary of national biography* Retrieved 27 March 2018 from http://www.oxforddnb.com/view/10.1093/ref:odnb/9780198614128.001.0001/odnb-9780198614128-e-45577.
8. Elizabeth Chambers Patterson *Mary Somerville and the cultivation of science, 1815–1840* The Hague: Nijhoff 1983 p. 164.
9. Kathryn A. Neeley *Mary Somerville: science, illumination, and the female mind* Cambridge: Cambridge University Press 2001 p. 12; Mary Somerville 'On the magnetizing power of the more refrangible solar rays' *Philosophical transactions of the Royal Society* CXVI (1826) pp. 132–9.
10. Adam Sedgwick to Dr Somerville, April 1834, quoted in John Willis Clark and Thomas McKenny Hughes *The life and letters of Adam Sedgwick, volume I* Cambridge: Cambridge University Press 2009 p. 388.

11. Cambridge Philosophical Society Archives, 2/1/5, minutes of Council meeting, 18 November 1872, 25 November 1872, 17 February 1873; 3/1/3, minutes of general meeting, 3 February 1873.
12. Christopher N.L. Brooke *A history of the University of Cambridge, volume IV: 1870–1990* Cambridge: Cambridge University Press 1993 pp. 324–9.
13. Terrie M. Romano 'Michael Foster (1836–1907)' *Oxford dictionary of national biography* Retrieved 1 June 2018 from http://www.oxforddnb.com/view/10.1093/ref:odnb/9780198614128.001.0001/odnb-9780198614128-e-33218.
14. Gerald L. Geison *Michael Foster and the Cambridge school of physiology: the scientific enterprise in late Victorian society* Princeton: Princeton University Press 1978 pp. 3–4, 43, 100, 104; Christopher N.L. Brooke *A history of the University of Cambridge, volume IV: 1870–1990* Cambridge: Cambridge University Press 1993 pp. 164–5.
15. Humphry Davy Rolleston *The Cambridge medical school* Cambridge: Cambridge University Press 1932 p. 80.
16. Gerald L. Geison *Michael Foster and the Cambridge school of physiology: the scientific enterprise in late Victorian society* 1978 pp. 116–18, 120–2, 130–9.
17. George Adami, quoted in Gerald L. Geison *Michael Foster and the Cambridge school of physiology: the scientific enterprise in late Victorian society* 1978 p. 162.
18. G.M. Humphry *Reporter* 19 October 1870 p. 26. George Murray Humphry, who showed the German visitor around Cambridge, was Professor of Human Anatomy. His account of the visit appeared in the first issue of Cambridge University's *Reporter*.
19. Gerald L. Geison *Michael Foster and the Cambridge school of physiology: the scientific enterprise in late Victorian society* Princeton: Princeton University Press 1978 pp. 163–70.
20. Gerald L. Geison *Michael Foster and the Cambridge school of physiology: the scientific enterprise in late Victorian society* Princeton: Princeton University Press 1978 p. 125.
21. Anonymous 'Science teaching at Cambridge in the seventies' *British medical journal* II (9 October 1920) p. 572. It has been suggested that the author of this letter may have been Margaret Emily Pope—see Marsha L. Richmond '"A lab of one's own": the Balfour biological laboratory for women at Cambridge University, 1884–1914' in Sally Gregory Kohlstedt (editor) *History of women in the sciences* Chicago: Chicago University Press 1999 pp. 235–68, p. 240 n. 10.
22. Adam Sedgwick to Kate Malcolm, 7 February 1848, quoted in S.M Walters and E.A. Stow *Darwin's mentor: John Stevens Henslow, 1796–1861* Cambridge: Cambridge University Press 2001 p. 24.
23. Roy MacLeod (editor) *Days of judgement: science, examinations and the organization of knowledge in late Victorian England* Driffield: Nafferton 1982 p. 11; Paula Gould 'Women and the culture of university physics in late nineteenth-century Cambridge' *British journal for the history of science* XXX (1997) pp. 127–49, p. 132.
24. Katherina Rowold (editor) *Gender and science: late nineteenth-century debates on the female mind and body* Bristol: Thoemmes Press 1996, introduction.
25. Emily Davies 'The influence of university degrees on the education of women' *Victoria magazine* I (1863) pp. 260–71.

26. Anonymous 'The woman of the future' *Punch* 10 May 1884 p. 225.
27. William Whewell, quoted in Kathryn A. Neeley *Mary Somerville: science, illumination, and the female mind* Cambridge: Cambridge University Press 2001 p. 1.
28. Anonymous, quoted in Emily Davies 'The influence of university degrees on the education of women' *Victoria magazine* I (1863) pp. 260–71.
29. Miss Clough, Principle of Newnham College, quoted in Paula Gould 'Women and the culture of university physics in late nineteenth-century Cambridge' *British journal for the history of science* XXX (1997) pp. 127–49, pp. 141–3.
30. Paula Gould 'Women and the culture of university physics in late nineteenth-century Cambridge' *British journal for the history of science* XXX (1997) pp. 127–49, p. 145.
31. J.J. Thomson to Richard Threlfall, 1887, quoted in Paula Gould 'Women and the culture of university physics in late nineteenth-century Cambridge' *British journal for the history of science* XXX (1997) pp. 127–49, p. 139.
32. J.J. Thomson to H.F. Reid, 4 November 1886, quoted in Paula Gould 'Women and the culture of university physics in late nineteenth-century Cambridge' *British journal for the history of science* XXX (1997) pp. 127–49, p. 127.
33. Paula Gould 'Women and the culture of university physics in late nineteenth-century Cambridge' *British journal for the history of science* XXX (1997) pp. 127–49, pp. 137, 143.
34. Gerald L. Geison *Michael Foster and the Cambridge school of physiology: the scientific enterprise in late Victorian society* Princeton: Princeton University Press 1978 pp. 171–2.
35. Paula Gould 'Women and the culture of university physics in late nineteenth-century Cambridge' *British journal for the history of science* XXX (1997) pp. 127–49, p. 146; Prudence Waterhouse *A Victorian Monument: the buildings of Girton College* Cambridge: Girton College 1990 pp. 11–14.
36. Marsha L. Richmond '"A lab of one's own": the Balfour biological laboratory for women at Cambridge University, 1884–1914' in Sally Gregory Kohlstedt (editor) *History of women in the sciences* Chicago: Chicago University Press 1999 pp. 235–68, pp. 241–2.
37. Marsha L. Richmond '"A lab of one's own": the Balfour biological laboratory for women at Cambridge University, 1884–1914' in Sally Gregory Kohlstedt (editor) *History of women in the sciences* Chicago: Chicago University Press 1999 pp. 235–68, p. 243.
38. Alice Johnson 'On the development of the pelvic girdle and skeleton of the hind limb in the chick' *Proceedings of the Cambridge Philosophical Society* IV (1883) pp. 328–31, p. 328.
39. Marsha L. Richmond '"A lab of one's own": the Balfour biological laboratory for women at Cambridge University, 1884–1914' in Sally Gregory Kohlstedt (editor) *History of women in the sciences* Chicago: Chicago University Press 1999 pp. 235–68, pp. 247–9.
40. Marsha L. Richmond 'Adam Sedgwick (1854–1913)' *Oxford dictionary of national biography* Retrieved 1 June 2018 from http://www.oxforddnb.com/view/10.1093/ref:odnb/9780198614128.001.0001/odnb-9780198614128-e-36003.

41. Marsha L. Richmond '"A lab of one's own": the Balfour biological laboratory for women at Cambridge University, 1884–1914' in Sally Gregory Kohlstedt (editor) *History of women in the sciences* Chicago: Chicago University Press 1999 pp. 235–68, p. 244 n. 22.
42. Marsha L. Richmond '"A lab of one's own": the Balfour biological laboratory for women at Cambridge University, 1884–1914' in Sally Gregory Kohlstedt (editor) *History of women in the sciences* Chicago: Chicago University Press 1999 pp. 235–68, p. 247.
43. Edith Rebecca Saunders 'Mrs G.P. Bidder (Marion Greenwood)' *Newnham College letter* (1932) p. 65.
44. Marsha L. Richmond '"A lab of one's own": the Balfour biological laboratory for women at Cambridge University, 1884–1914' in Sally Gregory Kohlstedt (editor) *History of women in the sciences* Chicago: Chicago University Press 1999 pp. 235–68, p. 262.
45. Marsha L. Richmond '"A lab of one's own": the Balfour biological laboratory for women at Cambridge University, 1884–1914' in Sally Gregory Kohlstedt (editor) *History of women in the sciences* Chicago: Chicago University Press 1999 pp. 235–68, pp. 250–1, 261–6.
46. F. Eves 'On some experiments on the liver ferment' *Proceedings of the Cambridge Philosophical Society* V (1886) pp. 182–3; A. Bateson and F. Darwin 'On the change in shape in turgescent pith' *Proceedings of the Cambridge Philosophical Society* VI (1889) pp. 358–9; W. Bateson and A. Bateson 'On variations in the floral symmetry of certain flowers having irregular corollas' *Proceedings of the Cambridge Philosophical Society* VII (1892) p. 96; F. Darwin and D.F.M. Pertz 'On the effect of water currents on the assimilation of aquatic plants' *Proceedings of the Cambridge Philosophical Society* IX (1898) pp. 76–90; F. Darwin and D.F.M. Pertz 'On the injection of the intercellular spaces occurring in the leaves of *Elodea* during recovery from plasmolysis' *Proceedings of the Cambridge Philosophical Society* IX (1898) pp. 272–3; W. Bateson 'Notes on hybrid Cinerarias produced by Mr Lynch and Miss Pertz' *Proceedings of the Cambridge Philosophical Society* IX (1898) pp. 308–9; W. Bateson and D.F.M. Pertz 'Notes on the inheritance of variation in the corolla of Veronica Buxbaumii' *Proceedings of the Cambridge Philosophical Society* X (1900) pp. 78–93; D.F.M. Pertz and F. Darwin 'Experiments on the periodic movement of plants' *Proceedings of the Cambridge Philosophical Society* X (1900) p. 259; R. Alcock 'The digestive processes of *Ammocœtes*' *Proceedings of the Cambridge Philosophical Society* VII (1892) pp. 252–6; E. Dale 'On certain outgrowths (intumescences) on the green parts of *Hibiscus vitifolius* Linn.' *Proceedings of the Cambridge Philosophical Society* X (1900) pp. 192–210.
47. H.G. Klaassen 'On the effect of temperature on the conductivity of solutions of sulphuric acid' *Proceedings of the Cambridge Philosophical Society* VII (1892) pp. 137–41; F. Martin 'Expansion produced by electric discharge' *Proceedings of the Cambridge Philosophical Society* IX (1898) pp. 11–17.
48. Cambridge Philosophical Society Archives, 3/1/3, minutes of general meeting, 26 January 1891, 9 November 1891.

49. Physiology became more prominent in Cambridge just as Cambridge's medical school was beginning to expand. In 1870, there was only a small medical school in Cambridge; by the early 1880s, there were up to 90 medical students each year—making Cambridge the second-largest training centre in Britain after St Bartholomew's in London. Cambridge did not become an important centre for clinical training until the twentieth century, and the Medical Sciences Tripos was not created until 1966. For more information, see Christopher N.L. Brooke *A history of the University of Cambridge, volume IV: 1870–1990* Cambridge: Cambridge University Press 1993 pp. 166–71.
50. Cambridge Philosophical Society Archives, 2/1/5, minutes of Council meeting, 18 November 1872.
51. Cambridge Philosophical Society Archives, 3/1/4, minutes of general meetings (multiple entries).
52. *Proceedings of the Cambridge Philosophical Society* III (1880); *Proceedings of the Cambridge Philosophical Society* IV (1883).
53. Gerald L. Geison *Michael Foster and the Cambridge school of physiology: the scientific enterprise in late Victorian society* Princeton: Princeton University Press 1978 pp. 186–8.
54. E.M. Tansey 'George Eliot's support for physiology: the George Henry Lewes Trust 1879–1939' *Notes and records of the Royal Society of London* XLIV (1990) pp. 221–40; Gerald L. Geison *Michael Foster and the Cambridge school of physiology: the scientific enterprise in late Victorian society* Princeton: Princeton University Press 1978 pp. 177–8.
55. Roy MacLeod and Russell Moseley 'Breaking the circle of the sciences: the Natural Sciences Tripos and the "examination revolution"' in Roy MacLeod (editor) *Days of judgement: science, examinations and the organization of knowledge in late Victorian England* Driffield: Nafferton 1982 pp. 202–3.
56. Roy Porter 'The natural science tripos and the "Cambridge school of geology", 1850–1914' *History of universities* II (1982) pp. 193–216, p. 204.
57. Christopher N.L. Brooke *A history of the University of Cambridge, volume IV: 1870–1990* Cambridge: Cambridge University Press 1993 pp. 295–6.
58. Roy Porter 'The natural science tripos and the "Cambridge school of geology", 1850–1914' *History of universities* II (1982) pp. 193–216, pp. 207–8.
59. T.R. Glover *Cambridge retrospect* Cambridge: Cambridge University Press 1943 pp. 110–11; Sydney C. Roberts (revised by Herbert H. Huxley) 'Terrot Glover (1869–1943)' *Oxford dictionary of national biography* Retrieved 1 June 2018 from http://www.oxforddnb.com/view/10.1093/ref:odnb/9780198614128.001.0001/odnb-9780198614128-e-33427.
60. T.R. Glover quoted in Peter Linehan (editor) *St John's College, Cambridge: a history* Woodbridge: Boydell Press 2011 p. 494.
61. Christopher N.L. Brooke *A history of the University of Cambridge, volume IV: 1870–1990* Cambridge: Cambridge University Press 1993 p. 178; Elisabeth Leedham Green 'The arrival of research degrees in Cambridge' Darwin College Research

Report 2011. Retrieved 12 October 2018 from http://www.darwin.cam.ac.uk/drupal7/sites/default/files/Documents/publications/dcrr010.pdf.

62. Cambridge Philosophical Society Archives, 2/1/5, minutes of Council meeting, 27 January 1896; Fellows and Associates proposal forms (Oppenheimer c.1924); A. Rupert Hall *The Cambridge Philosophical Society: a history 1819–1969* Cambridge: Cambridge Philosophical Society 1969 p. 63.

63. John Willis Clark 'President's address' *Proceedings of the Cambridge Philosophical Society* VII (1892) pp. 2–3.

64. Marsha L. Richmond '"A lab of one's own": the Balfour biological laboratory for women at Cambridge University, 1884–1914' in Sally Gregory Kohlstedt (editor) *History of women in the sciences* Chicago: Chicago University Press 1999 pp. 235–68, pp. 253–4.

65. Paula Gould 'Women and the culture of university physics in late nineteenth-century Cambridge' *British journal for the history of science* XXX (1997) pp. 127–49, pp. 144–5.

66. Robert Olby 'William Bateson (1861–1926)' *Oxford dictionary of national biography* Retrieved 1 June 2018 from http://www.oxforddnb.com/view/10.1093/ref:odnb/9780198614128.001.0001/odnb-9780198614128-e-30641; Cambridge Philosophical Society Archives, 3/1/4, minutes of general meeting, 11 February 1884; Marsha L. Richmond 'Women in the early history of genetics: William Bateson and the Newnham College Mendelians, 1900–1910' *Isis* XCII (2001) pp. 55–90; *Proceedings of the Cambridge Philosophical Society* V (1886); *Proceedings of the Cambridge Philosophical Society* VI (1889).

67. Marsha L. Richmond 'Women in the early history of genetics: William Bateson and the Newnham College Mendelians, 1900–1910' *Isis* XCII (2001) pp. 55–90, p. 56; Mary R.S. Creese *Ladies in the laboratory? American and British women in science 1800–1900* London: Scarecrow 1998 pp. 41–6; Janet Browne 'Dorothea Pertz (1859–1939)' *Oxford dictionary of national biography* Retrieved 1 June 2018 from http://www.oxforddnb.com/view/10.1093/ref:odnb/9780198614128.001.0001/odnb-9780198614128-e-58481; Mary R.S. Creese (revised by V.M. Quirke) 'Edith Rebecca Saunders (1865–1945)' *Oxford dictionary of national biography* Retrieved 1 June 2018 from http://www.oxforddnb.com/view/10.1093/ref:odnb/9780198614128.001.0001/odnb-9780198614128-e-37936/version/0.

68. Elizabeth Crawford *The women's suffrage movement: a reference guide 1866–1928* London: University College London Press 1999 pp. 90–1.

69. A. Bateson and F. Darwin 'On the change in shape in turgescent pith' *Proceedings of the Cambridge Philosophical Society* VI (1889) pp. 358–9.

70. W. Bateson and A. Bateson 'On variations in the floral symmetry of certain flowers having irregular corollas' *Proceedings of the Cambridge Philosophical Society* VII (1892) p. 96.

71. Mary R.S. Creese *Ladies in the laboratory? American and British women in science 1800–1900* London: Scarecrow 1998 p. 42.

72. Marsha L. Richmond 'Women in the early history of genetics: William Bateson and the Newnham College Mendelians, 1900–1910' *Isis* XCII (2001) pp. 55–90, p. 60.
73. Francis Darwin and Dorothea F.M. Pertz 'On the artificial production of rhythm in plants' *Annals of botany* VI (1892) pp. 245–64; F. Darwin and D.F.M. Pertz 'On the effect of water currents on the assimilation of aquatic plants' *Proceedings of the Cambridge Philosophical Society* IX (1898) pp. 76–90; F. Darwin and D.F.M. Pertz 'On the injection of the intercellular spaces occurring in the leaves of *Elodea* during recovery from plasmolysis' *Proceedings of the Cambridge Philosophical Society* IX (1898) pp. 272–3; D.F.M. Pertz and F. Darwin 'Experiments on the periodic movement of plants' *Proceedings of the Cambridge Philosophical Society* X (1900) p. 259.
74. W. Bateson and A. Bateson 'On variations in the floral symmetry of certain plants having irregular corollas' *Journal of the Linnean Society* XXVIII (1891) pp. 386–424; W. Bateson 'Notes on hybrid Cinerarias produced by Mr Lynch and Miss Pertz' *Proceedings of the Cambridge Philosophical Society* IX (1898) pp. 308–9; W. Bateson and D.F.M. Pertz 'Notes on the inheritance of variation in the corolla of *Veronica Buxbaumii*' *Proceedings of the Cambridge Philosophical Society* X (1900) pp. 78–93.
75. William Bateson 'Hybridisation and cross-breeding as a method of scientific investigation' *Journal of the Royal Horticultural Society* XXIV (1900) pp. 59–66.
76. W. Bateson and E.R. Saunders 'Introduction' *Reports to the Evolution Committee of the Royal Society, Report* 1 1902 pp. 3–12.
77. Marsha L. Richmond 'Women in the early history of genetics: William Bateson and the Newnham College Mendelians, 1900–1910' *Isis* XCII (2001) pp. 55–90, pp. 60–3.
78. Marsha L. Richmond 'Women in the early history of genetics: William Bateson and the Newnham College Mendelians, 1900–1910' *Isis* XCII (2001) pp. 55–90, p. 73.
79. Cambridge Philosophical Society Archives, 2/1/6, minutes of Council meeting, 29 October 1900.
80. Cambridge Philosophical Society Archives, 2/1/7, minutes of Council meeting, 9 March 1914, 18 May 1914.
81. Marsha L. Richmond '"A lab of one's own": the Balfour biological laboratory for women at Cambridge University, 1884–1914' in Sally Gregory Kohlstedt (editor) *History of women in the sciences* Chicago: Chicago University Press 1999 pp. 235–68, pp. 265–6.
82. Cambridge Philosophical Society Archives, 2/1/7, minutes of Council meeting, 15 May 1922, 27 November 1922.
83. Cambridge Philosophical Society Archives, 2/1/8, minutes of Council meeting, 12 November 1928; 3/1/6, minutes of general meeting, 21 January 1929.

7 图书馆里的实验室

1. John (Cosmo Stuart) Rashleigh III, whose card I chose at random, came from a prominent Cornish family. He studied at Trinity College and qualified as a doctor in 1904; he later served as a justice of the peace and High Sheriff of Cornwall. In the 1940s, he rented out his family estate, Menabilly, to Daphne du Maurier, who

used it as inspiration for 'Manderley'. Cambridge Philosophical Society Archives, 12/2 and 12/1/10, anthropometrics.
2. For more on Galton as a pioneer, see, for example, his protégé Karl Pearson's biography of him: Karl Pearson *The life, letters, and labours of Francis Galton, volume II* Cambridge: Cambridge University Press 1924; Francis Galton 'Arithmetic by smell' *Psychological review* I (1894) pp. 61–2.
3. Anonymous 'A morning with the anthropometric detectives' *Pall Mall gazette* 16 November 1888 pp. 1–2; J. Venn 'Cambridge anthropometry' *The journal of the Anthropological Institute of Great Britain and Ireland* XVIII (1889) pp. 140–54, p. 141; Karl Pearson *The life, letters, and labours of Francis Galton, volume II* Cambridge: Cambridge University Press 1924 p. 270.
4. Francis Galton 'On the anthropometric laboratory at the International Health Exhibition' *The journal of the Anthropological Institute of Great Britain and Ireland* XIV (1885) pp. 205–21; Frans Lundgren 'The politics of participation: Francis Galton's anthropometric laboratory and the making of critical selves' *British journal for the history of science* XLVI (2011) pp. 445–66; Karl Pearson *The life, letters, and labours of Francis Galton, volume II* Cambridge: Cambridge University Press 1924 pp. 371–2.
5. Cambridge Philosophical Society Archives, 2/1/6, minutes of Council meeting, 7 February 1886, 1 March 1886.
6. See letter from Horace Darwin to Richard Glazebrook, Cambridge Philosophical Society Archives, 2/1/6, minutes of Council meeting, 10 May 1886; J. Venn 'Cambridge anthropometry' *The journal of the Anthropological Institute of Great Britain and Ireland* XVIII (1889) pp. 140–5, p. 141.
7. H. Darwin and R. Threlfall 'On Mr Galton's anthropometric apparatus at present in use in the Philosophical Library' *Proceedings of the Cambridge Philosophical Society* V (1886) p. 374.
8. Anonymous *A descriptive list of anthropometric apparatus, consisting of instruments for measuring and testing the chief physical characteristics of the human body. Designed under the direction of Mr Francis Galton and manufactured and sold by the Cambridge Scientific Instrument Company* Cambridge 1887.
9. Anonymous *A descriptive list of anthropometric apparatus, consisting of instruments for measuring and testing the chief physical characteristics of the human body. Designed under the direction of Mr Francis Galton and manufactured and sold by the Cambridge Scientific Instrument Company* Cambridge 1887 p. 3.
10. Anonymous *A descriptive list of anthropometric apparatus, consisting of instruments for measuring and testing the chief physical characteristics of the human body. Designed under the direction of Mr Francis Galton and manufactured and sold by the Cambridge Scientific Instrument Company* Cambridge 1887 p. 3.
11. Frans Lundgren 'The politics of participation: Francis Galton's anthropometric laboratory and the making of critical selves' *British journal for the history of science* XLVI (2011) pp. 445–66, pp. 455–6.
12. Anonymous 'A morning with the anthropometric detectives' *Pall Mall gazette* 16 November 1888 pp. 1–2. For a comprehensive overview of eugenics, see Alison

Bashford and Philippa Levine (editors) *The Oxford handbook of the history of eugenics* Oxford: Oxford University Press 2010.

13. Francis Galton 'On recent designs for anthropometric instruments' *The journal of the Anthropological Institute of Great Britain and Ireland* XVI (1887) pp. 2–8, p. 4.

14. Anonymous *A descriptive list of anthropometric apparatus, consisting of instruments for measuring and testing the chief physical characteristics of the human body. Designed under the direction of Mr Francis Galton and manufactured and sold by the Cambridge Scientific Instrument Company* Cambridge 1887 pp. 4–5.

15. Anonymous *A descriptive list of anthropometric apparatus, consisting of instruments for measuring and testing the chief physical characteristics of the human body. Designed under the direction of Mr Francis Galton and manufactured and sold by the Cambridge Scientific Instrument Company* Cambridge 1887 p. 5.

16. John Venn 'On the various notations adopted for expressing the common propositions of logic' *Proceedings of the Cambridge Philosophical Society* IV (1883) pp. 36–47; John Venn 'On the employment of geometrical diagrams for the sensible representation of logical propositions' *Proceedings of the Cambridge Philosophical Society* IV (1883) pp. 47–59; John Venn '*On the diagrammatic and mechanical representation of propositions and reasonings*' *The London, Edinburgh, and Dublin philosophical magazine and journal of science*: series 5 X (1880) pp. 1–18. The latter paper was published before those in the *Proceedings of the Cambridge Philosophical Society*, but it is believed that Venn's talks to the Cambridge Philosophical Society in December 1880 were his first on the topic.

17. Chris Pritchard 'Mistakes concerning a chance encounter between Francis Galton and John Venn' *BSHM bulletin: journal of the British Society for the History of Mathematics* 23 (2008) pp. 103–8; Nicholas Wright Gillham *A life of Sir Francis Galton: from African exploration to the birth of eugenics* Oxford: Oxford University Press 2001 p. 278; Philip Mirowski (editor) *Edgeworth on chance, economic hazard, and statistics* Rowman and Littlefield 1994.

18. J. Venn 'Cambridge anthropometry' *The journal of the Anthropological Institute of Great Britain and Ireland* XVIII (1889) pp. 140–54, pp. 142–3; J. Venn and Francis Galton 'Cambridge anthropometry' *Nature* XLI (13 March 1890) pp. 450–4, p. 451.

19. Karl Pearson *The life, letters, and labours of Francis Galton, volume II* Cambridge: Cambridge University Press 1924 p. 373.

20. Francis Galton 'Head growth in students at the University of Cambridge' *Nature* XXXVIII (3 May 1888) pp. 14–15.

21. F.M.T. 'Letters to the editor: head growth in students at the University of Cambridge' *Nature* XL (1 August 1889) pp. 317–18. The anonymous F.M.T. may have been Frederick Meadows Turner who trained as a physician in London and Cambridge and had an interest in statistics. He himself was measured several times in the Philosophical Library. See Anonymous 'Obituary: Frederick Meadows Turner, MD, BSc, DPH Medical Superintendent, South-Eastern Hospital, London County Council' *British medical journal* I (31 January 1931) p. 202; Cambridge Philosophical Society Archives, 12/1/3, item 2178 and item 3006.

22. Francis Galton 'Letters to the editor' *Nature* XL (1 August 1889) p. 318.
23. J. Venn 'Cambridge anthropometry' *The journal of the Anthropological Institute of Great Britain and Ireland* XVIII (1889) pp. 140–54, pp. 145–54. For more on Galton's work on percentiles, see Milo Keynes (editor) *Sir Francis Galton, FRS: the legacy of his ideas* Basingstoke: Macmillan 1991; Karl Pearson *The life, letters, and labours of Francis Galton, volume II* Cambridge: Cambridge University Press 1924, chapter 13; Francis Galton 'Anthropometric per-centiles' *Nature* XXXI (8 January 1885) pp. 223–5.
24. J. Venn 'Cambridge anthropometry' *The journal of the Anthropological Institute of Great Britain and Ireland* XVIII (1889) pp. 140–54, p. 147.
25. J. Venn and Francis Galton 'Cambridge anthropometry' *Nature* XLI (13 March 1890) pp. 450–4.
26. Joanne Woiak 'Karl Pearson (1857–1936)' *Oxford dictionary of national biography* Retrieved 1 June 2018 from http://www.oxforddnb.com/view/10.1093/ref:odnb/9780198614128.001.0001/odnb-9780198614128-e-35442; Karl Pearson 'On the correlation of intellectual ability with the size and shape of the head' *Proceedings of the Royal Society of London* LXIX (1902) pp. 333–42, p. 333.
27. W.R Macdonell 'On criminal anthropometry and the identification of criminals' *Biometrika* I (1902) pp. 177–227.
28. Alice Lee, Marie A. Lewenz, and Karl Pearson 'On the correlation of the mental and physical characters in man, part II' *Proceedings of the Royal Society of London* LXXI (1902–1903) pp. 106–14, p. 112.
29. Joanne Woiak 'Karl Pearson (1857–1936)' *Oxford dictionary of national biography* Retrieved 1 June 2018 from http://www.oxforddnb.com/view/10.1093/ref:odnb/9780198614128.001.0001/odnb-9780198614128-e-35442; Karl Pearson 'On the correlation of intellectual ability with the size and shape of the head' *Proceedings of the Royal Society of London* LXIX (1902) pp. 333–42, p. 333; J. Venn and Francis Galton 'Cambridge anthropometry' *Nature* XLI (13 March 1890) pp. 450–4, p. 453.
30. Anonymous 'A morning with the anthropometric detectives' *Pall Mall gazette* 16 November 1888 pp. 1–2; Karl Pearson *The life, letters, and labours of Francis Galton, volume II* Cambridge: Cambridge University Press 1924 p. 227.
31. Stephen Courtney 'Anthropometry and the biological sciences in late nineteenth-century Britain' Retrieved 11 May 2017 from http://anthropometryincontext.com/2017/05/01/blog-post-title/; Karl Pearson 'On the correlation of intellectual ability with the size and shape of the head' *Proceedings of the Royal Society of London* LXIX (1902) pp. 333–42, p. 336.
32. Anonymous 'The squeeze of 86' *Punch* (6 April 1889) p. 161.
33. Francis Galton, quoted in Karl Pearson *The life, letters, and labours of Francis Galton, volume II* Cambridge: Cambridge University Press 1924 p. 222.
34. Karl Pearson *The life, letters, and labours of Francis Galton, volume II* Cambridge: Cambridge University Press 1924 p. 222.
35. Hilary Perraton *A history of foreign students in Britain* Basingstoke: Palgrave Macmillan 2014. For a first-hand account of an Indian student's experiences in Cambridge, see Samuel Satthianadhan *Four years in an English University* Madras:

Lawrence Asylum Press 1890; Cambridge Philosophical Society archives, 12/2, anthropometrics. It is not known whether these cards were kept separate from the time of their creation, or whether they were separated out by a later user of the archive. They have recently been added to the main body of cards in chronological order.

36. Karl Pearson *The life, letters, and labours of Francis Galton, volume II* Cambridge: Cambridge University Press 1924 pp. 357–8.
37. Charles S. Myers 'The future of anthropometry' *The journal of the Anthropological Institute of Great Britain and Ireland* XXXIII (1903) pp. 36–40.
38. Donald A. MacKenzie *Statistics in Britain, 1865–1930* Edinburgh: Edinburgh University Press 1981 p. 104.
39. J.B.S. Haldane *Daedalus, or, science and the future* New York: E.P. Dutton and Company 1924 pp. 57–8.
40. Cambridge Philosophical Society archives, 12/2, anthropometrics, 1962.
41. Cambridge Philosophical Society archives, 12/2, anthropometrics, undated.
42. See, for example, the work of Deborah Oxley, who has studied similar data sets for Australian convicts and English child labourers, and is currently researching the anthropometric cards of the Cambridge Philosophical Society.
43. Anonymous 'Proceedings at the meetings held during the session 1922–1923' *Proceedings of the Cambridge Philosophical Society* XXI (1923) p. 795; Anonymous 'Proceedings at the meetings held during the session 1924–1925' *Proceedings of the Cambridge Philosophical Society* XXII (1925) p. 970; V.M. Quirke 'John Burdon Sanderson Haldane (1892–1964)' *Oxford dictionary of national biography* Retrieved 1 June 2018 from http://www.oxforddnb.com/view/10.1093/ref:odnb/9780198614128.001.0001/odnb-9780198614128-e-33641.
44. J.B.S. Haldane 'A mathematical theory of natural and artificial selection' *Transactions of the Cambridge Philosophical Society* XXIII (1931) pp. 19–42. This volume is dated 1931, but its papers spanned the years 1923 to 1928; individual papers were circulated shortly after they were accepted by the journal and so Haldane's article would have been available from 1924.
45. Lewis S. Feuer *Einstein and the generations of science* London and New York: Routledge 1982 p. 279.
46. Reginald Punnett 'Early days of genetics' *Heredity* IV (1950) pp. 1–10.
47. Richard M. Burian and Doris T. Zallan 'Genes' in Peter J. Bowler and John V. Pickstone (editors) *The Cambridge history of science, volume VI: the modern biological and earth sciences* Cambridge: Cambridge University Press 2009 pp. 432–50, p. 435; Donald A. MacKenzie *Statistics in Britain, 1865–1930* Edinburgh: Edinburgh University Press 1981 chapter 6.
48. Karl Pearson, 1902, quoted in Donald A. MacKenzie *Statistics in Britain, 1865–1930* Edinburgh: Edinburgh University Press 1981 p. 126.
49. Frank Yates (revised by Alan Yoshioka) 'George Udny Yule (1871–1951)' *Oxford dictionary of national biography* Retrieved 1 June 2018 from http://www.oxforddnb.com/view/10.1093/ref:odnb/9780198614128.001.0001/odnb-9780198614128-e-37086.

50. George Udny Yule 'Mendel's laws and their probable relations to intra-racial heredity' *The new phytologist* I (1902) pp. 195–6.
51. George Udny Yule 'Mendel's laws and their probable relations to intra-racial heredity' *The new phytologist* I (1902) pp. 222–38, p. 207.
52. For an analysis of why Yule's paper had limited impact, see James G. Tabery 'The "evolutionary synthesis" of George Udny Yule' *Journal of the history of biology* XXXVII (2004) pp. 73–101.
53. Hamish G. Spencer 'Ronald Aylmer Fisher (1890–1962)' *Oxford dictionary of national biography* Retrieved 1 June 2018 from http://www.oxforddnb.com/view/10.1093/ref:odnb/9780198614128.001.0001/odnb-9780198614128-e-33146; R.A. Fisher 'The correlation between relatives in the supposition of Mendelian inheritance' *Transactions of the Royal Society of Edinburgh* LII (1918) pp. 399–433.
54. R.A. Fisher 'The correlation between relatives in the supposition of Mendelian inheritance' *Transactions of the Royal Society of Edinburgh* LII (1918) pp. 399–433, p. 433.
55. J.B.S. Haldane 'A mathematical theory of natural and artificial selection' *Transactions of the Cambridge Philosophical Society* XXIII (1931) pp. 19–42, p. 19. There were ten papers in total, with nine published by the Society. The first paper was published in the final volume of the *Transactions*, the second was published in the first volume of the new journal *Biological reviews*, parts III–IX were published in the *Proceedings*, and the final part was published by the American journal *Genetics*.
56. J.B.S. Haldane 'A mathematical theory of natural and artificial selection' *Transactions of the Cambridge Philosophical Society* XXIII (1931) pp. 19–42, p. 19.
57. J.B.S. Haldane 'A mathematical theory of natural and artificial selection. Part II. The influence of partial self-fertilisation, inbreeding, assertive mating, and selective fertilisation on the composition of Mendelian populations, and on natural selection' *Biological reviews* I (1925) pp. 158–63; J.B.S. Haldane 'A mathematical theory of natural and artificial selection. Part III' *Proceedings of the Cambridge Philosophical Society* XXIII (1927) pp. 363–72; J.B.S. Haldane 'A mathematical theory of natural and artificial selection. Part IV' *Proceedings of the Cambridge Philosophical Society* XXIII (1927) pp. 607–15; J.B.S. Haldane 'A mathematical theory of natural and artificial selection. Part V' *Proceedings of the Cambridge Philosophical Society* XXIII (1927) pp. 838–44; J.B.S. Haldane 'A mathematical theory of natural and artificial selection. Part VI. Isolation' *Proceedings of the Cambridge Philosophical Society* XXVI (1930) pp. 220–30; J.B.S. Haldane 'A mathematical theory of natural and artificial selection. Part VII. Selection intensity as a function of mortality rate' *Proceedings of the Cambridge Philosophical Society* XXVII (1931) pp. 131–6; J.B.S. Haldane 'A mathematical theory of natural and artificial selection. Part VIII. Metastable population' *Proceedings of the Cambridge Philosophical Society* XXVII (1931) pp. 137–42; J.B.S. Haldane 'A mathematical theory of natural and artificial selection. Part IX. Rapid selection' *Proceedings of the Cambridge Philosophical Society* XXVIII (1932) pp. 244–8; J.B.S. Haldane 'A mathematical theory of natural and artificial selection. Part X. Some theorems on artificial selection' *Genetics* XIX (1934) pp. 412–29.

58. J.B.S. Haldane 'A mathematical theory of natural and artificial selection. Part IX. Rapid selection' *Proceedings of the Cambridge Philosophical Society* XXVIII (1932) pp. 244–8, p. 247.

59. J.B.S. Haldane *Daedalus, or, science and the future* New York: E.P. Dutton and Company 1924 p. 57.

60. Diane Paul 'Eugenics and the left' *Journal of the history of ideas* XLV (1984) pp. 567–90; Michael Freeden 'Eugenics and progressive thought' *The historical journal* XXII (1979) pp. 645–71.

61. J.B.S. Haldane *The causes of evolution* Ithaca: Cornell University Press 1966 p. 33.

62. Julian Huxley *Evolution: the modern synthesis* London: Allen and Unwin 1942 p. 13.

63. J.B.S. Haldane *The causes of evolution* Ithaca: Cornell University Press 1966 p. 215; A.W.F. Edwards 'Mathematising Darwin' *Behavioral ecology and sociobiology* LXV (2011) pp. 421–30; Jeffrey C. Schank and Charles Twardy 'Mathematical models' in Peter J. Bowler and John V. Pickstone (editors) *The Cambridge history of science, volume VI: the modern biological and earth sciences* Cambridge: Cambridge University Press 2009 pp. 416–31.

64. C.R. Marshall 'Note on the pharmacological action of cannabis resin' *Proceedings of the Cambridge Philosophical Society* IX (1898) pp. 149–50, p. 149.

65. Cambridge Philosophical Society archives, 2/1/7, minutes of Council meeting, 11 December 1922; H. Munro Fox 'The origin and development of *Biological reviews*' *Biological reviews* XL (1965) pp. 1–4. The first volume of the new biological journal was titled *Proceedings of the Cambridge Philosophical Society: biological sciences*, while the second was called *Biological reviews and biological proceedings*. From the mid-1930s, the name was shortened to *Biological reviews*—the title which is still used today.

66. Cambridge Philosophical Society archives, 2/1/8, minutes of Council meeting, 7 December 1925, 26 July 1926.

67. Anonymous 'Preface' *Transactions of the Cambridge Philosophical Society* I (1822) pp. iii–viii, p. v.

8 希望它永远不会对任何人有任何用处

1. Cambridge Philosophical Society Archives, 2/1/6, minutes of Council meeting, 27 January 1896; 3/1/5, minutes of general meeting, 27 January 1896.

2. J.J. Thomson and E. Rutherford 'On the passage of electricity through gases exposed to Röntgen rays' *The London, Edinburgh, and Dublin philosophical magazine and journal of science: series 5* XLII (1896) pp. 392–407; Lawrence Badash 'Ernest Rutherford (1871–1937)' *Oxford dictionary of national biography* Retrieved 2 June 2018 from http://www.oxforddnb.com/view/10.1093/ref:odnb/9780198614128.001.0001/odnb-9780198614128-e-35891; Isobel Falconer 'Joseph John Thomson (1856–1940)' *Oxford dictionary of national biography* Retrieved 31 May 2018 from http://www.oxforddnb.com/view/10.1093/ref:odnb/9780198614128.001.0001/odnb-9780198614128-e-36506.

3. J.J. Thomson 'On the cathode rays' *Proceedings of the Cambridge Philosophical Society* IX (1898) pp. 243–4.

4. J.J. Thomson 'Cathode rays' *The electrician* XXXIX (1897) pp. 103–9. For a discussion of different accounts of the 'discovery' of the electron, see Isobel Falconer 'Corpuscles to electrons' in Jed Z. Buchwald and Andrew Warwick (editors) *Histories of the electron: the birth of microphysics* Cambridge: MIT Press 2001 pp. 77–100; Peter Achinstein 'Who really discovered the electron?' in Jed Z. Buchwald and Andrew Warwick (editors) *Histories of the electron: the birth of microphysics* Cambridge: MIT Press 2001 pp. 403–24.
5. Quoted in Graeme Gooday 'The questionable matter of electricity: the reception of J.J. Thomson's "corpuscle" amongst electrical theorists and technologists' in Jed Z. Buchwald and Andrew Warwick (editors) *Histories of the electron: the birth of microphysics* Cambridge: MIT Press 2001 pp. 101–34, p. 101.
6. *Proceedings of the Cambridge Philosophical Society* IX (1898); *Proceedings of the Cambridge Philosophical Society* X (1900); *Proceedings of the Cambridge Philosophical Society* XI (1902); *Proceedings of the Cambridge Philosophical Society* XII (1904); *Proceedings of the Cambridge Philosophical Society* XV (1910); *Proceedings of the Cambridge Philosophical Society* XVI (1912).
7. David Phillips 'William Lawrence Bragg (1890–1971)' *Oxford dictionary of national biography* Retrieved 2 June 2018 from http://www.oxforddnb.com/view/10.1093/ref:odnb/9780198614128.001.0001/odnb-9780198614128-e-30845; Talal Debs 'William Henry Bragg (1862–1942)' *Oxford dictionary of national biography* Retrieved 2 June 2018 from http://www.oxforddnb.com/view/10.1093/ref:odnb/9780198614128.001.0001/odnb-9780198614128-e-32031.
8. W.L. Bragg 'The diffraction of short electromagnetic waves by a crystal' *Proceedings of the Cambridge Philosophical Society* XVII (1914) pp. 43–57.
9. William Bragg, 21 November 1912, quoted in John Jenkin *William and Lawrence Bragg, father and son: the most extraordinary collaboration in science* Oxford: Oxford University Press 2008 p. 333.
10. William Bragg 'X-rays and crystals' *Nature* XC (28 November 1912) pp. 360–1.
11. C.T.R. Wilson 'On the cloud method of making visible ions and the tracks of ionising particles' *Nobel lectures, physics, 1922–41* (1965) p. 194.
12. C.T.R. Wilson 'On the formation of cloud in the absence of dust' *Proceedings of the Cambridge Philosophical Society* VIII (1895) p. 306.
13. C.T.R. Wilson 'On the action of uranium rays on the condensation of water vapour' *Proceedings of the Cambridge Philosophical Society* IX (1898) pp. 333–8; C.T.R. Wilson 'On the production of a cloud by the action of ultra-violet light on moist air' *Proceedings of the Cambridge Philosophical Society* IX (1898) pp. 392–3.
14. J.J. Thomson 'Nobel lecture' 11 December 1906 Retrieved 23 June 2017 from http://www.nobelprize.org/nobel_prizes/physics/laureates/1906/thomson-lecture.pdf. For more detailed discussion of the operation of the cloud chamber, see Peter Galison and Alexi Assmus 'Artificial clouds, real particles' in David Gooding, Trevor Pinch, and Simon Schaffer (editors) *The uses of experiment* Cambridge: Cambridge University Press 1989 pp. 225–75.
15. Malcolm Longair *Maxwell's enduring legacy: a scientific history of the Cavendish Laboratory* Cambridge: Cambridge University Press 2016 p. 158.

16. C.T.R. Wilson 'On a method of making visible the paths of ionising particles through a gas' *Proceedings of the Royal Society of London* LXXXV (1911) pp. 285–8.
17. P.M.S. Blackett 'Charles Thomson Rees Wilson, 1869–1959' in *Biographical memoirs of Fellows of the Royal Society* VI London: Royal Society 1960 pp. 269–95, p. 289.
18. Ernest Rutherford 'Professor C.T.R. Wilson (obituary)' *The Times* 16 November 1959 p. 16.
19. Christopher N.L. Brooke *A history of the University of Cambridge, volume IV: 1870–1990* Cambridge: Cambridge University Press 1993 p. 331.
20. M.G. Woods (later Mrs Waterhouse), quoted in Christopher N.L. Brooke *A history of the University of Cambridge, volume IV: 1870–1990* Cambridge: Cambridge University Press 1993 p. 332.
21. F.J.M. Stanton, quoted in Christopher N.L. Brooke *A history of the University of Cambridge, volume IV: 1870–1990* Cambridge: Cambridge University Press 1993 p. 333.
22. Christopher N.L. Brooke *A history of the University of Cambridge, volume IV: 1870–1990* Cambridge: Cambridge University Press 1993 p. 334.
23. Malcolm Longair *Maxwell's enduring legacy: a scientific history of the Cavendish Laboratory* Cambridge: Cambridge University Press 2016 p. 166.
24. Cambridge Philosophical Society Archives, 2/1/7, minutes of Council meeting, 9 November 1914, 8 February 1915, 22 November 1915, 7 February 1916, 21 February 1916, 5 February 1917, 27 October 1919.
25. Cambridge Philosophical Society Archives, 2/1/7, minutes of Council meeting, 8 February 1915.
26. Cambridge Philosophical Society Archives, 2/1/7, minutes of Council meeting, 7 February 1916, 5 February 1917.
27. Cambridge Philosophical Society Archives, 2/1/7, minutes of Council meeting, 4 February 1918.
28. Jon Agar *Science in the twentieth century and beyond* Cambridge: Polity Press 2012 p. 110–17.
29. Anonymous [H.H. Turner] 'From an Oxford note-book' *The Observatory* DXXIV (1918) p. 147.
30. Matthew Stanley '"An expedition to heal the wounds of war": the 1919 eclipse and Eddington as Quaker adventurer' *Isis* XCIV (2003) pp. 57–89, pp. 69–70.
31. Anonymous 'Proceedings at the meetings held during the session 1907–1908' *Proceedings of the Cambridge Philosophical Society* XIV (1908) p. 615.
32. Matthew Stanley '"An expedition to heal the wounds of war": the 1919 eclipse and Eddington as Quaker adventurer' *Isis* XCIV (2003) pp. 57–89.
33. C.W. Kilmister 'Arthur Stanley Eddington (1882–1944)' *Oxford dictionary of national biography* Retrieved 2 June 2018 from http://www.oxforddnb.com/view/10.1093/ref:odnb/9780198614128.001.0001/odnb-9780198614128-e-32967.
34. Albert Einstein 'Die Grundlage der allgemeinen Relativitätstheorie' *Annalen der physic* XLIX (1916) pp. 769–822. This paper was a consolidation of four papers that

Einstein had published towards the end of 1915, each dealing with an aspect of general relativity.
35. A.S. Eddington and Albert Einstein, quoted in Matthew Stanley '"An expedition to heal the wounds of war": the 1919 eclipse and Eddington as Quaker adventurer' *Isis* XCIV (2003) pp. 57–89, p. 69.
36. For a discussion of alternative ways of interpreting Eddington's images and the controversies they provoked, see John Earman and Clark Glymour 'Relativity and eclipses: the British eclipse expeditions of 1919 and their predecessors' *Historical studies in the physical sciences* XI (1980) pp. 49–85 or Harry Collins and Trevor Pinch *The Golem* Cambridge: Cambridge University Press 1998 chapter 2. For a discussion of the campaign to have the expedition and its results viewed in a favourable light, see Alistair Sponsel 'Constructing a "revolution in science": the campaign to promote a favourable reception for the 1919 solar eclipse experiments' *British journal for the history of science* XXXV (2002) pp. 439–67.
37. Arthur Eddington to Albert Einstein, 1 December 1919, quoted in John Earman and Clark Glymour 'The gravitational red shift as a test of general relativity: history and analysis' *Studies in the history and philosophy of science* XI (1980) pp. 175–214, p. 183 n. 22; Anonymous 'Proceedings at the meetings held during the session 1919–1920' *Proceedings of the Cambridge Philosophical Society* XX (1921) pp. 213–14.
38. Cambridge Philosophical Society Archives, 2/1/7, minutes of Council meeting, 24 January 1921.
39. Arthur Eddington to Albert Einstein, 1 December 1919, quoted in Matthew Stanley '"An expedition to heal the wounds of war": the 1919 eclipse and Eddington as Quaker adventurer' *Isis* XCIV (2003) pp. 57–89, p. 85.
40. Ernest Rutherford, quoted in Matthew Stanley '"An expedition to heal the wounds of war": the 1919 eclipse and Eddington as Quaker adventurer' *Isis* XCIV (2003) pp. 57–89, p. 58.
41. A. Rupert Hall *The Cambridge Philosophical Society: a history 1819–1969* Cambridge: Cambridge Philosophical Society 1969 p. 32.
42. Cambridge Philosophical Society Archives, 2/1/7, minutes of Council meeting, 10 March 1919.
43. Cambridge Philosophical Society Archives, 2/1/7, minutes of Council meeting, 2 June 1919, 6 October 1919, 24 November 1919, 22 November 1920.
44. A. Rupert Hall *The Cambridge Philosophical Society: a history 1819–1969* Cambridge: Cambridge Philosophical Society 1969 p. 37.
45. Cambridge Philosophical Society Archives, 2/1/7, minutes of Council meeting, 19 May 1913.
46. Cambridge Philosophical Society Archives, 2/1/7, minutes of Council meeting, 3 May 1920, 7 June 1920, 8 November 1920.
47. Cambridge Philosophical Society Archives, 2/1/7, minutes of Council meeting, 23 January 1922, 20 February 1922.
48. Cambridge Philosophical Society Archives, 2/1/7, minutes of Council meeting, 20 February 1922.

49. Cambridge Philosophical Society Archives, 2/1/7, minutes of Council meeting, 20 February 1922.
50. Cambridge Philosophical Society Archives, 2/1/7, minutes of Council meeting, 15 May 1922, 16 October 1922, 14 July 1924.
51. Cambridge Philosophical Society Archives, 2/1/7, minutes of Council meeting, 12 March 1923; 2/1/8, minutes of Council meeting, 26 November 1923, 14 July 1924, 2 February 1925, 15 February 1926.
52. Cambridge Philosophical Society Archives, 2/1/7, minutes of Council meeting, 16 February 1925, 27 January 1930.
53. Béla Bollobás 'Godfrey Harold Hardy (1877–1947)' *Oxford dictionary of national biography* Retrieved 2 June 2018 from http://www.oxforddnb.com/view/10.1093/ref:odnb/9780198614128.001.0001/odnb-9780198614128-e-33706; Anonymous 'Proceedings at the meetings held during the session 1901–1902' *Proceedings of the Cambridge Philosophical Society* XI (1902) p. 509.
54. Béla Bollobás (editor) *Littlewood's miscellany* Cambridge: Cambridge University Press 1986 p. 2.
55. G.H. Hardy *A mathematician's apology* Cambridge: Cambridge University Press 1948 pp. 24–5.
56. G.H. Hardy *A mathematician's apology* Cambridge: Cambridge University Press 1948 pp. 55–61.
57. Robert Kanigel 'Srinivasa Ramanujan (1887–1920)' *Oxford dictionary of national biography* Retrieved 2 June 2018 from http://www.oxforddnb.com/view/10.1093/ref:odnb/9780198614128.001.0001/odnb-9780198614128-e-51582.
58. Cambridge Philosophical Society Archives, 2/1/7, minutes of Council meeting, 11 February 1907, 24 February 1908, 4 May 1908, 25 January 1909.
59. Cambridge Philosophical Society Archives, 2/1/7, minutes of Council meeting, 4 February 1918.
60. Cambridge Philosophical Society Archives, 2/1/7, minutes of Council meeting, 6 October 1919, 15 May 1922; 2/1/8, minutes of Council meeting, 3 December 1923.
61. Cambridge Philosophical Society Archives, 2/1/7, minutes of Council meeting, 11 December 1922. As mentioned in Chapter 7, the first volume of the new biological journal was titled *Proceedings of the Cambridge Philosophical Society: biological sciences*, while the second was called *Biological reviews and biological proceedings*. From the mid-1930s, the name was shortened to *Biological reviews*—the title which is still used today.
62. Cambridge Philosophical Society Archives, 2/1/8, minutes of Council meeting, 7 December 1925, 26 July 1926.
63. Cambridge Philosophical Society Archives, 2/1/8, minutes of Council meeting, 18 May 1931, 9 November 1931.
64. Malcolm Longair *Maxwell's enduring legacy: a scientific history of the Cavendish Laboratory* Cambridge: Cambridge University Press 2016 p. 184.
65. Ernest Rutherford 'Capture and loss of electrons by α particles' *Proceedings of the Cambridge Philosophical Society* XXI (1923) pp. 504–10; Ernest Rutherford and

W.A. Wooster 'The natural x-ray spectrum of radium B' *Proceedings of the Cambridge Philosophical Society* XXII (1925) pp. 834–7.

66. G.P. Thomson 'A note on the nature of the carriers of the anode rays' *Proceedings of the Cambridge Philosophical Society* XX (1921) pp. 210–11; P.B. Moon (revised by Anita McConnell) 'George Paget Thomson (1892–1975)' *Oxford dictionary of national biography* Retrieved 2 June 2018 from http://www.oxforddnb.com/view/10.1093/ref:odnb/9780198614128.001.0001/odnb-9780198614128-e-31758.

67. J. Chadwick and C.D. Ellis 'A preliminary investigation of the intensity distribution in the β-ray spectra of radium B and C' *Proceedings of the Cambridge Philosophical Society* XXI (1923) pp. 274–80. Charles Ellis, who co-authored this paper, had met Chadwick in the Ruhleben internment camp in Germany, where both men had been held during World War I; Isobel Falconer 'James Chadwick (1891–1974)' *Oxford dictionary of national biography* Retrieved 2 June 2018 from http://www.oxforddnb.com/view/10.1093/ref:odnb/9780198614128.001.0001/odnb-9780198614128-e-30912; Jeffrey A. Hughes 'Charles Drummond Ellis (1895–1980)' *Oxford dictionary of national biography* Retrieved 2 June 2018 from http://www.oxforddnb.com/view/10.1093/ref:odnb/9780198614128.001.0001/odnb-9780198614128-e-31070.

68. J.R. Oppenheimer 'On the quantum theory of vibration-rotation bands' *Proceedings of the Cambridge Philosophical Society* XXIII (1927) pp. 327–35.

69. P.A.M. Dirac 'Dissociation under a temperature gradient' *Proceedings of the Cambridge Philosophical Society* XXII (1925) pp. 132–7.

70. A. Rupert Hall *The Cambridge Philosophical Society: a history 1819–1969* Cambridge: Cambridge Philosophical Society 1969 pp. 64–6.

71. Cambridge Philosophical Society Archives, 2/1/8, minutes of Council meeting, 3 December 1923, 18 February 1924; Niels Bohr 'On the application of the quantum theory to atomic structure, part 1: the fundamental postulates' Supplement to *Proceedings of the Cambridge Philosophical Society* XXII (1925) pp. 1–42.

72. Jon Agar *Science in the twentieth century and beyond* Cambridge: Polity Press 2012 pp. 213–15.

73. Cambridge Philosophical Society Archives, 2/1/8, minutes of Council meeting, 8 May 1933.

74. Cambridge Philosophical Society Archives, 2/1/8, minutes of Council meeting, 14 November 1938, 27 November 1939.

75. Cambridge Philosophical Society Archives, 2/1/8, minutes of Council meeting, 9 October 1939, 30 October 1939.

76. Cambridge Philosophical Society Archives, 2/1/8, minutes of Council meeting, 18 May 1942, 9 November 1942, 23 November 1942, 6 March 1944.

77. Christopher N.L. Brooke *A history of the University of Cambridge, volume IV: 1870–1990* Cambridge: Cambridge University Press 1993 pp. 506–7.

78. Malcolm Longair *Maxwell's enduring legacy: a scientific history of the Cavendish Laboratory* Cambridge: Cambridge University Press 2016 p. 261.

79. Sam Edwards 'Obituaries: Rudolph E. Peierls' *Physics today* XLIX (February 1996) pp. 74–5.

80. Anonymous 'Proceedings at the meetings held during the session 1935–1936' *Proceedings of the Cambridge Philosophical Society* XXXII (1936) p. 686; Anonymous 'Proceedings at the meetings held during the session 1936–1937' *Proceedings of the Cambridge Philosophical Society* XXXIII (1937) p. 588.
81. Ronald W. Clark *The birth of the bomb* London: Phoenix House 1961 p. 42; Richard Rhodes *The making of the atomic bomb* New York: Simon and Schuster 1988 p. 321.
82. R. Peierls 'Critical conditions in neutron multiplication' *Proceedings of the Cambridge Philosophical Society* XXXV (1939) pp. 610–15. Peierls had moved to Birmingham when he began this strand of research.
83. Rudolph Peierls quoted in Ronald W. Clark *The birth of the bomb* London: Phoenix House 1961 p. 43.
84. Richard Rhodes *The making of the atomic bomb* New York: Simon and Schuster 1986 p. 322.
85. Rudolph Peierls, quoted in Richard Rhodes *The making of the atomic bomb* New York: Simon and Schuster 1986 p. 323.
86. Otto Frisch, quoted in Richard Rhodes *The making of the atomic bomb* New York: Simon and Schuster 1986 p. 323.
87. Frisch–Peierls memorandum March 1940 Retrieved 23 June 2017 from http://web.stanford.edu/class/history5n/FPmemo.pdf.
88. K. Fuchs 'The conductivity of thin metallic films according to the electron theory of metals' *Proceedings of the Cambridge Philosophical Society* XXXIV (1938) pp. 100–8; K. Fuchs 'On the stability of nuclei against β-emission' *Proceedings of the Cambridge Philosophical Society* XXXV (1939) pp. 242–55.
89. Christoph Laucht *Elemental Germans: Klaus Fuchs, Rudolf Peierls and the making of British nuclear culture 1939–1959* Basingstoke: Palgrave Macmillan 2012.

9 继续向前

1. Alexander G. Liu, Jack J. Matthews, Latha R. Menon, Duncan McIlroy, and Martin D. Brasier '*Haootia quadriformis* n. gen., n. sp., interpreted as a muscular cnidarian impression from the late Ediacaran period (approx. 560 Ma)' *Proceedings of the Royal Society B* CCLXXXI (2014) 20141202.
2. The quotation 'to keep alive the spirit of inquiry' is taken from the Cambridge Philosophical Society's first volume of *Transactions*: Anonymous 'Preface' *Transactions of the Cambridge Philosophical Society* I (1822) pp. iii–viii, p. v.
3. For a discussion of how we differentiate between the different kingdoms, see Susannah Gibson *Animal, vegetable, mineral?* Oxford: Oxford University Press 2015.
4. J.W. Salter 'On fossil remains in the Cambrian rocks of the Longmynd and North Wales' *Quarterly journal of the Geological Society* XII (1856) pp. 246–51; J.W. Salter 'On annelide-burrows and surface markings from the Cambrian rocks of the Longmynd' *Quarterly journal of the Geological Society* XIII (1857) pp. 199–207; Richard H.T. Callow, Duncan McIlroy, and Martin D. Brasier 'John Salter and the Ediacara Fauna of the Longmyndian Supergroup' *Ichnos* XVIII (2011) pp. 176–87.

5. Charles Darwin *On the origin of species by means of natural selection* London: John Murray 1859 p. 307.
6. L.R. Menon, D. McIlroy, A.G. Liu, and M.D. Brasier 'The dynamic influence of microbial mats on sediments: fluid escape and pseudofossil formation in the Ediacaran Longmyndian Supergroup, UK' *Journal of the Geological Society* CLXXIII (2016) pp. 177–85; Alexander G. Liu 'Reviewing the Ediacaran fossils of the Long Mynd, Shropshire' *Proceedings of the Shropshire Geological Society* XVI (2011) pp. 31–43.
7. Cambridge Philosophical Society Archives, minutes of Council meeting, 11 May 2009. The Henslow Fellowships have been awarded in conjunction with colleges with limited funds for such research, including Girton College, Downing College, Murray Edwards College, Selwyn College, Robinson College, Wolfson College, St Edmund's College, Darwin College, Hughes Hall, Fitzwilliam College, Lucy Cavendish College, and St Catharine's College.
8. The research briefly mentioned here has been conducted by Sarah Morgan, George Gordon, Arne Jungwirth, Bartomeu Monserrat, Tanya Hutter, and Glenn Masson.
9. Cambridge Philosophical Society Archives, 2/1/11, minutes of Council meeting, 28 April 1969, 23 July 1973.
10. Cambridge Philosophical Society Archives, minutes of Council meeting, 3 March 2014.
11. Cambridge Philosophical Society Archives, 2/1/7, minutes of Council meeting, 24 November 1919.

正文图片和彩插图片版权

正文图片版权

Figure 1   Wellcome Collection. CC BY 4.0
Figure 2   Wellcome Collection. CC BY 4.0
Figure 3   © 2018. Sedgwick Museum of Earth Sciences, University of Cambridge. Reproduced with permission
Figure 4   Wellcome Collection. CC BY 4.0
Figure 5   Wellcome Collection. CC BY 4.0
Figure 6   Reproduced by kind permission of the Syndics of Cambridge University Library (Maps.bb.53.79.1)
Figure 7   http://www.antique-maps-online.co.uk
Figure 8   From Harraden's *Picturesque Views of Cambridge*, 1800
Figure 9   © Cambridge Philosophical Society
Figure 10 British Library, London, UK /© British Library Board. All Rights Reserved/Bridgeman Images
Figure 11 © Cambridge Philosophical Society
Figure 12 Private Collection/© Look and Learn/Illustrated Papers Collection/Bridgeman Images
Figure 13 Jim Woodhouse, © Cambridge Philosophical Society
Figure 14 Jim Woodhouse, © Cambridge Philosophical Society
Figure 15 Herschel Family Archive
Figure 16 Herschel Family Archive
Figure 17 Universal History Archive/Getty Images
Figure 18 Down House, Downe. FineArt/Alamy Stock Photo
Figure 19 © Cambridge Philosophical Society
Figure 20 © Cambridge Philosophical Society
Figure 21 © Cambridge Philosophical Society
Figure 22 Granger/Bridgeman Images
Figure 23 Pictorial Press Ltd/Alamy Stock Photo
Figure 24 RIBA Collections
Figure 25 © Cambridge Philosophical Society
Figure 26 The Mistress and Fellows, Girton College, Cambridge
Figure 27 Courtesy of Marylebone Cricket Club
Figure 28 Jim Woodhouse, © Cambridge Philosophical Society
Figure 29 The Angus Library and Archive, Regent's Park College. Shelf mark: 378.4259 KEU STACK, p. 110

Figure 30　© Museum of Zoology, University of Cambridge/Chris Green (Biochemistry)
Figure 31　Reproduced by kind permission of the Museum of Zoology, University of Cambridge
Figure 32　Reproduced by kind permission of the Syndics of Cambridge University Library (P.VIII.1-10)
Figure 33　Copyright the Cavendish Laboratory, University of Cambridge
Figure 34　© Cambridge Philosophical Society
Figure 35　The Principal and Fellows, Newnham College, Cambridge
Figure 36　The Cartoon Collector/Print Collector/Getty Images
Figure 37　Copyright the Cavendish Laboratory, University of Cambridge
Figure 38　Reinhold Thiele/Thiele/Getty Images
Figure 39　The Principal and Fellows, Newnham College, Cambridge
Figure 40　The Principal and Fellows, Newnham College, Cambridge
Figure 41　Jim Woodhouse, © Cambridge Philosophical Society
Figure 42　Chronicle/Alamy Stock Photo
Figure 43　Whipple Museum of the History of Science, University of Cambridge
Figure 44　© Cambridge Philosophical Society
Figure 45　The Bodleian Library, University of Oxford, Soc. 190 d. 49, ill. Fac. P. 156 & 155
Figure 46　The Bodleian Library, University of Oxford, R. i 10, p. 45
Figure 47　SSPL/Getty Images
Figure 48　Oxford Science Archive/Print Collector/Getty Images
Figure 49　Chronicle/Alamy Stock Photo
Figure 50　© Cambridge Philosophical Society
Figure 51　Science History Images/Alamy Stock Photo
Figure 52　© Cambridge Philosophical Society
Figure 53　Dr Alex Liu, University of Cambridge
Figure 54　Photo by Dr Alex Liu, University of Cambridge; sketch by the late Professor Martin Brasier, University of Oxford
Figure 55　Popperfoto/Getty Images
Figure 56　© Cambridge Philosophical Society

彩插图片版权

Plate 1　© 2018 Sedgwick Museum of Earth Sciences, University of Cambridge. Reproduced with permission
Plate 2　Reproduced by permission of the Geological Society of London
Plate 3　University of Cambridge, Institute of Astronomy
Plate 4　The Brenthurst Press, Johannesburg
Plate 5　SSPL/Getty Images
Plate 6　Courtesy of Marylebone Cricket Club

参考资料

Peter Achinstein 'Who really discovered the electron?' in Jed Z. Buchwald and Andrew Warwick (editors) Histories of the electron: the birth of microphysics Cambridge: MIT Press 2001 pp. 403–24.

John Couch Adams 'On the meteoric shower of November, 1866' Proceedings of the Cambridge Philosophical Society II (1866) p. 60.

Jon Agar Science in the twentieth century and beyond Cambridge: Polity Press 2012.

George Biddell Airy 'On the use of silvered glass for the mirrors of reflecting telescopes' Transactions of the Cambridge Philosophical Society II (1827) pp. 105–18.

George Biddell Airy 'On an inequality of long period in the motions of the Earth and Venus' Philosophical transactions of the Royal Society CXXI (1832) pp. 67–124.

George Biddell Airy Account of the Northumberland equatoreal and dome attached to the Cambridge Observatory Cambridge: Cambridge University Press 1844.

S.J.M.M. Alberti 'Natural history and the philosophical societies of late Victorian Yorkshire' Archives of natural history XXX (2003) pp. 342–58.

R. Alcock 'The digestive processes of *Ammocœtes*' Proceedings of the Cambridge Philosophical Society VII (1892) pp. 252–6.

Anonymous 'Review of Transactions of the Geological Society, volume I' The Edinburgh review, or critical journal XIX (1812) pp. 207–29.

Anonymous Cambridge chronicle 5 November 1819.

Anonymous 'Review of meeting of Cambridge Philosophical Society' The Edinburgh philosophical journal III (1820) pp. 184–5.

Anonymous 'Review of meeting of Cambridge Philosophical Society' The London literary gazette and journal of belles lettres 1820 p. 172.

Anonymous 'Donations to the library' Transactions of the Cambridge Philosophical Society I (1822) pp. 461–3.

Anonymous 'Donations to the museum' Transactions of the Cambridge Philosophical Society I (1822) pp. 463–4.

Anonymous 'Preface' Transactions of the Cambridge Philosophical Society I (1822) pp. iii–viii.

Anonymous 'Regulations' Transactions of the Cambridge Philosophical Society I (1822) pp. xvii–xxiii.

Anonymous 'Review of Transactions of the Cambridge Philosophical Society, volume I, part II' The British critic: a new review XVIII (1822) pp. 386–95.

Anonymous The crimes of the clergy; or, the pillars of priestcraft shaken London 1823.

Anonymous 'Review of Transactions of the Cambridge Philosophical Society, volume I, part I' The Cambridge quarterly review and academical register I (1824) pp. 163–82.

Anonymous 'Donations to the library' Transactions of the Cambridge Philosophical Society II (1827) pp. 446–9.

Anonymous 'Donations to the museum' Transactions of the Cambridge Philosophical Society II (1827) pp. 450–1.

Anonymous 'Donations to the library' Transactions of the Cambridge Philosophical Society III (1830) pp. 445–7.

Anonymous 'Donations to the museum' Transactions of the Cambridge Philosophical Society III (1830) pp. 447–8.

Anonymous [David Brewster] 'Decline of science in England' Quarterly review XLIII (1830) p. 327.

Anonymous A new guide to the University and Town of Cambridge Cambridge 1831.

Anonymous [William Whewell] 'Review of Transactions of the Cambridge Philosophical Society, volume the third' The British critic IX (1831) pp. 71–90.

Anonymous Report of the third meeting of the British Association for the Advancement of Science, held at Cambridge in 1833 London: John Murray 1834.

Anonymous 'Geological Society of London' The Athenaeum Issue 421, 21 November 1835 p. 876.

Anonymous 'Cambridge Philosophical Society, 16 November 1835' The London, Edinburgh, and Dublin philosophical magazine and journal of science: series 3 VIII (1836) pp. 78–80.

Anonymous 'Review of a meeting of the Cambridge Philosophical Society, 22 February 1836' The London, Edinburgh, and Dublin philosophical magazine and journal of science: series 3 VIII (1836) p. 429.

Anonymous 'Cambridge Philosophical Society, 27 February 1837' The London, Edinburgh, and Dublin philosophical magazine and journal of science: series 3 X (1837) p. 316.

Anonymous 'Anemometers of Messrs. Whewell and Osler' Arcana of science and art (1838) pp. 279–81.

Anonymous 'University news: Cambridge' The British magazine and monthly register XVII (1840) p. 707.

Anonymous 'Fatal accident on the London and Brighton Railway four lives lost' The Times 4 October 1841.

Anonymous 'Report on the Inquest' The Times 5 October 1841.

Anonymous [Robert Chambers] Vestiges of the natural history of creation London: John Churchill 1844.

Anonymous 'Review of *Vestiges of creation*' The Examiner 9 November 1844 pp. 707–9.

Anonymous 'Review of *Vestiges of creation*' The Spectator 9 November 1844 p. 1072.

Anonymous The railway chronicle 26 April 1845 p. 488.

Anonymous [Robert Chambers] Explanations: a sequel to 'Vestiges of the natural history of creation' London: John Churchill 1845.

Anonymous [Adam Sedgwick] 'Review of *Vestiges of the natural history of creation*' Edinburgh review CLXV (1845) pp. 1–85.

Anonymous 'Cambridge Philosophical Society' The London, Edinburgh, and Dublin philosophical magazine and journal of science: series 3 XXIX (1846) pp. 65–6.

Anonymous Inverness courier 28 October 1846.

Anonymous Report of the fifteenth meeting of the British Association for the Advancement of Science, held at Cambridge in June 1845 London: John Murray 1846.

Anonymous 'A choral ode addressed to HRH Prince Albert' Cambridge chronicle 10 July 1847.

Anonymous 'Professor Airey's [sic] statement regarding Leverrier's planet' The British quarterly review VI (1847) pp. 1–40.

Anonymous Royal Cornwall gazette 17 September 1847.

Anonymous The Gazette Issue 21180, 11 February 1851 p. 357.

Anonymous Cambridge independent press 2 August 1851.

Anonymous The Cambridge Ray Club. Instituted March 11, 1837. A short account of the Club, with its laws, and a list of members Cambridge 1857.

Anonymous Cambridge herald and Huntingdonshire gazette 19 May 1860.

Anonymous 'Our national industries' Nature VI (6 June 1872) p. 97.

Anonymous 'A voice from Cambridge' Nature VIII (8 May 1873) p. 21.

Anonymous 'A voice from Cambridge II' Nature VIII (15 May 1873) p. 41.

Anonymous 'Report of the Council of the Cambridge Philosophical Society' Proceedings of the Cambridge Philosophical Society IV (1883) pp. 101–6.

Anonymous 'The woman of the future' Punch (10 May 1884) p. 225.

Anonymous A descriptive list of anthropometric apparatus, consisting of instruments for measuring and testing the chief physical characteristics of the human body. Designed under the direction of Mr Francis Galton and manufactured and sold by the Cambridge Scientific Instrument Company Cambridge 1887.

Anonymous 'A morning with the anthropometric detectives' Pall Mall gazette 16 November 1888 pp. 1–2.

Anonymous 'The squeeze of 86' Punch (6 April 1889) p. 161.

Anonymous [F.M.T.] 'Letters to the editor: head growth in students at the University of Cambridge' Nature XL (1 August 1889) pp. 317–18.

Anonymous 'Replies to queries' Yn lioar Manninagh I (1889) pp. 23–4.

Anonymous 'Proceedings at the meetings held during the session 1901–1902' Proceedings of the Cambridge Philosophical Society XI (1902) p. 509.

Anonymous 'Proceedings at the meetings held during the session 1907–1908' Proceedings of the Cambridge Philosophical Society XIV (1908) p. 615.

Anonymous A history of the Cavendish Laboratory, 1871–1910 London: Longman, Green and Co. 1910.

Anonymous [H.H. Turner] 'From an Oxford note-book' The Observatory DXXIV (1918) p. 147.

Anonymous 'Science teaching at Cambridge in the seventies' British medical journal II (9 October 1920) p. 572.

Anonymous 'Proceedings at the meetings held during the session 1919–1920' Proceedings of the Cambridge Philosophical Society XX (1921) pp. 213–14.

Anonymous 'Address to the President' The Eagle XLII (1922) pp. 161–70.

Anonymous 'Proceedings at the meetings held during the session 1922–1923' Proceedings of the Cambridge Philosophical Society XXI (1923) p. 795.

Anonymous 'Proceedings at the meetings held during the session 1924–1925' Proceedings of the Cambridge Philosophical Society XXII (1925) p. 970.

Anonymous 'Obituary: Frederick Meadows Turner, MD, BSc, DPH Medical Superintendent, South-Eastern Hospital, London County Council' British medical journal I (31 January 1931) p. 202.

Anonymous 'Proceedings at the meetings held during the session 1935–1936' Proceedings of the Cambridge Philosophical Society XXXII (1936) p. 686.

Anonymous 'Proceedings at the meetings held during the session 1936–1937' Proceedings of the Cambridge Philosophical Society XXXIII (1937) p. 588.

Anonymous An inventory of the historical monuments in the City of Cambridge London: Her Majesty's Stationery Office 1959.

Eric Ashby and Mary Anderson 'Introduction' in Adam Sedgwick A discourse on the studies of the University of Cambridge Leicester: Leicester University Press 1969 pp. (7)–(17).

Charles Babbage Reflections on the decline of science in England, and on some of its causes London: B. Fellowes 1830.

Anna Maria Babington (editor) Memorials, journal and botanical correspondence of Charles Cardale Babington Cambridge: Cambridge University Press 2013.

Lawrence Badash 'Ernest Rutherford (1871–1937)' Oxford dictionary of national biography Retrieved 2 June 2018 from http://www.oxforddnb.com/view/10.1093/ref:odnb/9780198614128.001.0001/odnb-9780198614128-e-35891.

Nora Barlow (editor) Darwin and Henslow: the growth of an idea, letters 1831–1860 London: Murray 1967.

Ruth Barton '"Huxley, Lubbock, and half a dozen others": professionals and gentlemen in the formation of the X Club, 1851–1864' Isis LXXXIX (1998) pp. 410–44.

Ruth Barton 'Lockyer's columns of controversy in Nature' Retrieved 9 October 2018 from http://www.nature.com/nature/history/full/nature06260.html.

Alison Bashford and Philippa Levine (editors) The Oxford handbook of the history of eugenics Oxford: Oxford University Press 2010.

A. Bateson and F. Darwin 'On the change in shape in turgescent pith' Proceedings of the Cambridge Philosophical Society VI (1889) pp. 358–9.

W. Bateson 'Notes on hybrid Cinerarias produced by Mr Lynch and Miss Pertz' Proceedings of the Cambridge Philosophical Society IX (1898) pp. 308–9.

William Bateson 'Hybridisation and cross-breeding as a method of scientific investigation' Journal of the Royal Horticultural Society XXIV (1900) pp. 59–66.

W. Bateson and A. Bateson 'On variations in the floral symmetry of certain plants having irregular corollas' Journal of the Linnean Society XXVIII (1891) pp. 386–424.

W. Bateson and A. Bateson 'On variations in the floral symmetry of certain flowers having irregular corollas' Proceedings of the Cambridge Philosophical Society VII (1892) p. 96.

W. Bateson and D.F.M. Pertz 'Notes on the inheritance of variation in the corolla of Veronica Buxbaumii' Proceedings of the Cambridge Philosophical Society X (1900) pp. 78–93.

W. Bateson and E.R. Saunders 'Introduction' Reports to the Evolution Committee of the Royal Society, Report 1 1902 pp. 3–12.

Harvey W. Becher 'Voluntary science in nineteenth-century Cambridge University to the 1850s' British journal for the history of science 19 (1986) pp. 80–1.

Harvey W. Becher 'George Peacock (1791–1858)' Oxford dictionary of national biography Retrieved 2 March 2018 from http://www.oxforddnb.com/view/10.1093/ref:odnb/9780198614128.001.0001/odnb-9780198614128-e-21673.

Harvey W. Becher 'Robert Woodhouse (1773–1827)' Oxford dictionary of national biography Retrieved 2 March 2018 from http://www.oxforddnb.com/view/10.1093/ref:odnb/9780198614128.001.0001/odnb-9780198614128-e-29826.

R.M. Beverley A letter to His Royal Highness the Duke of Gloucester London 1833.

Ronald M. Birse 'Philip Kelland (1808–1879)' Oxford dictionary of national biography Retrieved 31 May 2018 from http://www.oxforddnb.com/view/10.1093/ref:odnb/9780198614128.001.0001/odnb-9780198614128-e-15284.

P.M.S. Blackett 'Charles Thomson Rees Wilson, 1869–1959' Biographical memoirs of Fellows of the Royal Society VI (1960) pp. 269–95.

Niels Bohr 'On the application of the quantum theory to atomic structure, part 1: the fundamental postulates' Supplement to Proceedings of the Cambridge Philosophical Society XXII (1925) pp. 1–42.

Béla Bollobás (editor) Littlewood's miscellany Cambridge: Cambridge University Press 1986.

Béla Bollobás 'Godfrey Harold Hardy (1877–1947)' Oxford dictionary of national biography Retrieved 2 June 2018 from http://www.oxforddnb.com/view/10.1093/ref:odnb/9780198614128.001.0001/odnb-9780198614128-e-33706.

Henry J.H. Bond 'A statistical report of Addenbrooke's Hospital, for the year 1836' Transactions of the Cambridge Philosophical Society VI (1838) pp. 361–78.

Henry J.H. Bond 'A statistical report of Addenbrooke's Hospital, for the year 1837' Transactions of the Cambridge Philosophical Society VI (1838) pp. 565–75.

T.G. Bonney 'Science at Cambridge' Nature VIII (29 May 1873) p. 83.

William H. Bragg 'X-rays and crystals' Nature XC (28 November 1912) pp. 360–1.

W.L. Bragg 'The diffraction of short electromagnetic waves by a crystal' Proceedings of the Cambridge Philosophical Society XVII (1914) pp. 43–57.

M.G. Brock and M.C. Curthoys (editors) The history of the University of Oxford, volume VI: nineteenth-century Oxford, part 1 Oxford: Clarendon Press 1997.

Christopher N.L. Brooke A history of the University of Cambridge, volume IV: 1870–1990 Cambridge: Cambridge University Press 1993.

Janet Browne 'Dorothea Pertz (1859–1939)' Oxford dictionary of national biography Retrieved 1 June 2018 from http://www.oxforddnb.com/view/10.1093/ref:odnb/9780198614128.001.0001/odnb-9780198614128-e-58481.

Alexandrina Buchanan Robert Willis (1800–1875) and the foundation of architectural history Cambridge: Cambridge University Press 2013.

Jed Z. Buchwald and Sungook Hong 'Physics' in David Cahan (editor) From natural philosophy to the sciences Chicago: Chicago University Press 2003 pp. 163–95.

William Buckland Reliquiae diluvianae, or, observations on the organic remains contained in caves, fissures and diluvial gravel, and on other geological phenomena London: John Murray 1823.

Richard M. Burian and Doris T. Zallan 'Genes' in Peter J. Bowler and John V. Pickstone (editors) The Cambridge history of science, volume VI: the modern biological and earth sciences Cambridge: Cambridge University Press 2009 pp. 432–50.

R.W. Burkhardt The spirit of system: Lamarck and evolutionary biology Cambridge, Mass., and London: Harvard University Press 1995.

Lucilla Burn The Fitzwilliam Museum: a history London: Philip Wilson 2016.

J.P.T. Bury (editor) Romilly's Cambridge Diary, 1832–1842 Cambridge: Cambridgeshire Records Society 1967.

M.E. Bury and J.D. Pickles (editors) Romilly's Cambridge Diary, 1842–1847 Cambridge: Cambridgeshire Records Society 1994.

Günther Buttmann The shadow of the telescope: a biography of John Herschel Guildford: Lutterworth Press 1974.

George Gordon, Lord Byron 'Thoughts suggested by a college examination' Hours of idleness Newark 1807.

David Cahan (editor) From natural philosophy to the sciences Chicago: Chicago University Press 2003.

Richard H.T. Callow, Duncan McIlroy, and Martin D. Brasier 'John Salter and the Ediacara fauna of the Longmyndian Supergroup' Ichnos XVIII (2011) pp. 176–87.

Susan F. Cannon Science in culture: the early Victorian period New York: Dawson and Science History Publications 1978.

Walter F. Cannon 'John Herschel and the idea of science' Journal of the history of ideas XXII (1961) pp. 215–39.

Walter F. Cannon 'The impact of uniformitarianism: two letters from John Herschel to Charles Lyell, 1836–1837' Proceedings of the American Philosophical Society CV (1961) pp. 301–14.

Walter F. Cannon 'Scientists and broad churchmen: an early Victorian intellectual network' Journal of British studies IV (1964) pp. 65–88.

Nicolas Carlisle A memoir of the life of William Wyon London: W. Nichol 1837.

A.R. Catton 'On the synthesis of formic acid' Proceedings of the Cambridge Philosophical Society I (1863) p. 235.

Arthur Cayley 'A new theorem on the equilibrium of four forces acting on a solid body' Proceedings of the Cambridge Philosophical Society I (1863) p. 235.

J. Chadwick and C.D. Ellis 'A preliminary investigation of the intensity distribution in the β-ray spectra of radium B and C' Proceedings of the Cambridge Philosophical Society XXI (1923) pp. 274–80.

Elizabeth Chambers Patterson Mary Somerville and the cultivation of science, 1815–1840 The Hague: Nijhoff 1983.

Allan Chapman 'George Biddell Airy (1801–1892)' Oxford dictionary of national biography Retrieved 15 March 2018 from http://www.oxforddnb.com/view/10.1093/ref:odnb/9780198614128.001.0001/odnb-9780198614128-e-251.

John Willis Clark 'The foundation and early years of the Society' Proceedings of the Cambridge Philosophical Society VII (1892) pp. i–l.

John Willis Clark 'President's address' Proceedings of the Cambridge Philosophical Society VII (1892) pp. 2–4.

John Willis Clark and Thomas McKenny Hughes The life and letters of Adam Sedgwick, volume I Cambridge: Cambridge University Press 2009.

J.W. Clark (revised by H.G.C. Matthew) 'Connop Thirlwall (1797–1875)' Oxford dictionary of national biography Retrieved 15 March 2018 from http://www.oxforddnb.com/view/10.1093/ref:odnb/9780198614128.001.0001/odnb-9780198614128-e-27185.

J.W. Clark (revised by Michael Bevan) 'William Clark (1788–1869)' Oxford dictionary of national biography Retrieved 30 May 2018 from http://www.oxforddnb.com/view/10.1093/ref:odnb/9780198614128.001.0001/odnb-9780198614128-e-5478.

Ronald W. Clark The birth of the bomb London: Phoenix House 1961.

William Clark 'A case of human monstrosity, with a commentary' Transactions of the Cambridge Philosophical Society IV (1833) pp. 219–56.

Edward Daniel Clarke 'Observations upon the ores which contain cadmium, and upon the discovery of this metal in the Derbyshire silicates and other ores of zinc' Annals of philosophy XV (1820) pp. 272–6.

A.M. Clerke (revised by Anita McConnell) 'Thomas Catton (1758–1838)' Oxford dictionary of national biography Retrieved 2 March 2018 from http://www.oxforddnb.com/view/10.1093/ref:odnb/9780198614128.001.0001/odnb-9780198614128-e-4903.

William Cobbett 'The parson and the boy' Cobbett's weekly register XLVII (2 August 1823) pp. 256–319.

Samuel Taylor Coleridge 'General introduction, or, a preliminary treatise on method' in Edward Smedley, Hugh James Rose, and Henry John Rose (editors) Encyclopædia metropolitana, volume I London: J.J. Griffin 1849, pp. (1)–(27).

Harry Collins and Trevor Pinch The golem Cambridge: Cambridge University Press 1998.

Charles Henry Cooper Annals of Cambridge, volume V Cambridge: Warwick and Co. 1850–1856.

Thompson Cooper (revised by Julia Tompson) 'Bewick Bridge (1767–1833)' Oxford dictionary of national biography Retrieved 2 March 2018 from http://www.

oxforddnb.com/view/10.1093/ref:odnb/9780198614128.001.0001/odnb-9780198614128-e-3386.

Thompson Cooper (revised by M.C. Curthoys) 'Thomas Turton (1780–1864)' Oxford dictionary of national biography Retrieved 2 March 2018 from http://www.oxforddnb.com/view/10.1093/ref:odnb/9780198614128.001.0001/odnb-9780198614128-e-27895.

Stephen Courtney 'Anthropometry and the biological sciences in late 19th-century Britain' Retrieved 11 May 2017 from http://anthropometryincontext.com/2017/05/01/blog-post-title/.

Alex D.D. Craik Mr Hopkins' men: Cambridge reform and British mathematics in the 19th century London: Springer 2007.

Elizabeth Crawford The women's suffrage movement: a reference guide 1866–1928 London: University College London Press 1999.

Mary R.S. Creese Ladies in the laboratory? American and British women in science 1800–1900 London: Scarecrow 1998.

Mary R.S. Creese (revised by V.M. Quirke) 'Edith Rebecca Saunders (1865–1945)' Oxford dictionary of national biography Retrieved 1 June 2018 from http://www.oxforddnb.com/view/10.1093/ref:odnb/9780198614128.001.0001/odnb-9780198614128-e-37936/version/0.

Mary R.S. Creese 'Mary Somerville (1780–1872)' Oxford dictionary of national biography Retrieved 1 June 2018 from http://www.oxforddnb.com/view/10.1093/ref:odnb/9780198614128.001.0001/odnb-9780198614128-e-26024.

Tony Crilly 'The Cambridge mathematical journal and its descendants: the linchpin of a research community in the early and mid-Victorian age' Historia mathematica XXXI (2004) pp. 455–97.

Michael J. Crowe 'John Frederick William Herschel (1792–1871)' Oxford dictionary of national biography Retrieved 15 March 2018 from http://www.oxforddnb.com/view/10.1093/ref:odnb/9780198614128.001.0001/odnb-9780198614128-e-13101.

Andrew Cunningham 'How the *Principia* got its name; or, taking natural philosophy seriously' History of science XXIX (1991) pp. 377–92.

E. Dale 'On certain outgrowths (intumescences) on the green parts of *Hibiscus vitifolius* Linn.' Proceedings of the Cambridge Philosophical Society X (1900) pp. 192–210.

W.C.D. Dampier (revised by Frank A.J.L. James) 'George Liveing (1827–1924)' Oxford dictionary of national biography Retrieved 31 May 2018 from http://www.oxforddnb.com/view/10.1093/ref:odnb/9780198614128.001.0001/odnb-9780198614128-e-34559.

Charles Darwin Extracts from letters addressed to Professor Henslow Cambridge: Cambridge Philosophical Society 1835.

Charles Darwin Narrative of the surveying voyages of His Majesty's ships *Adventure* and *Beagle*, volume III: journal and remarks, 1832–1836 London: Henry Colburn 1839.

Charles Darwin On the origin of species by means of natural selection London: John Murray 1859.

Charles Darwin (edited by Nora Barlow) The works of Charles Darwin, volume I: diary of the voyage of H.M.S. *Beagle* New York: New York University Press 1986.

Francis Darwin and Dorothea F.M. Pertz 'On the artificial production of rhythm in plants' Annals of botany VI (1892) pp. 245–64.

F. Darwin and D.F.M. Pertz 'On the effect of water currents on the assimilation of aquatic plants' Proceedings of the Cambridge Philosophical Society IX (1898) pp. 76–90.

F. Darwin and D.F.M. Pertz 'On the injection of the intercellular spaces occurring in the leaves of *Elodea* during recovery from plasmolysis' Proceedings of the Cambridge Philosophical Society IX (1898) pp. 272–3.

H. Darwin and R. Threlfall 'On Mr Galton's anthropometric apparatus at present in use in the Philosophical Library' Proceedings of the Cambridge Philosophical Society V (1886) p. 374.

Lorraine Daston and H. Otto Sibum 'Scientific personae and their histories' Science in context XVI (2003) pp. 1–8.

Emily Davies 'The influence of university degrees on the education of women' Victoria magazine I (1863) pp. 260–71.

Augustus de Morgan 'On some points of the integral calculus' Proceedings of the Cambridge Philosophical Society I (1863) pp. 106–9.

Sophia Elizabeth de Morgan Memoir of Augustus De Morgan Cambridge: Cambridge University Press 2010.

Talal Debs 'William Henry Bragg (1862–1942)' Oxford dictionary of national biography Retrieved 2 June 2018 from http://www.oxforddnb.com/view/10.1093/ref:odnb/9780198614128.001.0001/odnb-9780198614128-e-32031.

Adrian Desmond Archetypes and ancestors: palaeontology in Victorian London, 1850–1875 London: Blond and Briggs 1982.

Adrian Desmond 'Thomas Henry Huxley (1825–1895)' Oxford dictionary of national biography Retrieved 31 May 2018 from http://www.oxforddnb.com/view/10.1093/ref:odnb/9780198614128.001.0001/odnb-9780198614128-e-14320.

P.A.M. Dirac 'Dissociation under a temperature gradient' Proceedings of the Cambridge Philosophical Society XXII (1925) pp. 132–7.

Brian Dolan Exploring European frontiers: British travellers in the age of Enlightenment Basingstoke: Macmillan 2000.

Richard Dunn and Rebecca Higgitt Ships, clocks, and stars: the quest for longitude Glasgow: Collins and London: Royal Museums Greenwich 2014.

John Earman and Clark Glymour 'Relativity and eclipses: the British eclipse expeditions of 1919 and their predecessors' Historical studies in the physical sciences XI (1980) pp. 49–85.

John Earman and Clark Glymour 'The gravitational red shift as a test of general relativity: history and analysis' Studies in the history and philosophy of science XI (1980) pp. 175–214.

A.W.F. Edwards 'Mathematising Darwin' Behavioral ecology and sociobiology LXV (2011) pp. 421–30.

Sam Edwards 'Obituaries: Rudolph E. Peierls' Physics today XLIX (February 1996) pp. 74–5.

Albert Einstein 'Die Grundlage der allgemeinen Relativitätstheorie' Annalen der physic XLIX (1916) pp. 769–822.

Albert Einstein 'Considerations concerning the fundaments of theoretical physics' Science XCI (1940) pp. 487–92.

Philip C. Enros 'The Analytical Society (1812–1813): precursor of the renewal of Cambridge mathematics' Historia mathematica 10 (1983) pp. 24–47.

F. Eves 'On some experiments on the liver ferment' Proceedings of the Cambridge Philosophical Society V (1886) pp. 182–3.

Isobel Falconer 'Corpuscles to electrons' in Jed Z. Buchwald and Andrew Warwick (editors) Histories of the electron: the birth of microphysics Cambridge: MIT Press 2001 pp. 77–100.

Isobel Falconer 'James Chadwick (1891–1974)' Oxford dictionary of national biography Retrieved 2 June 2018 from http://www.oxforddnb.com/view/10.1093/ref:odnb/9780198614128.001.0001/odnb-9780198614128-e-30912.

Isobel Falconer 'Joseph John Thomson (1856–1940)' Oxford dictionary of national biography Retrieved 31 May 2018 from http://www.oxforddnb.com/view/10.1093/ref:odnb/9780198614128.001.0001/odnb-9780198614128-e-36506.

William Farish A plan of a course of lectures on arts and manufactures, more particularly such as relate to chemistry Cambridge: J. Burgess 1796.

William Farish 'On isometrical perspective' Transactions of the Cambridge Philosophical Society I (1822) pp. 1–20.

Lewis S. Feuer Einstein and the generations of science London and New York: Routledge 1982.

R.A. Fisher 'The correlation between relatives in the supposition of Mendelian inheritance' *Transactions of the Royal Society of Edinburgh* LII (1918) pp. 399–433.

Walter Fletcher 'Letter to the editor' The Spectator 30 October 1841 p. 12.

Sophie Forgan 'Context, image and function: a preliminary enquiry into the architecture of scientific societies' British journal for the history of science XIX (1986) pp. 89–113.

Robert Fox 'John Dawson (bap. 1735–1820)' Oxford dictionary of national biography Retrieved 2 March 2018 from http://www.oxforddnb.com/view/10.1093/ref:odnb/9780198614128.001.0001/odnb-9780198614128-e-7350.

Michael Freeden 'Eugenics and progressive thought' The historical journal XXII (1979) pp. 645–71.

K. Fuchs 'The conductivity of thin metallic films according to the electron theory of metals' Proceedings of the Cambridge Philosophical Society XXXIV (1938) pp. 100–8.

K. Fuchs 'On the stability of nuclei against β-emission' Proceedings of the Cambridge Philosophical Society XXXV (1939) pp. 242–55.

Aileen Fyfe Steam-powered knowledge: William Chambers and the business of publishing, 1820–1860 Chicago: University of Chicago Press 2012.

Aileen Fyfe 'Peer review: not as old as you might think' Times higher education 25 June 2015 Retrieved 8 October 2018 from http://www.timeshighereducation.com/features/peer-review-not-old-you-might-think.

Peter Galison and Alexi Assmus 'Artificial clouds, real particles' in David Gooding, Trevor Pinch, and Simon Schaffer (editors) The uses of experiment Cambridge: Cambridge University Press 1989 pp. 225–75.

Francis Galton 'On the anthropometric laboratory at the International Health Exhibition' The journal of the Anthropological Institute of Great Britain and Ireland XIV (1885) pp. 205–21.

Francis Galton 'On recent designs for anthropometric instruments' The journal of the Anthropological Institute of Great Britain and Ireland XVI (1887) pp. 2–8.

Francis Galton 'Head growth in students at the University of Cambridge' Nature XXXVIII (3 May 1888) pp. 14–15.

Francis Galton 'Letters to the editor' Nature XL (1 August 1889) p. 318.

Francis Galton 'Arithmetic by smell' Psychological review I (1894) pp. 61–2.

John Gascoigne 'The universities and the scientific revolution: the case of Newton and Restoration Cambridge' History of science XXIII (1985) pp. 391–434.

John Gascoigne Cambridge in the age of the Enlightenment Cambridge: Cambridge University Press 1989.

Stephen Gaukroger The emergence of a scientific culture Oxford: Clarendon Press 2006.

Kostas Gavroglu 'John William Strutt, third Baron Rayleigh (1842–1919)' Oxford dictionary of national biography Retrieved 31 May 2018 from http://www.oxforddnb.com/view/10.1093/ref:odnb/9780198614128.001.0001/odnb-9780198614128-e-36359.

Gerald L. Geison Michael Foster and the Cambridge school of physiology: the scientific enterprise in late Victorian society Princeton: Princeton University Press 1978.

John Gibbins John Grote, Cambridge University and the development of Victorian thought Exeter: Imprint Academic 2007.

Susannah Gibson Animal, vegetable, mineral? Oxford: Oxford University Press 2015.

T.R. Glover Cambridge retrospect Cambridge: Cambridge University Press 1943.

Graeme Gooday 'The questionable matter of electricity: the reception of J.J. Thomson's "corpuscle" among electrical theorists and technologists' in Jed Z. Buchwald and Andrew Warwick (editors) Histories of the electron: the birth of microphysics Cambridge: MIT Press 2001 pp. 101–34.

George Cornelius Gorham Memoirs of John Martyn, F.R.S., and of Thomas Martyn, B.D., F.R.S., F.L.S., Professors of Botany in the University of Cambridge London: Hatchard 1830.

Paula Gould 'Women and the culture of university physics in late nineteenth-century Cambridge' British journal for the history of science XXX (1997) pp. 127–49.

Edward Grant A history of natural philosophy Cambridge: Cambridge University Press 2007.

I. Grattan-Guinness 'Mathematics and mathematical physics from Cambridge, 1815–1840: a survey of the achievements and of the French influences' in P.M. Harman (editor) Wranglers and physicists: studies on Cambridge physics in the nineteenth century Manchester: Manchester University Press 1985 pp. 84–111.

Mott T. Green 'Genesis and geology revisited: the order of nature and the nature of order in nineteenth-century Britain' in David C. Lindberg and Ronald L. Numbers (editors) When science and Christianity meet Chicago and London: University of Chicago Press 2003 pp. 139–60.

J.B.S. Haldane Daedalus, or, science and the future New York: E.P. Dutton and Company 1924.

J.B.S. Haldane 'A mathematical theory of natural and artificial selection. Part II. The influence of partial self-fertilisation, inbreeding, assertive mating, and selective fertilisation on the composition of Mendelian populations, and on natural selection' Biological reviews I (1925) pp. 158–63.

J.B.S. Haldane 'A mathematical theory of natural and artificial selection. Part III' Proceedings of the Cambridge Philosophical Society XXIII (1927) pp. 363–72.

J.B.S. Haldane 'A mathematical theory of natural and artificial selection. Part IV' Proceedings of the Cambridge Philosophical Society XXIII (1927) pp. 607–15.

J.B.S. Haldane 'A mathematical theory of natural and artificial selection. Part V' Proceedings of the Cambridge Philosophical Society XXIII (1927) pp. 838–44.

J.B.S. Haldane 'A mathematical theory of natural and artificial selection. Part VI. Isolation' Proceedings of the Cambridge Philosophical Society XXVI (1930) pp. 220–30.

J.B.S. Haldane 'A mathematical theory of natural and artificial selection' Transactions of the Cambridge Philosophical Society XXIII (1931) pp. 19–42.

J.B.S. Haldane 'A mathematical theory of natural and artificial selection. Part VII. Selection intensity as a function of mortality rate' Proceedings of the Cambridge Philosophical Society XXVII (1931) pp. 131–6.

J.B.S. Haldane 'A mathematical theory of natural and artificial selection. Part VIII. Metastable population' Proceedings of the Cambridge Philosophical Society XXVII (1931) pp. 137–42.

J.B.S. Haldane 'A mathematical theory of natural and artificial selection. Part IX. Rapid selection' Proceedings of the Cambridge Philosophical Society XXVIII (1932) pp. 244–8.

J.B.S. Haldane 'A mathematical theory of natural and artificial selection. Part X. Some theorems on artificial selection' Genetics XIX (1934) pp. 412–29.

J.B.S. Haldane The causes of evolution Ithaca: Cornell University Press 1966.

A. Rupert Hall The Cambridge Philosophical Society: a history 1819–1969 Cambridge: Cambridge Philosophical Society 1969.

Thomas Hamilton (revised by John D. Haigh) 'Samuel Lee (1783–1852)' Oxford dictionary of national biography Retrieved 2 March 2018 from http://www.oxforddnb.com/view/10.1093/ref:odnb/9780198614128.001.0001/odnb-9780198614128-e-16309.

G.H. Hardy A mathematician's apology Cambridge: Cambridge University Press 1948.

P.M. Harman (editor) Wranglers and physicists: studies on Cambridge physics in the nineteenth century Manchester: Manchester University Press 1985.

P.M. Harman (editor) The scientific letters and papers of James Clerk Maxwell, volume I: 1846–1862 Cambridge: Cambridge University Press 1990.

P.M. Harman 'James Clerk Maxwell (1831–1879)' Oxford dictionary of national biography Retrieved 31 May 2018 from http://www.oxforddnb.com/view/10.1093/ref:odnb/9780198614128.001.0001/odnb-9780198614128-e-5624.

Negley Harte and John North The world of University College London 1828–1978 London: University College London 1978.

John Herschel 'On certain remarkable instances of deviation from Newton's scale in the tints developed by crystals, with one axis of double refraction, on exposure to polarised light' Transactions of the Cambridge Philosophical Society I (1822) pp. 21–42.

John Herschel A preliminary discourse on the study of natural philosophy London: Longman, Rees, Orme, Brown and Green 1831.

John Herschel 'Address' Report of the fifteenth meeting of the British Association for the Advancement of Science, held at Cambridge in June 1845 London: John Murray 1846 pp. xxvii–xliv.

John Herschel (edited by David S. Evans, Terence J. Deeming, Betty Hall Evans, and Stephen Goldfarb) Herschel at the Cape: diaries and correspondence of Sir John Herschel, 1834–1838 Austin: University of Texas Press 1969.

Jeffrey A. Hughes 'Charles Drummond Ellis (1895–1980)' Oxford dictionary of national biography Retrieved 2 June 2018 from http://www.oxforddnb.com/view/10.1093/ref:odnb/9780198614128.001.0001/odnb-9780198614128-e-31070.

G.M. Humphry Reporter 19 October 1870 p. 26.

Bruce Hunt 'Doing science in a global empire: cable telegraphy and electrical physics in Victorian Britain' in Bernard Lightman (editor) Victorian science in context Chicago: University of Chicago Press 1997 pp. 312–33.

Roger Hutchins British university observatories, 1772–1939 Aldershot: Ashgate 2008.

Roger Hutchins 'John Couch Adams (1819–1892)' Oxford dictionary of national biography Retrieved 31 May 2018 from http://www.oxforddnb.com/view/10.1093/ref:odnb/9780198614128.001.0001/odnb-9780198614128-e-123.

Julian Huxley Evolution: the modern synthesis London: Allen and Unwin 1942.

Frank James 'Michael Faraday, the City Philosophical Society and the Society of Arts' Royal Society of Arts Journal CXL (1992) pp. 192–9.

John Jenkin William and Lawrence Bragg, father and son: the most extraordinary collaboration in science Oxford: Oxford University Press 2008.

J. Vernon Jensen 'The X Club: fraternity of Victorian scientists' British journal for the history of science V (1970) pp. 63–72.

Leonard Jenyns 'Cambridge Philosophical Society museum' in J.J. Smith (editor) The Cambridge portfolio London: J.W. Parker 1840 pp. 127–9.

Leonard Jenyns Memoir of the Rev. John Stevens Henslow, M.A., F.L.S., F.G.S., F.C.P.S.: late rector of Hitcham and Professor of Botany in the University of Cambridge London: John Van Voorst 1862.

Leonard Jenyns Chapters in my life Cambridge: Cambridge University Press 2011.
Walter Jerrold Michael Faraday: man of science London: S.W. Partridge & Co. 1892.
Adrian Johns 'Miscellaneous methods: authors, societies and journals in early modern England' British journal for the history of science XXXIII (2000) pp. 159–86.
Alice Johnson 'On the development of the pelvic girdle and skeleton of the hind limb in the chick' Proceedings of the Cambridge Philosophical Society IV (1883) pp. 328–31.
Robert Kanigel 'Srinivasa Ramanujan (1887–1920)' Oxford dictionary of national biography Retrieved 2 June 2018 from http://www.oxforddnb.com/view/10.1093/ref:odnb/9780198614128.001.0001/odnb-9780198614128-e-51582.
Milo Keynes (editor) Sir Francis Galton, FRS: the legacy of his ideas Basingstoke: Macmillan 1991.
C.W. Kilmister 'Arthur Stanley Eddington (1882–1944)' Oxford dictionary of national biography Retrieved 2 June 2018 from http://www.oxforddnb.com/view/10.1093/ref:odnb/9780198614128.001.0001/odnb-9780198614128-e-32967.
Dong-Won Kim Leadership and creativity: a history of the Cavendish Laboratory, 1871–1919 Dordrecht: Kluwer 2002.
W. Towler Kingsley 'Application of the microscope to photography' Journal of the Society of Arts, London I (1853) pp. 289–92.
W. Towler Kingsley 'Application of photography to the microscope' Proceedings of the Cambridge Philosophical Society I (1863) pp. 117–19.
E. Kitson Clark The history of 100 years of life of the Leeds Philosophical and Literary Society Leeds: Jowett and Sowry 1924.
H.G. Klaassen 'On the effect of temperature on the conductivity of solutions of sulphuric acid' Proceedings of the Cambridge Philosophical Society VII (1892) pp. 137–41.
Helge Kragh 'The vortex atom: a Victorian theory of everything' Centaurus XLVI (2002) pp. 32–114.
Sylvestre Lacroix (translated by Charles Babbage, John Herschel, and George Peacock) An elementary treatise on the differential and integral calculus Cambridge: Cambridge University Press 1816.
Dionysius Lardner (editor) The museum of science and art, volume I London: Walton and Maberly 1854.
Christoph Laucht Elemental Germans: Klaus Fuchs, Rudolf Peierls and the making of British nuclear culture 1939–1959 Basingstoke: Palgrave Macmillan 2012.
Alice Lee, Marie A. Lewenz, and Karl Pearson 'On the correlation of the mental and physical characters in man, part II' Proceedings of the Royal Society of London LXXI (1903) pp. 106–14.
Elisabeth Leedham Green 'The arrival of research degrees in Cambridge' Darwin College Research Report 2011 Retrieved 12 October 2018 from http://www.darwin.cam.ac.uk/drupal7/sites/default/files/Documents/publications/dcrr010.pdf.
J.M. Levine 'John Woodward (1665/1668–1728)' Oxford dictionary of national biography Retrieved 2 March 2018 from http://www.oxforddnb.com/view/10.1093/ref:odnb/9780198614128.001.0001/odnb-9780198614128-e-29946.

C.L.E. Lewis and S.J. Knell (editors) The making of the Geological Society of London London: Geological Society 2009.

Bernard Lightman 'Huxley and the Devonshire Commission' in Gowan Dawson and Bernard Lightman (editors) Victorian scientific naturalism Chicago: University of Chicago Press 2014 pp. 101–30.

Christopher F. Lindsey 'James Cumming (1777–1861)' Oxford dictionary of national biography Retrieved 2 March 2018 from http://www.oxforddnb.com/view/10.1093/ref:odnb/9780198614128.001.0001/odnb-9780198614128-e-6896.

Peter Linehan (editor) St John's College, Cambridge: a history Woodbridge: Boydell Press 2011.

Alexander G. Liu 'Reviewing the Ediacaran fossils of the Long Mynd, Shropshire' Proceedings of the Shropshire Geological Society XVI (2011) pp. 31–43.

Alexander G. Liu, Jack J. Matthews, Latha R. Menon, Duncan McIlroy, and Martin D. Brasier '*Haootia quadriformis* n. gen., n. sp., interpreted as a muscular cnidarian impression from the late Ediacaran period (approx. 560 Ma)' Proceedings of the Royal Society B CCLXXXI (2014) 20141202.

Malcolm Longair Maxwell's enduring legacy: a scientific history of the Cavendish Laboratory Cambridge: Cambridge University Press 2016.

William C. Lubenow The Cambridge Apostles, 1820–1914 Cambridge: Cambridge University Press 1998.

William C. Lubenow 'Only connect': learned societies in nineteenth-century Britain Woodbridge: Boydell Press 2015.

Frans Lundgren 'The politics of participation: Francis Galton's anthropometric laboratory and the making of critical selves' British journal for the history of science XLVI (2011) pp. 445–66.

Charles Lyell Life, letters and journals of Sir Charles Lyell, Bart, volume I London: John Murray 1881 p. 368.

K.M. Lyell (editor) Life, letters and journals of Sir Charles Lyell, Bart Cambridge: Cambridge University Press 2010.

W.R Macdonell 'On criminal anthropometry and the identification of criminals' Biometrika I (1902) pp. 177–227.

Donald A. MacKenzie Statistics in Britain, 1865–1930 Edinburgh: Edinburgh University Press 1981.

Roy M. MacLeod 'The X Club: a social network of science in late-Victorian England' Notes and records of the Royal Society of London XXIV (1970) pp. 305–22.

Roy M. MacLeod 'The support of Victorian science: the endowment of research movement in Great Britain, 1868–1900' Minerva IX (1971) pp. 197–230.

Roy MacLeod (editor) Days of judgement: science, examinations and the organization of knowledge in late Victorian England Driffield: Nafferton 1982.

Roy MacLeod and Russell Moseley 'Breaking the circle of the sciences: the Natural Sciences Tripos and the "examination revolution"' in Roy MacLeod (editor) Days of judgement: science, examinations and the organization of knowledge in late Victorian England Driffield: Nafferton 1982 pp. 189–212.

C.R. Marshall 'Note on the pharmacological action of cannabis resin' Proceedings of the Cambridge Philosophical Society IX (1898) pp. 149–50.

F. Martin 'Expansion produced by electric discharge' Proceedings of the Cambridge Philosophical Society IX (1898) pp. 11–17.

Theodore Martin The life of His Royal Highness the Prince Consort, volume II Cambridge: Cambridge University Press 2013.

James Clerk Maxwell 'On the transformation of surfaces by bending' Transactions of the Cambridge Philosophical Society IX (1856) pp. 445–70.

James Clerk Maxwell On the stability of the motion of Saturn's rings Cambridge: Macmillan 1859.

James Clerk Maxwell 'On physical lines of force, part I' The London, Edinburgh, and Dublin philosophical magazine and journal of science: series 4 XXI (1861) pp. 161–75.

James Clerk Maxwell 'On Faraday's lines of force' Proceedings of the Cambridge Philosophical Society I (1863) pp. 160–6.

James Clerk Maxwell 'On Faraday's lines of force' Transactions of the Cambridge Philosophical Society X (1864) pp. 27–83.

James Clerk Maxwell 'A dynamical theory of the electromagnetic field' Philosophical transactions of the Royal Society CLV (1865) pp. 459–512.

James Clerk Maxwell 'On the proof of the equations of motion of a connected system' Proceedings of the Cambridge Philosophical Society II (1876) pp. 292–4.

James Clerk Maxwell 'On a problem in the calculus of variations in which the solution is discontinuous' Proceedings of the Cambridge Philosophical Society II (1876) pp. 294–5.

James Clerk Maxwell 'Introductory lecture on experimental physics' in W.D. Niven (editor) The scientific papers of James Clerk Maxwell, volume II Cambridge: Cambridge University Press 1890 pp. 241–55.

Anita McConnell 'William Farish (1759–1837)' Oxford dictionary of national biography Retrieved 2 March 2018 from http://www.oxforddnb.com/view/10.1093/ref:odnb/9780198614128.001.0001/odnb-9780198614128-e-9162.

David McKitterick A history of Cambridge University Press, volume II Cambridge: Cambridge University Press 1998.

David McKitterick Cambridge University Library: a history: the eighteenth and nineteenth centuries Cambridge: Cambridge University Press 2009.

David McKitterick 'Joseph Power (1798–1868)' Oxford dictionary of national biography Retrieved 31 May 2018 from http://www.oxforddnb.com/view/10.1093/ref:odnb/9780198614128.001.0001/odnb-9780198614128-e-22666.

L.R. Menon, D. McIlroy, A.G. Liu, and M.D. Brasier 'The dynamic influence of microbial mats on sediments: fluid escape and pseudofossil formation in the Ediacaran Longmyndian Supergroup, UK' Journal of the Geological Society CLXXIII (2016) pp. 177–85.

Philip Mirowski (editor) Edgeworth on chance, economic hazard, and statistics Rowman and Littlefield 1994.

P.B. Moon (revised by Anita McConnell) 'George Paget Thomson (1892–1975)' Oxford dictionary of national biography Retrieved 2 June 2018 from http://www.oxforddnb.com/view/10.1093/ref:odnb/9780198614128.001.0001/odnb-9780198614128-e-31758.

Dennis Moralee A hundred years and more of Cambridge physics Cambridge: Cambridge University Physics Society 1995.

Jack Morrell 'William Vernon Harcourt (1789–1871)' Oxford dictionary of national biography Retrieved 15 March 2018 from http://www.oxforddnb.com/view/10.1093/ref:odnb/9780198614128.001.0001/odnb-9780198614128-e-12249.

Jack Morrell and Arnold Thackray Gentlemen of science: early years of the British Association for the Advancement of Science Oxford: Clarendon Press 1981.

H. Munro Fox 'The origin and development of Biological reviews' Biological reviews XL (1965) pp. 1–4.

Terence D. Murphy 'Medical knowledge and statistical methods in early nineteenth-century France' Medical history XXV (1981) 301–19.

Charles S. Myers 'The future of anthropometry' The journal of the Anthropological Institute of Great Britain and Ireland XXXIII (1903) pp. 36–40.

Kathryn A. Neeley Mary Somerville: science, illumination, and the female mind Cambridge: Cambridge University Press 2001.

Norma C. Neudoerffer 'The function of a nineteenth-century catalogue belonging to the Cambridge Philosophical Library' Transactions of the Cambridge Bibliographical Society IV (1967) pp. 293–301.

David M. Night 'Scientists and their publics: popularisation of science in the nineteenth century' in Mary Jo Nye (editor) The Cambridge history of science, volume V: the modern physical and mathematical sciences Cambridge: Cambridge University Press 2003 pp. 72–90.

Matthew O'Brien 'On the symbolical equation of vibratory motion of an elastic medium, whether crystallized or uncrystallized' Transactions of the Cambridge Philosophical Society VIII (1849) pp. 508–23.

Robert Olby 'William Bateson (1861–1926)' Oxford dictionary of national biography Retrieved 1 June 2018 from http://www.oxforddnb.com/view/10.1093/ref:odnb/9780198614128.001.0001/odnb-9780198614128-e-30641.

J.R. Oppenheimer 'On the quantum theory of vibration-rotation bands' Proceedings of the Cambridge Philosophical Society XXIII (1927) pp. 327–35.

A.D. Orange Philosophers and provincials: the Yorkshire Philosophical Society from 1822 to 1844 York: Yorkshire Philosophical Society 1973.

William Otter The life and remains of the Reverend Edward Daniel Clarke, LL.D., Professor of Mineralogy in the University of Cambridge London: J.F. Dove 1824.

Richard Owen 'Description of an extinct lacertian reptile, *Rhynchosaurus articeps*, (Owen,) of which the bones and footprints characterize the Upper New Red Sandstone at Grinsill, near Shrewsbury' Transactions of the Cambridge Philosophical Society VII (1842) pp. 355–70.

Diane Paul 'Eugenics and the left' Journal of the history of ideas XLV (1984) pp. 567–90.

Karl Pearson 'On the correlation of intellectual ability with the size and shape of the head' Proceedings of the Royal Society of London LXIX (1902) pp. 333–42.

Karl Pearson The life, letters, and labours of Francis Galton, volume II Cambridge: Cambridge University Press 1924.

Morse Peckham 'Dr. Lardner's *Cabinet Cyclopaedia*' The papers of the Bibliographical Society of America XLV (1951) pp. 37–58.

R. Peierls 'Critical conditions in neutron multiplication' Proceedings of the Cambridge Philosophical Society XXXV (1939) pp. 610–15.

R. Peirson 'The theory of the long inequality of Uranus and Neptune' Transactions of the Cambridge Philosophical Society IX (1856) Appendix I pp. i–lxvii.

Hilary Perraton A history of foreign students in Britain Basingstoke: Palgrave Macmillan 2014.

D.F.M. Pertz and F. Darwin 'Experiments on the periodic movement of plants' Proceedings of the Cambridge Philosophical Society X (1900) p. 259.

David Phillips 'William Lawrence Bragg (1890–1971)' Oxford dictionary of national biography Retrieved 2 June 2018 from http://www.oxforddnb.com/view/10.1093/ref:odnb/9780198614128.001.0001/odnb-9780198614128-e-30845.

John D. Pickles 'John Hailstone (1759–1847)' Oxford dictionary of national biography Retrieved 2 March 2018 from http://www.oxforddnb.com/view/10.1093/ref:odnb/9780198614128.001.0001/odnb-9780198614128-e-11874.

Roy Porter 'John Woodward: "a droll sort of philosopher"' Geological magazine CXVI (September 1979) pp. 335–43.

Roy Porter 'The natural science tripos and the "Cambridge school of geology", 1850–1914' History of universities II (1982) pp. 193–216.

Roy Porter 'Science, provincial culture and public opinion in Enlightenment England' in Peter Borsay (editor) The eighteenth-century town London and New York: Longman Group 1990 pp. 243–67.

Joseph Power 'An enquiry into the causes which led to the fatal accident on the Brighton Railway (Oct. 2 1841), in which is developed a principle of motion of the greatest importance in guarding against the disastrous effects of collision under whatever circumstances it may occur' Transactions of the Cambridge Philosophical Society VII (1842) pp. 301–17.

Chris Pritchard 'Mistakes concerning a chance encounter between Francis Galton and John Venn' BSHM Bulletin: journal of the British Society for the History of Mathematics 23 (2008) pp. 103–8.

Reginald Punnett 'Early days of genetics' Heredity IV (1950) pp. 1–10.

V.M. Quirke 'John Burdon Sanderson Haldane (1892–1964)' Oxford dictionary of national biography Retrieved 1 June 2018 from http://www.oxforddnb.com/view/10.1093/ref:odnb/9780198614128.001.0001/odnb-9780198614128-e-33641.

William Strutt, Lord Rayleigh 'On the minimum aberration of a single lens for parallel rays' Proceedings of the Cambridge Philosophical Society III (1880) pp. 373–5.

William Strutt, Lord Rayleigh 'On a new arrangement for sensitive flames' Proceedings of the Cambridge Philosophical Society IV (1883) pp. 17–18.

William Strutt, Lord Rayleigh 'The use of telescopes on dark nights' Proceedings of the Cambridge Philosophical Society IV (1883) pp. 197–8.

William Strutt, Lord Rayleigh 'On a new form of gas battery' Proceedings of the Cambridge Philosophical Society IV (1883) p. 198.

William Strutt, Lord Rayleigh 'On the mean radius of coils of insulated wire' Proceedings of the Cambridge Philosophical Society IV (1883) pp. 321–4.

William Strutt, Lord Rayleigh 'On the invisibility of small objects in a bad light' Proceedings of the Cambridge Philosophical Society IV (1883) p. 324.

Richard Rhodes The making of the atomic bomb New York: Simon and Schuster 1988.

Marsha L. Richmond '"A lab of one's own": the Balfour biological laboratory for women at Cambridge University, 1884–1914' in Sally Gregory Kohlstedt (editor) History of women in the sciences Chicago: Chicago University Press 1999 pp. 235–68.

Marsha L. Richmond 'Women in the early history of genetics: William Bateson and the Newnham College Mendelians, 1900–1910' Isis XCII (2001) pp. 55–90.

Marsha L. Richmond 'Adam Sedgwick (1854–1913)' Oxford dictionary of national biography Retrieved 1 June 2018 from http://www.oxforddnb.com/view/10.1093/ref:odnb/9780198614128.001.0001/odnb-9780198614128-e-36003.

J.P.C. Roach (editor) A history of the county of Cambridge and the Isle of Ely, volume III: the City and University of Cambridge London: Victoria County History 1959.

Sydney C. Roberts (revised by Herbert H. Huxley) 'Terrot Glover (1869–1943)' Oxford dictionary of national biography Retrieved 1 June 2018 from http://www.oxforddnb.com/view/10.1093/ref:odnb/9780198614128.001.0001/odnb-9780198614128-e-33427.

Humphry Davy Rolleston The Cambridge medical school Cambridge: Cambridge University Press 1932.

Terrie M. Romano 'Michael Foster (1836–1907)' Oxford dictionary of national biography Retrieved 1 June 2018 from http://www.oxforddnb.com/view/10.1093/ref:odnb/9780198614128.001.0001/odnb-9780198614128-e-33218.

Hugh James Rose The tendency of prevalent opinions about knowledge considered Cambridge 1826.

J.S. Rowlinson Sir James Dewar, 1842–1923: a ruthless chemist London: Routledge 2012.

Katherina Rowold (editor) Gender and science: late nineteenth-century debates on the female mind and body Bristol: Thoemmes Press 1996.

M.J.S. Rudwick 'The early Geological Society in its international context' in C.L.E. Lewis and S.J. Knell (editors) The making of the Geological Society of London London: Geological Society 2009 pp. 145–54.

Andrea A. Rusnock Vital accounts: quantifying health and population in eighteenth-century England and France Cambridge: Cambridge University Press 2002.

Ernest Rutherford 'Capture and loss of electrons by α particles' Proceedings of the Cambridge Philosophical Society XXI (1923) pp. 504–10.

Ernest Rutherford 'Professor C.T.R. Wilson (obituary)' The Times 16 November 1959 p. 16.

Ernest Rutherford and W.A. Wooster 'The natural x-ray spectrum of radium B' Proceedings of the Cambridge Philosophical Society XXII (1925) pp. 834–7.

J.W. Salter 'On fossil remains in the Cambrian rocks of the Longmynd and North Wales' Quarterly journal of the Geological Society XII (1856) pp. 246–51.

J.W. Salter 'On annelide-burrows and surface markings from the Cambrian rocks of the Longmynd' Quarterly journal of the Geological Society XIII (1857) pp. 199–207.

J.W. Salter 'Diagram of the relations of the univalve to the bivalve, and of this to the brachiopod' Transactions of the Cambridge Philosophical Society XI (1871) p. 485–8.

J.W. Salter 'On the succession of plant life upon the Earth' Proceedings of the Cambridge Philosophical Society II (1876) pp. 125–8.

Samuel Satthianadhan Four years in an English university Madras: Lawrence Asylum Press 1890.

Edith Rebecca Saunders 'Mrs G.P. Bidder (Marion Greenwood)' Newnham College letter (1932) p. 65.

Simon Schaffer 'Scientific discoveries and the end of natural philosophy' Social studies of science XVI (1986) pp. 387–420.

Simon Schaffer 'Rayleigh and the establishment of electrical standards' European journal of physics XV (1994) pp. 277–85.

Jeffrey C. Schank and Charles Twardy 'Mathematical models' in Peter J. Bowler and John V. Pickstone (editors) The Cambridge history of science, volume VI: the modern biological and earth sciences Cambridge: Cambridge University Press 2009 pp. 416–31.

Robert E. Schofield 'History of scientific societies: needs and opportunities for research' History of science II (1963) pp. 70–83.

Peter Searby A history of the University of Cambridge, volume III: 1750–1870 Cambridge: Cambridge University Press 1997.

James A. Secord Controversy in Victorian geology: the Cambrian–Silurian dispute Princeton: Princeton University Press 1986.

James A. Secord 'Introduction' to Vestiges of the natural history of creation and other evolutionary writings Chicago and London: University of Chicago Press 1994.

James A. Secord Victorian sensation Chicago: University of Chicago Press 2000.

James A. Secord Visions of science Oxford: Oxford University Press 2014.

J.A. Secord 'Adam Sedgwick (1785–1873)' Oxford dictionary of national biography Retrieved 2 March 2018 from http://www.oxforddnb.com/view/10.1093/ref:odnb/9780198614128.001.0001/odnb-9780198614128-e-25011.

Adam Sedgwick 'On the geology of the Isle of Wight' The annals of philosophy III (1822) pp. 329–55.

Adam Sedgwick 'On the physical structure of those formations which are immediately associated with the primitive ridge of Devonshire and Cornwall' Transactions of the Cambridge Philosophical Society I (1822) pp. 89–146.

Adam Sedgwick A discourse on the studies of the University of Cambridge Cambridge: University of Cambridge Press 1833.

Adam Sedgwick A discourse on the studies of the University of Cambridge Fifth edition London: Parker 1850.

A.C. Seward (editor) Darwin and modern science Cambridge: Cambridge Philosophical Society and Cambridge University Press 1910.

Steven Shapin The scientific life Chicago: University of Chicago Press 2008.

J.L.A. Simmons Report to the Commissioners of Railways, by Mr Walker and Captain Simmons, R.E., on the fatal accident on the 24th day of May 1847, by the falling of the bridge over the River Dee, on the Chester and Holyhead Railway London 1849.

Crosbie Smith 'Geologists and mathematicians: the rise of physical geology' in P.M. Harman (editor) Wranglers and physicists: studies on Cambridge physics in the nineteenth century Manchester: Manchester University Press 1985 pp. 49–83.

Crosbie Smith 'Force energy and thermodynamics' in Mary Jo Nye (editor) The Cambridge history of science, volume V: the modern physical and mathematical sciences Cambridge: Cambridge University Press 2003 pp. 289–310.

Crosbie Smith 'William Hopkins (1793–1866)' Oxford dictionary of national biography Retrieved 31 May 2018 from http://www.oxforddnb.com/view/10.1093/ref:odnb/9780198614128.001.0001/odnb-9780198614128-e-13756.

Crosbie Smith 'William Thomson (1824–1907)' Oxford dictionary of national biography Retrieved 31 May 2018 from http://www.oxforddnb.com/view/10.1093/ref:odnb/9780198614128.001.0001/odnb-9780198614128-e-36507.

Jonathan Smith 'Alfred Newton: the scientific naturalist who wasn't' in Bernard Lightman and Michael S. Reidy (editors) The age of scientific naturalism Pittsburgh: University of Pittsburgh Press 2016 pp. 137–56.

Jonathan Smith and Christopher Stray (editors) Teaching and learning in nineteenth-century Cambridge Woodbridge: Boydell Press 2001.

Robert W. Smith 'The Cambridge network in action: the discovery of Neptune' Isis 80 (1989) pp. 395–422.

Mary Somerville 'On the magnetizing power of the more refrangible solar rays' Philosophical transactions of the Royal Society CXVI (1826) pp. 132–9.

Mary Somerville The mechanism of the heavens London: John Murray 1831.

Mary Fairfax Somerville Personal recollections from early life to old age of Mary Somerville London: John Murray 1874.

Colin Speakman Adam Sedgwick: geologist and dalesman Broad Oak: Broad Oak Press 1982.

Hamish G. Spencer 'Ronald Aylmer Fisher (1890–1962)' Oxford dictionary of national biography Retrieved 1 June 2018 from http://www.oxforddnb.com/view/10.1093/ref:odnb/9780198614128.001.0001/odnb-9780198614128-e-33146.

Alistair Sponsel 'Constructing a "revolution in science": the campaign to promote a favourable reception for the 1919 solar eclipse experiments' British journal for the history of science XXXV (2002) pp. 439–67.

Matthew Stanley '"An expedition to heal the wounds of war": the 1919 eclipse and Eddington as Quaker adventurer' Isis XCIV (2003) pp. 57–89.

Leslie Stephen (revised by I. Grattan-Guinness) 'Augustus De Morgan (1806–1871)' Oxford dictionary of national biography Retrieved 31 May 2018 from http://www.oxforddnb.com/view/10.1093/ref:odnb/9780198614128.001.0001/odnb-9780198614128-e-7470.

George Gabriel Stokes 'Discussion of a differential equation relating to the breaking of railway bridges' Transactions of the Cambridge Philosophical Society VIII (1849) pp. 707–35.

George Gabriel Stokes and Joseph Larmor (editors) Memoir and scientific correspondence of the late George Gabriel Stokes, Bart, volume I Cambridge: Cambridge University Press 2010.

H.P. Stokes The esquire bedells of the University of Cambridge from the 13th century to the 20th century Cambridge: Cambridge Antiquarian Society 1911.

Willie Sugg A history of Cambridgeshire cricket, 1700–1890 Cambridge 2008 http://www.cambscrickethistory.co.uk/new writing.shtml.

Doron Swade 'Charles Babbage (1791–1871)' Oxford dictionary of national biography Retrieved 2 March 2018 from http://www.oxforddnb.com/view/10.1093/ref:odnb/9780198614128.001.0001/odnb-9780198614128-e-962.

James G. Tabery 'The "evolutionary synthesis" of George Udny Yule' Journal of the history of biology XXXVII (2004) pp. 73–101.

E.M. Tansey 'George Eliot's support for physiology: the George Henry Lewes Trust 1879–1939' Notes and records of the Royal Society of London XLIV (1990) pp. 221–40.

Roger Taylor and Larry John Schaaf Impressed by light: British photographs from paper negatives, 1840–1860 New Haven: Yale University Press 2007.

Sedley Taylor 'Physical science at Cambridge' Nature II (12 May 1870) p. 28.

John C. Thackray 'David Ansted (1814–1880)' Oxford dictionary of national biography Retrieved 31 May 2018 from http://www.oxforddnb.com/view/10.1093/ref:odnb/9780198614128.001.0001/odnb-9780198614128-e-577.

G.P. Thomson 'A note on the nature of the carriers of the anode rays' Proceedings of the Cambridge Philosophical Society XX (1921) pp. 210–11.

J.J. Thomson 'Note on the rotation of the plane of polarisation of light by a moving medium' Proceedings of the Cambridge Philosophical Society V (1886) pp. 250–4.

J.J. Thomson 'Some experiments on the electric discharge in a uniform electric field, with some theoretical considerations about the passage of electricity through gases' Proceedings of the Cambridge Philosophical Society V (1886) pp. 391–409.

J.J. Thomson 'The application of the theory of transmission of alternating currents along a wire to the telephone' Proceedings of the Cambridge Philosophical Society VI (1889) pp. 321–5.

J.J. Thomson 'On the effect of pressure and temperature on the electric strength of gases' Proceedings of the Cambridge Philosophical Society VI (1889) pp. 325–33.

J.J. Thomson 'On the absorption of energy by the secondary of a transformer' Proceedings of the Cambridge Philosophical Society VII (1892) pp. 249.

J.J. Thomson 'A method of comparing the conductivities of badly conducting substances for rapidly alternating currents' Proceedings of the Cambridge Philosophical Society VIII (1895) pp. 258–69.

J.J. Thomson 'Cathode rays' The electrician XXXIX (1897) pp. 103–9.

J.J. Thomson 'On the cathode rays' Proceedings of the Cambridge Philosophical Society IX (1898) pp. 243–4.

J.J. Thomson 'Nobel lecture' 11 December 1906 Retrieved 23 June 2017 from http://www.nobelprize.org/nobel_prizes/physics/laureates/1906/thomson-lecture.pdf.

J.J. Thomson and J. Monckman 'The effect of surface tension on chemical action' Proceedings of the Cambridge Philosophical Society VI (1889) pp. 264–9.

J.J. Thomson and H.F. Newell 'Experiments on the magnetisation of iron rods' Proceedings of the Cambridge Philosophical Society VI (1889) pp. 84–90.

J.J. Thomson and E. Rutherford 'On the passage of electricity through gases exposed to Röntgen rays' The London, Edinburgh, and Dublin philosophical magazine and journal of science: series 5 XLII (1896) pp. 392–407.

John Timbs The year-book of facts in science and art London 1847.

Isaac Todhunter (editor) William Whewell, Master of Trinity College, Cambridge: an account of his writings, volume 1 London: Macmillan 1876.

Joseph Train An historical and statistical account of the Isle of Man, from the earliest times to the present date: with a view of its ancient laws, peculiar customs, and popular superstitions, volume I Douglas: Mary A. Quiggin 1845.

Geoffrey Tresise and Michael J. King 'History of ichnology: the misconceived footprints of rhynchosaurs' Ichnos XIX (2012) pp. 228–37.

Raleigh Trevelyan 'Paulina Jermyn Trevelyan, Lady Trevelyan (1816–1866)' Oxford Dictionary of national biography retrieved 27 March 2018 from http://www.oxforddnb.com/view/10.1093/ref:odnb/9780198614128.001.0001/odnb-9780198614128-e-45577.

Pamela Tudor-Craig 'Thomas Kerrich (1748–1828)' Oxford dictionary of national biography Retrieved 2 March 2018 from http://www.oxforddnb.com/view/10.1093/ref:odnb/9780198614128.001.0001/odnb-9780198614128-e-15471.

Raymond D. Tumbleson '"Reason and religion": the science of Anglicanism' Journal of the history of ideas LVII (1996) pp. 131–56.

David A. Valone 'Hugh James Rose's Anglican critique of Cambridge: science, antirationalism, and Coleridgean idealism in late Georgian England' Albion: a quarterly journal concerned with British studies XXXIII (2001) pp. 218–42.

John Venn 'On the diagrammatic and mechanical representation of propositions and reasonings' The London, Edinburgh, and Dublin philosophical magazine and journal of science: series 5 X (1880) pp. 1–18.

John Venn 'On the various notations adopted for expressing the common propositions of logic' Proceedings of the Cambridge Philosophical Society IV (1883) pp. 36–47.

John Venn 'On the employment of geometrical diagrams for the sensible representation of logical propositions' Proceedings of the Cambridge Philosophical Society IV (1883) pp. 47–59.

J. Venn 'Cambridge anthropometry' The journal of the Anthropological Institute of Great Britain and Ireland XVIII (1889) pp. 140–54.

J. Venn and Francis Galton 'Cambridge anthropometry' Nature XLI (13 March 1890) 450–4.

John Venn and J.A. Venn (editors) Alumni Cantabrigienses, part II, 1752–1900, volume vi Cambridge: Cambridge University Press 1954.

S.M Walters and E.A. Stow Darwin's mentor: John Stevens Henslow, 1796–1861 Cambridge: Cambridge University Press 2001.

S. Max Walters 'John Stevens Henslow (1796–1861)' Oxford dictionary of national biography Retrieved 2 March 2018 from http://www.oxforddnb.com/view/10.1093/ref:odnb/9780198614128.001.0001/odnb-9780198614128-e-12990.

Andrew Warwick Masters of theory: Cambridge and the rise of mathematical physics Chicago: University of Chicago Press 2003.

Prudence Waterhouse A Victorian Monument: the buildings of Girton College Cambridge: Girton College 1990.

Mark Weatherall Gentlemen, scientists and doctors: medicine at Cambridge 1800–1940 Woodbridge: Boydell Press 2000.

Mark W. Weatherall 'John Haviland (1785–1851)' Oxford dictionary of national biography Retrieved 2 March 2018 from http://www.oxforddnb.com/view/10.1093/ref:odnb/9780198614128.001.0001/odnb-9780198614128-e-12636.

Christopher Webster and John Elliott (editors) 'A church as it should be': the Cambridge Camden Society and its influence Stamford: Shaun Tyas 2000.

William Whewell 'On the position of the apsides of orbits of great eccentricity' Transactions of the Cambridge Philosophical Society I (1822) pp. 179–94.

William Whewell Astronomy and general physics considered with reference to natural theology London: William Pickering 1833.

William Whewell 'Mathematical exposition of some of the leading doctrines in Mr. Ricardo's "Principles of political economy and taxation"' Transactions of the Cambridge Philosophical Society IV (1833) pp. 155–98.

William Whewell 'Review of *On the connexion of the physical sciences*' The quarterly review LI (1834) pp. 54–68.

William Whewell 'On the results of observations made with a new anemometer' Transactions of the Cambridge Philosophical Society VI (1838) pp. 301–15.

William Whewell Indications of the creator London: John W. Parker 1845.

William Whewell 'On the fundamental antithesis of philosophy' Transactions of the Cambridge Philosophical Society VIII (1849) pp. 170–82.

William Whewell 'Second memoir on the fundamental antithesis of philosophy' Transactions of the Cambridge Philosophical Society VIII (1849) pp. 614–20.

William Whewell 'On the intrinsic equation of a curve' Transactions of the Cambridge Philosophical Society VIII (1849) pp. 659–71.

William Whewell 'On Hegel's criticism of Newton's *Principia*' Transactions of the Cambridge Philosophical Society VIII (1849) pp. 696–706.

William Whewell 'Criticism of Aristotle's account of induction' Transactions of the Cambridge Philosophical Society IX (1856) part I pp. 63–72.

William Whewell 'Mathematical exposition of some doctrines of political economy' Transactions of the Cambridge Philosophical Society IX (1856) part I pp. 128–49.

William Whewell 'Second memoir on the intrinsic equation of a curve' Transactions of the Cambridge Philosophical Society IX (1856) part I pp. 150–6.

William Whewell 'Mathematical exposition of certain doctrines of political economy, third memoir' Transactions of the Cambridge Philosophical Society IX (1856) part II pp. 1–7.

William Whewell 'Of the transformation of hypotheses in the history of science' Transactions of the Cambridge Philosophical Society IX (1856) part II pp. 139–46.

William Whewell 'On Plato's survey of the sciences' Transactions of the Cambridge Philosophical Society IX (1856) part IV pp. 582–9.

William Whewell 'On Plato's notion of dialectic' Transactions of the Cambridge Philosophical Society IX (1856) part IV pp. 590–7.

William Whewell 'Of the intellectual powers according to Plato' Transactions of the Cambridge Philosophical Society IX (1856) part IV pp. 598–604.

James F. White The Cambridge movement: the ecclesiologists and the Gothic revival Cambridge: Cambridge University Press 1962.

Walter White The journals of Walter White Cambridge: Cambridge University Press 2012.

C.T.R. Wilson 'On the formation of cloud in the absence of dust' Proceedings of the Cambridge Philosophical Society VIII (1895) p. 306.

C.T.R. Wilson 'On the action of uranium rays on the condensation of water vapour' Proceedings of the Cambridge Philosophical Society IX (1898) pp. 333–8.

C.T.R. Wilson 'On the production of a cloud by the action of ultra-violet light on moist air' Proceedings of the Cambridge Philosophical Society IX (1898) pp. 392–3.

C.T.R. Wilson 'On a method of making visible the paths of ionising particles through a gas' Proceedings of the Royal Society of London LXXXV (1911) pp. 285–8.

C.T.R. Wilson 'On the cloud method of making visible ions and the tracks of ionising particles' Nobel lectures, physics, 1922–41 (1965) p. 194.

David B. Wilson 'The educational matrix: physics education at early-Victorian Cambridge, Edinburgh and Glasgow Universities' in P.M. Harman (editor) Wranglers and physicists: studies on Cambridge physics in the nineteenth century Manchester: Manchester University Press 1985 pp. 12–48.

David B. Wilson 'George Gabriel Stokes (1819–1903)' Oxford dictionary of national biography Retrieved 31 May 2018 from http://www.oxforddnb.com/view/10.1093/ref:odnb/9780198614128.001.0001/odnb-9780198614128-e-36313.

Joanne Woiak 'Karl Pearson (1857–1936)' Oxford dictionary of national biography Retrieved 1 June 2018 from http://www.oxforddnb.com/view/10.1093/ref:odnb/9780198614128.001.0001/odnb-9780198614128-e-35442.

William Wordsworth The excursion London 1814.

John Martin Frederick Wright Alma mater, or, seven years at the University of Cambridge, volume II Cambridge: Cambridge University Press 2010.

Nicholas Wright Gillham A life of Sir Francis Galton: from African exploration to the birth of eugenics Oxford: Oxford University Press 2001.

Carla Yanni Nature's museums: Victorian science and the architecture of display London: Athlone Press 2005.

Frank Yates (revised by Alan Yoshioka) 'George Udny Yule (1871–1951)' Oxford dictionary of national biography Retrieved 1 June 2018 from http://www.oxforddnb.com/view/10.1093/ref:odnb/9780198614128.001.0001/odnb-9780198614128-e-37086.

Richard Yeo Defining science Cambridge: Cambridge University Press 1993.

Richard Yeo 'William Whewell (1794–1866)' Oxford dictionary of national biography Retrieved 15 March 2018 from http://www.oxforddnb.com/view/10.1093/ref:odnb/9780198614128.001.0001/odnb-9780198614128-e-29200.

George Udny Yule 'Mendel's laws and their probable relations to intra-racial heredity' The new phytologist I (1902) pp. 222–38.

William Zachs, Peter Isaac, Angus Fraser, and William Lister 'Murray family (per. 1768–1967)' Oxford dictionary of national biography Retrieved 15 March 2018 from http://www.oxforddnb.com/view/10.1093/ref:odnb/9780198614128.001.0001/odnb-9780198614128-e-64907.

档案 / 数据库

Cambridge Philosophical Society Archives
Darwin Correspondence Project
Privy Council
Archives of the Sedgwick Museum of Earth Sciences